中國社會科學院經濟研究所 編
封越健 主編
徐衛國 王大任 樊果 參編

中國社會科學院經濟研究所藏徽州文書類編·散件文書

三

社會科學文獻出版社
SOCIAL SCIENCES ACADEMIC PRESS (CHINA)

國家清史編纂委員會·文獻叢刊

本册目録

三 本册目録

本冊目錄

卷八　承攬文書

三　本册目録

三

本册目録

三 本册目録

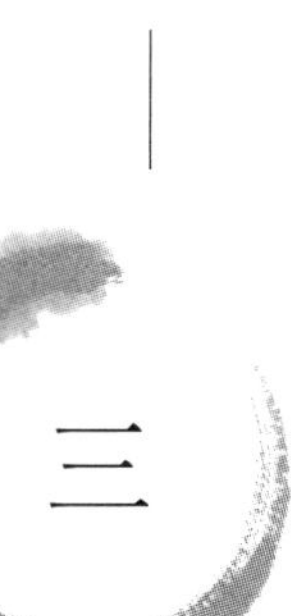

本册目録

本册目録

〔九〕明正統至民國年間其他分派田地家産等合同文書　二四〇

一 本册目録

一 本册目録

一 本册目録

一　本册目録

一 本册目録

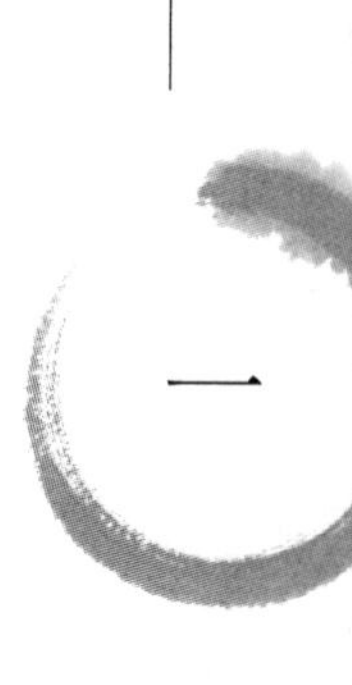

一　本册目録

四、明隆慶至萬曆年間（休寧縣）奉正里朱氏分家合同及田契　四七五

本册目録

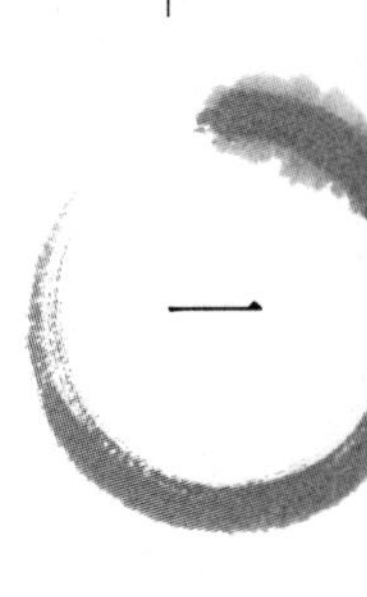

本册目録

一 本册目録

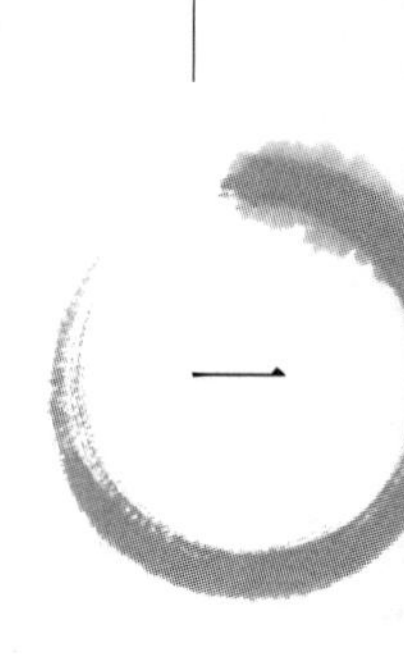

一　本册目録

本册目録

三

三、清康熙至民國年間商業合同

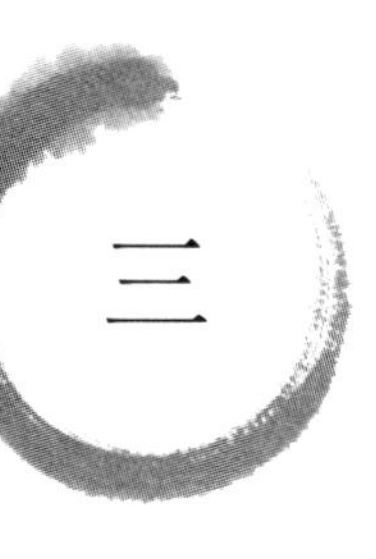

三

〔一〕清道光至光緒年間某某縣王氏等合股建造小窯燒灰合同

立議合同人王兆泉等緣因務農業石灰爲本近年而來生意消頹本小利微大
窯不便所以邀同捌股易造小窯在洛土名大坑竹鴻天井塢口建造小新窯壹口公議燒灰
者每窯出窯分廣秤对搭石灰十弍担八股公分不得爭論其灰賃先到者先燒後到者後
燒倘弍年深日久内外賠損壞二工者燒灰者修理三五工之外邀同八股重修窯口無得兄立
此合同壹樣捌張各執壹張永遠存據

道光弍十四年桂月　日立合同人　王兆泉
王發沐
王發渝
王發賀
王登盛
金世禄
金光叙
余森寿

六
咸豐八年七月日立賣人王兆泉今因急用将小窯身得八股之一自立賣叔人
伯祥公名下爲業言定本大千文其本收訖日後無得異說立賣字兆泉親笔存據

清道光二十四年八月某某縣王兆泉等立議合股建造小窯燒灰合同附咸豐八年七月王兆泉立賣股份字

三

清光緒二年七月某某縣王伯梓公等立議合股建造小窯燒灰同修東邊外胎合同

立議合同人王伯梓公等緣因務農業燒灰為本近年以來生意清淡本小
利微大窯不便所以邀同衆主公建造小窯在洛土名天井塢口起造小新窯一
隻公議燒灰者無窯出窯分租灰應秤对搭石灰拾陸担八股公分不得爭
論其灰價先倒者先燒後倒者後燒不得以強欺弱倘有天長日久遠
年内外胎損壞者又三工燒灰者培補三五工之外邀同八股公議協力修整
今于光緒二年公議同修東边外胎恐口無憑立此合同壹樣八張各執壹張
永遠存照

道光二十年　造

再批老合同日後搜出不作行照

余達九衆（押）〤股　宪
王立怡（押）〡股
王兆銓（押）〡股
大清光緒二年孟秋月　日立合同人王伯梓公（押）〡股
王兆桂十〡股
王立志（押）〡股
余恒思十〡股

〔二〕清康熙至民國年間其他商業合夥合同

立合同人李益吾李蘭若李公起 思齊 李小蘊合在本市中街店
壓行息買備貨物同心協力運籌生意不得怠惰務宜早起
銀兩數目訂簿不得私開假帳希圖肥己查出公罰如有濫費
攏帳之日獲得餘利每百兩內拔出貳拾兩以酬管店之劳九
血以表無私自立之後各圖昌大至于蘭若所有店底及傢伙另第
張存照

内開張屠沽雜貨生理面議各出九五足色銀貳拾兩整其銀議定每年貳分肆

收賬撿点貨物無許侵私肥已如違見一罰十倘出門置貨及交易等項照实拆明

不等情及生端惹事坐落自理與店無涉其管店之人估闈爲章逐年按期清算

各人辛力按期支付不得狥情過支如有過支即和其本儅帳之日預先盟　神秋

每開載議定每兩每年貳分貳厘算還租銀無詞今欲有憑立此合同一樣肆張各執壹

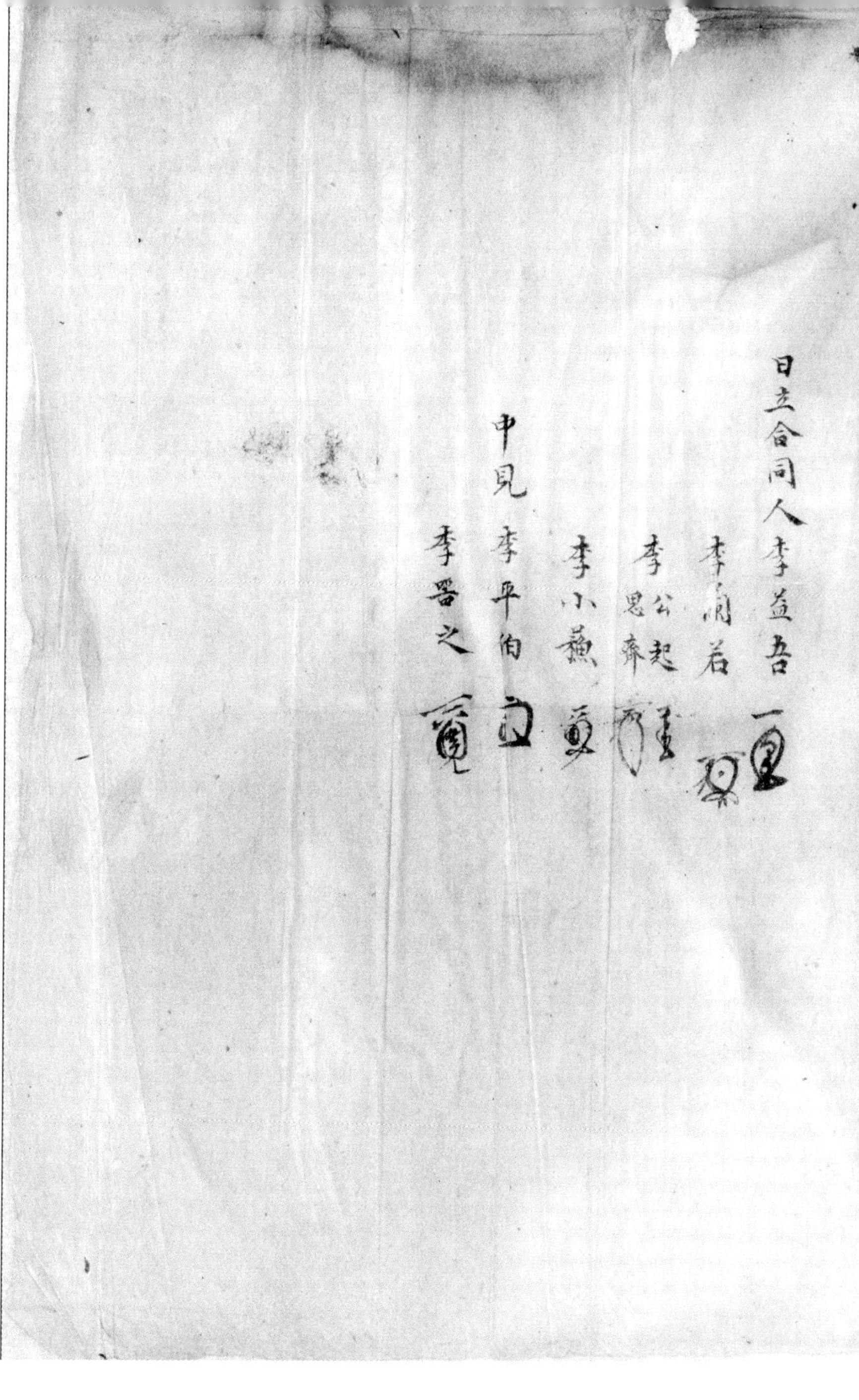
日立合同人李益吾
李爾若
李公起
思齊
李小蘇
中見 李平伯
李器之

康熙伍年二月念陸

三

清康熙四十二年九月某某縣江文興等立傳守竹匠生理同心協力出身合費與陳姓理論合同

立合同人江文興錢有旺等今因承祖傳守竹匠生理皆係磁器片盤往河
下發賣陳姓祖傳竹系傢伙歷來各照祖上相傳手藝而不攙奪所有當
差傢伙江錢二姓只當竹片籃隻陳姓只當竹系傢伙世遵無異近因
陳文良逞強混做磁器籃攙奪生意不遵祖墨江錢二姓不甘與陳文良
理論誠恐人心不一二姓齊集神前共立合文公議一姓一人出身衆共朋使
費盤纏飯食以免有累出身之人其出身者不得懷私退縮合費者不得侵私
抛捐等情听二姓責文理治仍罰銀一兩公用自立合文之後二姓之人同心協力務
使陳文良照旧手藝方休今恐無憑立此合文一樣二帋二姓各執一帋存照

合同一樣二紙各收一紙照

康熙四十二年九月十三日　立合同人江文興（押）
錢有旺（押）

（一）

江法貴
江法寿
江兆祖
江記光
江記保
江兆龍
江法茂
凌爵義
凌爵奎
錢國元
錢有福
錢嶺九
錢有富
錢有元
依口代筆江法興
中見人　饒以恭

（二）

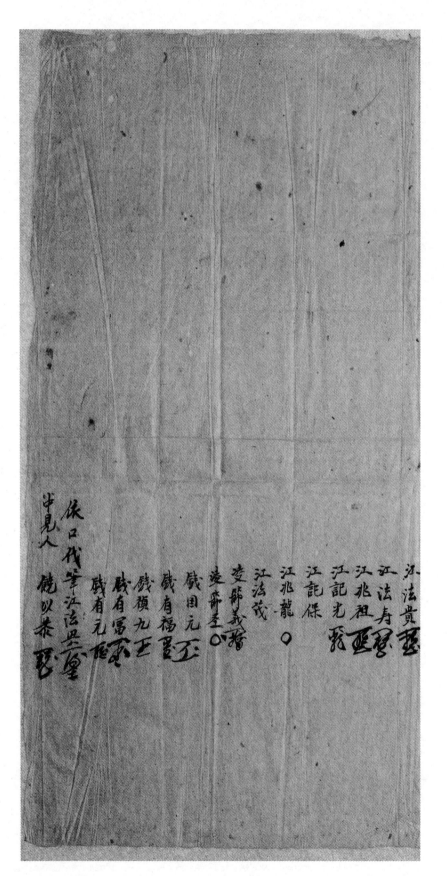

三

清康熙五十三年十月某某縣某姓世禄等立均分店業輪流照管議墨

立議墨世禄世禧世禳世福等但今所議無别向仝
父外水客江湖奔馳　父因看吾兄弟四人以及子姪漸多所慮不能團聚承
祖認江姓店屋開創德泰店業使吾輩團聚大家体貼以全手足之義此係　父於康熙四十四年九月在大通
各上体　父母之心下全手足之義近因人心弗古糊支亂用終無抵止犹恐生意維難反弗　父之美念但於前数年人
此四人公心酌議俟五十四年正月将店内貨物傢伙欠押賬目細〻公盤接　大人來店作四股立閲均分店
業四人竭力全心公開淂利照派毋淂異說家中日給見一丁每月給銀肆錢支用外面四人併子姪在店者
亦每月給銀四錢支銷餘外婚娶親情置物件做衣裳以切用度俱入已支本年将利扒除倘多支者本年
不能覔淂多利将本内挖除再各有利餘者收入各本名下淂利照派再子姪在店不淂糊支或可歷淂正務
者照前議而行亦無起俸之例亦不淂他圖他想如違公罰再家中置業　父母事体公衆正務俱係公支公
用各人毋淂違拗此議係吾等想來難以分息因此四人公心酌議以手足為重以仗義為先各人當於、
勉力克勤克儉意氣相投輪流照管以体　父母之心自後無得節外生枝毋淂懷私竊取自做私房倘
有私心苟且查出倍罰然作不孝而論今恐人心反常四人公立議墨四紙各寫一紙存　大人處、永遠存
照

（一）

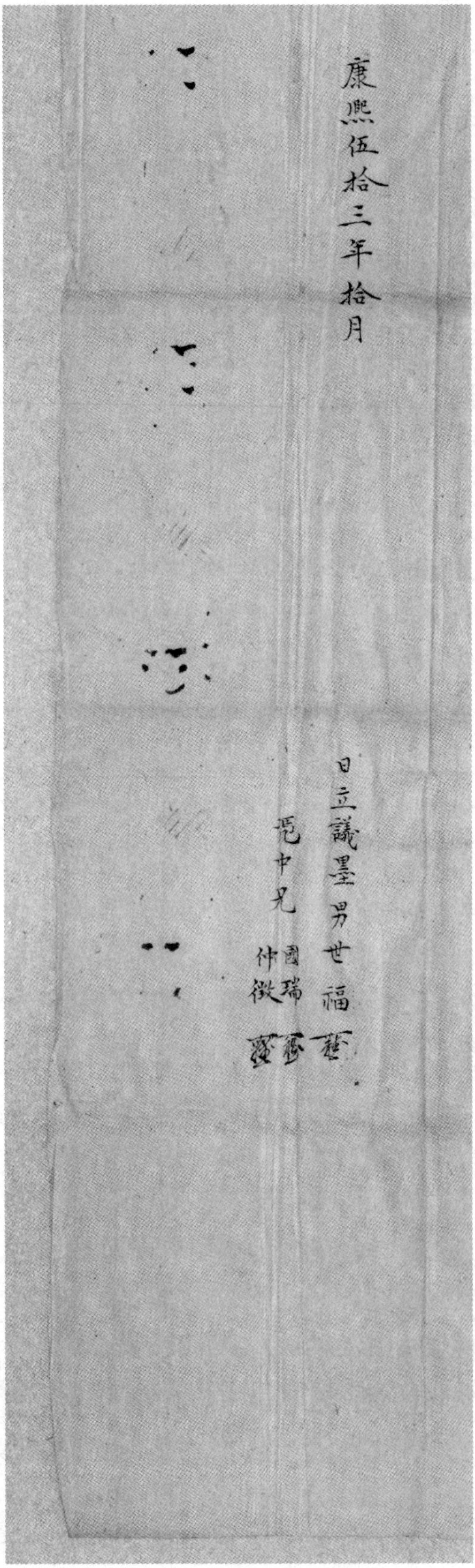

康熙伍拾三年拾月　日立議墨男世福（押）

凭中兄　國瑞（押）
　　　　仲徵（押）

（二）

三

雍正八年十二月某某縣胡兆寧等立議收歇恒升油車抵與正公名下合墨

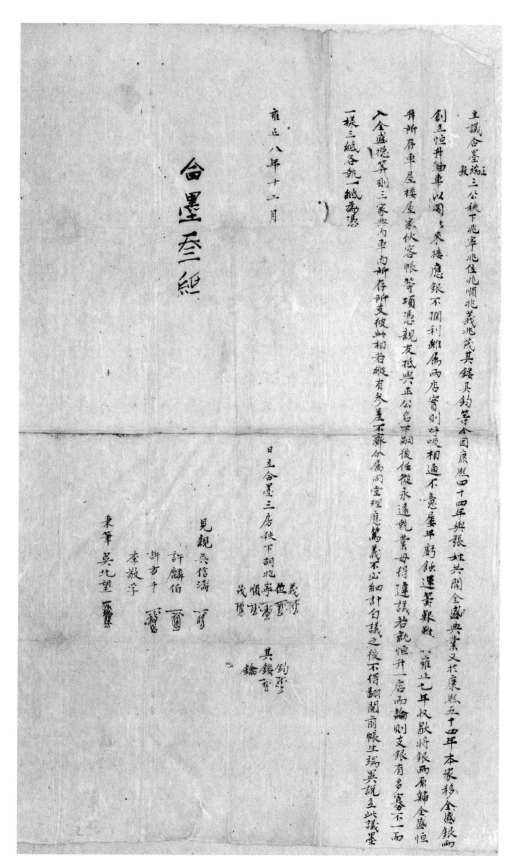

立議合墨端正敷三公秩下兆寧、兆位、兆順、兆義、兆茂、其錢、其鈞等，今因康熙四十四年與張姓共開全盛典業，又於康熙五十四年本家移全盛銀兩創立恒升油車，以圖〻來接應銀，不擱利，雖屬兩店，實則呼吸相通。不意屢年虧蝕，運籌艱難，于雍正七年收歇，將銀兩原歸全盛。恒升所存車屋、樓屋、家伙、客帳等項，憑親友抵與正公名下，嗣後任從永遠執業，毋得違議。若就恒升一店而論，則支銀有多寡不一，而入全盛總算，則三家與內車內所存所支彼此相若。縱有參差不齊，分屬同堂，理應篤義，不必細計。自議之後，不得翻閱前帳，生端異說。立此議墨一樣三紙，各執一紙為憑。

雍正八年十二月　日立合墨三房秩下胡兆義、兆位、兆寧、兆順、兆茂

其鈞、其錢、其鑰

見親　吳信濤、許麟伯、許方千、李敬亭

秉筆　吳兆望

合墨叁紙

三

清乾隆元年正月〔祁門縣〕康傑等立均出費用修理土碓及管業議約

立議約石溪康杰兄弟仝康萬孫兄弟共有本都
三保土名羅村衕口上戧土碓一所，戧係对半均業。下戧土碓一所
戧各得三股之一，其春喜三股之一係萬孫兄弟。議
定舂造。於年原于雍正拾年因碓料朽爛不能舂造，
是以三家着議，萬孫兄弟買備木料、車心、槽枚、供匠
工餞，安椿成工。因杰兄弟向未舂造，今憑中議定，
將上戧土碓半戧对萬孫兄弟議定舂造叁年為率，
以準前年修理、安椿、釘槽、換車心之費。再本年下年安
椿、換車心，对半均出，杰兄弟出一半。下戧三股之一議定
对萬孫兄弟舂造玖年為息，以準前年安椿、釘槽、換
車心之費。仍議貼萬孫兄弟銀壹兩整，玖年之外聽
杰兄弟上碓管業。自後二家再無異言。戧有安椿、
釘槽、換車心，杰兄弟管理；其延年淤沙修整，俱萬
孫兄弟管理。戧有安在碓堂内現碓舊交碓之日
对杰兄弟以便管業。今欲有憑，立此議約存照。

議約[illegible]照

乾隆元年正月初四日立議約兄康杰兄弟（押）
同弟 萬孫兄弟（押）
中見兄 喜孫（押）
代筆弟 尚慶（押）

三

清乾隆九年正月某某縣金雲先等立議兩家石窟合夥取石合墨

立議合墨人金雲先、陳仕遠，今因兩家續置土名金村園、柿木園、石窟大園、石窟塘等號，石塔前後高低不異，其號內先年汪天育賣與金雲先中間壹片，眼同釘石爲界，係金雲先一人已業，其餘等號石地，兩家情愿央中立墨合夥取石，挑泥車水兩半各認，取石眼同兩半均分，亦毋得懷私肥已，如有此情，察出憑中公罰銀叁兩。其號內畜養白果樹木俱各存衆，自議之後，二家不得翻悔，如有悔者，聽從執此合墨憑公理論。今欲有憑，立此合墨兩張，各執壹張，永遠存照。

合墨壹樣兩張各執壹張永遠存照

（一）

乾隆九年正月

日立合墨人金雲先

陳仕遠

憑中金君仁

陳輝輔

汪季美

金惟山

汪君茂

依口代書孫耀三

（二）

清乾隆九年正月某某縣陳仕遠等立議兩家石窟合夥取石合墨附嘉慶七年某姓畹芬代立白果樹木股份拼過無存批

立議合墨人陳仕遠
金雲先今因兩家價買土名金村園柿木園石窟大園石窟塘等號石塔前後高低
不異其號內先年汪天育賣與金雲先中間壹片眼同釘石爲界係金雲先一人已業其餘等號
石地兩家情愿央中立墨合夥取石挑泥車水兩半各認取石眼同兩半均分亦毋得懷私肥
己如有此情察出憑中公罰銀叁兩其號內畜養白果樹木俱各存衆自議之後二家不得翻悔
如有悔者聽從執此合墨憑公理論今欲有憑立此合墨兩張各執壹張永遠存照

白果樹木該身等股分于嘉慶七年拚過無存畹芬代批[illegible]

[illegible]

（一）

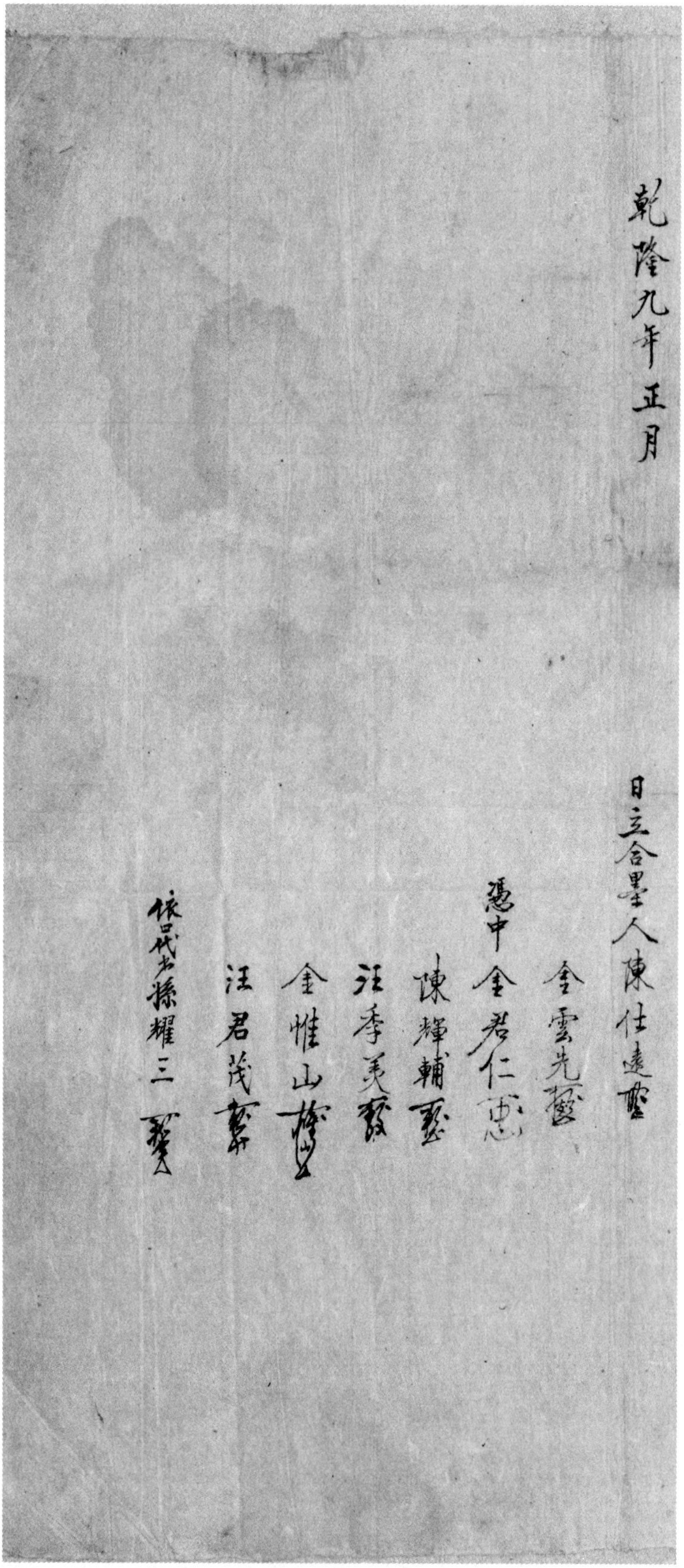

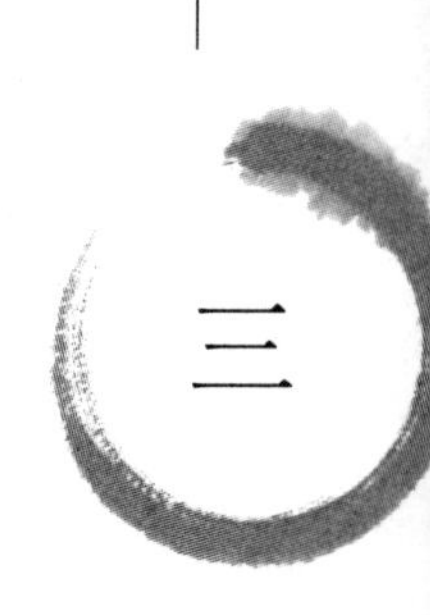

乾隆九年正月　　日立合墨人陳仕遠（押）

全雲先（押）

憑中金君仁（押）

陳輝輔（押）

汪季美（押）

金惟山（押）

汪君茂（押）

依口代书孫耀三（押）

（二）

三

清乾隆三十七年二月某某縣程景明等立合做益和店生意議墨

立議墨程景明、項奉天，因向年王咸一所開益和店業，不意咸一全然自不經理，以致連年虧本，今咸实難再支，因有賬目濫賒在外，一歇則不能取討，以致清算各客血本，难免經官比追之累。我等因念親情，不得已重与項奉天合本開張合做生意，但願皇天庇佑，生意興隆，事務得以清楚，不致有負于人，則我等之幸〻也。所有各款開列于後：

一、王咸一自廿三年起至卅六年止，虧空店本銀叁伯柒拾四两零五分三厘，彼自設法变產歸還，决不累及于他人，無異。

一、店中賬目自卅三年起至卅六年止，係王咸一身上取討歸清，倘不能清楚，係咸一認還，与程景明、項奉天无干。

一、自卅三年起至卅六年止，咸一計算共虧本銀陸伯四拾陸两捌錢零五厘，程景明因念親誼，情願自己代歸補債叁伯两，仍叁伯四拾陸两捌錢零五厘，酌議亦存歸補，俟每年春算除去本股官利之外，仍有餘息，情願代咸一歸補叁伯餘两之空，倘日後不能歸補此項，而咸一不得辞責，仍要設法歸還，無辞。

（一）

一卅七年以前所有会人銀両俱与項奉天無涉

自此合做之後務須協力同心無得各懷私意如有私心 神明鑒察 立此議墨一樣二紙各執一紙

乾隆叁拾柒年弍月拾八日

立議墨 程景明（押）

項奉天（押）

居間 王魯瞻（押）

項楚三（押）

一[illegible]

（二）

清乾隆四十一年十月某某縣金若海等立議鬮分石宕照界管業合墨

立議合墨金若海等同姪汝三、懋昭等，今因此字號石宕壹業，今三面嚌議車水挑泥鑿打取石，其石宕三面

眼同釘點，已作叁大股，今新買作陸小股，均分若海等鬮分得肆小股，汝三鬮分得壹小股，懋昭等鬮分得壹小股，自

後各人照界管業，取石不得爭長競短，其宕內之水俱係公衆，其泥各股照界內自挑，今自分之後同心合意，倘石行

通，務要接打，不得刁難，餘有不接打罰石壹盞公用，恐口無憑，立此合墨壹樣叁張，各執壹張為據。

一鬮北頭橫貳丈捌尺，直至陳本立塘為界，外帶衖路□安車出水，汝三、懋昭鬮得

二鬮橫貳丈捌尺，直照壹鬮界，若海等鬮得

三鬮橫至汪宅界，直照壹鬮界，若海等鬮得

一議中心北照南原假降石壩存衆，攔水不得私強鑿打，如有違議公罰無辭，所有各號仍存餘地，日後局一執契，按號照稅均分，不得爭競

又議金若海等同姪懋昭等髮字壹千肆佰玖號，土名汪小塢，原係各買之業，均有界限執管，但號內之業有石未取，今議之後懋昭界內四圍不得填泥卸

假再批

內改人字壹個、鬮字壹個，再批，所有水路原照先年江、陳兩姓立有合墨，出水不得攔阻，又批內加懋昭界內肆字，此批據

合墨壹樣叁張各執壹張存照

（一）

乾隆肆拾壹年拾月　日立議合墨金若海（押）

同弟　若三（押）

同弟　若倉（押）

同姪汝三（押）

懋昭（押）

同弟美昭（押）

凴族　公禮（押）

公祥（押）

其亮

學民（押）

凴親胡廷珮（押）

曹照川（押）

代筆曹鍾若（押）

（二）

三

清道光十四年十一月某某縣王程氏等立祖遺永泰字號雜貨糧食店店規議合

立議合長房王程氏二房王汪氏三房王臨青等緣祖遺宣邑黃池鎮永泰字號雜貨粮食店一業合
房派支家用賴以捌生邇年皆有透支店本之運且子姪在店藉以為東需索店事日替欲行復整
說矣是以公同嘀議請店執事王季坤携各賬簿來里凴同族衆澈底盤查清筭連店屋傢伙作價
并各貨以及往來鄉賬除還會票外寔只存本七折錢貳仟捌佰肆拾陸兩[illegible]錢柒分釐兩長房除透支寔佔存本七折錢
玖佰肆拾捌兩柒錢二分六釐二房除透支寔佔存本七折錢玖佰肆拾捌兩柒錢貳分陸釐三房除透支寔佔存本七折錢玖佰肆拾捌兩柒錢貳分陸釐
議定嗣後照本分利倘有虧折亦照本派筭各房均不得透支以圖永固倘有透用皆即削本不得借差
暫掛子姪在店生理者本（估）者不得由本在外私行射利自當照各夥計一樣論事議俸如不守店規即
行辭出如不在店生理者不消久往店內以及需索有虧店本第店務自道光四年盤存并公号寔
只存七折錢伍伯柒拾玖兩未買有店屋而後創置一切皆賴執事王季坤之力致有今日之存但伊近年
辭如年邁告老在家店中亦復照舊支俸以酬勤勞各盡其心自議之後永遵無異今欲有憑立此合
議一樣三帋各房執一帋存照

（一）

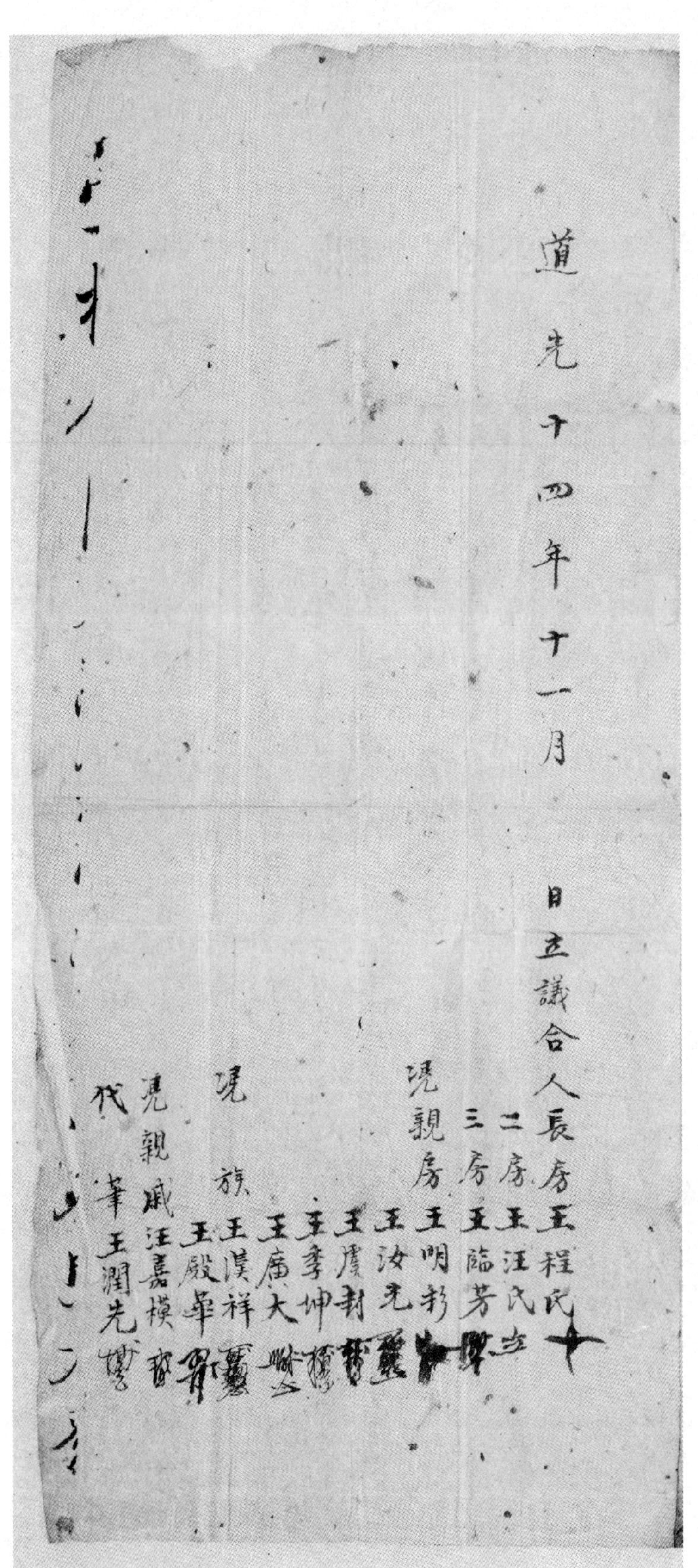

道光十四年十一月　日立議合人長房王程氏
二房王汪氏
三房王臨芳
凭親房王明彩
王汝光
王虞封
王季坤
王庶大
凭族王漢祥
王殿華
凭親戚汪嘉模
代筆王潤先

（二）

三

清道光二十五年三月某某縣舒禮謙等立嘉慶年間合夥開張集賢賓麵館規矩合同議墨

立合同議墨舒禮謙胡仲陽余志常汪焕亭舒佐唐舒東衡緣舒禮謙同弟濟柔即東
衡之父及胡仲陽之父星如余志常之父賜谷併程修存四股合夥於嘉慶年間在饒州府
東關外開張集賢賓面館胡星如余賜谷程修存各得一股舒禮謙同弟濟柔合得一股續因
程修存股分無[illegible][illegible]夥情愿照數拔出公邀汪焕亭舒佐唐二人合夥照数加入一股是此店仍舊
四股合夥胡仲陽之父星託得一股余志常之父賜託得一股舒禮託同東衡之父濟託合得一股汪焕
託同舒佐託合得一股弟思從前因係相好合夥開店今胡星如余賜谷舒濟柔俱已物故舒禮謙
亦漸衰老若不議定規矩書立合同誠恐各股子弟不體前人之志有失同袍雅誼爰是齊集
妥議公舉管理店事各股子弟向不在店者不得藉有股分在店久停其生意盈拙候次
年正月盤查若有獲利即四股公分不得預先扯用若係折本即候次年所獲之利補足所折
之數有餘者均分倘日後各股子弟內有不愿合夥者只可照依現存股分本錢如數拔出
不得替與外人更不得藉口合同收歇其逐年所獲利錢各股立摺於次年盤清之後憑摺支
取無摺不能支利自議之後各股不得翻異庶店業可保永久誠創業艱難守成不易之
謂也爲此議立合同一樣六張各執一張存照

（一）

計開

胡星如記　壹股　計本錢四百千文

余賜谷記　壹股　計本錢四百千文

舒禮謙記
舒濟柔記　合壹股　計本錢四百千文　內各人多寡不一，日已另有清賬

汪煥亭記
舒佐唐記　合壹股　計本錢四伯千文　內煥亭濟本錢壹伯五拾千文，佐唐濟本錢貳伯五拾千文

[illegible]

道光貳拾五年三月　日立合同議墨　舒禮謙（押）

胡仲陽（押）

余志常（押）

汪煥亭（押）

舒佐唐（押）

舒秉衡（押）

三

清道光二十五年三月某某縣舒禮謙等立嘉慶年間合夥開張集賢賓麵館規矩合同議墨附同治十年正月余汪氏等立出頂股份批合同字

立合同議墨舒禮謙胡仲陽余志常汪煥亭舒佐廛舒東衡緣舒禮謙同弟濟柔即東衡之父及胡仲陽之父星如余志常之父賜谷併程修存四股合夥於嘉慶年間在饒州府東関外開張集賢賓麵館胡星如余賜谷程修存各得一股舒禮謙同弟濟柔合得一股續因程修存股分無力合夥情愿照数拔出公邀汪煥亭舒佐廛二人合夥照数加入一股是此店仍舊四股合夥胡仲陽之父星記得一股余志常之父賜記得一股舒禮記同東衡之父濟記合得一股汪煥記同舒佐記合得一股第思從前因係相好合夥開店今胡星如余賜谷舒濟柔俱已物故舒禮謙亦漸衰老若不議定規矩書立合同誠恐各股子弟不體前人之志有失同袍雅誼爰是齊集妥議公舉曾理店事各股子弟向不在店者不得藉有股分在店久停其生意盈拙候次年正月盤查若有獲利即四股公分不得預先扯用若係折本即候次年所獲之利補足所折之数有餘者均分倘日後各股子弟内有不愿合夥者只可照依現存股分本錢如数拔出不得替與外人更不得藉口公同收歇其逐年所獲本錢各股立摺於次年盤清之後憑摺支取無摺不能支利自議之後各股不得翻異庶店業可保永久誠創業艱難守成不易之謂也爲此議立合同一樣六張各執一張存照

（一）

三

清道光二十五年三月某某縣舒禮謙等立嘉慶年間合夥開張集賢賓麵館規矩合同議墨附同治十年正月余汪氏等立出頂股份批合同字

立批合同字余汪氏同媳余胡氏、緒氏子於同治四年約故叔嬸謝氏六年來饒，經鳴親族首士眼同分
定，氏得四股之二，嬸得四股之二，其叔嬸股分當憑親族清算，該得股分錢文一概扳付其本
是氏挪移頂受。今因負債無措，自願同媳將原受叔嬸股分憑中出頂與股內
舒濟記名下生持，氏家股分仍留十四股半之二，日後麵中生意獲利四拾四股半之
二名目振分，無得異說。此批。

同治拾年正月　日立批合同余汪氏 押　媳余胡氏 上

秉筆媳親弟胡法邦書

計開

胡星如記　壹股　計本錢四百千文

余暘谷記　壹股　計本錢四百千文

舒禮謙記
舒濟棻記　合壹股　計本錢四百千文　內各人多寡不一，自己另有清賬

汪煥亭記
舒佐唐記　合壹股　計本錢四百千文　內煥亭得本錢壹百五拾千文，佐唐得本錢貳佰五拾千文

（二）

清道光二十五年三月某某縣舒禮謙等立嘉慶年間合夥開張集賢賓麵館規矩合同議墨附同治十年正月余汪氏等立出頂股份批合同字

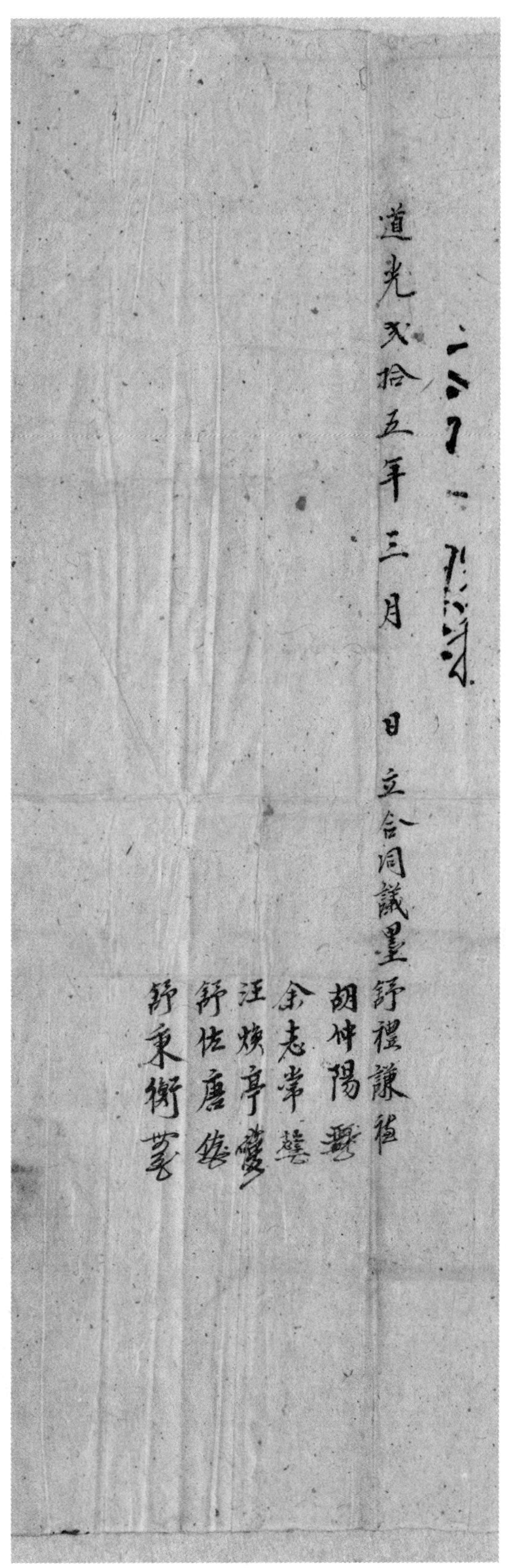
道光式拾五年三月　日立合同議墨舒禮謙押
胡仲陽押
余志常押
汪焕亭押
舒佐唐押
舒秉衡押

（三）

三

清道光二十八年正月某某縣盛義宏等立父置義豐店號雜貨油坊生理規則議合文約

立議合文約人盛義宏義省義宸義寬義寵仝侄可發等原父　尚林公先年在於一都土名閻腦置買基業
開張義豐店號雜貨油坊生理不幸於道光十一年八月逝世臥簀之時念店內所該客本未歸惟恐貽累命
身義宏與四弟義寬六弟義實在店管理歸還客本因二　三五弟業儒不能照料各受其業無違遺命又不幸六弟
義實於十六年早喪店中之事皆是身宏與寬二人掌管至今所有店內前該客本今已還清並無遺累亦因身宏年
近六旬精神欠健難以在店照料愿將店內所存銀錢貨物往來賬目一併交出清楚盤查除抵還仍淨存計本錢貳千叁
百伍拾千文兄弟伙義共嘀念身宏在店多年將本錢內撙錢叁百千文又實租伍拾秤其租店內一時不能拔出又將店本錢
內撙錢壹百伍拾千文存店後買租谷抵償以作宏一生料理店事辛資今將家中衆存桂家垅租谷叁拾捌秤又將土
名秧垅租谷拾秤盛家店厠所租谷貳秤共租谷伍拾秤不論荒熟付宏坐田暫收候後店內續買租谷隨付隨和又因
四弟寬在店多年弟兄共議撙店內所付隆興號會銀壹百兩會週之日付寬收領以作辛資日後毋得另議津帖除
撙存之外店內只伙本錢壹千玖百千文憑公議週年一分行息又店租及傢伙公議作錢捌拾千文每年拔出付各項支
銷其店內所伏本錢自後六房人等毋得在店强支一有此事是不遵遺命公仝鳴　官照不孝処治恐後無憑立此合
文一樣六紙各收一紙永遠存照

再批栢溪街義成店本錢照舊歸義豐店管又照

謹將各項每年支用與合議規則開載於后

一議　母親張氏食用另立一摺迭年在店所收地坦田租出支

一議六房每年家支只準伍拾千文為則如有透支者即將伊所存店本股分抵除

一議衆存山塢田租地坦租錢等項照舊歸店掌管以好開消各項雜用

一議錢粮門户差事坐收上平里及江村地坦租支用

三

清道光二十八年正月某某縣盛義宏等立父置義豐店號雜貨油坊生理規則議合文約

一議店内操錢均分蝕本均認
一議店事與各産倘有外人侵佔口角公同料理毋得推諉
一議店内傢伙器用各物系毫不許挪移查出見一罰十
一議店事照旧六房合開公舉義寬在店管理因寬熟悉店事寬亦自愿承扶不肯敗壞　父名公議
將付隆興店會銀壹百兩候會週之日付寬湊納功名日後店内獲利再毋許攊功勸補至每年辛
俸照旧按支

道光貳拾捌年正月　日立議合文約人盛義宏（押）
義寬（押）　義宥（押）
義寵（押）　義宸（押）
仝侄可發（押）
中見族　尚武　十　可琯（押）
店夥　金秀林（押）
奉書男可璵（押）

（二）

三

清咸豐五年正月某某縣程澗南等立合開德泰衣號合同

立合同人程澗南、程佩鳴、曹麗泉今合議租到南街口　胡姓店面內外
兩進，合開德泰衣號，自愿憑中每股各配出洋鈿壹佰圓正，共成叁佰
圓正，以作資本，逐年官利生壹分弍厘起息，仍剩餘利三股均分。倘遇虧
本，三股配足。如資本不敷，暫移客本，在衆包利。自議之後，務祈同心如一，
毋得懷私肥己，自有利貞之吉，不愧管鮑之風，此則店之興而業之恒也。
今欲有憑，立此合同一樣三紙，各執一紙，永遠大發存照。

咸豐五年正月　日立合同人程澗南（押）
程佩鳴（押）
曹麗泉（押）
憑中曹勝安（押）
代筆程景周（押）

合同一樣三紙各執一紙永遠大發存照

三

清同治三年十一月（祁門縣）洪惇睦堂等立店屋租銀及修理按股派收派出合文

立合文洪惇睦堂秩下支祠慎徽堂因先年曾借与中庄許映廷親紋艮叁伯叁拾弍两内惇
睦堂紋艮壹伯叁拾两慎徽堂弍伯两許因無措歸完將江右景德鎮店屋壹重抵完立杜賣
契壹帋現開当帋生理係撫州人氏店號森和要存租批另立租摺同時大案匯收共計弍佰
租業錢紋艮肆拾肆两正又聖節巷內店屋壹間另立斷賣契現未租人已帖另召租貼以上店
屋兩重皆因兵災之後時勢未定衆會請秩下到鎮費盡心机兼耗盤費衆議四年不收租金
計有一切費用照公議按分派出今集衆商議以上弍店租銀及修理店屋公作十股派收派出
惇睦堂議得肆股慎徽堂議得陸股准此分美日後秩下毋得生端異說恐口無憑立此
合文弍帋各執一帋存匯永遠為據

立合同弍帋各執存照

（一）

三

清同治三年十一月〔祁門縣〕洪惇睦堂等立店屋租銀及修理按股派收派出合文

同治三年十一月　日立合文惇睦堂族長炎輝（押）
房長潤開（押）
代書文会長遂卿（押）
管事　維賢（押）
管事　仁卿（押）

（二）

三

立議墨合同人胡慎柏胡英昌盖聞財從伴生事在人爲故嚶鳴求友詩
歌伐木之章其味如蘭易著斷金之義第薰蕕在器彼此未皆善良然玉石
自分損益既審去取豈至私曲懷心有遜於管鮑之誼哉蘇因志同道合黍屬宗
誼情愿嘀議合本在休邑瑶溪中街合開瑞和仁記煙店生理胡姓出本
銀壹佰兩正胡姓出本銀壹佰兩正共成弍佰兩正自開之後各宜盡心協力
和氣共理毋執混亂賬目逐年正月眼仝清算照本分利其正本存留店内毋得
支取以爲貿易淵源不謁之貲官利之銀聽從自便羨餘之銀候賬目除訖再
聽支取或有餘銀存店生息另外登簿倘有已用各記己支毋得隐瞞如有懷私
利己憑中公罰今欲有憑立此合同各執一帋存據

再批　瑞和店招牌杭首傢伙係是胡珊揚英昌二人之業　又照

（一）

清同治四年正月某某縣胡慎柏等立合本合開瑞和仁記煙店議墨合同

同治四年正月　日立　合同　胡英昌（押）
胡慎柏（押）
中見　叔胡珊楊（押）
周灶起（押）

（二）

三

清同治四年十一月〔歙縣〕汪太史堂等立合做磁土生理合約

立議合約人汪太史堂許尚義堂等緣我二家有共業山壹備坐落
本都七保坐東朝西土名岔脚岔旋網形其山汪姓向種茶科樹木在上
新尋得該山產有磁土實係無碍祖坟可以入山採挖今我二堂商議出身邀
仝我本家合做磁土生理先議山租逐年共交錢叁拾陆千文正所有四至東至山
頂西降脊被水西至山脚南至田北至壟四至之内二堂盡數出租所凴租者雇
工入山開挖磁土以土盡為止至于生意獲利四股均分蝕本四股均認其山租在
于出家按月支取倘日後股分内有不欲做者听凴退出仍归同事之内毋得轉頂
他人再我二姓山場虽係己業既已合夥共做磁土生理不能变賣他家以及獨自雇
工入山開挖等情新同事商定相機以事可暫可久可挖可止亦不必視為難捨之物嗣
後務須同心同陸戒以勿欺庶不負共事一番之雅意也今欲有凴立此合文壹樣六
帋各收壹帋永遠存據

（一）

再批以前汪姓獨立合文内有土名岔脚嶺茶培塢俗名鯉魚形係汪太史堂之業

亦在清單卅字文之内一同汪祖所有汪姓前立合文以及承佃兩約不必繳換附照

同治四年十一月念四日立合文汪太史堂 許尚義堂

再批維和名下内除壹股仍作拾六股

共做又照

（半書）

一叁 邀仝

汪集和（押）壹股 收約壹紙

汪維和（押）肆股 收約壹紙

許運興（押）壹股 二人共收約壹紙

許青茂（押）壹股

汪耀章（押）貳股 收約壹紙

汪子榮（押）叁股 二人共收約壹紙

汪子正（押）貳股

汪岫華（押）叁股 收約壹紙

中見筆 汪承之（押）

合同

立合同汪渭川 胡建忠 程綬庭 王志棠 四人意氣相符公同合租下汪村謝
宅店屋壹所開張油坊生理公取招牌益茂當日議
定作為六股合開每股各付出洋鈿壹伯元胡建忠
付出洋鈿壹伯元作為一股程綬庭付出洋鈿壹伯
元作為一股汪渭川付出洋鈿貳伯元作為兩股王
志棠付出洋鈿貳伯元作為兩股共成六股統共資
本洋陸伯元正今概付與本店辦貨開張交易設有
餘羨照股均分或有虧耗照股派認今立合同四張
各執一張從此日新月盛意合和同永遠大發存照
再批同治五年起盤存紅帳壹本存店又照
同治五年正月吉立合同人 汪渭川
胡建忠
程綬庭
王志棠

清同治五年正月某某縣汪渭川等立合股開張益茂油坊生理合同

立合夥字人吕培賢、賢松，緣因兩造情投意合，自願各出資本洋蚨貳拾員，共計洋蚨肆拾員，憑交賢松前至江北販買南土，轉交信足前至柱德朝首村交賢培賢出售，當日言定販買之事皆歸賢松在江北運籌，出售之事盡歸培賢布置，議定概不賒帳，日後生意益大，須當添本，兩人資本或有不齊，即照本分利，毋得相欺。抑或手內拮据，各支各利，即照生本按常年壹分起息支取，無詐逼伐，兩人皆不支取工價，而兩地亦不開支房租、火食、用費，倘水陸關稅，如有失脫，各聽天命，兩無異言，每年之終，松立清帳交培查考，培立清帳交松覆查，如有私情，聽其指明理論，此係兩相情願，大發財源，恐口無憑，立此合夥字兩紙，各執一紙存照。

光緒十貳年正月十八日 立合夥字人 吕培賢（押）、賢松（押）

憑中 程蓮花（十）、嫁佳林（押）

尚之代筆

財源廣進

清光緒十二年正月某某縣吕培賢等立合夥販買南土字

三

清光緒十三年四月〔歙縣〕謝盛和等立議合股開設義盛行生理合同

立議合同人謝盛和、敬修、恒太、恒友、保三五人合議今請到中則行帖一紙行名義盛户名明鑑在於黃山源地方開設行業生理以共五股每股英洋四十八元總共合成本英洋二百四十元正日後行内生意務要用心合意办理彩内毋得爭鬧外處請客一事具要同心協力毋得推委於行内有事大家俱要帮做不諸何人請得客來用錢三厘抽分行内管賬舉秤行動之人每日工價包飯錢二百文正照此每年得有行用除去事費錢粮使用火食五股均分嗣後行規照依舊例行内諸人必要以大義為本不可因小忿而失大義再者倘有園户人等在行内擾亂生端本行之人公同理論内裡諸人亦毋得生事如有口角爭鬧行兇者干罰洋拾元正不得短少行帖實存敬修處收管不得遺失倘若遺失賠洋弍百四十元正恐口無憑立此共議合同一樣五紙各執一紙永遠為據

（一）

再批每年供客火食各管一年，每位火食錢壹百文一日，請客歸公扣算，又照。

光緒十三年四月吉日立議合同人 謝盛和
謝恒友
謝恒太
謝敬修
謝保三
憑中人 謝正坤
謝德大
執筆人謝子丹

（二）

違衆議　一議各股正本作週年壹分……
每家抄寄清細紅單一冊存店中另立……
除開銷伙用正副本折息各客賬目……
事等二人分得仍一成辦執事者量……
西邊治湴石膏等貨歸店中所銷……
中道變節治涤歸弱不論親故同事……
作實銀　一議如遇會計之年係利……
議坐執事者是問　一議店中節……
存店核查施行

光緒貳拾玖年正月　日　立合同……

秉筆……

移照平俸公分以勵衆志餘利必須俟至三年

全壹股酬勞經手永爲定章餘利分入各股任

行悉此例

可無論親疎內外任憑量材授職不稱職者聽

遵守違者即行斥退毋得徇情

合淑[illegible]長永遠子孫

我等意氣相投誼慕管鮑高風集資經營希
合設
資本怡和堂入正本曺平呬紋伍伯兩正順
庭入正本曺平呬紋伍伯兩正倪錫章入正
曺平呬紋貳仟兩正自今之後我等同仁毋
兩辦店規章程列左永為定議每逢歲首眼
但願生意日升月恒子孫世守基業則我等
議墨壹樣四張各執壹張永遠存據

合同議墨人 萬瑞庭押
怡和堂（押）
順生和（押）
倪錫章押

分入各賬聽憑拔用不準年內預支

立合同人 汪篤如 胡燮記 胡仰期 胡贊堯 胡綺琍 汪式邦 王英甫 公議在蕪湖西门

保和隆南貨店生意今我等連衆志
惟願誼業世守甘苦同心競競相承
胡仰期付出正本銀壹千兩胡綺琍付
汪式邦付出正本銀壹千兩汪篤如付
以上共計蕪平此銀壹萬兩總統籍
須要穩遠樹不貪為寶以圖持久店
今若過覈折年仿元書與本派
今款有滬立此存據

一議各股東概行不得擅存同事僱使至
中合同二人應聽执事者量材取用以收
期過行會計不得先行挪用銀兩若有

合創

水管錢風流布名字於婺江蘭芳永奠
所厚望茲胡贊堯付出正本銀貳千兩
本銀壹千兩胡燮記付出正本銀貳千兩
本銀壹千兩王英甫付出正本銀貳千兩
王英甫開張交易訂議新創攜面總
每屆會計之年倘有盈餘自當照本均
月一切規章一秉至公妥議臚列於後
咸六不得濫行舉荐以誤店事若遇濟幹素優店
劾不可因限資材　一議事在創始以三年為
為股酌留其半存店不論多寡均作週年壹分行

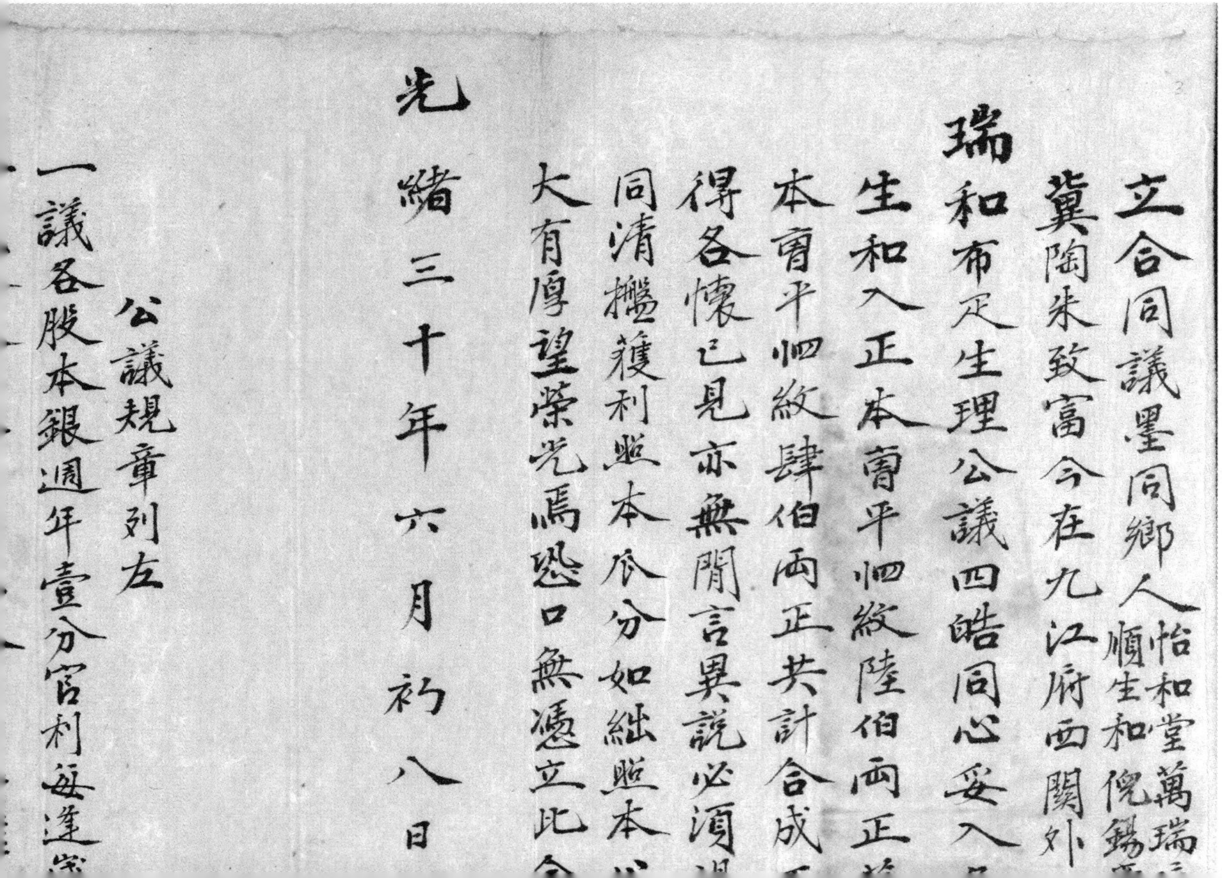

立合同議墨同鄉人怡和堂萬瑞…順生和俔錫…
冀陶朱致富今在九江府西關外…
瑞和布疋生理公議四皓同心妥入…
生和入正本曹平卌紋陸伯兩正…
本曹平卌紋肆伯兩正共計合成…
得各懷已見亦無閒言異說必須…
同清攏獲利照本尒分如紬照本…
大有厚望榮光焉恐口無憑立此合…
光緒三十年六月初八日
公議規章列左
一議各股本銀週年壹分官利每逢…

一議每年清攏贏餘除二八提紅酬

後總結以拾叁股折賬兩股作

憑授支如若存店週年作壹分式

一議公立執事人以尊責成所有夥

便庁退同股毋得異說

以上四條公同妥議以期杜弊興利各

三

民國元年秋月某某縣陳吉慶等立重修灰窯合夥燒灰合同

立議合同人陳吉慶做二股松寶做二股百寶做二股爵仂進祥仂合壹股浩仂壹股
祥仂壹股大孫壹股元好壹股夔鄉壹股今因承祖遺下將土名大園降
等處灰窑弍隻重修壹隻並窑坦又將博牛塢石岩打石公衆合夥燒灰蘇
本以作拾弍股公派每股派英洋伍拾圓共成英洋陸佰圓正議定九月
初壹日上山蘇本以齊交到自此全心協力決無私情如欲私心查出公衆理
論訓罸公議言定以作壹期成做期內不準添進抽出期滿之後再
行從議爲愿生意興隆倘有餘利均分各無異説恐口無憑立此合同共
樣弍氏巾各執壹張存據

（一）

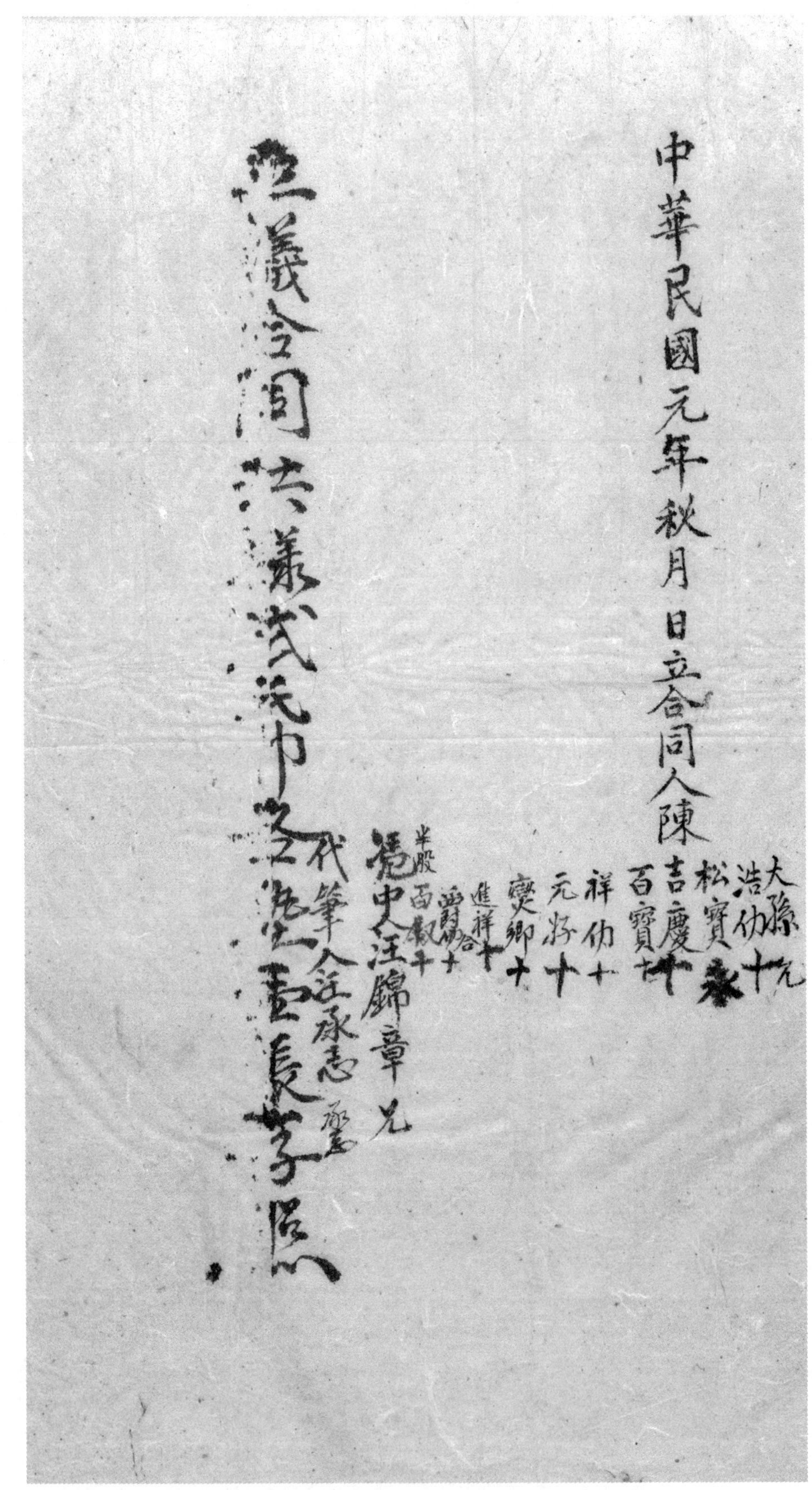

（二）

三

民國十八年農曆九月某某縣王立悌等立重修新窯燒灰分灰合墨字

立议合墨字人王余二姓，都有烧灰生理，原因土名竹坞金鸠坞口
右边祖新窑壹只，今于民国拾八年公议重修，内取窑分灰
作七秤，弍拾细担正，共计三股，每股得灰八担正，有分者不论春
冬先烧，少者该窑出祖，毁坏抽阄自修，言定依例而行，不得
枘争欺善怕恶，今立合墨三纸，各执壹纸，照日世凭，立此
合墨存据。

再批：公议雙阄出，设倍公效，老墨不作以用。

中華民國拾八年歲次己巳菊月日立此合墨字人王立崴十
余昌远十
王立悌写

民國拾八年合墨

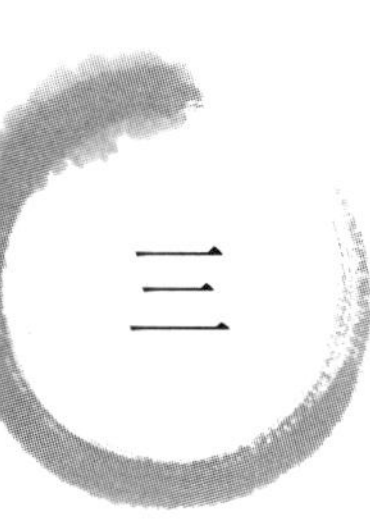

四、清道光至民國年間當票

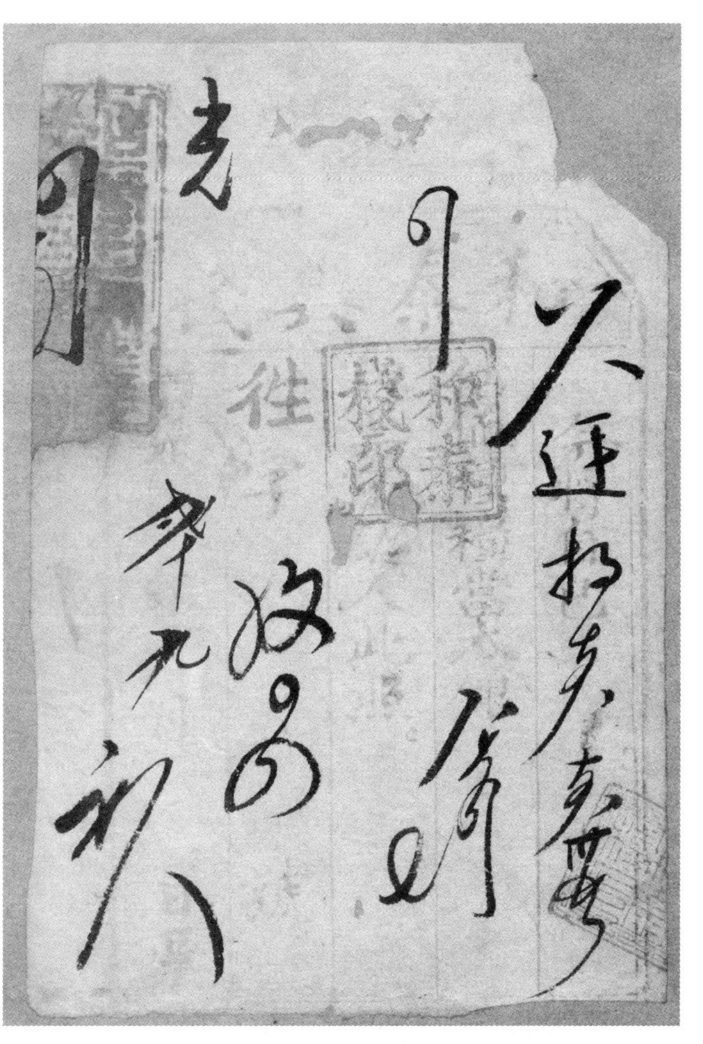

清道光二十年九月初八日某某縣和泰典棧往字五九〇四號當票

三

清道光廿年十二月初三日某某縣和泰典棧冬字一七九九號當票

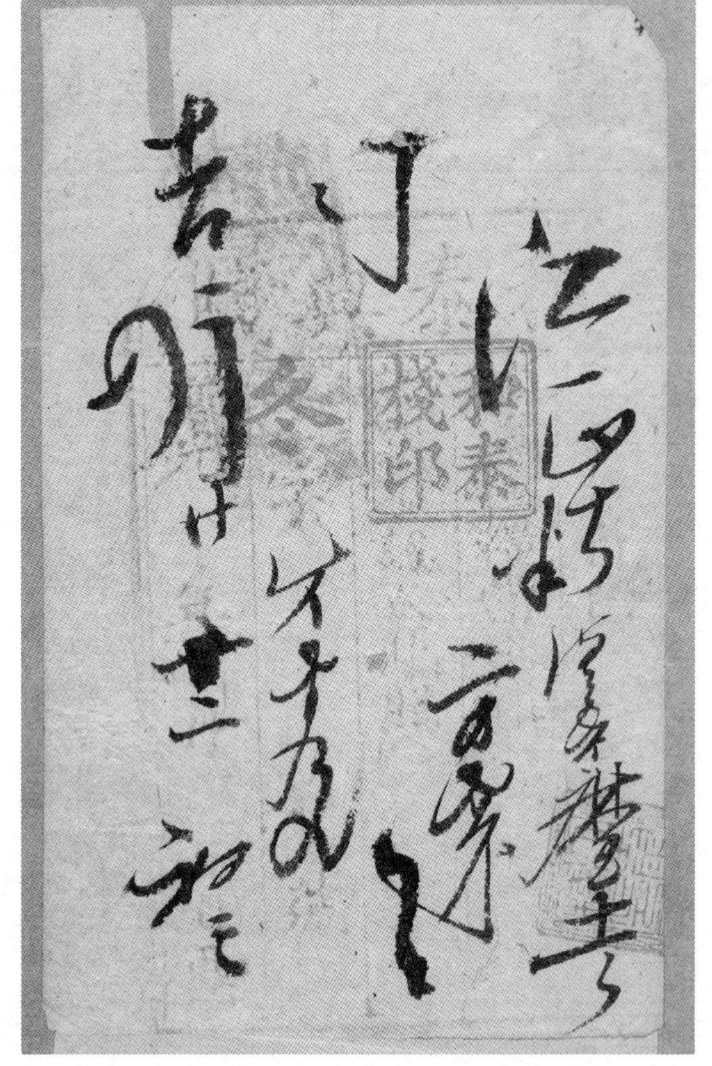

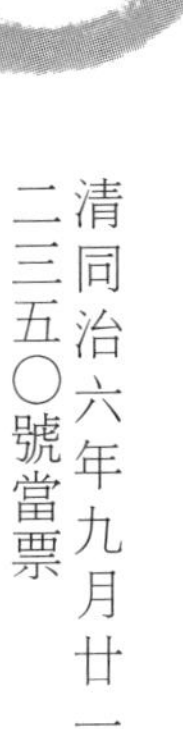

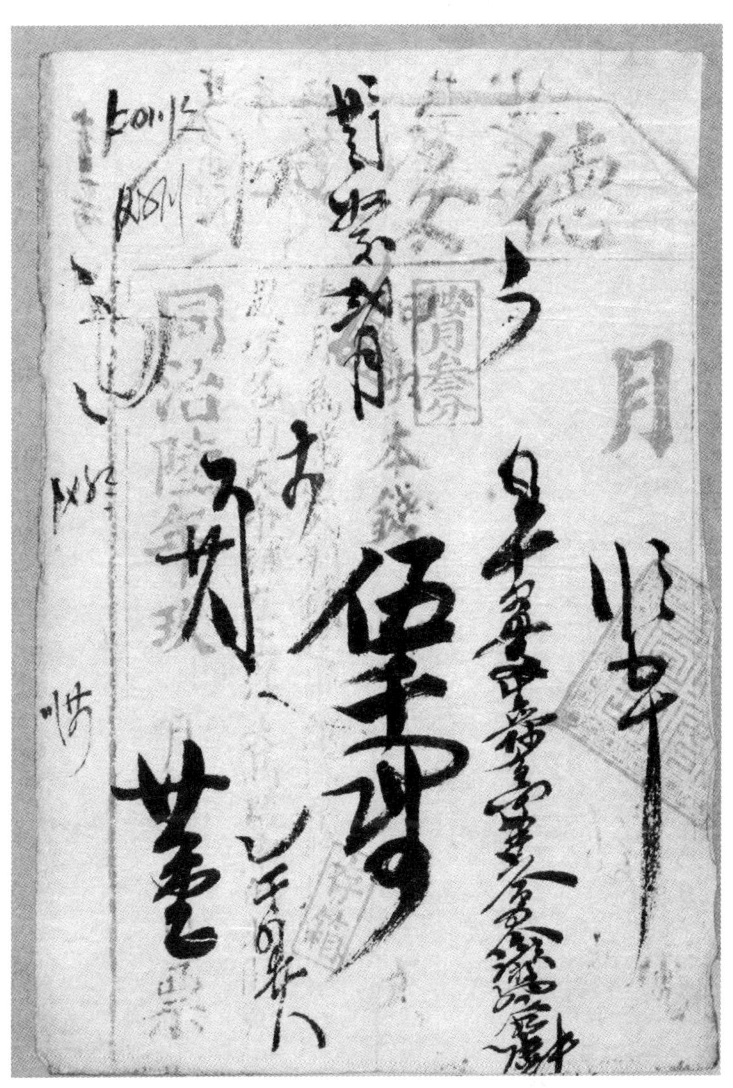

清同治六年九月廿一日（上海縣）德安押月字一二三五〇號當票

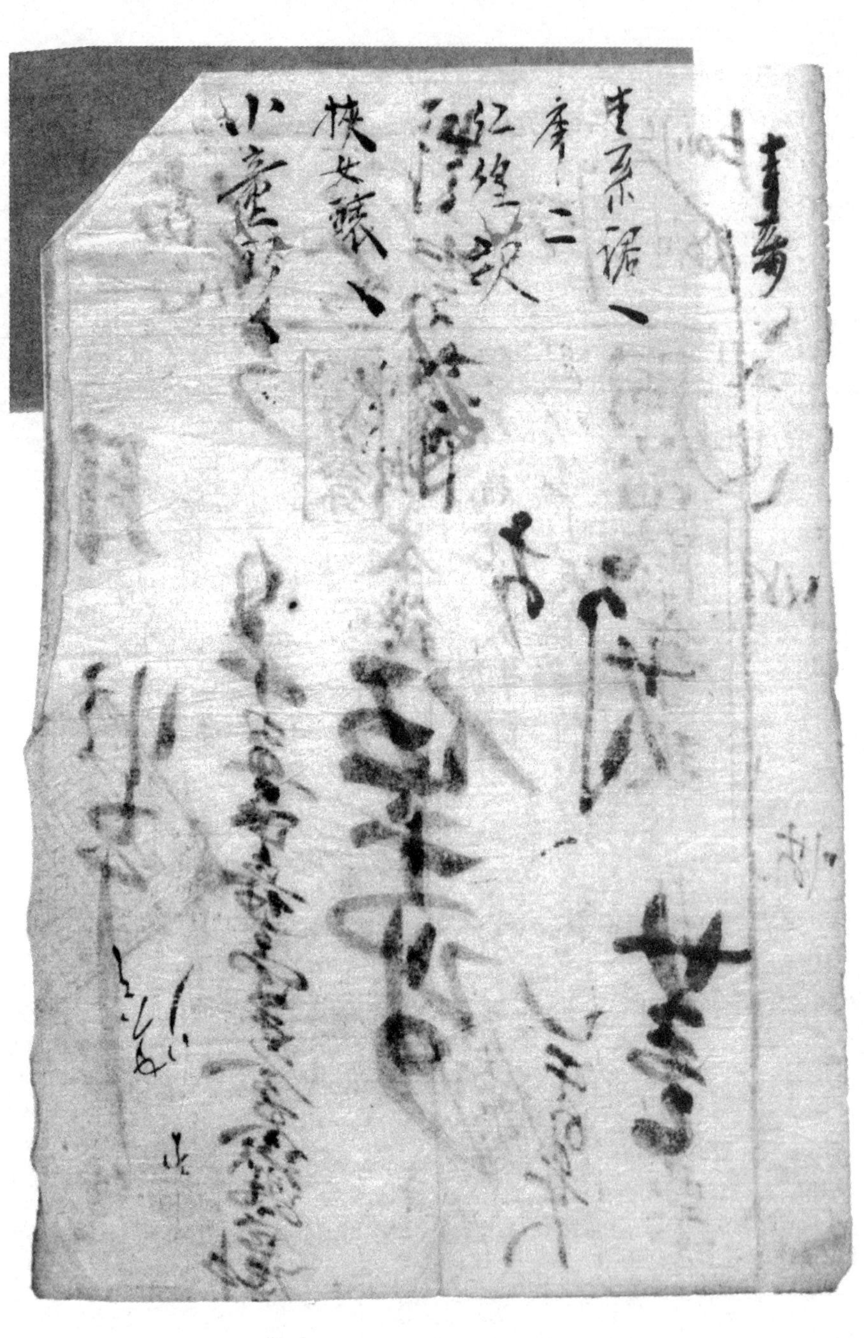

清同治六年九月廿一日〔上海縣〕德安押月字二三五〇號當票〔背〕

三

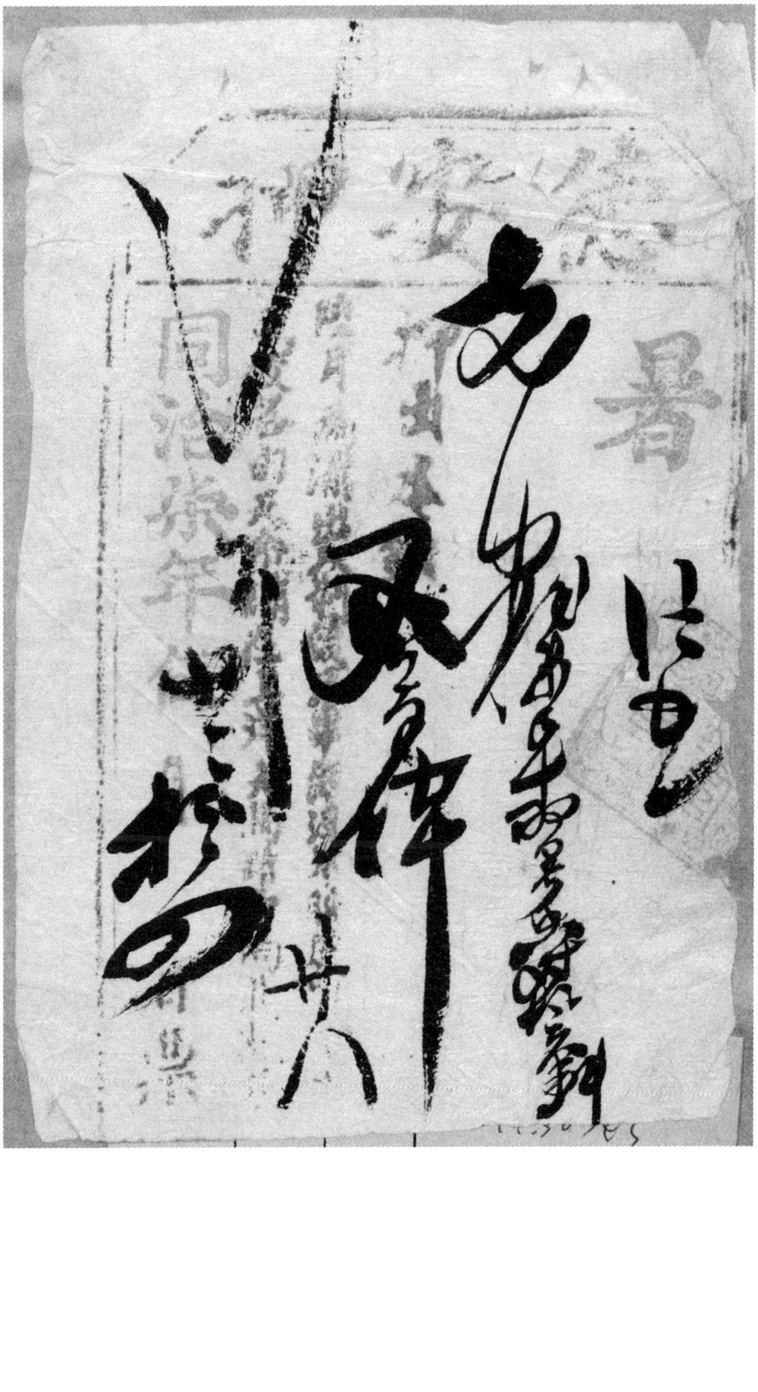

清同治七年五月十四日（上海縣）德安押署字一七五一號當票

三

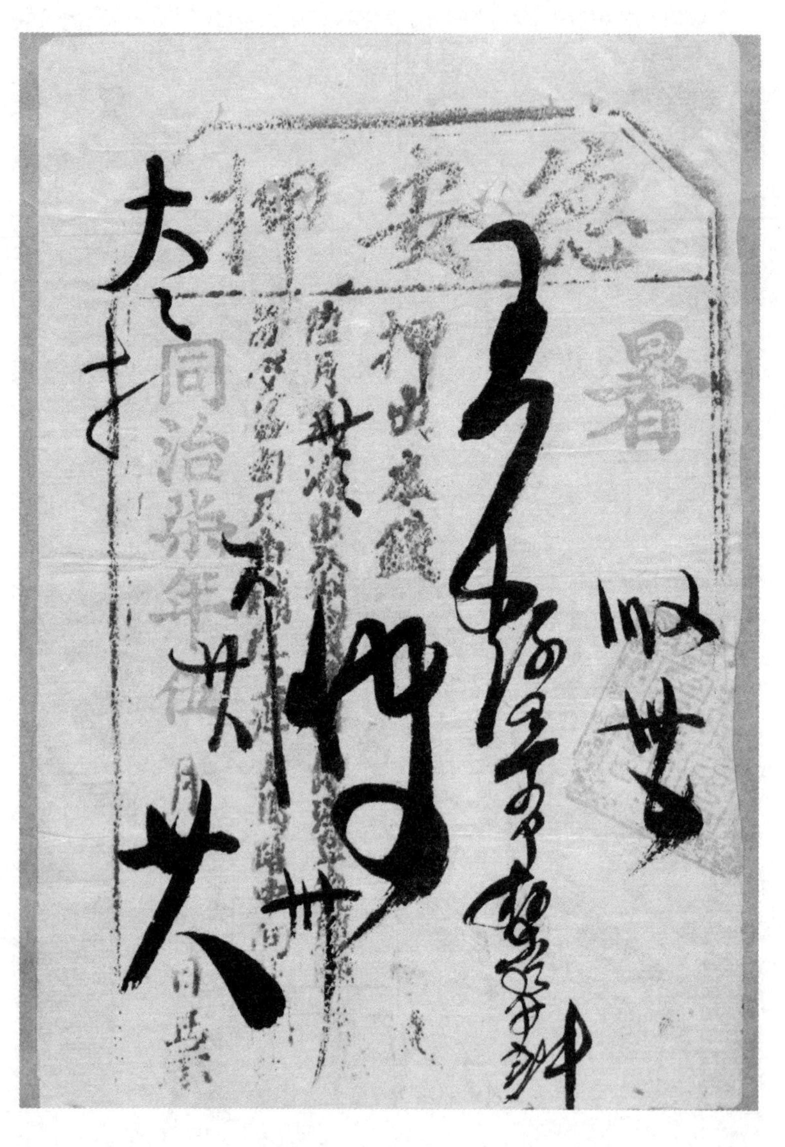

清同治七年五月廿八日〔上海縣〕德安押暑字三四三五號當票

三

清同治十三年十月廿四日〔上海縣〕德安押民字三七一一號當票

三

民國元年八月初八日（休寧縣）萬泰典邇字一一〇四號當票

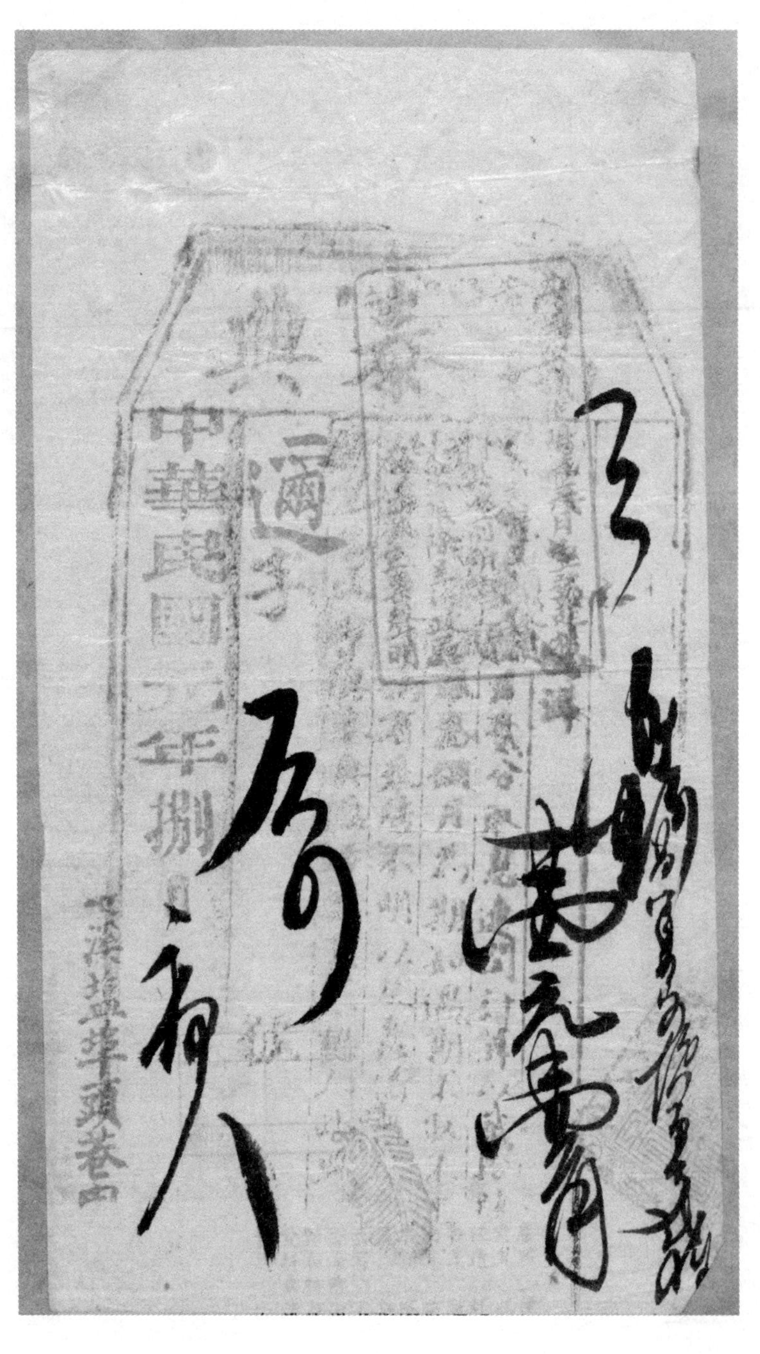

三

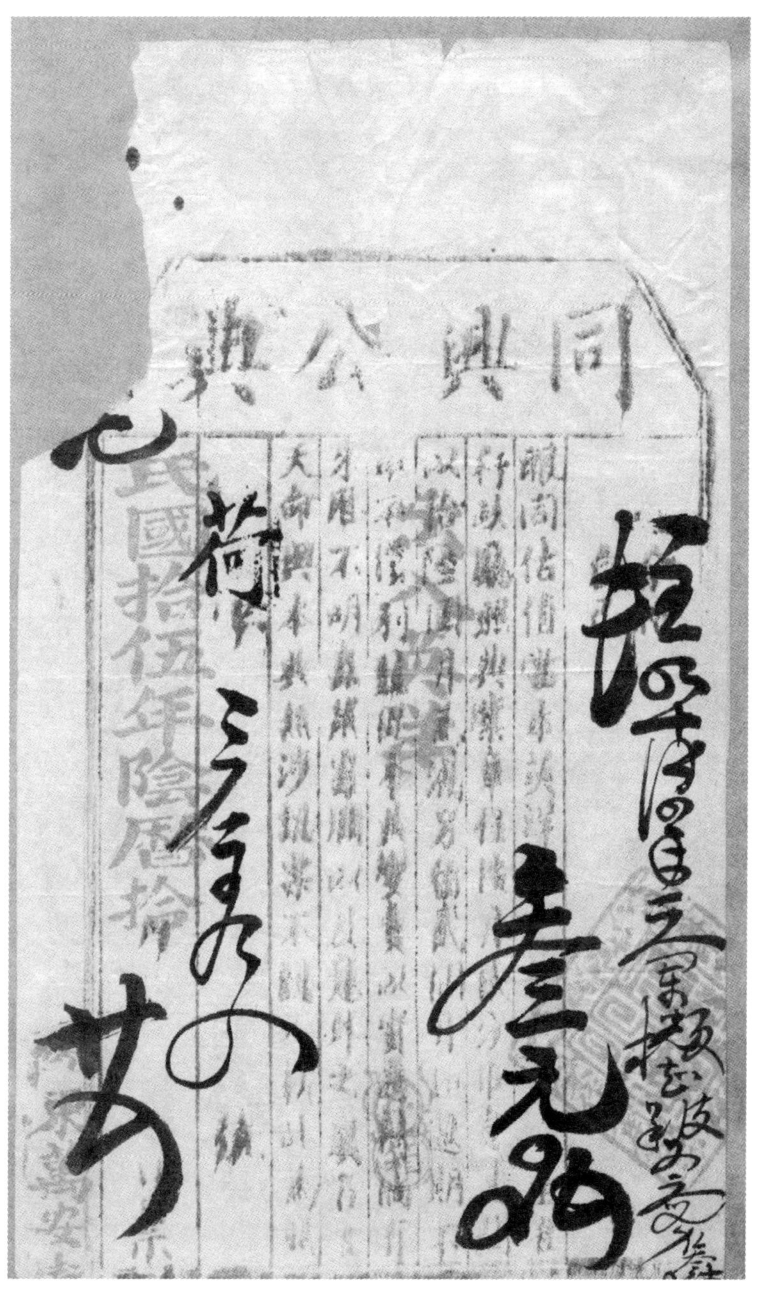

同興公典

民國十五年陰曆十月廿五日（休寧縣）同興公典荷字三二九四號當票

民國十六年陰曆五月廿九日（休寧縣）同興公典枇字二六五六號當票

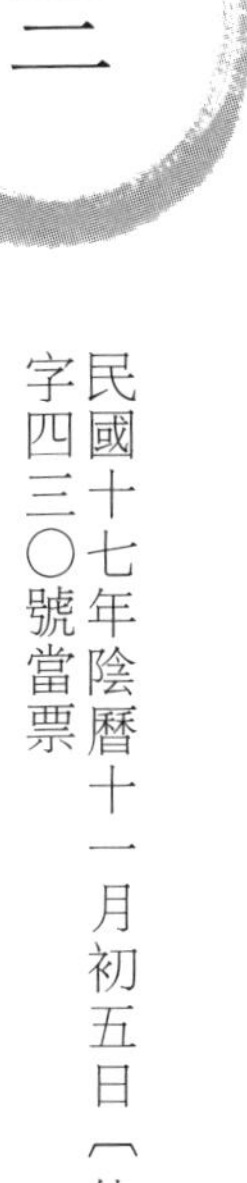
三

萬洪典
倍
民國拾柒年

民國十七年陰曆十一月初五日（休寧縣）萬洪典倍字四三〇號當票

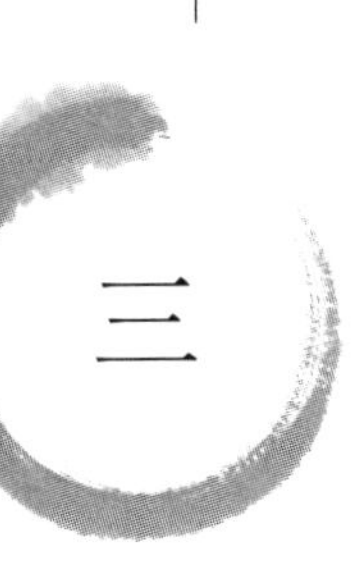

五、清同治至光緒年間商號盤單

〔一〕清光緒年間蕪湖成大號盤單

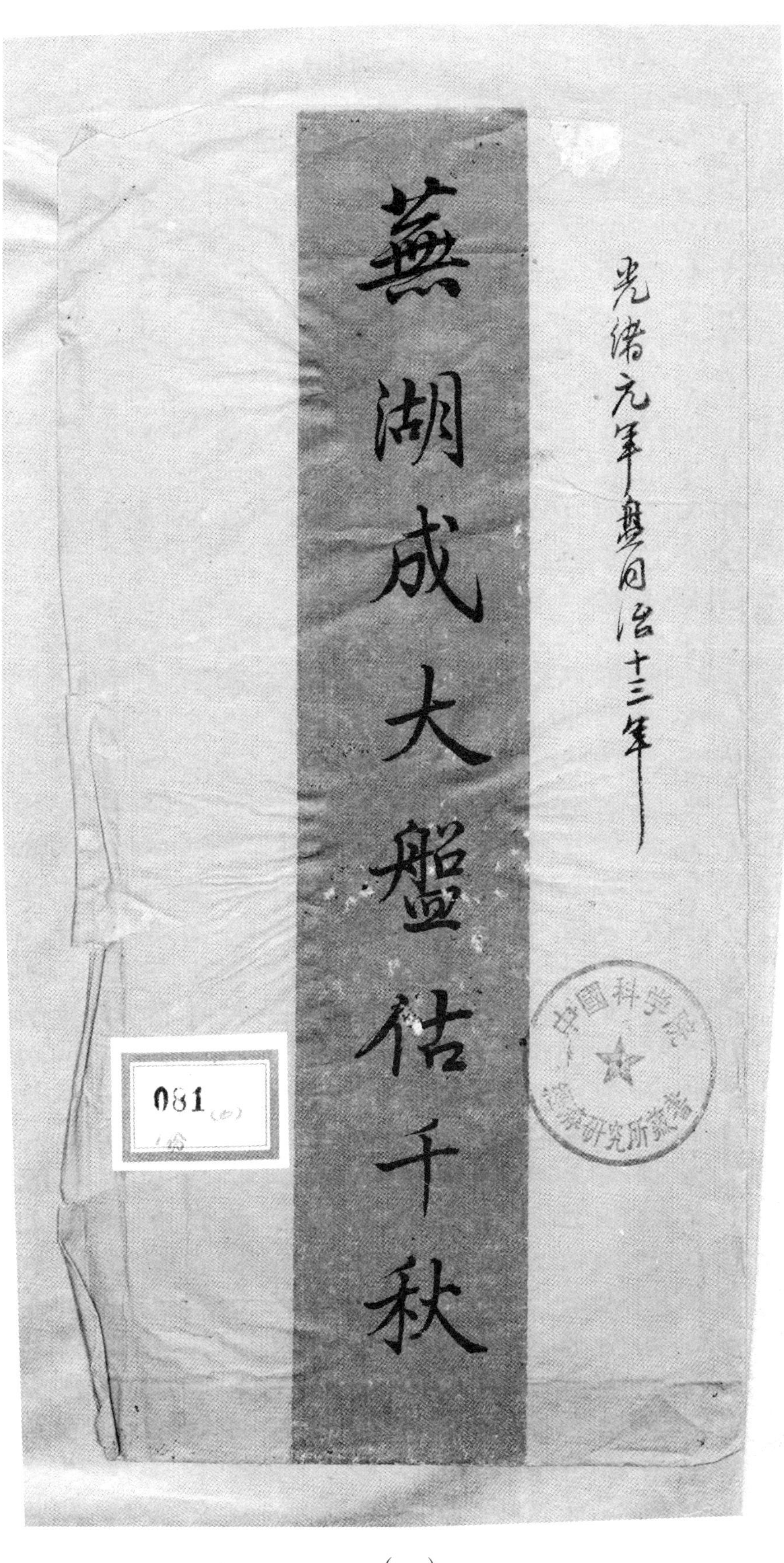

（一）

三

清光緒元年蕪湖成大號盤同治十三年盤單

光緒元年歲在乙亥盤存

同治十三年歲次甲戌

成大字號

黄慶萬

正

存該列后

一存各貨計曹足紋弍萬九千七百拾叁兩五分

一存現銀叁百九拾八兩半九

一存現洋叁百四拾三元　作　扣曹紋弍百弍十六兩五分

一存現錢七拾千另百九十六文　半　扣曹紋叁十兩半九三

一存合記染坊正本曹足紋壹千兩

一存漢口皮花等曹足紋陸千壹百六拾三兩五分二

一存漢口莊上曹足紋弍千陸百八拾壹兩弍分弍

一存萬戴莊上曹足紋壹萬四千叁百拾五兩六分五三

（三）

三

清光緒元年蕪湖成大號盤同治十三年盤單

一存西省莊上曹足紋壹萬另四百六拾八兩〇〇弍卜

一存金陵泰和假行曹足紋七拾三兩弍卜

一存現茶票計曹足紋捌拾四兩七卜

一存吳瑩記帳除甲年正本利結實仍遠曹紋丁千七百廾又乏又卜

一存店左邊市屋 曹足紋壹千弍百兩

一存河南倉屋 曹足紋壹千捌百兩

一存歷年續置地基 曹足紋九百七拾八兩

一存本店屋 曹平足紋叁千兩

（四）

三

清光緒元年蕪湖成大號盤同治十二年盤單

一存合記另帳　曹平足紋壹千兩

一存戴伯記　曹足紋壹百五拾兩

一存怡怡堂　曹足紋壹百九拾兩另七錢〇分

一存蘊記歷年透支曹紋叁百弍拾三兩廿七

以上共實存曹足紋七萬叁千九百拾八兩半[illegible]十

一該江怡記正本曹足紋伍千兩

一該江怡記正本利除支仍實餘曹紋四千五百九十[illegible]弍三

一該吳冠記股下業記正本曹足紋壹千兩

（五）

一該葉記 正本利并存 帳合佶除支 仍實餘曹纹乚千四百七拾乚两四錢六分三

一該吳冠記股下宗輝記正本曹足纹壹千兩

一該宗輝記 正本利并存 帳合佶除支 仍實餘曹足纹七百八十两〇九二

一該吳冠記股下宗燁記正本曹足纹壹千兩

一該宗燁記 正本利并存 帳合佶除支 仍實餘乚千九百四十两七錢三

一該盧飛記正本曹足纹叁千兩

一該盧飛記 正本利并存 帳合佶除支 仍實餘曹纹叁百七十两七錢七分

一該吳瑩記正本曹足纹叁千兩

甲年正本利 佶入前帳上

一該盧卓記正本曹足纹叁千兩

一該盧卓記副本曹足紋壹萬兩
一該盧卓記正副本利并存帳合结除支仍實餘紋四百拾兩零五分
一該胡禹記正本曹足紋叁千兩
一該胡禹記正本利并存帳合结除支仍實餘紋叁百〇兩七錢七
一該耕記曹足紋弍千壹百叁十九兩零六
一該禮記庄曹足紋四千陸百八拾弍兩
一該晋吉庄曹足紋四千陸百八拾弍兩
一該廣茂庄曹足紋七千七百五拾叁兩零七

一該宏順義記曹足紋壹萬四千九百叁拾〇兩〇〤〇

一該盧廷記曹足紋叁百九拾六兩〇〤

一該汪義記曹足紋弍百七拾弍兩〇〦〣

一該華吉記曹足紋弍百弍拾弍兩

一該新安公所曹足紋壹百〇六兩〇〤

一該金蔭記曹足紋弍百四拾五兩〇〦〣

一該崔真記曹足紋壹千另五拾兩〇九

一該敬承堂曹足紋壹百陸拾叁兩〇〤

一該篤本堂曹足紋弍拾五兩〇〦〤

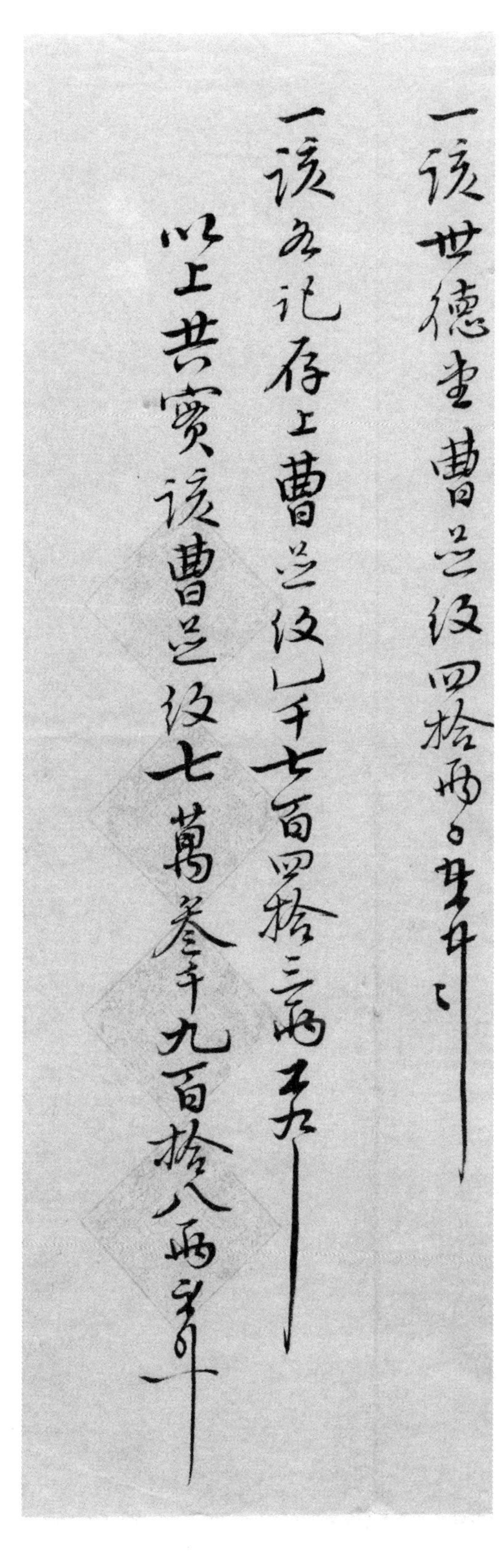
一該世德堂曹足紋四拾兩〇[illegible]
一該各記存上曹足紋一千七百四拾三兩[illegible]
以上共實該曹足紋七萬叁千九百拾八兩[illegible]

（九）

清光緒二年〔蕪湖〕成大號盤光緒元年盤單

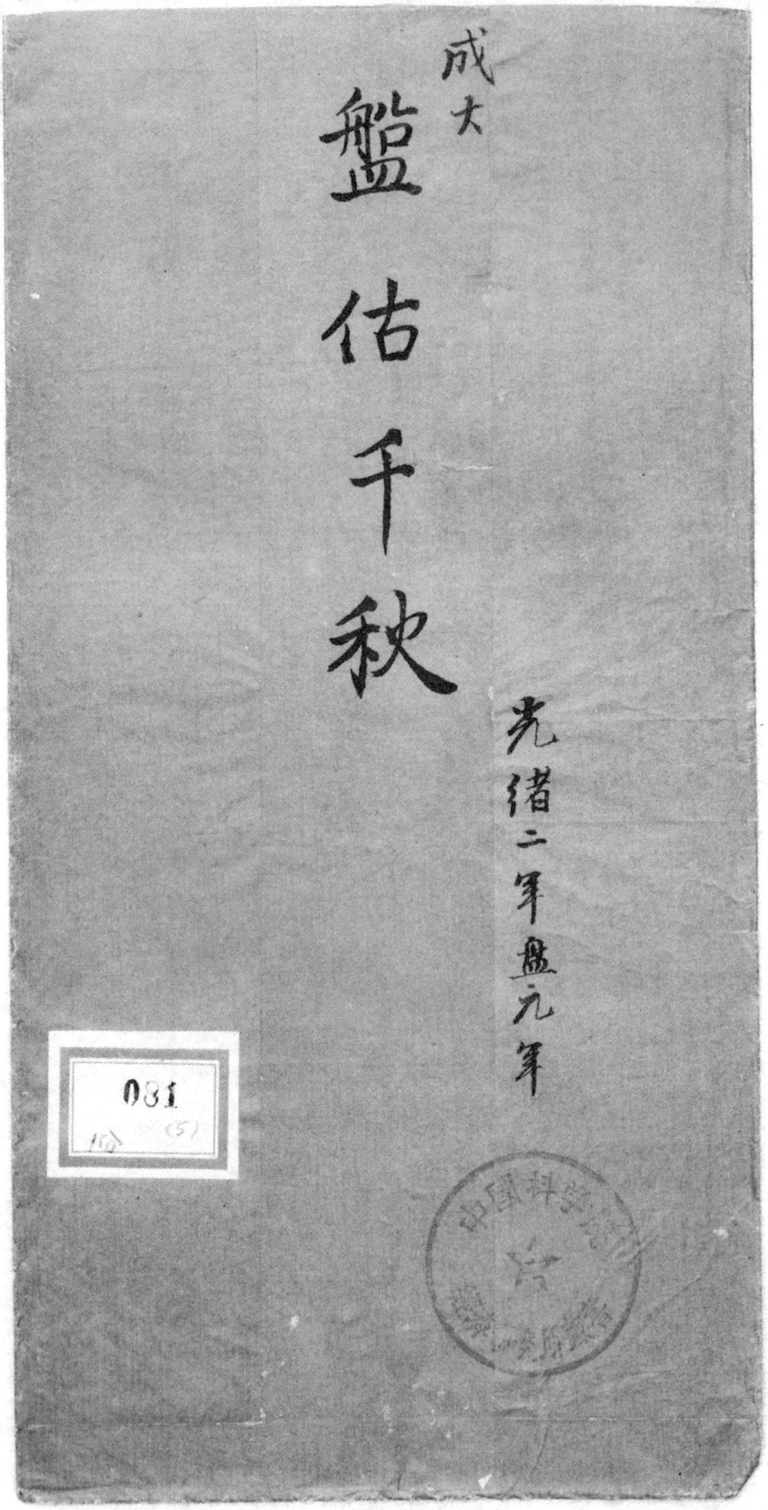

成大

盤佑千秋

光緒二年盤元年

（一）

正

光緒二年歲在丙子盤存

光緒元年歲次乙亥

存該列后

黄萬

一存各貨計曹足紋叁萬陸千肆百弍拾五兩[illegible]

一存現銀叁百叁拾四兩[illegible]

（二）

三

清光緒二年〔蕪湖〕成大號盤光緒元年盤單

一存現洋叁百拾柒元　以和足紋弍百零九兩錢厘

一存現錢壹百零九千文分　合和足紋五拾四兩九錢分厘

一存合記染坊正本曹足紋　壹千兩

一存上海皮油曹足紋　壹千弍百兩

一存上海莊上曹足紋壹百八拾四兩錢千

一存漢口各號曹足紋壹千柒百叁拾五兩不市

一存萬載莊上曹足紋九千零零九兩錢分

一存西省莊上曹足紋柒千零叁拾兩○九錢分九

一存上高莊上　曹足紋壹千九百四拾兩○錢分十

一存金陵泰和緞行曹足紋壹百陸拾九兩○厘二

一存吳德手往鎮江曹足紋肆百叁拾陸兩三錢廿

一存現茶屋票計曹足紋叁拾九兩平

一存裕記曹足紋壹千八百九拾兩

一存吴瑩記曹足紋叁百零八兩半〇三示

一存吴顯記曹足紋肆百四拾叁兩示六乙

一存胡禹記曹足紋叁百拾八兩半三

一存怡怡堂曹足紋貳百拾叁兩半九乙

一存店左邊市屋曹足紋壹千貳百兩

一存河南倉屋并乙年添造前進曹足紋貳千叁百五拾兩

一存歷年續置地基曹足紋壹千壹百拾貳兩

一存本店屋曹足紋叁千兩

一存合記另賬曹足紋壹千兩

一存戴伯記曹足紋壹百兩

一存蘊記歷年透支曹足紋叁百弍拾叁兩

一存金堯鍾記用去除收透曹足紋九百八拾五兩

以上共實存曹平足紋柒萬叁千零拾五兩

一該江怡記正本曹足紋五千兩

一該吳魁記股下業記正本曹足紋壹千兩

一該業記存賬除支仍餘曹足紋壹千壹百拾九兩

一該吳魁記股下宗煇記正本曹足紋壹千兩

一該宗煇記存賬除支仍餘曹足紋八百五拾五兩

一該吳魁記股下宗煒記正本曹足紋壹千兩

一該宗煒記存賬曹足紋弍千壹百八拾弍兩

一該盧飛記正本曹足紋叁千一兩

一該盧飛記存賬曹足紋肆百弍拾四兩

一該盧卓記正本曹足紋叁千一兩

一該盧卓記副本曹足紋壹萬兩

一該盧卓記副本利弁存賬合結除支仍餘曹足紋壹千四百零八兩

一該吳瑩記正本曹足紋叁千一兩

一該胡禹記正本曹足紋叁千一兩

一該禮記莊曹足紋叁千柒百四拾五兩

一該晉吉莊曹足紋弍千八百拾兩

一該廣茂莊曹足紋五千八百弍拾九兩

一該宏順義記曹足紋壹萬五千九百七拾叁兩〤錢〇〢〦

一該盧廷記曹足紋肆百四拾四兩錢〨

一該崔真記曹足紋肆千零四拾壹兩〥錢〣〡

一該韓益記曹足紋柒百弍拾四兩錢〩

一該蔣海記曹足紋柒百四拾兩

一該華吉記曹足紋弍百弍拾兩

一該汪偉記曹足紋弍百五拾八兩〥九〣

一該慎修堂曹足紋叁百零四兩九錢〣七

一該新安公所曹足紋壹百弍拾弍兩

一該葉錦記曹足紋弍百八拾五兩〥〦〣

一該各記存上曹足紋壹千弍百七拾五兩〥錢〦〣

以上共實該曹平足紋柒萬弍千柒百陸拾六兩〇〇

存該兩抵仍餘曹平足紋弍百四拾八兩〇〇

乙亥年正本無利

清光緒五年正月〔蕪湖〕成大號盤光緒四年盤單

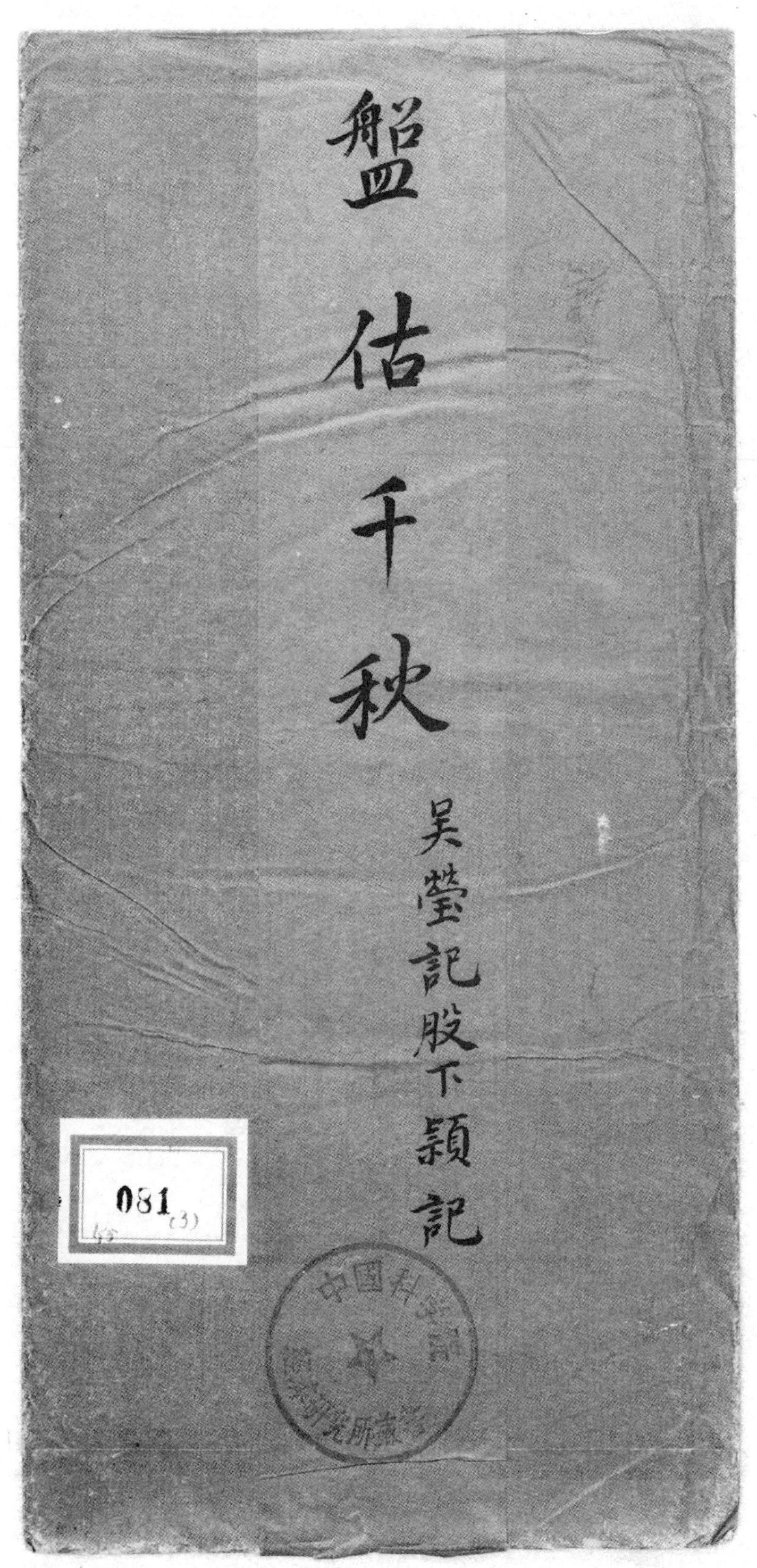

盤估千秋

吳瑩記股下領記

（一）

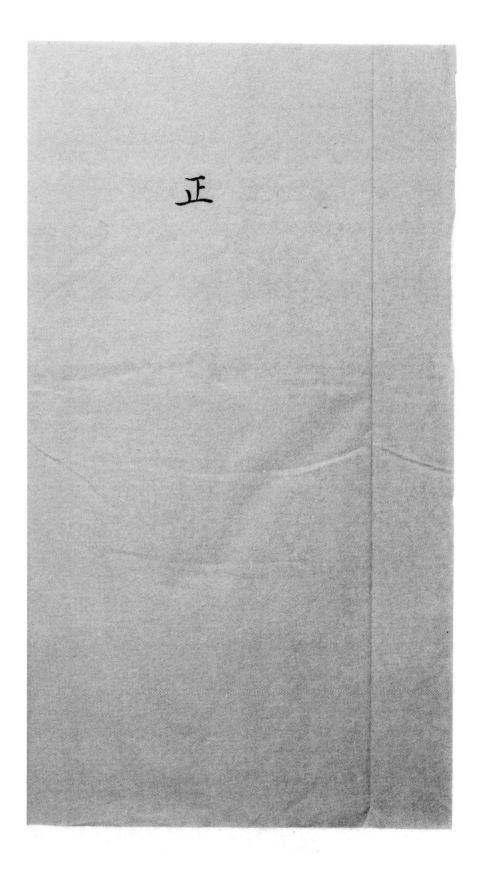

（二）

光緒己卯正月盤存戊寅年

計存

一存各貨 計洋叁萬六千一百一兩二錢三分九

一存漢口吴山皮花 計洋六千五百七十兩八錢九分三

一存漢口貨 計洋八千五百九十兩七錢二分

一存現銀 叁百〇肆兩七錢正

一存現洋五百卅〤元九角　以扣錢〣百〢十〤千〢百卅文

一存現錢壹百〦拾〤千〢百卅文〤　扣錢八十〥千〢百〩十文

一存合記坊正本錢　壹千〡兩

一存合記坊往来上錢〤千〥百〢十〤千〡百廿文

一存上海莊錢四千〣百〥十〤千〢百〧

一存漢口莊錢〤千〢百〥十〤千〡百九十文

（四）

一存西省莊伇〣千〇〢百〤九十

一存萬載莊伇七千〤百〤百〥十七兩

一存瀏陽莊伇叁千〥百〇〢分〥兩

一存西省茂泰伇弍千〇七百〤〢十兩

一存西省怡茂伇〥百〢分〇兩

一存茶引 計伇八拾分〢九

（五）

一存元記租屋收叁百卅兩三千

一存吴鎣記收早兩二千八〢

一存吴顯記收拾兩〇早九〢

一存吴淮記收貳〇兩八千三

一存吴瓜記收四拾兩〇九千〇足

一存吴職記收五拾叁兩八千六三

一存雲會記收拾万〇八千〇八両

一存雲肇記收六万六千二百両

一存怡〻生收三百〇三万千三両七

一存宏順号收五千両

一存屯溪同茂收百卅二万〇四両

一存黟邑道生收拾二万千二九両

一存興國莊收[illegible]

一存店左边市屋收壹千弍百两

一存河南倉屋收弍千五百两

一存歷年續置地基收壹千[illegible]

一存基地做園牆收[illegible]

一存本店屋收叁千两

一存合記另賬洋壹千兩
一存往来貸賬洋壹千叁百兩
一存查蘊記歷年虧支洋〡千〡〡〡〡〡
一存金堯記用去除收仍虧洋五百兩
以上共計存曹足洋九萬四千壹百五拾兩〇〇〡〡〡
計該

一 該吳瑩記 正本銀 叁千兩

一 該又 正本利銀 叁百兩

一 該江怡記 正本銀 五千兩

一 該又 正本利銀 五百兩

一 該又 存賬銀 壹千三廿兩

一 該吳魁記股下業記 正本銀 壹千兩

一該吳冠記股下葉記正本利紋壹百兩

一該葉記存賬紋弍千〇五百七十兩

一該吳冠記股下宗輝記正本紋壹千兩

一該又　又　正本利紋壹百兩

一該宗輝記存賬紋乙千四百五十〇八兩

一該吳冠記股下宗煒記正本紋壹千兩

一 該又　又　正本利洋壹百兩

一 該宗煒記存娘洋叁千五七十兩〇九川

一 該雲飛記　正本洋叁千兩

一 該又　正本利洋叁百兩

一 該雲卓記　正本洋叁千兩

一 該又　正本利洋叁百兩

（十二）

一該雲卓記副本紋壹萬兩

一該又存賬并副本利紋六千○八百○○九[illegible]

一該胡禹記正本紋叁千兩

一該又正本利紋叁百兩

一該又存賬紋四百[illegible]

一該雲用記紋[illegible]七百○七十九

（十三）

一 該雲輝記收 [illegible]

一 該雲廷記收 [illegible]

一 該昭澤記收 [illegible]

一 該江雲記收 [illegible]

一 該協茂廣收 [illegible]

一 該濟記莊收 [illegible]

（十四）

一該怡生莊收五千三百廿兩〇錢二分二厘

一該宏順號收四百卅兩

一該上海宏順收弍千七百廿兩八錢三分

一該崔春記收五千兩

一該韓益記收壹千〇九十兩〇五錢

一該汪偉記收三千四十兩半

一該吳宗祿記欠[illegible]

一該江壽山記欠[illegible]

一該吳韻記欠八十[illegible]

一該雲誠記欠[illegible]

一該查舜記欠[illegible]

一該松生局欠卅[illegible]

（十六）

三

清光緒五年正月〔蕪湖〕成大號盤光緒四年盤單

一該華吉記收貳千四百七十千

一該錦記收貳千三百三十六千

一該蔣海記收四百兩

一該永泰號收壹千八百三十四千

一該余金記收四百八十壹千三百九千

一該朱輔記收五千兩

一　該劉創記洋六千〇十三兩四錢九分

一　該蔭根堂洋二千六百五十兩四錢八分

一　該同和號洋壹千兩

一　該義泰號洋四十六兩四錢七分

一　該魚記存上洋壹千六百兩

以上共計該曹足洋九萬四千壹百五拾兩〇〇二分

（十八）

三

清光緒七年正月〔蕪湖〕成大號盤光緒六年盤單

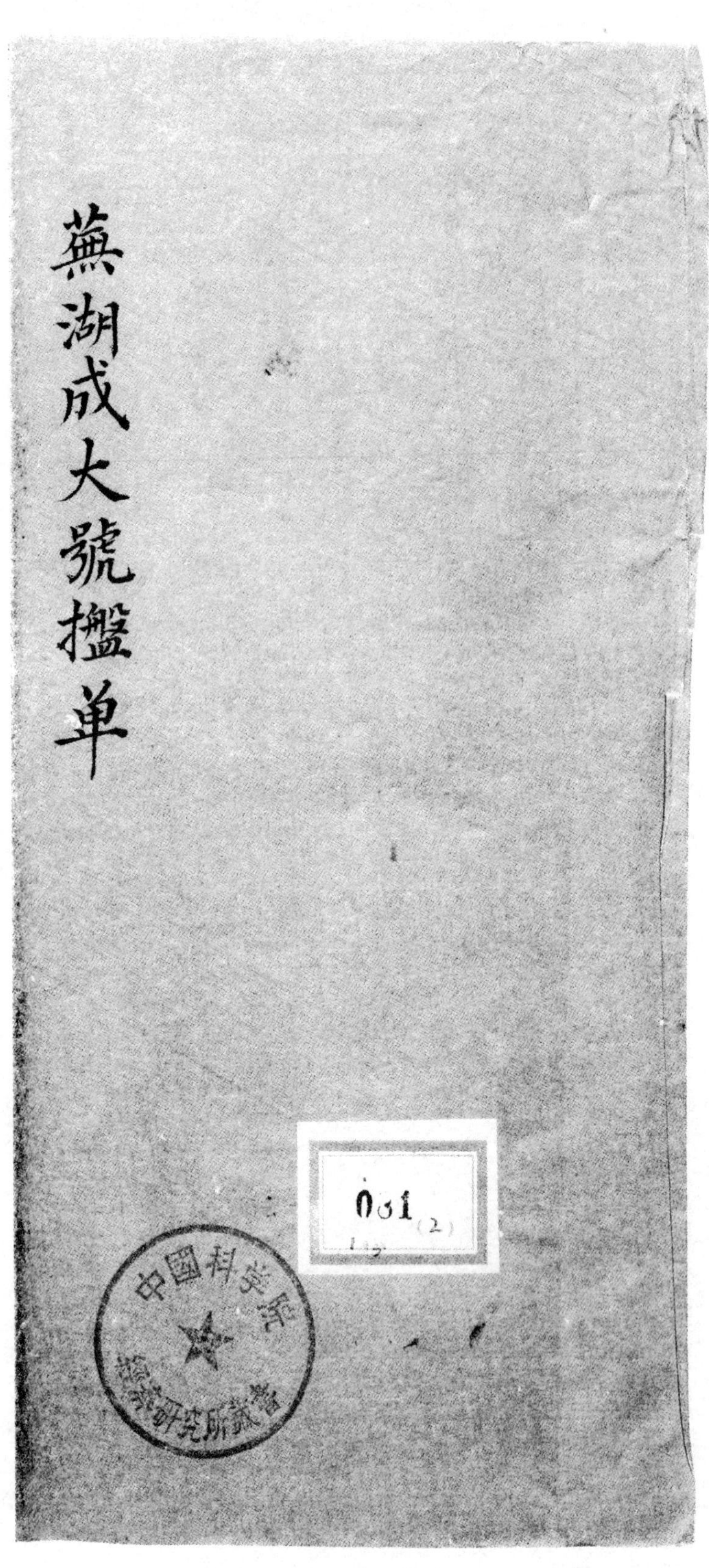
蕪湖成大號攪单

（一）

光緒七年歲次辛巳春王月盤庚辰年存黄金萬鎰

存款

一存各貨計曹紋叁萬零七百弍拾四兩半〇八厘

一存現紋五百拾壹兩六錢

一存現洋弍千弍百弍拾八元

一存現錢弍百五拾四千四百七拾六文

以扣紋壹千四百七拾兩〇四八分

合扣曹紋壹百弍拾七兩五三分八

一存 合記坊正本曹紋壹千丨兩

一存 合記坊往来曹紋弍百拾五兩六錢五分三

一存 上海庄曹紋叁千叁百九拾兩零七錢三分八

一存 漢口庄曹紋叁千叁百五拾叁兩九錢八分

一存 瀏陽庄曹紋柒千五百七拾五兩八錢九分九

一存 瑞雲庄曹紋四百四拾弍兩

一存　裕記庄　曹紋四百七拾六两
一存　天昌庄　曹紋叁百零叁两二錢八分
一存　聚和庄　曹紋四百九拾壹两九錢
一存　葆　記　曹紋柒千四百四拾八两
一存　吳瑩記　曹紋壹百四拾四两六錢四分
一存　吳纇記　曹紋壹百弍拾壹两三錢九分九

（四）

三

一存　吴維記　曹紋叁百四拾叁兩弍錢二分三

一存　吴明記　曹紋壹百拾九兩弍錢六分一

一存　吴職記　曹紋壹百弍拾壹兩八錢〇八厘

一存　盧飛記　曹紋五拾四兩米四分五厘

一存　盧卓記　曹紋九百九拾叁兩ネ一分三

一存　蔣海記　曹紋弍百四拾弍兩ネ九分[illegible]

一存怡怡堂曹紋叁百八拾叁兩六錢三分一

一存永和栈曹紋七百六拾五兩零七分三

一存店左邊市屋曹紋壹千弍百兩

一存河南倉屋曹紋弍千五百兩

一存歷年續置地基曹紋壹千壹百拾弍兩

一存基地做園墻曹紋壹百叁拾六兩

一存　本店屋　曹紋叁千——兩

一存　合　記　另賬曹紋壹千——兩

一存　徃来貨賬曹紋壹千六百　兩

一存　查蘊記　歷年透支曹紋壹千六百拾叁兩八錢八分

一存　金堯記　用去除付仍透曹紋五百兩

共計存曹足紋柒萬叁千四百八拾壹兩四錢五分

該款

一該吴瑩記正本曹紋叁千一兩

一該吴瑩記正本利曹紋叁百兩

一該江怡記正本曹紋五千一兩

一該江怡記正本利曹紋五百兩

一該吴冠記股下業記正本曹紋壹千一兩

一該　吴冠記　股下業記正本利曹紋壹百兩

一該　業　記　存賬曹紋弍千五百九拾八兩五錢六分三

一該　吴冠記　股下宗煇記正本曹紋壹千兩

一該　吴冠記　股下宗煇記正本利曹紋壹百兩

一該　宗煇記　存賬曹紋壹千四百叁拾九兩二錢六分二厘

一該　吴冠記　股下宗煒記正本曹紋五百兩

一該　吳冠記　股下宗煒記正本利曹紋五拾兩

一該　宗煒記　存賬曹紋弍千壹百八拾五兩七錢一分二厘

一該　吳冠記　股下宗燿記正本曹紋五百兩

一該　吳冠記　股下宗燿記正本利曹紋五拾兩

一該　宗燿記　存賬曹紋弍千壹百九拾叁兩六錢六分

一該　盧飛記　正本曹紋壹千五百兩

一該 盧飛記 正本利曹紋壹百五拾兩

一該 盧卓記 正本曹紋四千五百 兩

一該 盧卓記 正本利曹紋四百五拾兩

一該 胡禹記 正本曹紋叁千——兩

一該 胡禹記 正本利曹紋叁 百 兩

一該 胡禹記 存賬曹紋壹百六拾柒兩乂錢五分六厘

一該　盧用記　曹紋柒百拾六兩二錢零八厘

一該　盧廷記　曹紋六百八拾四兩五錢二分五厘

一該　盧立本堂　曹紋九百四拾兩零八錢

一該　宏順號　曹紋壹千六百四拾叁兩二錢五分三厘

一該　晋吉庄　曹紋四千七百八拾七兩三錢四分五厘

一該　晋生庄　曹紋四千七百九拾九兩零五分

一該　同和庄　曹紋四千六百八拾弍两

一該　蔚盛長　曹紋壹千八百乂拾弍两八錢

一該　同福庄　曹紋壹千八百乂拾弍两八錢

一該　怡生庄　曹紋五百拾乂两八錢二分

一該　惠保堂　曹紋叁千——两

一該　仁濟堂　曹紋弍千——两

一該 智雅堂 曹紋弍千——兩

一該 光裕堂 曹紋弍千弍百 兩

一該 葆 記 曹紋弍千壹百九拾𡗗兩〆錢八分八厘

一該 崔春記 曹紋弍千壹百拾六兩三錢二分六厘

一該 韓益記 曹紋壹千壹百四拾四兩

一該 查舜記 曹紋六百九拾九兩〆錢三分四厘

一該　葉錦記　曹紋七百弍拾壹兩四錢六分四厘
一該　程厚記　曹紋弍百八拾九兩三錢四分三厘
一該　劉牗記　曹紋弍百兩
一該　吴宗禄記　曹紋弍百拾四兩二錢二分九厘
一該　吴韻記　曹紋七拾九兩二錢九分二厘
一該　吴寶記　曹紋七拾弍兩八錢

一該　吴有政堂　曹紋拾弍兩七錢八分九厘

一該　江壽山記　曹紋壹百四拾八兩六錢五分二厘

一該　盧誠記　曹紋壹百拾四兩四錢

一該　永泰號　曹紋九百五拾叁兩二錢八分

一該　合記棧　曹紋七百弍拾兩零三錢五分二厘

一該　新安公所　曹紋八拾弍兩九錢四分

一該　救生局　曹紋叁拾六兩

一該　各　記　存工曹紋壹千弍百乂拾五兩三錢

共計該曹足紋柒萬叁千叁百六拾乂兩九錢四分弍厘

存該兩抵仍餘曹足紋壹百拾叁兩五錢零八厘

〔二〕清同治至光緒年間其他商號盤單

（一）

三

同治乙丑年盤甲子年年該款

一該胡怡記
正本曹平寶紋弍伯兩正
正本利曹平寶紋弍拾兩正
副本曹平寶紋叁伯陆拾柒兩叁錢叁分

一該胡怡記
副本利曹平寶紋伍拾肆兩陆錢伍分

一該吴輯記
正本曹平寶紋肆伯兩正
正本利曹平寶紋肆拾兩正
副本曹平寶紋柒伯拾壹兩五錢九分三厘

一該吴輯記
副本利曹平寶紋壹伯零陆兩柒錢叁分九厘

（二）

一該韓寶記
正本曺平寶紋壹伯捌拾肆两六伐八分六厘
正本利曺平寶紋拾捌两四伐六分捌厘

一該胡振記
正本曺平寶紋弍伯两正
正本利曺平寶紋弍拾两正

一該胡振記
副本曺平寶紋弍伯伍拾叁两四伐九分五厘
副本利曺平寶紋叁拾捌两零弍分四厘

一該王錫記
正本曹平寶紋弍伯两正
正本利曹平寶紋弍拾两正

（三）

一該王錫記 副本曹平寶紋弍拾五两零捌分六厘
副本利曹平寶紋叁两柒錢六分弍厘

一該正記 存 本曹平寶紋叁伯叁拾两正
利曹平寶紋肆拾玖两五錢正

一該夢記 存 本曹平寶紋弍伯零壹两五錢八分五厘
利曹平寶紋叁拾两零弍錢叁分八厘

一該允記 存 本曹平寶紋壹伯弍拾壹两五錢叁分八厘
利曹平寶紋拾捌两弍錢叁分

一該星記　存曺平寶紋壹伯弍拾肆兩捌戔正

一該子揚記　存本利曺平寶紋肆伯肆拾陸兩九戔四分弍厘

一該店租　存曺平寶紋弍伯弍拾兩正　癸年昇　甲年拼

一該宏順號　存曺平寶紋弍拾柒兩正

一該集益聚奎文會　存曺平紋肆兩八戔八分

共計該欠曺平寶紋肆仟肆伯叁拾伍兩五戔五分

（五）

三

同治乙丑年盤甲子年存款

一存綢緞洋貨布足曹平寶紋叁千壹佰柒拾陸兩八錢三分弍厘

一存現紋　曹平寶紋伍佰弍拾五兩八錢八分八厘

一存現洋弍佰七拾八元　作曹平寶紋壹佰捌拾叁兩四錢八分

一存現錢弍拾五千七佰文　作曹平紋拾捌兩正

一存金六錢六分半　作曹平紋伍兩五錢正

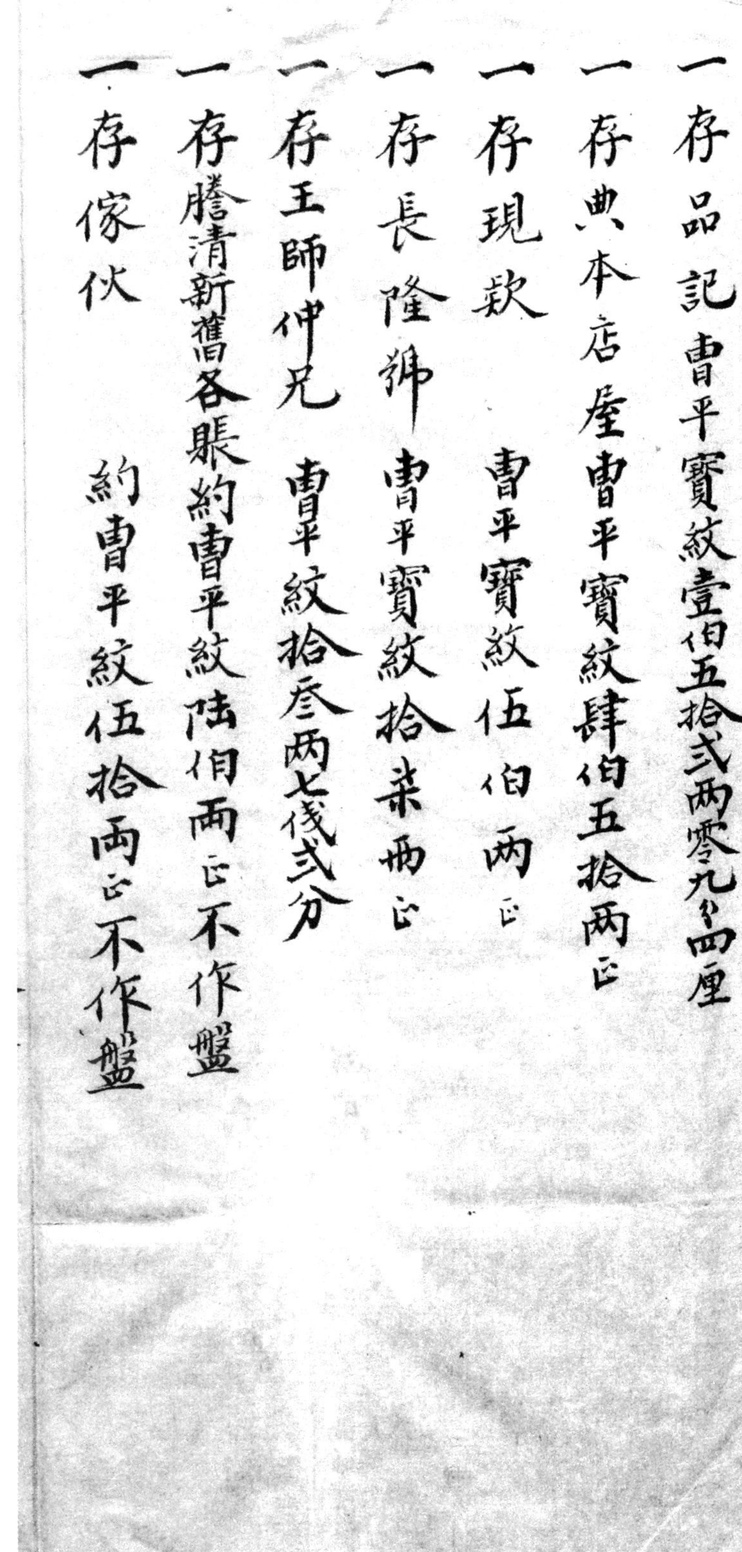

一存品記曹平寶紋壹伯五拾弍两零九分四厘
一存典本店屋曹平寶紋肆伯五拾两正
一存現欵曹平寶紋伍伯两正
一存長隆綁曹平寶紋拾柒两正
一存王師仲兄曹平紋拾叁两七錢弍分
一存縢清新舊各賬約曹平紋陸伯两正不作盤
一存傢伙約曹平紋伍拾两正不作盤

共計存款曹平寶紋伍仟零四拾叁兩五錢壹分四厘

兩抵贏餘曹平寶紋陸佰零柒兩九錢六分四厘

除甲子年花紅曹平寶紋陸拾兩零柒錢九分

除花紅實淨贏餘曹平寶紋伍佰肆拾柒兩壹錢七分四厘

（八）

清光緒五年正月九江宏順號盤光緒四年盤單

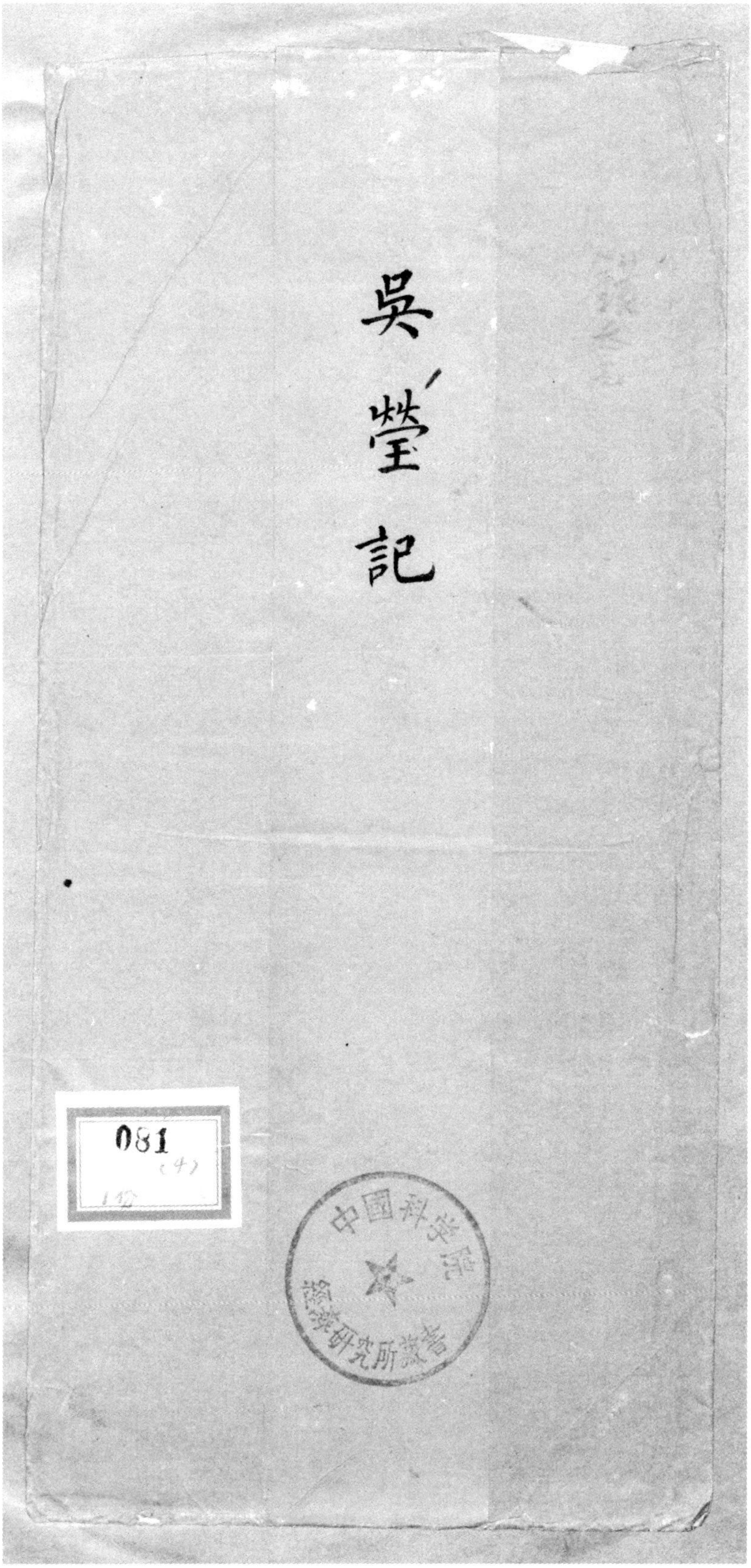

吳瑩記

（一）

三

清光緒五年正月九江宏順號盤光緒四年盤單

潯陽宏順號盤单

光緒五年歲次己卯春王月盤戊寅年存黄金萬鎰

存款

一存　現曹紋弍千柒伯柒拾壹兩陸錢五分

一存　現洋五千零肆拾五元

一存　現赤金五兩正

一存　現錢五伯拾五千文

扣曹紋叁千肆伯叁拾兩零陸錢正

扣曹紋捌拾兩正

扣曹紋弍伯捌拾叁兩弍錢五分

（二）

三

清光緒五年正月九江宏順號盤光緒四年盤單

一存 現貨扣曹紋叁萬肆千零柒拾捌兩壹錢叁分一厘

一存 米曹紋壹千陸伯捌拾捌兩叁錢柒分七厘

一存 現出貨曹紋柒伯五拾兩正

一存 各路往來曹紋弍千兩正

一存 申寓現規票壹千叁伯兩正

一存 申成大號往來元弍千捌伯柒拾玖兩玖錢捌分弍厘

外 扣曹紋壹千弍伯拾捌兩壹錢正

外 扣曹紋弍千陸伯玖拾捌兩五錢肆分弍厘

（三）

一存　宏茂號正本曹紋肆千两正

一存　宏茂號曹紋弍千两正

一存　宏茂號往來曹紋壹千柒佰弍拾弍两捌錢五分五厘

一存　宏記染坊正本曹紋壹千两正

一存　宏記染坊往來曹紋壹千陸佰肆拾壹两肆錢捌分八厘

一存　成大號往來曹紋叁佰捌拾肆两柒錢正

一存　協茂廣棧借來曹紋弍伯叁拾捌兩柒錢正

一存　杭萬泰莊洋五伯元

上三　扣曹紋叁伯肆拾兩正

一存　歸還上年申江曹紋壹萬叁千柒伯兩正

一存　項受曹紋壹萬兩正

以上結存曹紋捌萬肆千零弍拾陸兩叁錢玖分四厘

該款

（五）

一該　吴瑩記存正本曹紋五千兩正

一該　江怡記存正本曹紋壹萬兩正

一該　盧飛記存正本曹紋壹萬兩正

一該　盧卓記存正本曹紋壹萬兩正

一該　吴業記存正本曹紋壹千陸伯陸拾陸兩陸錢陸分七厘

一該　吴宗煇記存正本曹紋壹千陸伯陸拾陸兩陸錢陸分七厘

三

清光緒五年正月九江宏順號盤光緒四年盤單

一該　吳宗煒記存正本曹紋壹千陸伯陸拾陸兩陸錢陸分六厘

一該　江怡記存副本曹紋壹萬兩正

一該　江怡記存副本子金曹紋壹千弍伯兩正

一該　燮泰廣棧元壹萬壹千捌伯叁拾弍兩柒錢捌分　又　扣曹紋壹萬壹千零捌拾柒兩叁錢壹分五厘

一該　存德莊規元五千兩正　又　扣曹紋肆千陸伯捌拾五兩正

一該　慎亨莊規元五千兩正　又　扣曹紋肆千陸伯捌拾五兩正

（七）

一該　豐記莊規元壹伯弍拾陸兩玖錢陸分三厘　孙 扣曹紋壹伯拾捌兩玖錢陸分四厘

一該　天成莊規元壹伯肆拾兩零玖錢玖分八厘　孙 扣曹紋壹伯叁拾弍兩壹錢壹分五厘

一該　雲茂興莊規元肆千兩正　孙 扣曹紋叁千柒伯肆拾捌兩正

一該　泰昌號曹紋五千兩正

一該　寶興莊錢捌伯千文　此 扣曹紋五伯弍拾兩正

一該　各記曹紋肆伯五拾兩正

以上結該曹紋捌萬壹千陸伯弍拾陸兩叁錢玖分四厘

存該兩抵仍餘曹紋弍千肆伯兩正

其銀撥付各正股每股曹紋叁伯兩正如数合吉

卷八　承攬文書

一、明萬曆至清宣統年間包攬田地包工等契約

〔一〕清康熙至乾隆年間〔休寧縣〕汪氏祖墳包約

三 清康熙四十九年四月〔休寧縣〕朱公隆立包攬照理汪宅祖塋約

十五都四啚立包攬約人朱公隆今有汪宅　祖塋坐落土名資口嶺傍邊叚因本家住居寫遠
看管不便浼身代為照理本家坟塋重修整齊不許縱放牛畜残踏亦不得刬動草皮及
砍伐樹木等情其樹三面查數計貳百柒拾根整再議枝椏三年剃一次通知本家當面均
分不得私剃蓄養樹木不致有失倘有不法之人盗竊樹木等情當即通報本家自行呈
官究治是身包管不致有悮此照

康熙四十九年四月　日立包攬約人朱公隆

中見　朱賓廷

代書　朱御天

三

清乾隆二十一年三月〔休寧縣〕朱全寶等立守山包約

立包約守山人朱全宝
元宝今賢包攬到
汪名下貨口塢边殴處祖塋其山向係身看守嗣挂
乾隆五年山主汪繩武翁央身蓄養松樹叁伯根當日淂受工艮壹兩正
經今十有七年樹已成林身仝山主繩五翁子廷魁翁到山三面点明計有
二伯三十五株今我付身蓄樹工食艮六兩〇五分一併收足其山併樹仍係
身看守愿立包管永無盜砍之事倘有外人到山偷窃砍伐身自拿獲
送山主听憑呈官究処無淂異言　恐口無憑立此包約存炤
其樹倘有風浪拔倒根明山主叁大君分山主淂七分管山人淂叁分又批
乾隆二十一年　三月　日立　包約人朱元宝十
全宝十
憑中朱敍文（押）

〔二〕清宣統三年某某縣何宅裝修搬運承包文書

清宣統三年六月某某縣王灶好立拆卸樓房搬運磚瓦什物包單

三

清宣統三年六月某某縣江明梧立拆卸搬運暨造裝修包單

〔三〕明萬曆至清咸豐年間其他包田地包工等契約

三

明萬曆二十二年四月某某縣汪惟功立收買全業山骨包約

汪惟功今包收上字拾捌號拾玖號卅五號卅六號卅柒號土名呈平
塢共計山貳畝肆分叁厘捌毛面議收買各宅全業山骨價銀壹兩伍錢
整其價銀俟各宅契完功自行立全業賣契領價收足倘外人
遺漏分數並是惟功出銀收買不累他繼他之事其山僉業共山貳
畝三厘捌毛倘分數重復稅多聽他詳收五分並不累他多收供解
二照無憑立此收山骨包約為照　當收價銀叁錢又收壹兩伍錢代價壹兩壹
錢止

萬曆廿二年四月初　日立包收全業山骨人汪惟功（押）

中見人汪夢龍（押）

立包看墳文書人陳元冨今因自不小心
盜砍胡天時官人解鈃塢墳上杉木雜
柴今正月初七日被胡大儒官獲捉今
自情愿包看墳木雜柴等物如有日後
盜砍者又〻是陳元冨一併承當無詞
累及他人恐後無憑立此文書為照

崇禎九年正月初七日立文書人陳元冨號

中見人江天冨號

胡 批

立包管攬約人許有九今因何宅墳山壹業
土名秀土山其山與自山毗連以致誤砍松木數根
比何宅鳴保理論憑親友勸息經勸息之後再毋得
越界砍斫如若仍前盜砍所憑鳴公理論今恐無憑
立此攬約存據

康熙四十六年二月　日立包管攬約人許有九（押）
憑中人許仲華（押）
許暘臣（押）
吳以文（押）
吳尔彰（押）
何文遠（押）
吳禎上（押）
依口代筆吳雲友（押）

清康熙四十六年二月某某縣許有九因誤砍何宅墳山松木立再毋得越界砍斫包管攬約

清康熙四十七年十二月某某縣吳元啓等立包看山約

立包約人吳元啟同弟吳元立，今有土名山二号，是身包看，但有外盜砍柴薪樹木，係是身承当，不得有違。拿着刀斧報至山主，听從明公理論。今恐無憑，立此包約存照。

其地栗樹四根本家存留。

康熙四十七年十二月　日立包約人吳元啟（押）

吳元立（押）

依口代筆吳元發（押）

三

清康熙五十九年九月某某縣程相環等將賣過廳屋樓屋説明原情與買主收執爲據立包約

十八都四啚立包約人程相環程賜璧今將賣過舊朽廳屋枕料壹所併樓屋脚叁間前以立契開明史滉約理
排親支居中出賣與　丘名下時值價銀壹百拾兩契下收訖因買主尤恐程姓有族日後言論欲買主退不
不肯成文故托諸公將原情説明立約與買主收執爲據其廳屋先年相環賜璧俱在客外有族程勝瑞程
良璧等將廳樓屋抵當與汪長卿汪俊卿處當價銀本叁拾伍兩其勝瑞故絕良璧等自當之後
往外至今杳無音信累及曆年賠利併錢粮門户一應差搖俱係相環代还办納今身若有七旬子侄
在外不思故里無人修理以致倒壞今將拆賣之銀滉約排保族親友眼全立办粮差長貯餘該仍剩
價銀照房分扒收訖其外之房該分法亦滉年代取當價契爲據一切原情開明以後倘有内外人言論
生端盡是賣人一力承值不涉買主之事今後有憑立此包約存照

（一）

三

清康熙五十九年九月某某縣程相環等將賣過廳屋樓屋説明原情與買主收執爲據立包約

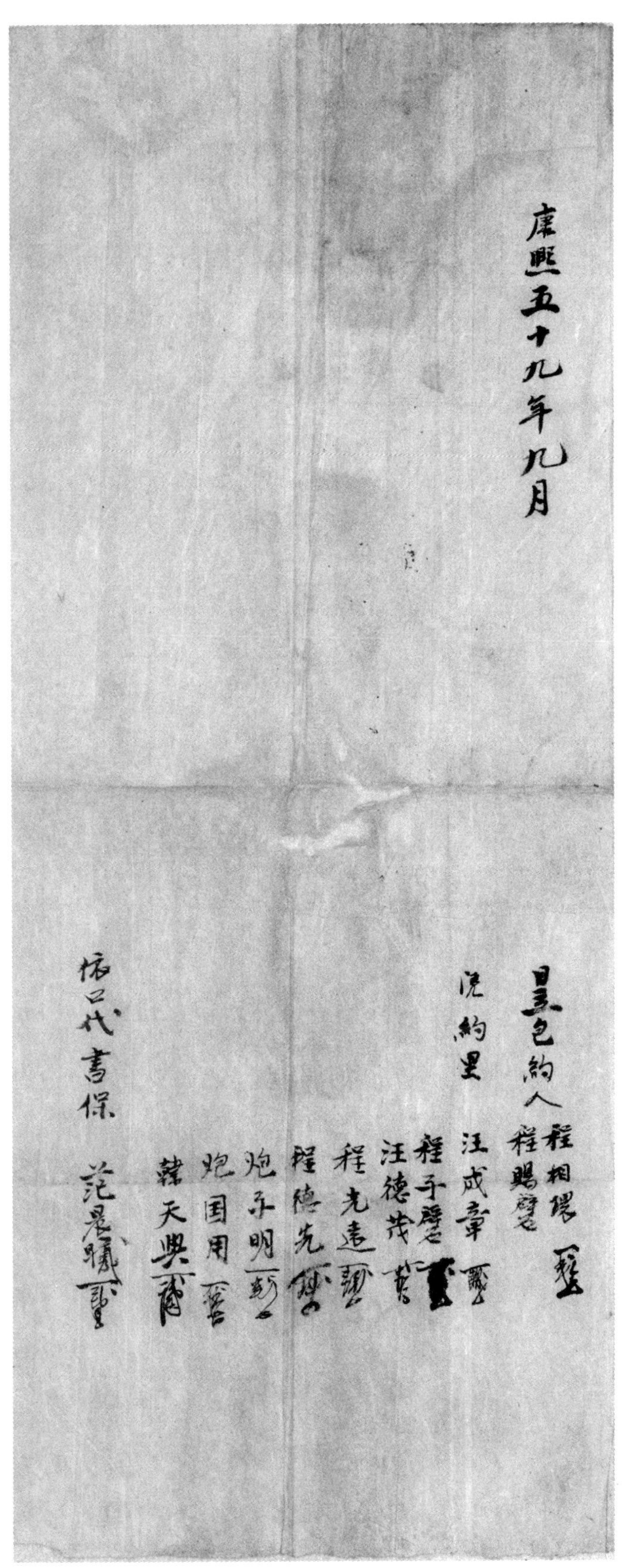
康熙五十九年九月

立包約人 程相環
程賜

憑約里 汪成章
程予
汪德茂
程光遠
程德先
炮予明
炮国用
韓天興

依口代書保 范晨曦

（二）

三

清雍正五年正月某某縣葉文柯立承包族内充當里役約附本年十二月貢叔清算費用批

立承包約人葉文柯，今承包到族内充當六甲里役，經
管催收本甲錢粮，併鋪堂、上縣、當差、歇家、各甲
催粮、官裡算帳，一槩在内，是身承包，不得累
及族衆。其幣米黄豆不干身事，倘算帖之後，各
甲玩户粮少不足，对會舊粮，自有人名，不干身事；
是身經收不清，我用差錯，是身之當，不涉衆人之事；
時常差下鄉，支費各甲錢粮，身收移用，俱係身
理，不涉衆人之事。今欲有憑，情愿立此承包約為照。
貢叔丁田共十叁丁，面議該出費米兩捌錢九三色，其
銀照時應付，不致有悮。再批。
壹叔叁丁，該出費銀一兩玖錢五分。
寶叔弍丁，該出費銀一兩三錢。
和田山丁，該出費銀陆錢五分。
梯、樑弟共丁田共陆丁，該出費銀叁兩玖錢。
林一
本年十二月初五日貢叔又該費米四非錢，錢粮係交过我粮前各項，
俱以我出清訖，通前粮削并酬黄米削再算。
雍正五年正月十九日立承包約人葉文柯（押）代書

三

清嘉慶二十年十月某某縣謝渭川等立爲杜賣基地日後反悔惟身是問不涉買人包字

立包字謝渭川仝姪謝步鰲，今因身等上代各祖厝棺朽爛，安葬無措，托中將祖遺天字號基地一備立契杜賣與汪楚玢親名下爲業，得受價銀貳拾肆两整。是身等收去安埋祖棺公費公用，並無私心肥已。身渭川胞弟儀章現于乾隆五十八年往湖北漢口鎮婚娶立業，久不管家事，丞取又于嘉慶三年往外迄今無信。身步鰲胞弟惟善現又在於湖北沙湖帮趣不家。是身等立字包承，日後倘有回家翻悔等情，應惟身等是問，不涉買人之事。今恐無憑，立此包字一紙，附在賣契內永遠仝照。

嘉慶貳拾年拾月初九日立包字謝渭川（押）
謝步鰲（押）
中見謝淑華（押）
汪玉明（押）
汪訓思（押）
汪連玉（押）
胡錦山 十

三

清道光二年十二月某某縣胡添魁立做元米據

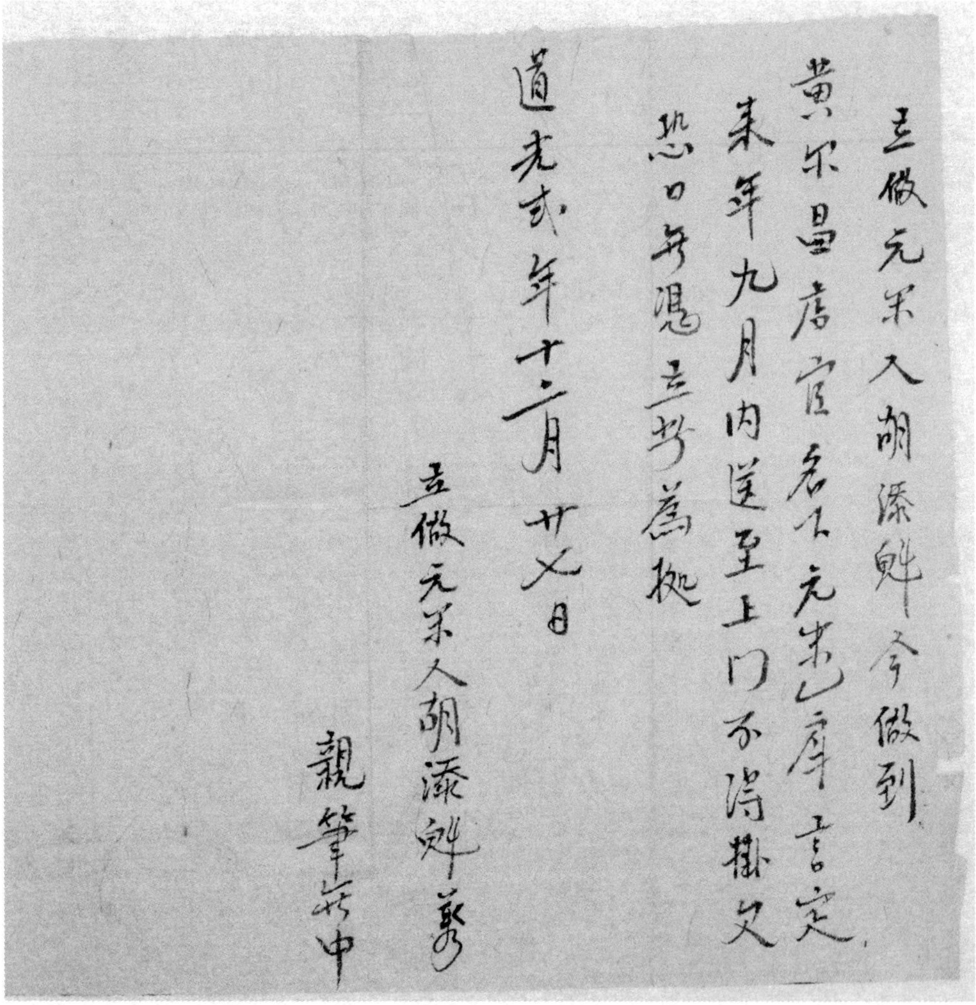

立做元米人胡添魁今做到
黄宗昌名下元米乙庫言定
来年九月内送至上门不得拖欠
恐口無憑立契為據
道光貳年十二月廿又日
立做元米人胡添魁（押）
親筆無中

清道光七年七月〔休寧縣〕孫全喜等立包堨約

立包約人汪孫全喜壽今成包到寧溪朱寶善堂水口公碣比日
憑中三面言定碣工價足錢拾陸仟文整及神福一
切雜項一併在內其錢不得短少其堨成包五年不得
灘隉倘有損壞是身自行修整不涉堨主之事今口
無憑立此包堨存據

道光七年七月　　日立包堨約人孫全喜（押）
汪官壽（押）
憑中人汪加齊（押）
依口代書孫全喜（押）

三

清道光廿六年十月〔黟縣〕吴灶炎立包整理田塝字

立包字人吴灶炎今托中包到
胡承德堂名下坐落土名鷄㘭山田壹處
因田塝被水冲壞是身包去整理務的堅
固三面言定計身工資錢 千文正訂定十年
為期十年之内如遇洪水冲倒身自情願自
行修理不論身工抑十年之外不涉身事
當領身工典錢七千文清楚今欲有凭
立此包字存據
再批倘因底修理如式不涉延期又照
道光廿六年 十月 日立 包字人吴灶炎十
中見人胡起唐押

立包償租約人汪金玉緣身承拚土名新塘塢樹
木乙號在於庄坑塢田内做造其田係在城
饒汪葉周四姓税產該田折實進年共硬交
實租弍拾五秤整刻在栽樟之際不合佔造悞
田不能栽種是以四姓業主托约理論身知
情虧轉托約中向業主相求憑中懇明出佔
以現栽之田為界所該佔之田身甘認償實租
拾捌秤整其谷議定准於中秋為期照數交付業
宗冩佃人處併佃應償之額租共成弍拾五秤整
一併挑送城内交繳明白不得短欠逾期如果拖
欠听憑　官理論所有造樹田内塍砲傷損
以及木屑等物身當修理畚挑如式亦在送
租之日請業主臨田查看明白定業決不敢違
有悞今欲有憑立此償租約為據
再批約内添秋字壹個又也

咸豐三年四月吉二日立包償約人汪金玉（押）
憑約中　葉必達（押）
　　　　馬春采（押）
代筆　江攀桂（押）

三

清咸豐五年六月（績溪縣）管慶立包租田字

立包送字人管慶今包到
汪　田主名下土名社屋沖田計六坵計大税
壹畝七分〇厘　毫又甚塝塘广佔丈税〇
一分五厘〇毫田塝地破及田塝上樹木是身
耕種看養每年秋收之期接田主臨田監割包送租
谷拾壹秤不得短少挑送上門其田先前並無糞草
頂替自種之後不得荒蕪田畝瞞留餘地如有此
情聽憑另召並無異言今欲有憑立此為據
咸豐五年六月初[illegible]日立包租字人管慶
憑中　趙富生
倘有乾旱丢傷接田主臨田監割
江金元
三七站分各半

二、明萬曆至清光緒年間承攬承管田地裝修賦役等文書

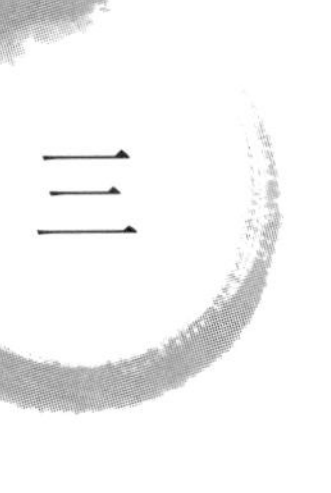

〔一〕清光緒年間某某縣胡氏租佃園地契約

立承種人胡有今央中租到
胡敬讓堂名下園業壹宗坐落土名古流洲計園五担四斗
向來均係祖身耕種因歷年租金不清積欠計有錢弍拾
捌仟八百文正以致租東向身理論另行發與他人耕種身自知
理虧今另托中人再四求情緣租東憫身窮苦其園仍發與身
耕種以上積欠條歷年收割拔還不得異說其園自今年以
後每年收割時須預與知租東到園四大均分租東得四分身
得六分承無異說恐口無憑立承種約存據
又批身向租東借訖苞蘆四佰斤正 弍年拔還不得短少
又批改弍字一个租字一个 照
光緒三拾三 月 日立承種人胡有十
憑中人黃本立 號
代書人甯滌 筆

清光緒三十三年（？）某月某某縣胡有立拔還欠租承種園業約

清光緒三十四年七月某某縣胡乖立攬種熟園批

胡
立攬批人胡乖 今憑中攬種到
名下熟園壹宗坐落土名古源洲 計園面弍担柒斗 當日三面議定按年
交納硬租大錢陸仟文正分作春秋弍季交送上门 另立租摺隨時
登記 如有蒂欠短少 听從營業另發 如日後園東自種 听任歸回 守
淂異説 恐口無憑 立此攬批存照 當收押租英洋四元正 退種之
日租無欠缺 原洋繳還 此批
又如日後園內種植茶樹 園東收回之日 議定將該茶樹憑公估
價給領 預議在批 以杜爭論 又此批

光緒叁拾四年 七月 日 立攬批人胡乖
代筆戴詠芬筆
中人 嚴進十

（二）明萬曆至清光緒年間承租承管田地裝修賦役等文書

明萬曆四十五年七月（祁門縣）胡社禄立賣田並無代納編銀候大造年推過洪户供解承約

立承約𠆧僕胡社禄，所賣支洪主塘塢等處田六号，計實稅弍畝叁分四厘七毛六系。其稅向在馬户未曾收割。支馬敬孫立有合同，逓年編糧照則付馬供解，並无代納。今照馬合同例，议付身前去支馬價納，有无代納，候大造年推过洪户供解毋詞。恐无憑，立此承約為照。

萬曆四十五年七月初七日立約僕胡社禄（押）

代書人 方惟忠（押）

立承約人池道六、銀全等，今承到
李名下山名竹窠塢下，係許繼曾兄等名下，本
身種六分，租弍砠，干分租乙砠，共計租叁砠。又承於
李名下原種李榜名下老股干分并六分租，係存
取回其租炤老數六分，李挑租上門，毋得私自盜
割。恐後無憑，立此存炤。

崇禎十七年七月十 日立承約人池道六（押）

池銀全（押）

中見人李綱（押）

李嘉壽（押）

代筆人王岳

明崇禎十七年七月某某縣池道六等立承到地約

三

清康熙二十八年三月某某縣吳八立承包田約

立承約人吳八今承到田主
張　名下田壹坵，計秈租捌砠半，是身種作，憑中二
面言定，不俱年歲乾旱蟲傷損，是身硬包乾谷陸
秤半，秋收送至上門交納，不敢短少。其腳力每砠谷沿
文銀伍厘算。今恐無憑，立此承包約存照。
其租秤合拾柒兩交
康熙弍拾捌年三月二十日立承包約人吳八十
中見人汪公先（押）
胡陽初（押）
代書人程文傑（押）

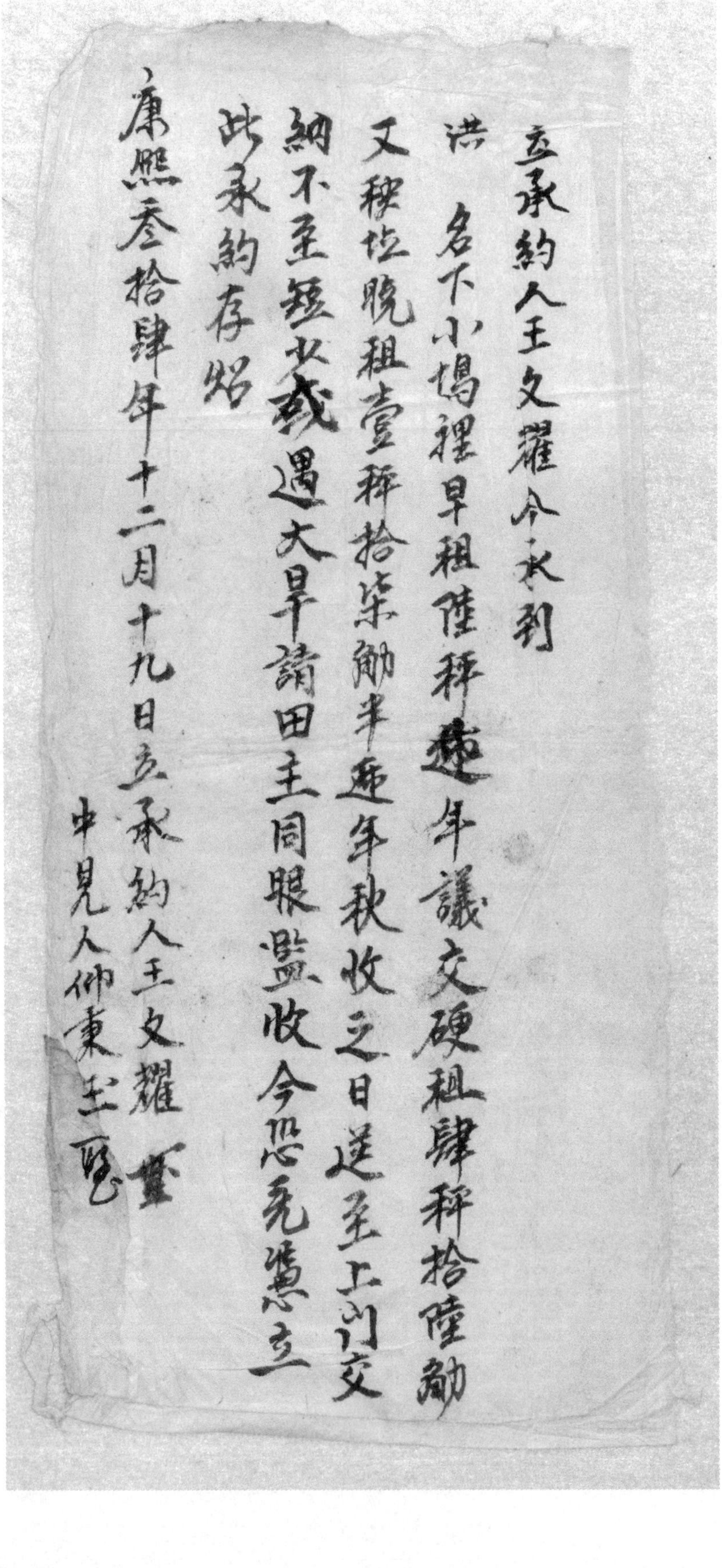

立承約人王文耀今承到
洪　名下小塢裡旱租陸秤遞年議交硬租肆秤拾陸觔
又穆坵晚租壹秤拾柒觔半遞年秋收之日送至上門交
納不至短少或遇大旱請田主同眼監收今恐無憑立
此承約存照
康熙叁拾肆年十二月十九日立承約人王文耀（押）
中見人仰東玉（押）

清康熙三十四年十二月某某縣王文耀立承到田約

二十四都二啚立議承管人王聖集今承到
畢
名下風水山一業土名瓜坑口係新丈髮字一千五百十三號計山稅乙畝五分緣于
康熙三十六年三月身祖同父叔立契出賣與畢宅扦造風水其柴薪原議三年一
拚每年定價銀四錢是年九月畢宅又買堂弟山一業係前號山背後拔連土名黃
信坑新丈髮字乙千五百二十號計山稅五分五厘柴薪另議每年定價銀貳錢整
其山照兩契四至前至金字面全山脚田後至个字面山內黃陳二姓山畢宅新釘石
爲界左至山脚田上自陳黃山直下有畢宅新釘石爲界右至山脚田上自出脉處
塢心直下與陳山原釘有小石爲界今將四至內兩號山每年共硬交柴薪價九五
足銀六錢整此銀畢宅逐年係作完粮掛桁之需不致有悞憑中議定拚價交

（一）

足方行開山砍斫所有坐山松雜樹木并樹苗見根長養蓄蔭成林之日眼同揀
斫三股均分山主二股承管人一股毋得私自盗斫倘有外人竊取拿獲報知以
送呈官理治毋得私徇情面如有此情察出公論無辭今恐無憑[illegible]
管存照
所有從前父手承管約一紙日後不得行用
雍正七年十月　　日立承管人王聖集（押）
憑中弟　王大樹（押）
親　程隆望

（二）

清乾隆廿三年七月某某縣方兆文立承到汪氏祖墳地約

立承加禁阻約人方兆文，今承到
汪　名下三都七保土名林家塢祖坟
地乙號，是身承去長養杉松雜樹苗木，
入後承才主力三七相分，主得七分，力得三
分，二家無異說。倘有盜砍，查出見乙罰當
自成之後，二家[illegible]
三錢公用。今恐無憑，立此承約存照。
[illegible]
乾隆廿三年七月初九日立承約人方兆文（押）
中見　汪青遠（押）
依口代筆　胡永祝（押）

三

清乾隆五十五年四月〔黟縣〕某姓可德立承到土地房屋照料老母字

立承字兄可德今承到弟可意名下　母所囑閹分得土名際村街面房屋及田坦
等業是身承受照閹單一樣以為老　母生前喫用死後殯殮在買自承之後其
房屋及田坦等業听身耕住出賣弟無異說而　母之生死用度自係身承
管當亦不得累及弟倫其棺木活命自承之後而無異說今欲有憑立
此承字存照

乾隆五拾五年四月　日立承字可德（押）
憑族　吳元（押）
吳照（押）
吳錡（押）
可悌（押）

清嘉慶九年九月某某縣王庶鵬立蒙批土地樹木造屋居住承約

立承約王庶鵬，緣身等向係
尚義衆　貞一衆豢養，住居胡家山老屋。近因人多無處安居，蒙主　貞一衆將落溪源山脚併附近地傍大
楓樹、株木、松木批與身造屋居住，其恩莫大，永感不忘。立此承約爲照。

嘉慶九年　九月　日立承約王庶鵬（押）
　　　　　　　　凴中王庶鸞（押）

廿四都四圖立承管約人陳茂齡，今承到搖干
范名下山業一片，坐落土名合米充，四至界內在山柴薪
與身收割，以作公食。現有在山樹木，是身與管蓄養
成林，保護范姓墳塋。倘有外人賊地盜侵害，身即
報明業東，聽行理論，身家亦不得私砍。恐後無憑，
立此承管存據。

嘉慶拾七年正月　　日立承管人陳茂齡（押）

代筆　陳湘洲（押）

三

清嘉慶二十年正月某某縣項遇祥立承種田約

立承種項遇祥今承到
汪義興會内田一號土名境丁千脾其田原係監
收今憑中三面言定不論歉豐每年交
戶米弍斗五升，不得短少，口恐無憑，立承約存
照。其米八月交。
嘉慶弍拾年正月　日立承約人項遇祥（押）
憑中　宋瑞占（押）

清道光四年四月某某縣黃以成等立承到裝修房屋約

立承約人黃以成仝親淩德貞今承到淩瑞兆名下余屋壹重計柱九
根壹披巳水計內貳間上至屋格下至地步中至上柤九尺文至壹丈五尺
至直壹丈五尺并進上至桂禽壹間四向下至房間裝修貳向前面巳
壹向樓梯壹辰川為上下壹并裝修承出三面言定承得價錢拾九千五
其錢工源裝修付足今欲有憑立此承約存照

道光四年四月拾六日　　立承約人　黃以成（押）
　　　　　　　　　　　　　　　　淩德貞（押）
　　　　　　　　　　代筆　　程浩川（押）

三

清道光十三年二月〔績溪縣〕吴讓德裕德兩堂支丁等合族公議兩村輪充正副保長並各家貼費合同

合族公議合同吴讓裕德堂眾支丁等，今因讓德堂長房人丁單薄，保甲之事不能知待，今邀同兩村眾支丁集議，每年兩人承當，龍川當正，石川當付；石川當正，保龍川當付。保龍川保長歸在川錢粮，石川保長歸石川錢粮，兩村錢粮准期十月初一齊交正保，以好供納，不得遲延悞公。今議本甲值年貼費在讓德堂眾用，又議兩村各家貼費每家頭貼錢壹百文，以爲保長盤川房科等用。週倫復轉，日後眾支丁無得反悔。恐後無憑，立此合同兩張存據。

道光拾叁年二月日立議合同吴讓德堂、裕德堂

德先十　兆珠（押）
兆寶十
兆珖（押）　兆昇十
国正　兆成　正遜（押）　正元　大魁
兆星十　正林（押）　正渭（押）　大敉十　大茂十
兆林十　正柱（押）　正滄（押）　大河十　大鏔（押）
兆聖（押）　正椿（押）　正相十　大根（押）　大樣（押）

立議合同一樣兩張各執一張永遠存據　代筆吴金育（押）

立承管粮差王恭今承到六都三啚七甲 王啟盛户十年一輪輪值
現當承催十甲錢粮兵米以及企官應卯灯燭火籃迎 官接送飛差
等件一併托身承办三面言定貼身飯食錢九千文整自議之後一切
官差等件不涉王啟盛户之事今欲有憑立此承字存據

道光十八年二月 日

再批其錢准期四月初一先付五千文
八月 先奉四千文

立承管人粮差 王恭 十
憑保 項義 押
代筆册書 余德魁 書

清道光十八年二月某某縣王恭立承管糧差字

清道光二十二年十月某某縣胡成浤等立賣地議字

立議字胡崇德堂衆支丁成浤成佑永廸等今因祠内正用無措大衆商議長幼不
瞞俱自情愿將所存[上高坟]西邊餘地壹片計橫拉橫地壹丈東至前墈廷金屋基地為界後墈
至永昱基地為界西至衆地為界南至路塝脚為界北至社達田塝脚為界以上四至内盡
行議與支丁
永昱名下為業大衆當面議定時值九色河平價元銀伍兩正其銀當日收足即入祠内
公用其地聽憑永昱豎造作用衆支丁日後不得聲情異說自議之後各無悔異今欲有
凴立此議字永遠存據

再批日後豎造與成洪屋墻一樣齊外餘地聽凴出入晒場作用 押
又批填橫字壹個上高坟字叁個 押

道光弍拾弍年拾月　日立議字胡崇德堂支丁成浤 押
成格 ○
成洙 押
成佑 押
成澳 押
永廸 押
永迓 押
永廷 押
永遥 押
惟江 押
惟忠 押

依口代筆 盧啟楷 押

三

清道光二十三年九月某某縣姚慶順立承管塘約

立承管塘約人姚慶順，今承管到
陳淮法意公會大塘壹口，言定每年塘租大錢
五百五十文，定期十月初十日交納，不得過
期欠缺。倘若短少，听從另租，毋得異
説。恐口無憑，立此承管約存照。
道光二十三年九月　日立承管約人姚慶順（押）
憑中代筆陳帥兩川（押）

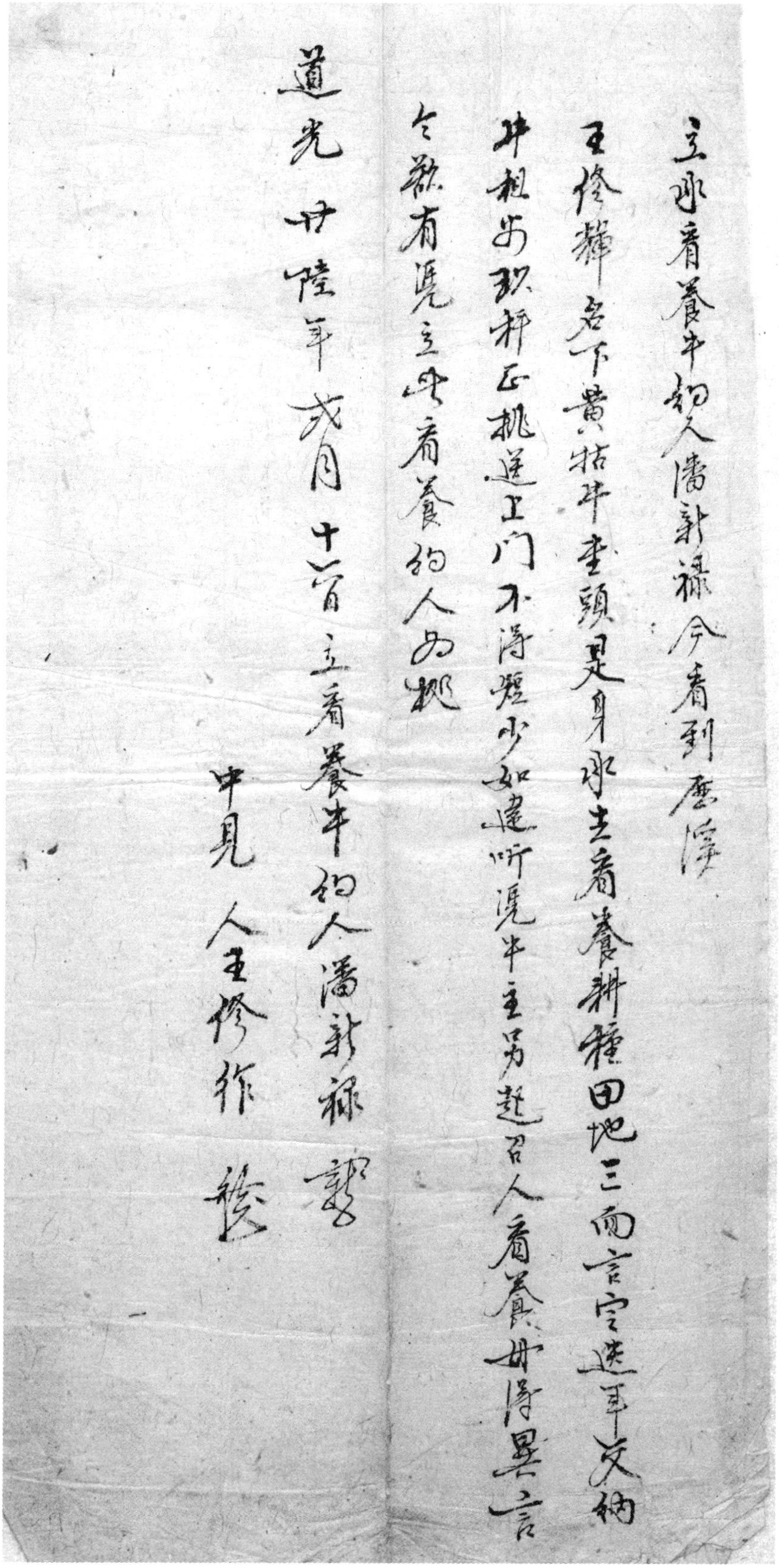

立承看養牛約人潘新禄今看到歷淨
王修輝名下黄牯牛壹頭是身承去看養耕種田地三面言定逐年交納
牛租出秈秤正挑送上门不得短少如違听凭牛主另起召人看養毋得異言
今欲有凭立此看養約人為據

道光廿陸年貳月十二日立看養牛約人潘新禄（押）

中見人王修作（押）

三

清道光二十八年五月〔黟縣〕吳章龍立承田並修田字

立承字吳章龍今承到
房東胡承德庭名下坐落土名梅家塢田叁坵計
客租弍拾砠正租典全業向則谷麦兩半均分
因被洪水洗塌於 道光廿八年復行倩工
修築堅固藏硬交谷拾柒砠正是身因修理
賠過顧工錢五千五百文蒙 東面許嗣後毋
得拖欠租數亦不起佃另召身亦不得藉墊錢
文私行作典首另典他人日後不種原業奉还
所墊之錢五千五百文照數給領恐口無憑立此承
字存據

道光二十八年五月　日立承字人吳章龍（押）

中見人胡兆堂老官

三

清咸豐二年六月某某縣吳灶有立承種田字

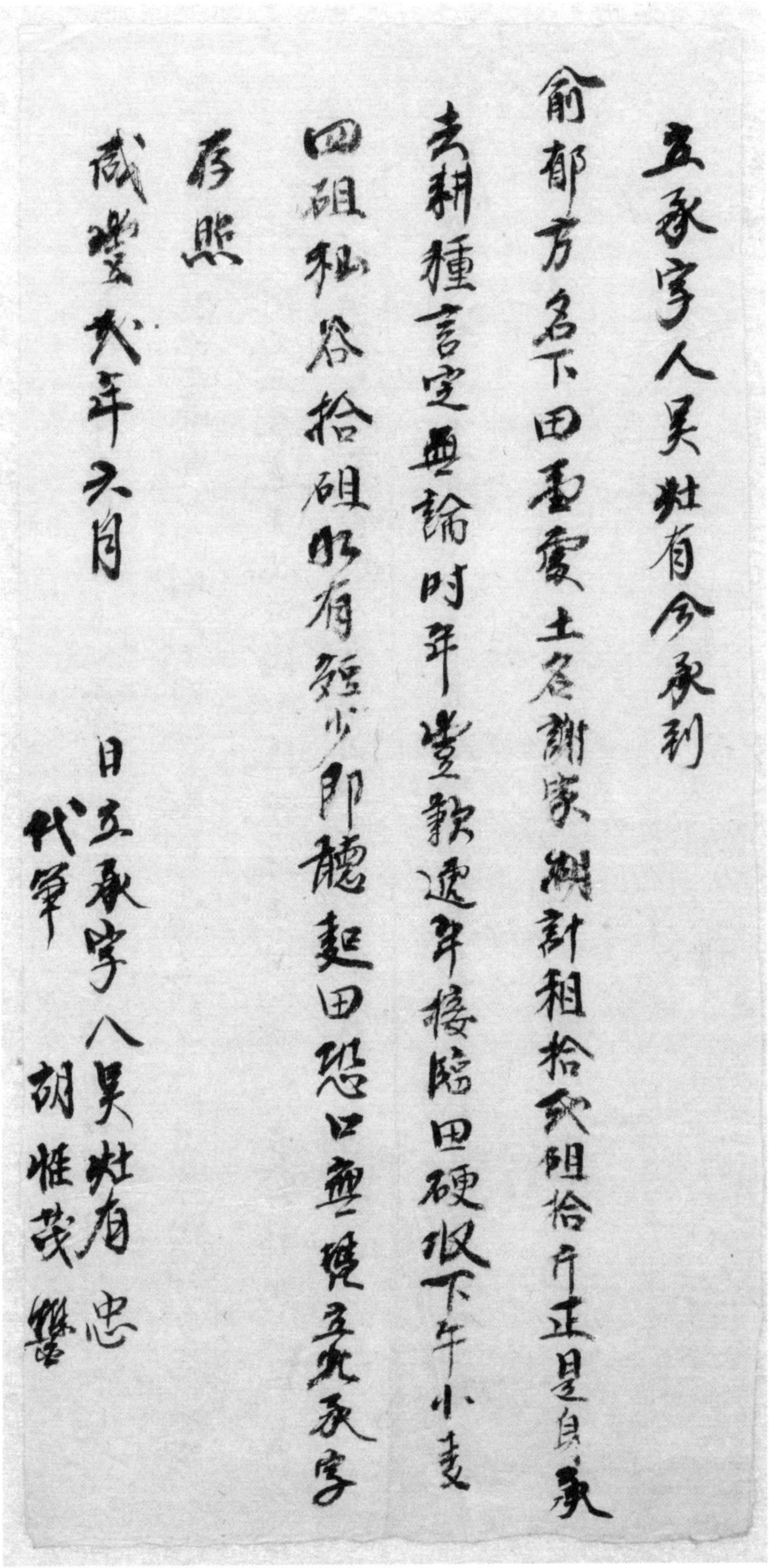

立承字人吳灶有今承到
俞都方名下田壹處土名謝家塅計租拾貳砠拾斤正是身承
去耕種言定無論时年豐歉逐年接臨田硬收下午小麦
田砠租谷拾砠倘有短少即聽起田恐口無憑立此承字
存照

咸豐弍年六月　日立承字人吳灶有　忠
代筆　胡惟茂　押

三

清咸豐七年十一月某某縣張昇曉立承代納稅糧字

立承代納字人張昇曉，緣因田生祀出賣十保鴨子坑土名尸頭又名松林坡下
大祖圭祥正，其祖係身父出賣与祀，而祀未曾在身祖名下扒稅歸住，今祀內
伯祖出賣与族際瑜名下，因稅粮徵細不便過割，是以身等願領去錢三
伯文正永遠生息解納，日後子孫不得向四人言其稅粮懸後云浣之，
此承代納字為據。　再批：字內添浣字一个又照，又改下字一个又照。

咸豐七年十一月廿四日立承代納字人張昇曉筆 稅

三

立承種看守約人潛邑胡年勝今承到祁西漕口
倪德潤先生名下茶萪山壹號坐落本都八保土名徑石許家塢是身承到鋤
種花坐照依　先年谷體豐老約津貼谷貳拾秤以為看守之資所有茶萪
二八兩月鋤挖一翻不得抛荒寸土如有寸土悉即補種成林其茶葉未摘之先
頭一日接山主登山看明毋得私自採取茶葉儘歸主收自成之後不敢猶豫多
端日夜勤心亦不得抛荒寸土所有盜賊牛踐野火等情理宜自管不敢蒙蔽
私自妄行隨人借住及一切頂受典當變賣倘犯一禁自愿立本村議罰搬棚下
山另召他人看守毋得異言恐口無憑立此為批

咸豐九年九月十二日　立承種約人潛邑胡年勝十

中見　倪前烈先生（押）
　　　敬之先生（押）
親　　咸先十
　　　穀春榮十
代筆　倪仰喬先（押）

清咸豐九年九月〔潛山縣〕胡年勝立承種看守茶萪山約

三

清同治五年五月某某縣馮金發立承攬耕種租園批

立承攬耕種租批人馮金發，今憑中租到
藏名下園三塊，係拱字乚千[illegible]十号，土名龍坵，計園乚石陸斗，
當日三面言定，不論年歲豐歉，每年交納硬租大錢三千文
正，其租錢按扣刈月交纳，不淂短少，其園並無佃頭，不準
私佃私押，如有欠租等情，聽從東
宅提園另發收租裕，
課無淂異説，恐口無憑，立此承攬耕種租批存據。

同治五年五月　日立承攬耕種批人馮金發　十
憑中人俞覌士　十

报陞

三

清光緒八年十月某某縣胡加富等立承斷租穀約

立承斷約人胡加富等今承到三叔祀名下廿壹都乚保土名董
木坑滕术塢口計租拾六秤因先年洪水沙積光緒八年十月
初一日是身承出挑沙做破三面言定五年之外寔交租穀
拾陸秤又批雙丁塝計租拾秤拾年起三面言定六年
之外寔交穀八秤入後不得短少恐口無憑立此承
斷約為據

存

皇清光緒捌年 十月初壹日立承斷約人胡嘉富(押)

族叔 照財(押)

兄 嘉貴(押)

依口代笔 嘉祥(押)

清光緒十一年四月某某縣王帥興船經事人穆茂枝立支丁董姓捐錢免費承字

立承字王帥興船經事人穆茂枝，緣身船支丁董姓向有批田以抵造運及一切差費，自咸豐三年至今並無異說。今董姓又以船長穆秋甫于同治初年因爲十甲正用票借七折錢壹伯兩，船車未還，以致董姓凂各船長向身說明。當各船長念時勢艱難，劝董姓將此借票一併捐入十甲公堂。既有田捐，又有錢捐，可謂好善激公。嗣後十甲大小費用不得派董姓分文。恐不見信，特凂各船長立此承字，永遠存照。

光緒拾壹年四月　日立承字人穆茂枝（押）

凂中任丹林（押）

任錦泉（押）

余秀林（押）

親筆

立攬批人葉再發今攬到瑤溪
胡 名下田壹坵坐落土名湖田計租拾五秤計原額租四百斤今三面議
定每年秋收交硬租叁百伍十斤正倘有蒂欠短少听田東管業另發
如遇虫傷水旱憑田東臨田監分兩無異說此田并無私佃等情如日後
有私佃等弊察出任憑管業另召無辭恐口無憑立此攬批存照

光緒十八年三月　日立攬批人葉再發十
憑中汪連旗　押
戈官貴十
代筆吳甫才　押

清光緒十八年三月（休寧縣）葉再發立攬到田批

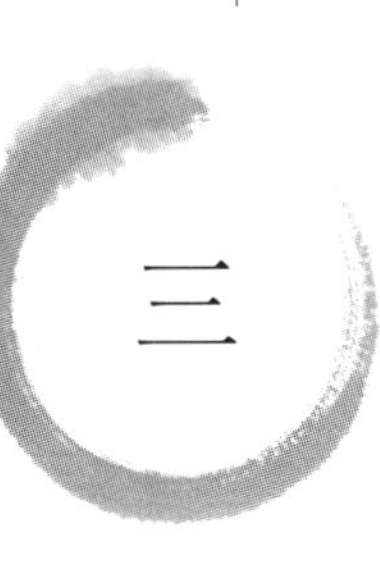

卷九　宗族財産和宗族事務文書

一、明正統至民國年間財産分割對换合同

〔一〕明成化至萬曆年間〔祁門縣〕程氏遺囑鬮書

明成化五年十月〔祁門縣〕程顯立遺囑

遺囑與通房子孫以新

六都善和程顯，字孔著，始生三歲，失所恃，止賴父母及妣祖母撫育顧乳養，以致成立。年十五，隨父任房
習詩經，劉贊御史考選補廩，餘米積聚，及內助紡績，置增田畝，後因舉不第，復習春秋，中正統辛酉科鄉
薦。次年到榜，教諭任，在通隨到任，月餘被盜，衣物一空。冬，泰同家人送家小到衛，要無全俸，儉以度日。已歲冬，虜寇臨城
鎮，與宦任任所俱幼，吳三儒[illegible]創鎮，家小隨衆躲，邑東柳林內遷樓邑南市，産朔上。兩月還任，衣物又空。次年春二月
母與通來看視，母見取回家，小通隨侍。考滿赴部，景泰壬申年四月陞除山西潞州
瀋府左長史，泰與復隨侍到任。冬，通與宦保送家小到，泰之妻在長史院，遭就與娶鄉胡長史女。次年，聞父制回原籍
[illegible]到家，宜大事畢，造舉房住，服闋赴京，改除陝西平涼
韓府泰中進士，在京，要移住房，市取騾馱載，通與宦及孫細兩，費五十兩，到任僅三載，年逾六十，方得乞歸養
親。王遣出郊外，差人賚本件送赴京，適子戶部主事恭、泰奉使陝西，隨侍到京，欽蒙
詔回致仕。天順己卯年六月到家，歷任迭然三十載，自愧才力甚不無稱，皆由祖宗積累所致，常思
君親恩德，俱難補報，此沒世自不能忘。吾有子五人，唯長男通隨侍到家，未娶，而致餘困在外，艱苦難生業，賴其父祐
日成家業，侍下嚴肅，吾兄弟補佐，齊同心，增置產積，光前裕後，又嘗有遺言，你與兄弟存心意皆可尚
心和義相處，得以兼後生及婦人見識短淺，少和順意，不思我家雖比他人家，諸事相連無間，尊與卑口，要無分你我
各要安分，得宜如此，不愁無衣飯。已將家務等事寫立標單遺囑，傳籍與吾兄弟相守，至今自不敢忘，後之
子孫識能依前人遺言，則衣食自有，家道自安。今我年七十，恂業但分，悉均為四，尤恐後人顧念者，以將續置

（一）

三

明成化五年十月（祁門縣）程顥立遺囑

內存田壹拾陸畝有零，杉木錢每年作五分，將四分各回日用，將一分存留同租谷收貯一處，立收支簿一樣四本
各收，又立一本同租谷，推子孫賢而能者收貯，預備子孫或勤儉缺食、或功名仕宦、或婚葬不給，俱要量情
周急資助，及事合義者用，亦勻之。若有不才破蕩者，不與資助。如用度有餘，亦不許分散，仍積貯增置田
數內增多，永遠資助應用。或有無義子孫破調改易、侵欺阻滯者，幽則祖宗神灵誅不義，明則官府治不孝
吾家自高曾祖考以來，皆積德好善，以致世澤悠長。子孫誠能謹守家法，以義相傳，非但爲親親
之義於一時，而
天地祖宗亦將默佑於無窮矣。吾今已七十有一，無以遺後，聊述平生，立遺囑一樣五本，四房各收一本，
外一本付與收財物業子孫收執，將見爲業田增闢其于後。
大明成化五年歲次己丑十月十五日　程顥　書
一、爲業墳田，將逝處丈量品搭高低鬮分，各自管業。
通房分得來家坑上截東邊塘一所，從塘墘中心爲界，裏至墻，外至路，塘墘上田一塊。
銀錠坵田實量二伯五十七步五分五釐。
蓮樹橋上截田實量一伯壹十六步一分五釐四毫。

明萬曆七年七月〔祁門縣〕程宗淳等立分晰基地屋宇書屋山坦塘園合同鬮書

（全圖）

三

明萬曆七年七月（祁門縣）程宗淳等立分晰基地屋宇書屋山坦塘園合同鬮書

善和程宗淳程宗淦世居六都善和里今共有承
顯祖考和溪府君
顯考善里府君基地屋宇書屋山坦塘園共計壹拾貳號今因兄弟共業不便修理照管恐墮先業以弗克
顯考治命令各分析便於傳業茲除三家存留舊路地并舊土庫西邊墻下地及買鈞銑原與合存新路地叁項地
顯考妣祀事共餘新舊土庫基地房屋并山坦塘園分爲貳單寫立仁讓字號高低品搭均匀對
顯考靈前焚香鬮分各業依時修理照管庶乎永終令名以不墜先人之業而先人之志亦緣是以遂矣其仁字
東山書屋基地壹片并在地上房屋又書屋面前田壹坵計原租拾貳秤拾陸觔又東山竹山壹片又朱家塬塘
路通溪外仍實地叁拾壹步捌分壹厘四圍現安墻脚石以前陸號盡摽與仁字单永遠爲業其讓字单物業係
屋鋪屋亭屋池塘壹所并四圍墻地及在地竹脊共計實地壹伯叁拾柒步捌分玖厘陸毫又鴨棠灣吴喜保住
陸秤又衆存祖基寬字单地并程涞住東長房地貳項共該得分藉實地肆步以前陸號盡摽與讓字单永遠爲
拆毁損壞等情如違前議甘罰銀叁拾兩入祠公用仍依此鬮单爲准恐後無憑立此合同鬮单壹樣貳紙各
仁字单共陸號
壹號新造土庫基地并餘屋地東至衆存新路地西至銖地存路北至大衆路共計實地壹伯肆拾貳步有零并在地墻垣房屋及過墻浮樑屋并西隊未拆磚墻脚石　貳號東山
叁號東山書屋基地壹片并在地房屋東至山西至田南至宗淵墻北至程鈴寺庄基地　肆號東山
伍號朱家源池塘壹所并四圍菜園墻地東南至山西至程鈴寺庄基伙地北至路及溪并在果塘脊　陸號新土
讓字单共陸號

（一）上

□以弗克承先人之志今兄弟仰遵
地叁項地自北抵南有舊圖式可照東抵舊土庫墻西抵新屋餘地石砌塝脚存留共業族日後恢拓建祠永奉
□其仁字单物業係新造土庫基地房屋并四圍磚墻墻外門屋餘屋四圍墻垣共計基地壹伯肆拾貳步有零又
□塬塘壹所并四圍菜園地及在山塘地竹𥫗又新買得三家原買程珊其地及買徐貞原買程天春地除存新曲折
物業係舊承分土庫基地房屋并四圍磚墻塳内餘屋四圍墻塳塳上樹木共計基地貳伯叁拾壹步伍分又塳外樓
□壹保住後買程留保程良保山坦壹片又和溪橋頭買程良杞田租柒秤半又溪頭詠田段等處買程良杞田租
永遠為業其各单字號四至圖式條款逐一開註于後自闔分之後各宜依单照圖管業日後毋得悔易并占怯侵越
□係貳紙各收壹紙永為照證
貳號東山竹山壹片東至頂西至書屋地南至宗洢山地北至塘地及程鈴庄基柀地并竹𥫗
肆號東山書屋面前田壹坵計原租拾貳秤拾貳觔陸東至書屋地西至路及溪南田北至程鈴芊田
陸號新土庫前南路外買三家原買程珊程天春地計實地叁拾壹步捌分壹厘并在地墻脚石東北俱至三家衆存路西南俱至本家與良具合存出并前路

（一）下

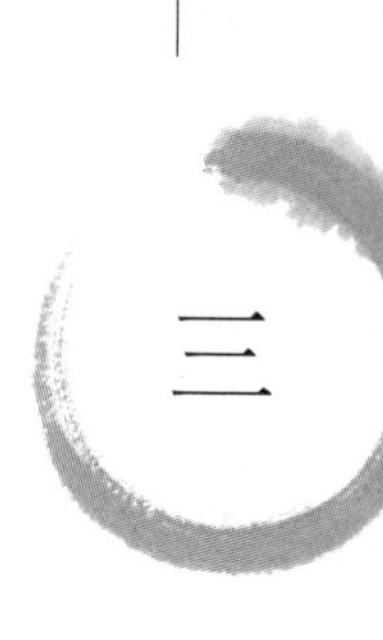

明萬曆七年七月〔祁門縣〕程宗淳等立分晰基地屋宇書屋山坦塘園合同鬮書

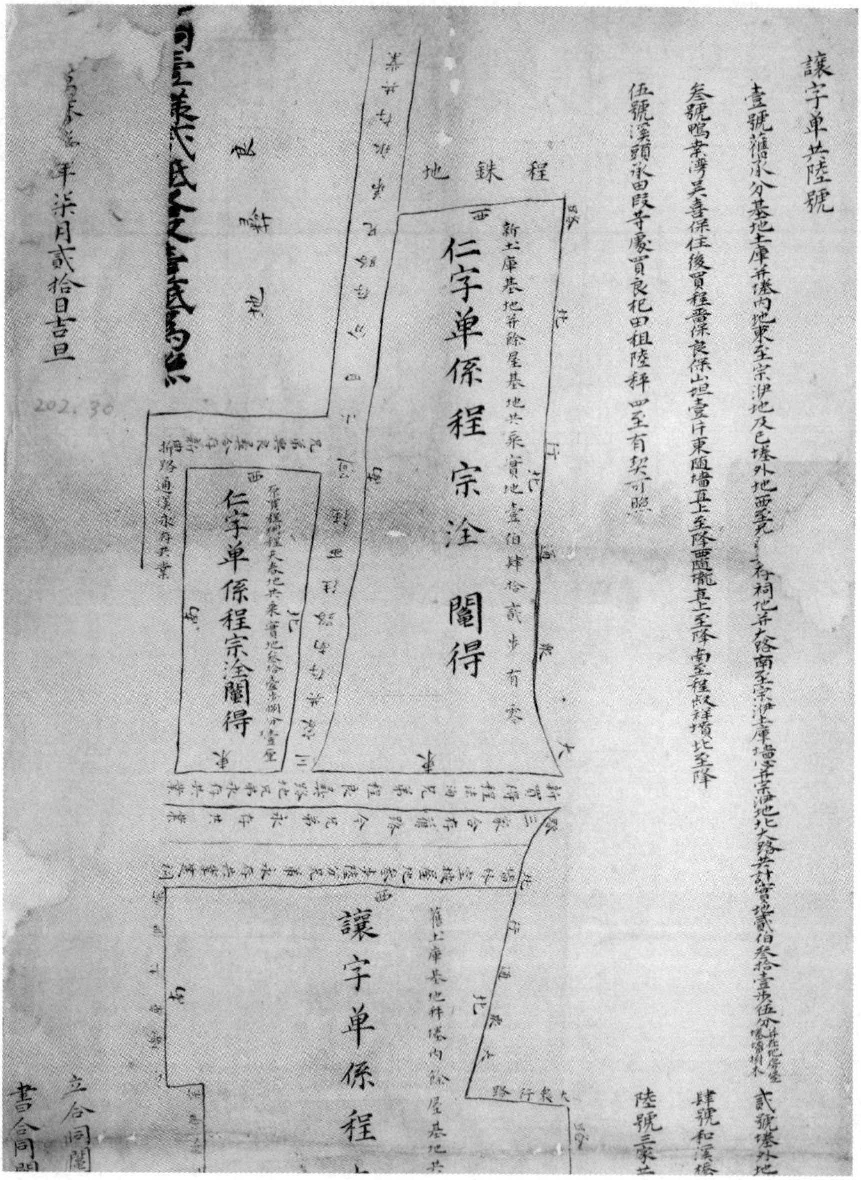

讓字单共陸號

壹號舊承分基地土庫并塔內地東至宗泚地及已塔外地西至允□□祠地并大路南至宗泚土庫墻脚并宗泚地北大路共計實地貳伯叁拾壹步伍分

貳號塔外地

叁號鴨業塘其壹保住後買程晉保良保山坦壹片東頭墻直上至降西頭桅直上至降南至程叔祥墳北至降

肆號和溪塔

伍號溪頭承田段芋處買良杞田租陸秤四至有契可照

陸號三家共

程銖地

仁字单係程宗淦鬮得

新土庫基地并餘屋基地共承實地壹伯肆拾貳步有零

仁字单係程宗淦鬮得

讓字单係程

立合同鬮書

年柒月貳拾日吉旦

（二）上

三

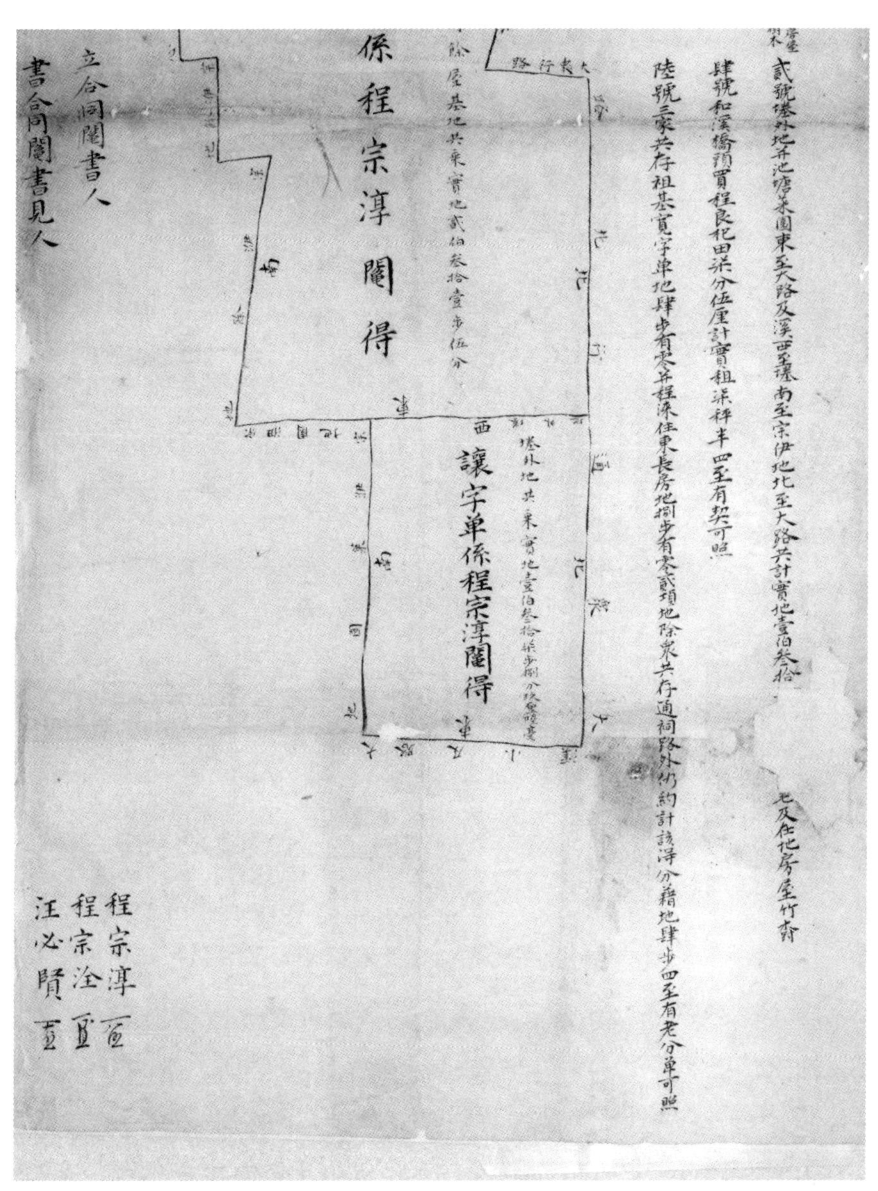
貳號塔外地并池塘菜園東至大路及溪西至塔南至宗伊地北至大路共計實地壹伯叁拾

七及住地房屋竹脊

肆號和溪橋頭買程良杞田柒分伍厘計實租柒秤半四至有契可照

陸號三家共存祖基寬字單地肆步有零并程淶住東長房地捌步有零貳項地除衆共存通祠路外仍約計該得分籍地肆步四至有老分單可照

立合同鬮書人 程宗淳（押）
程宗淦（押）
書合同鬮書見人 汪必賢（押）

（二）下

〔二〕明正德至嘉靖年間〔祁門縣〕奇峰鄭氏分單合同

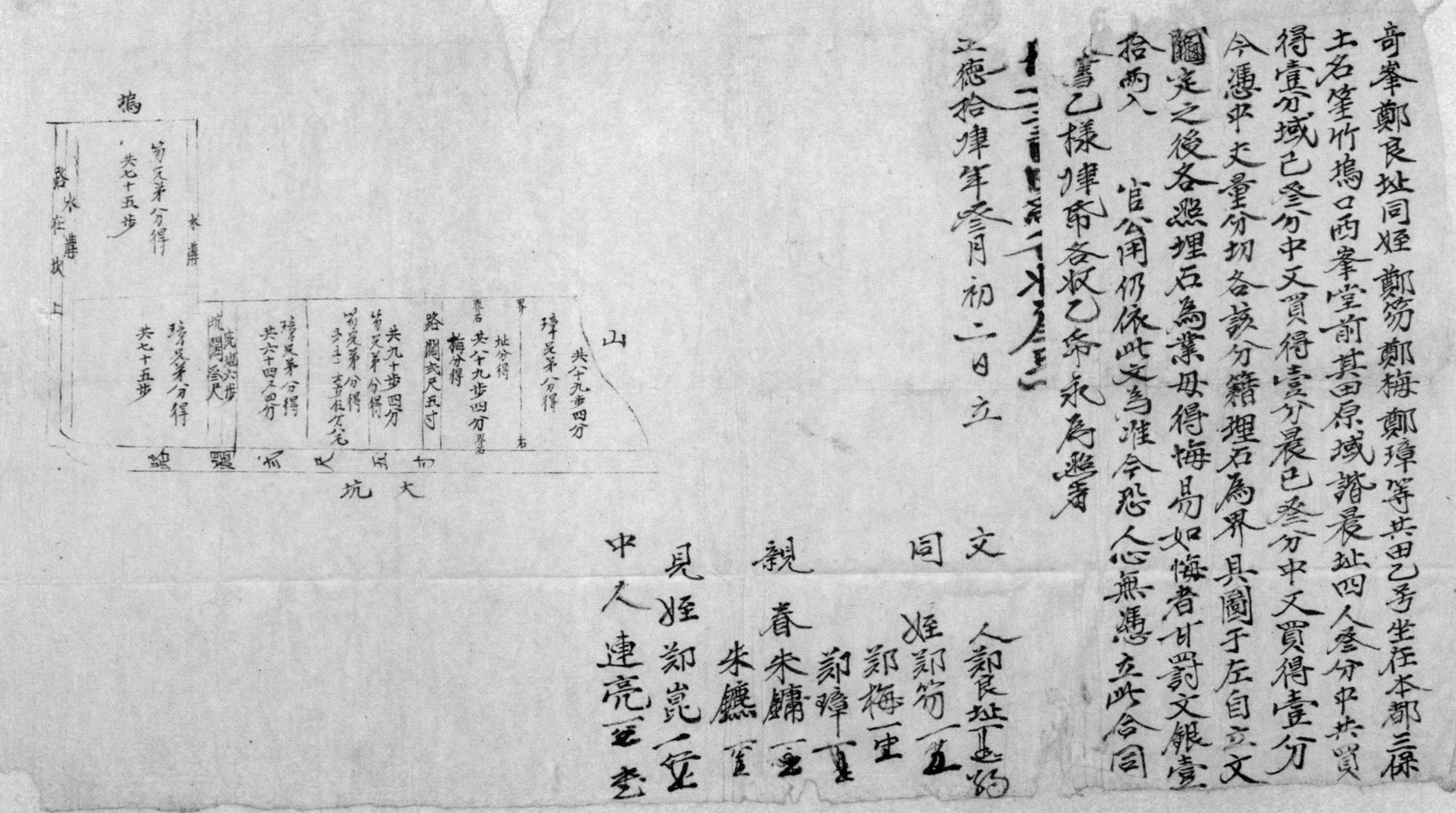

奇峯鄭良址同姪鄭笏、鄭梅、鄭璋等共田乙号，坐在本都三保土名筀竹塢口西峯堂前。其田原域、諸、晨、址四人叁分中共買得壹分，域、巳叁分中又買得壹分，晨、巳叁分中又買得壹分，今憑中丈量分扨各該分籍，埋石為界，具圖于左。自立文鬮定之後，各照埋石為業，毋得悔易。如悔者，甘罰文銀壹拾兩入官公用，仍依此文為准。今恐人心無憑，立此合同壹乙樣肆帋，各收乙帋，永為照用。

正德拾肆年叁月初二日立

文　人　鄭良址（押）
同　姪　鄭笏（押）
　　　　鄭梅（押）
　　　　鄭璋（押）
親　眷　朱鏞（押）
　　　　朱鑣（押）
見　姪　鄭崑（押）
中　人　連亮（押）

三

明正德十五年十二月〔祁門縣〕鄭笏等立均分房屋合同

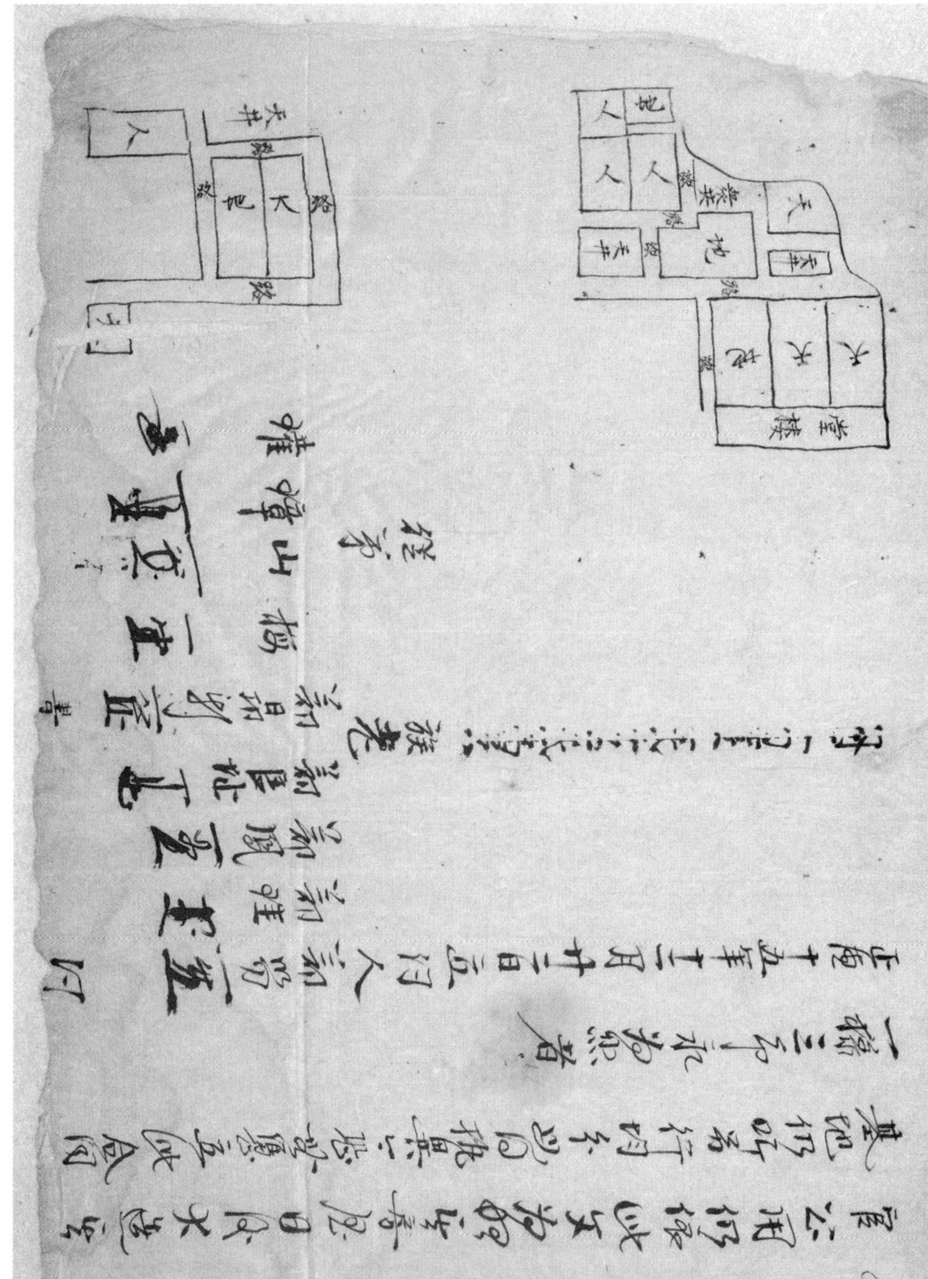

明嘉靖十二年九月〔祁門縣〕鄭良鼎等立鬮分基地房屋分單合同

齊峯鄭良鼎同弟良相、良禄，姪鄭国礼，共承祖父鄭廷厚字基
地房屋一備，身扎一向漸住，未曾品搭。今憑族兄鄭昂、鄭[illegible]為証，
立分單，為廳堂門面併樓上門面及堂屋後[illegible]房四圍通路，[illegible]
不許四房子姪擱占，悉照仁義禮智四子品搭，四子拈鬮為定。
自分之後，各宜遵守，如違者，甘罰紋銀拾兩入
官公用，仍依此分單為準。今恐無憑，立此分單合同一樣四
紙，各收一紙為永照者。

計開

仁字号　良禄分得

義字号　良鼎分得

礼字号　鄭国礼分得

智字号　良相分得

嘉靖十二年九月十二日立合同人　鄭良鼎（押）

良相（押）

良禄（押）

姪鄭国礼（押）

族兄見人　鄭昂

鄭一[illegible]（押）

三

明嘉靖三十三年五月〔祁門縣〕鄭岳等立分基地合同文約

青峯鄭岳同弟鄭昱等共承祖父基地壹備坐落本都三保吳家塢口先年造屋居住岳住在正堂東边昱等住在正堂西邊其基地未曾丈量今因改坑及重修正堂其门面
基地屋宇裏至山外至溪東西憑墻柱心各開壹丈三寸造牆衆存內岳有改低已地貳丈在衆门面前其餘基地照舊分柱憑中丈量東边岳住地實量得貳拾肆方
貳尺五寸五分西边昱等住地實量得貳拾三方五尺六寸九分並對昱等家少地六尺八寸六分文衆有衆存路一条計實地肆方六尺四寸在西边昱等已地中间內衆
取六尺八寸六分補昱等前少地數仍有衆地三方九尺五寸四分各該一方九尺七寸七分俱坐與昱等便業昱等將分得己地前截貼门面边地取一方九尺
柒寸七分補還岳地文衆有餘地一片在昱等居前計地十九方一尺八寸岳分得貼门面地該九方五尺九寸昱分得東水边地九方五尺九寸文衆有
溪西地除改過沉東外仍有地一十三方三尺七寸內衆除地二尺補出岳溪東大门前多地數外仍有衆地一十一方一尺七寸岳該五方五尺八寸昱等
該五方五尺八寸前項東西基地各照畫圖埋石管業自分之後各宜永遠遵守毋得異言如違听遵守人賫文告理甘罰银叁十兩入
官公用仍依此文爲始今恐無憑立此合同文約永爲照者

（一）

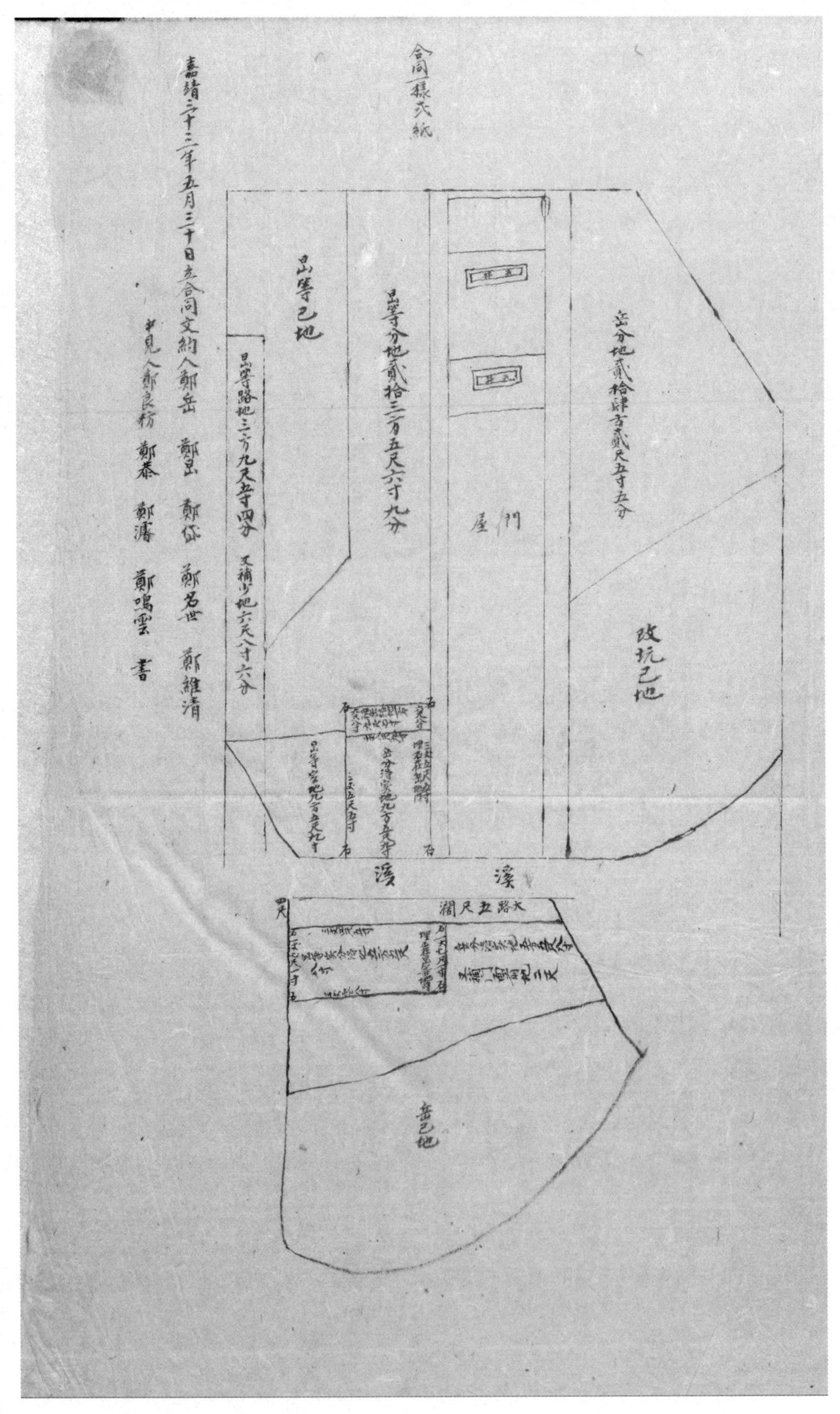
合同一樣弍紙
嘉靖三十三年五月三十日立合同文約人鄭岳 鄭𡵆 鄭岱 鄭名世 鄭維清
中見人鄭良材 鄭泰 鄭濤 鄭鳴雲 書
岳等己地
岳等路地三方九尺五寸四分
又補少地六尺八寸六分
岳等分地貳拾三方五尺六寸九分
門屋
立分地貳拾肆方貳尺五寸五分
段坑己地
溪
溪
大路五尺濶
岳己地

（二）

明嘉靖三十三年五月（祁門縣）鄭岳等立分基地合同文約

奇峯鄭岳同弟鄭昰等共承祖父基地壹備坐落本都三保吳家塢口先年造屋居住岳住在正堂東邊昰等住在正堂西邊其基地未曾丈量今因毀坑及重脩正
堂其門面基地屋宇東至山外至溪東西憑傍柱心各開壹尺叁寸造墻衆存內岳有毀坑已地貳尺在衆門面前其餘基地照舊分住憑中丈量東邊岳住地實量
得貳拾肆方貳尺伍寸五分西邊昰等住地實量得貳拾叁方五尺六寸九分並對昰等實少地六尺八寸六分又衆有原存路一条計實地肆方六尺四寸在西邊昰等已地中間
內衆取陸尺八寸六分補昰等前少地數仍有實地叁方玖尺五寸四分各該壹方九尺柒寸柒分俱坐與昰等便業昰等將分得已地前截貼門面邊地取一方九尺七寸七分補還
岳地又衆有餘地壹片在昰等居前計地壹十九方壹尺八寸岳分得貼門面地該九方五尺九寸昰分得東水邊地九方五尺九寸又衆有溪西地除毀過坑東外仍有地一十一方三尺
柒寸內衆除地二尺補還岳溪東大門前多地數外仍有實地壹拾壹方壹尺柒寸岳該五方五尺八寸昰等該五方五尺八寸前項東西基地各照畫圖埋石管業自分之後
各宜永遠遵守毋得異言如違聽遵守人賫文告理甘罰銀叁拾兩入 官公用仍依此文爲始今恐無憑立此合同文約永爲照者

（一）

合同一樣貳紙

嘉靖三十三年五月三十日立合同文約人鄭岳

鄭昌

鄭岱

鄭名世

鄭維清

中見人鄭良枋

鄭恭

鄭濤

鄭鳴雷 書

岳分地貳拾四方貳尺五寸五分

天井

正廳

天井

門屋

昌等分地貳拾三方五尺六寸九分

昌等已地

昌等路地叁方九尺五寸四分 又補水地六尺八寸六分

玫境已地

三丈五尺五寸 埋石在岳地內

岳分得實地九方五尺九寸

三丈五尺五寸

昌等實地九方五尺九寸

溪

大路五尺

溪澗

岳已地

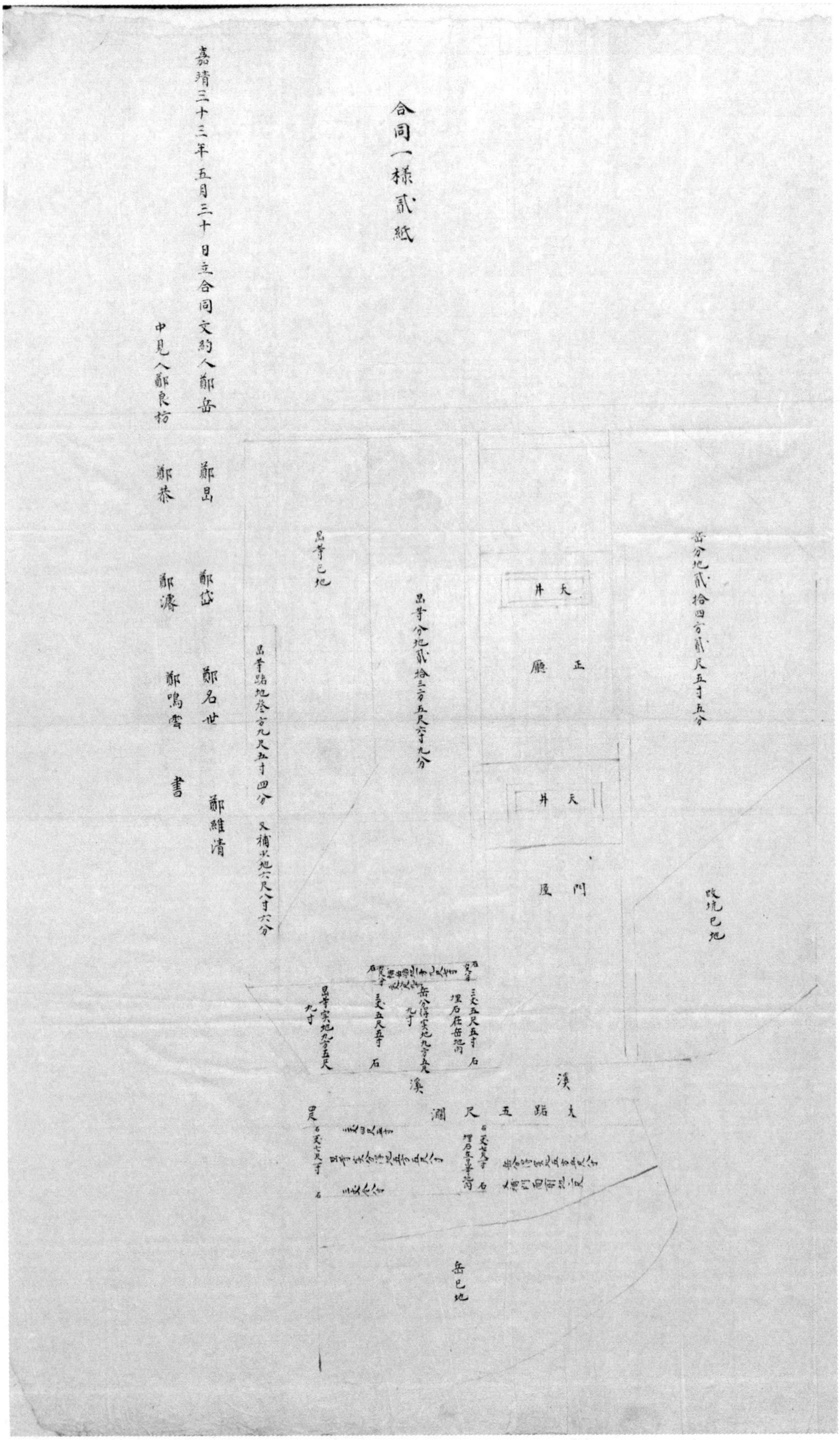

（二）

三

明嘉靖三十三年五月〔祁門縣〕鄭岳等立分基地合同文約

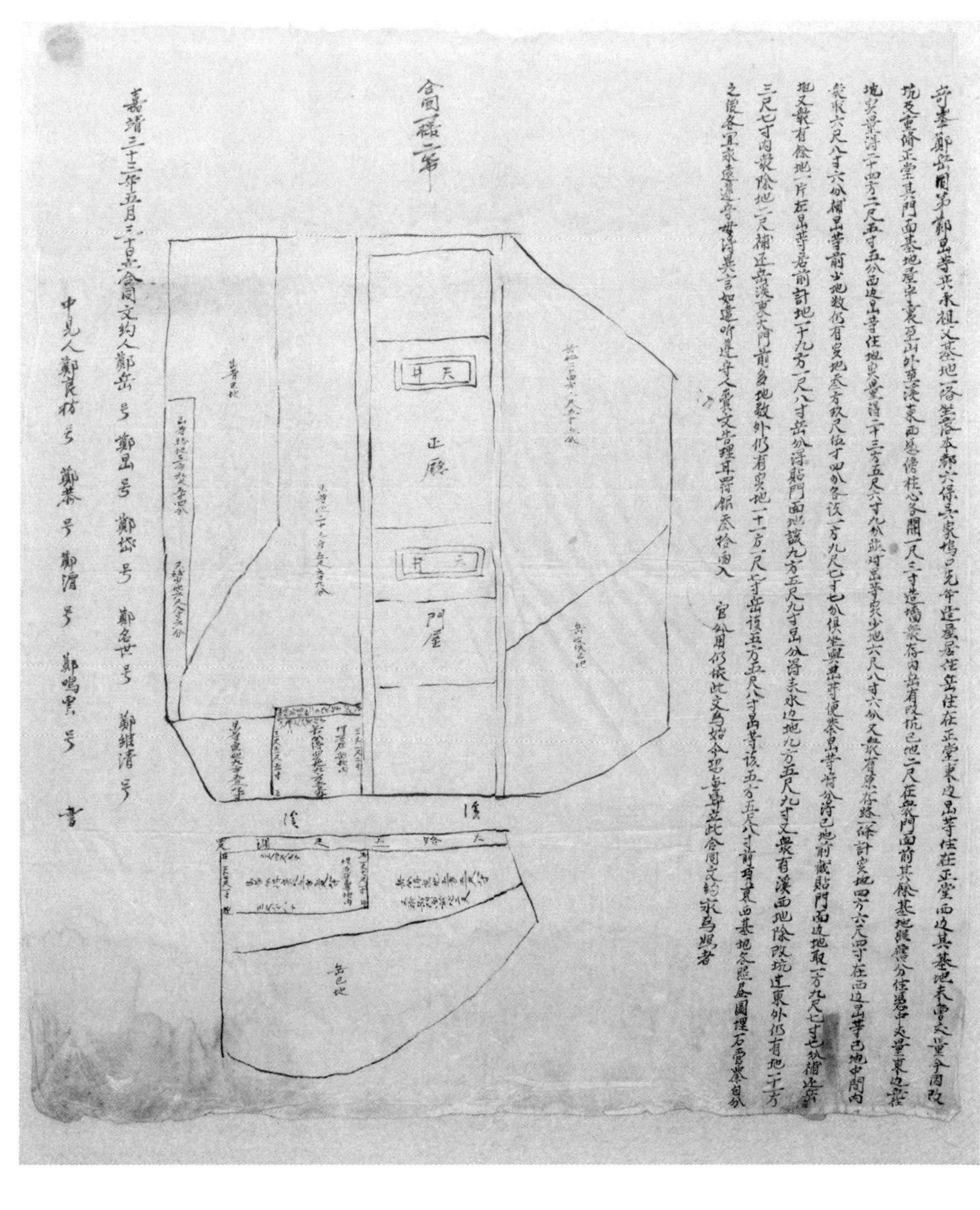

（全圖）

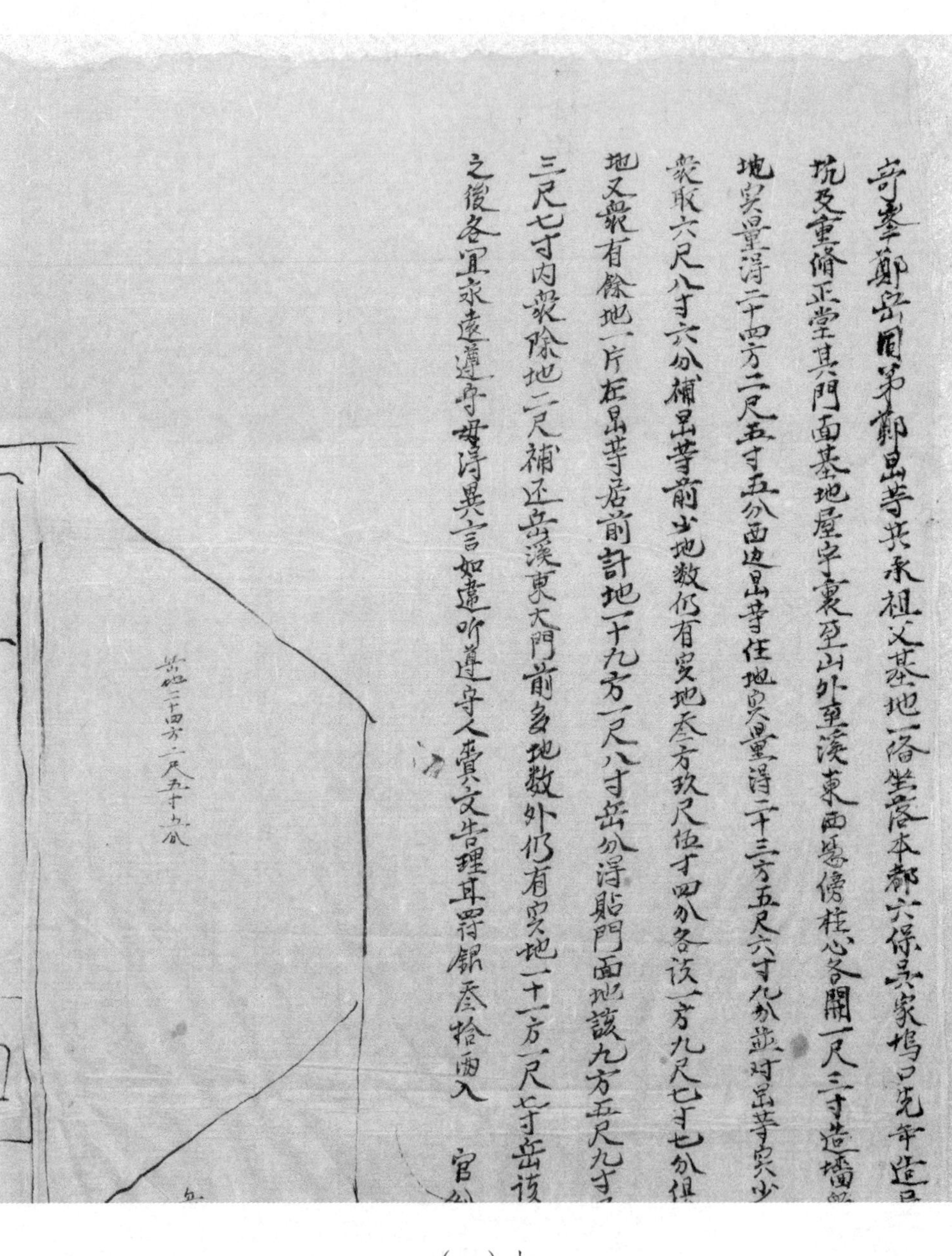
奇峯鄭岳同弟鄭昂等共承祖父基地一備坐落本都六保吳家塢口先年造
坑及重修正堂其門面基地屋宇裏至山外至溪東西邊傍柱心各開一尺三寸造牆
地實量得二十四方二尺五寸五分西邊昂等住地實量得二十三方五尺六寸九分並對昂等實少
衆取六尺八寸六分補昂等前少地數仍有實地叁方玖尺伍寸四分各該一方九尺七寸七分俱
地又衆有餘地一片在昂等居前計地一十九方一尺八寸岳分得貼門面地該九方五尺九寸
三尺七寸內衆除地二尺補還岳溪東大門前多地數外仍有實地一十一方一尺七寸岳該
之後各宜永遠遵守毋得異言如違听遵守人賫文告理甘罰銀叁拾兩入 官

岳地二十四方二尺五寸五分

（一）上

三

明嘉靖三十三年五月〔祁門縣〕鄭嶽等立分基地合同文約

过屋居住岳住在正堂東边昂等住在正堂西边其基地未曾丈量今因改
留衆存内岳有改坑已地二尺在衆門面前其餘基地照舊分住憑中丈量東边嶽
少地六尺八寸六分又衆有原存路一條計實地四方六尺四寸在西边昂等已地中間内
俱坐與昂等便衆昂等將分得已地前截貼門面边地取一方九尺七寸七分補还岳
寸昂分得未水边地九方五尺九寸又衆有溪西地除改坑过東外仍有地一十方
該五方五尺八寸昂等該五方五尺八寸前項東西基地各照畫圖埋石管業自分
公用仍依此文爲始今恐無憑立此合同文約永爲照者

岳改坑已地

（一）下

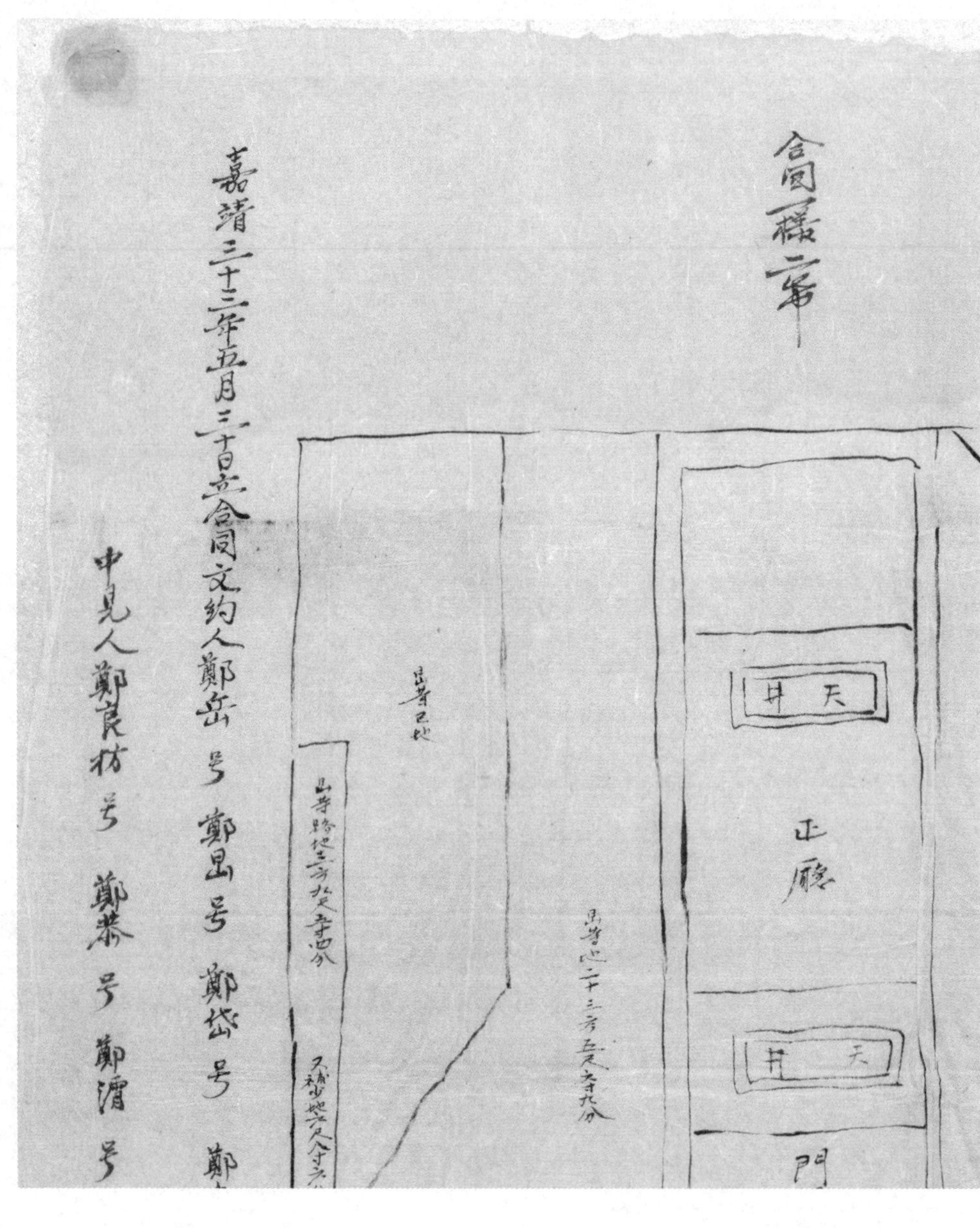

（二）上

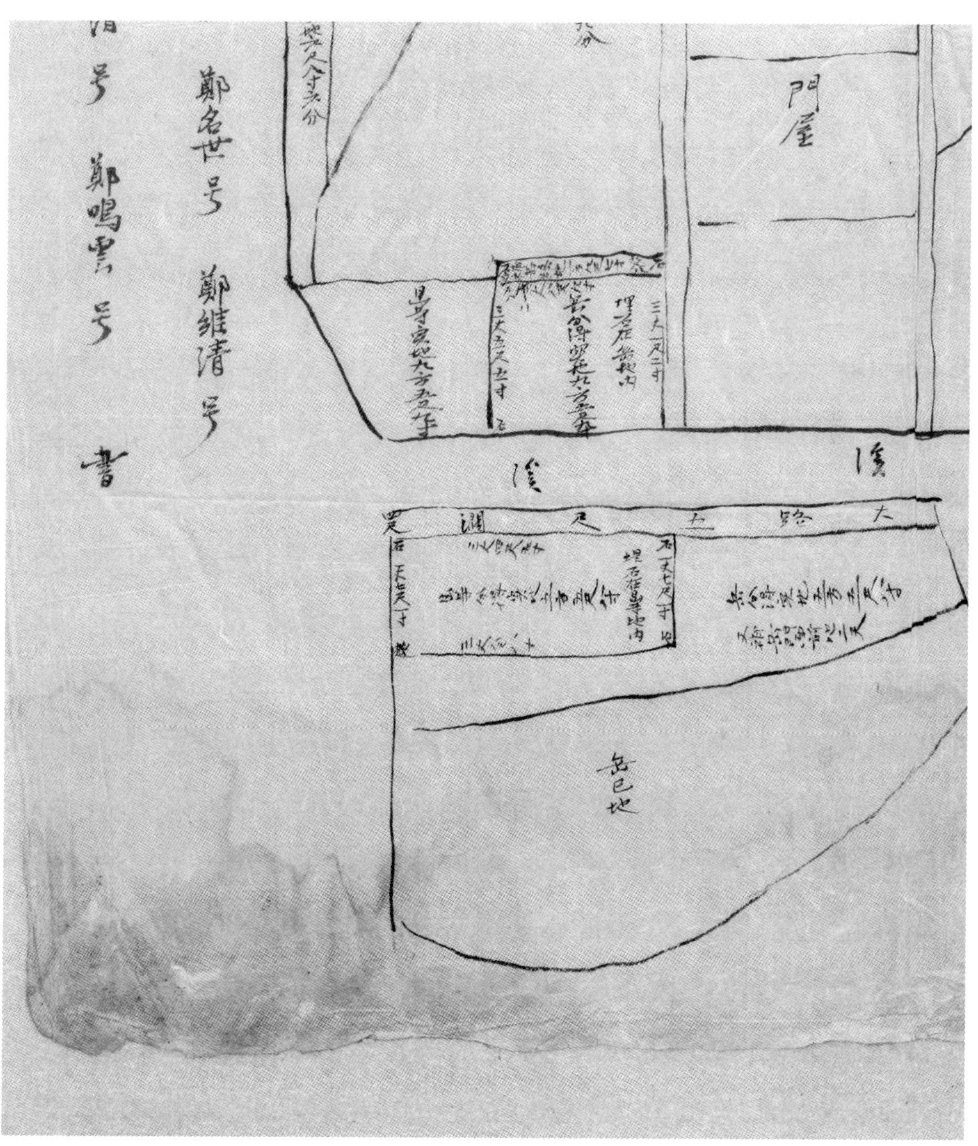

（二）下

明嘉靖三十三年五月（祁門縣）鄭嶽等立分基地合同文約

三

明嘉靖三十七年七月〔祁門縣〕鄭昱等立分地分單

立分單鄭昱同弟鄭岱、鄭名世、鄭維清，因原分橫路前地並底邊地均分各單原圖俱斜不便安葬尺寸立界，今除底邊地拾弍方二尺五寸智仁聖義不動外，將橫路前地照原及斜地并坑邊原無存段坑地品搭均分，填歷圖埋石恢寫尺寸，照前填寫字號，取便安葬。其溝路尺寸悉照歷圖并存各單，不許侵占。所有安葬路口直出溝路并大坑溝路墻壙，俱係六股輪造。立文之後，毋得異言反悔，如違，遵守人告理，甘罰銀拾兩入官公用，仍依此文為始。今恐人少信，立此分單為照。

嘉靖三十七年七月二十六日立分單人 鄭昱 鄭岱 鄭名世 鄭維清 鄭維滿

中見人 鄭琢 鄭維誠 鄭大有

智人聖 昱岱分得

義忠 名世分得

和 清黃分得

（一）

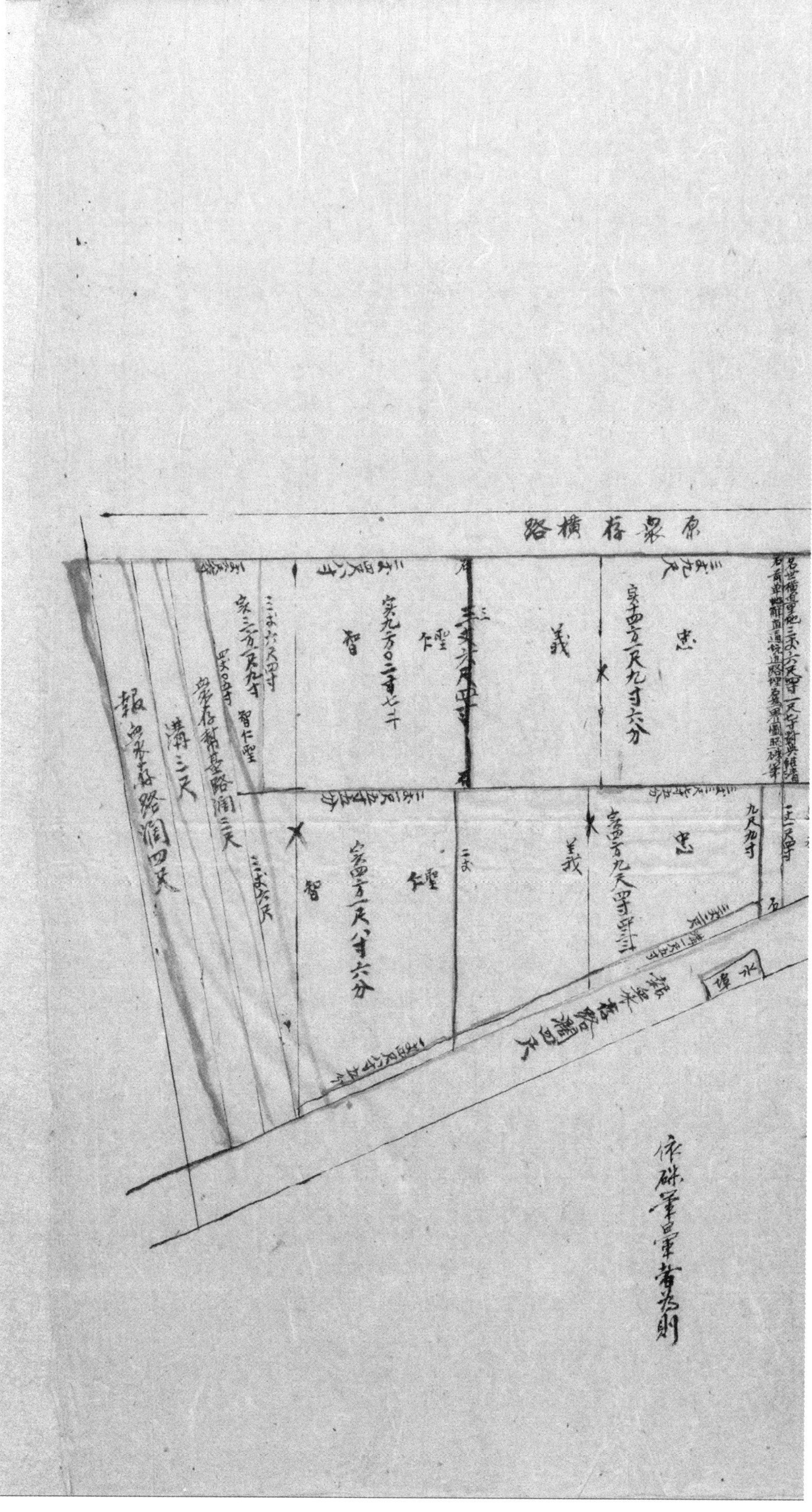

（二）

三

〔三〕明嘉靖年間〔祁門縣〕桃墅汪氏對換摽分合同

桃墅汪濟同兄汪清原前五年各將本保土名東塢長源前山山地二家山地間隔不
便汪濟原將汪祐成地壹分六厘六毛又第三級土術荒地乙塊與清地並相連清已
原將業根竹山併荒地壹塊與濟地相並連今二家管業不便清憑托憑
親族前去說汪滂等公議勸令汪清與汪濟將原將成地乙分六厘六毛併第三級
荒地乙塊對換汪清管業汪清原將業根與濟屋相連作山乙塊新立四至東
至汪濟地西至隴埋石為界南至汪濟山地北至汪清山埋石為界又將第三級荒地
對換所汪濟結墳橫至紙山下新砌墳下橫過扡路仍存抱墳砌地壹尺伍寸清已
又將隨山砌塘本埋發直抵官路對換前地所有汪濟用工結砌行路計闊叁
尺任從管業不許阻當去路西傍山地所清管業去路沿轉雲當所毋許長養竹
木所議濟地內承路開通已地內取去溝流行即不許做壞流汪清已地內又很
坎山地其以並當埋石為業各取便並先年五年二家對換吏契合同貴去不在
行用自後各守悔易如先悔者甘罰銀伍兩入　官公用仍用此字為準所有
稅粮隨即分撥供解今恐無憑立此合同一樣二紙各收為照者

內改傾流二字
鴻廣信字一件

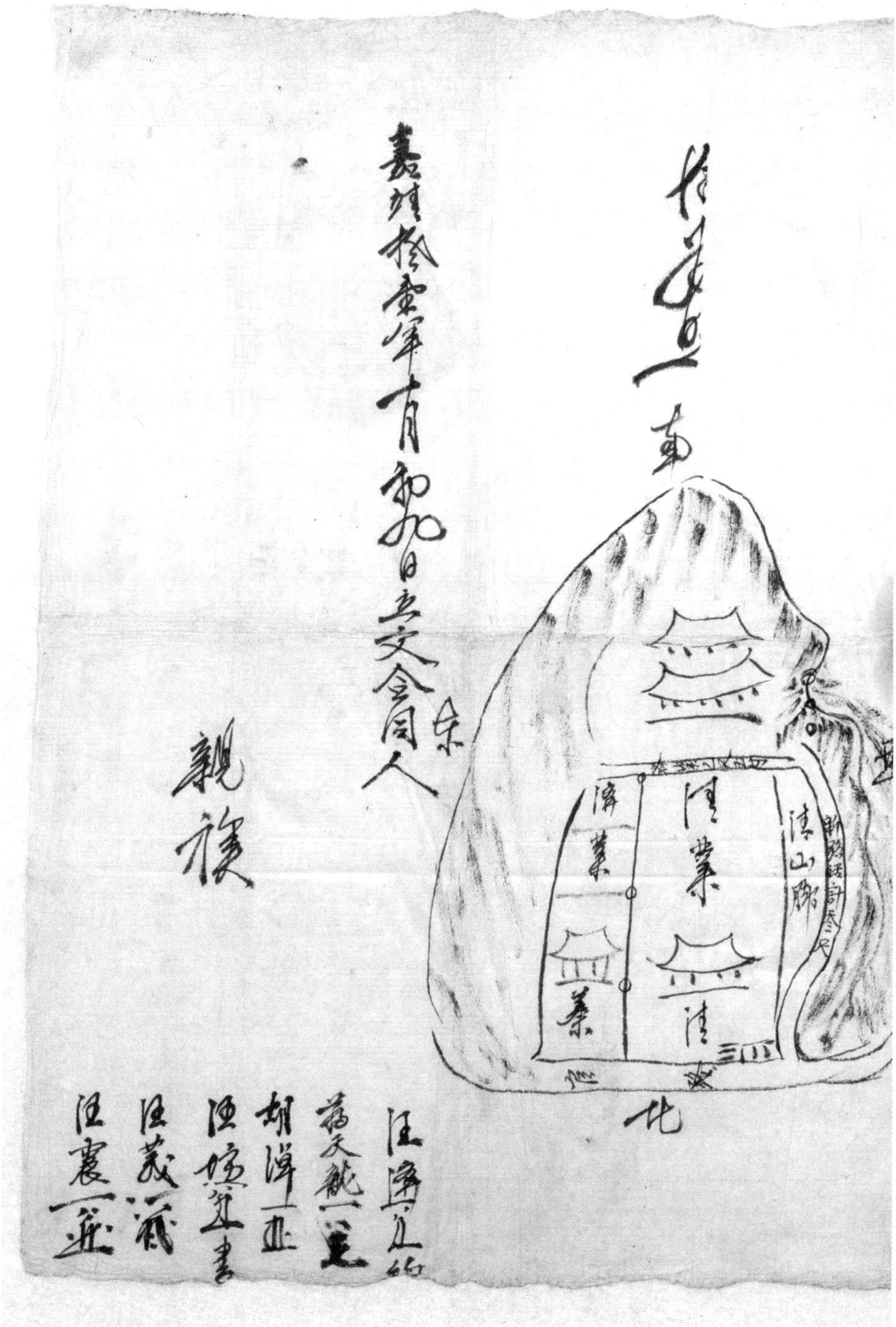

三

明嘉靖十一年十月〔祁門縣〕汪濟等立對換山地合同

嘉靖拾壹年十月初九日立文合同人

汪濟

葛天龍

胡洋

汪境賢 書

汪義

汪震

（二）

三

明嘉靖卅二年三月〔祁門縣〕汪坎等立爲重建香火樓撥還佔地清白合同議約

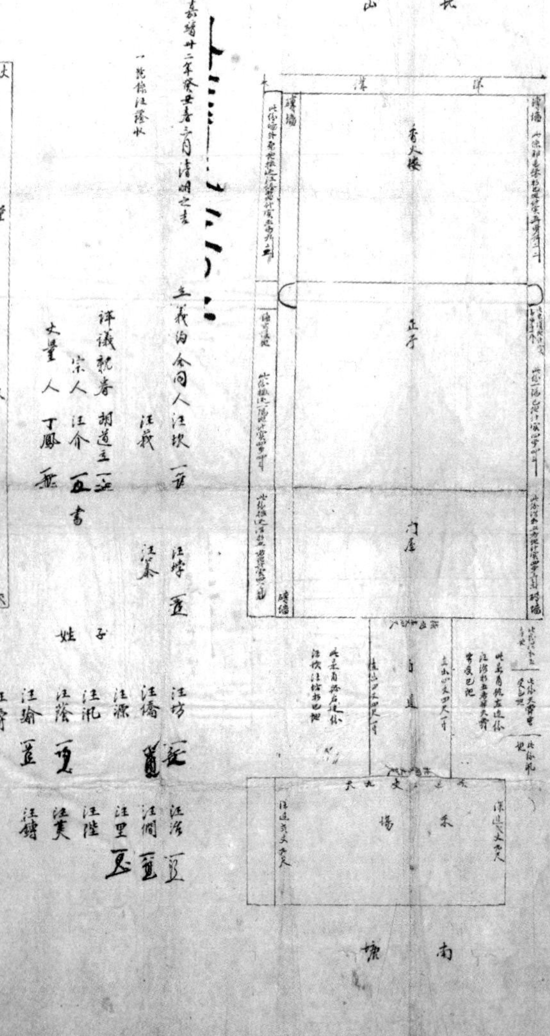

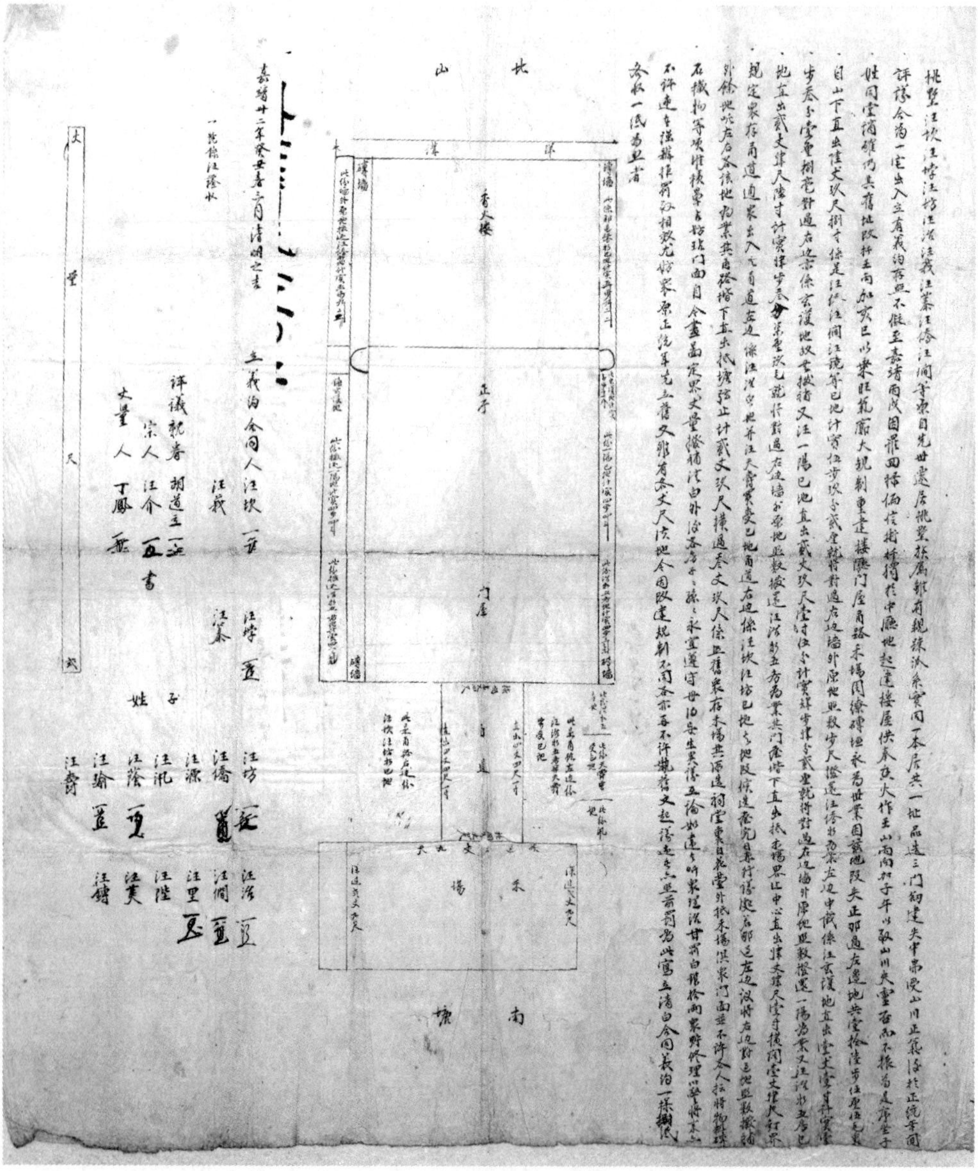

（全圖）

明嘉靖卅二年三月（祁門縣）汪坎等立爲重建香火樓撥還占地清白合同議約

桃墅汪坎、汪垾、汪坊、汪浛、汪義、汪纂、汪佟、汪僴等，原自先世遷居桃墅，族属雖有親
評議，合為一定，出入立有義約存照，不假。至嘉靖丙戌，因罹回禄，倫信樹杆猶於中廳
姓同堂。諸確仍其舊址，改於壬丙加亥，已以聚旺氣脈，大規制重建樓廳門屋，甬路
自山下直出陸丈玖尺捌寸，係是汪佟、汪僴、汪鏡等已地，計實伍步玖分貳厘，就將對過右邊
步叁分壹厘，樹竃對過右邊亦係玄護地，故要撥補。又汪一陽已地直出貳丈玖尺壹寸
地直出貳丈肆尺陸寸，計實肆步叁分，東重玖厘，就將對過右邊墻外原地照數撥還汪浛
規定衆存甬道，通衆出入。甬道左邊係汪浛字地，并汪天爵買受已地；甬道右邊係
外餘地，所左右各該地為業，其甬路階下直出抵墉弦止，計貳丈玖尺，横過叁丈玖尺，係
石、織物等項堆積，畢亦妨碍門面。自今畫畵定界，丈量撥補，清白，外後各房子子孫孫永
不許違吝強辯，推罰取相效尤，妨衆原正統，革先立舊文，雖有各丈尺清地，今因改建
各收一紙為照者

北

香火樓

磚墻　此係那邊佟杉已地計實五步捌分二厘

此處道地計實……

正屋

此係一陽已地計實四步四分

門屋

此係汪浛五分地計實……

（一）上

三

明嘉靖卅二年三月（祁門縣）汪坎等立爲重建香火樓撥還占地清白合同議約

有親疎派系實同一本居共一址品造三門剏建失中弗受山川正氣後於正統年間
中廳地起造樓屋供奉香火作壬山丙向加子午以取山川失靈否而不振蓋是辭坐子
屋角路禾塲周遶磚垣永為世業因該地段失正邪過左邊地共壹拾陸步伍厘伍毛東
過右边墻外原地照數步尺撥還汪僑兆為業左边中截係汪玄護地直出壹丈壹寸計實壹
尺壹寸伍分計實肆步肆分貳厘就將對過右边墻外原地照數撥還一陽為業又汪洪兆五房已
遠汪洪兆五房為業共門座堦下直出抵禾塲界止中心直出肆丈肆尺壹寸横闊壹丈肆尺釘界
右边係汪坎汪坊已地之地段俟造座完日再行議處所邪過左边議將右边對過地照數撥補
玖尺係照舊衆存禾塲共原造祠堂東至衣壹外抵禾塲俱衆门面並不許各人㧞將物料樑
孫永宜遵守毋得妄生異議立論如違之者听衆理治甘罰白銀拾兩衆用修理以警將來之
後違規制不同各亦無不許執舊文起議違者亦照前罰為此寫立清白合同義約一樣捌紙

（一）下

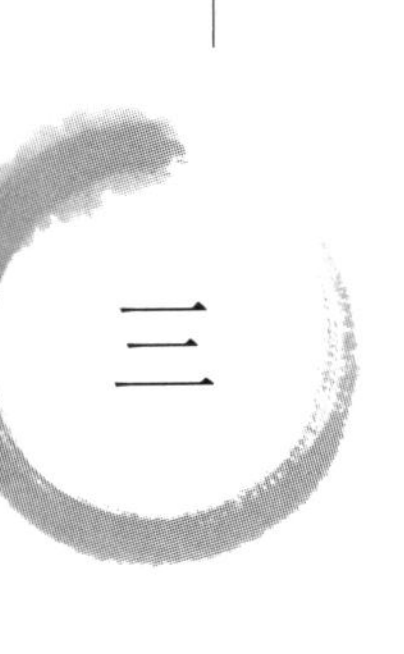

三

明嘉靖卅二年三月（祁門縣）汪坎等立爲重建香火樓撥還占地清白合同議約

山

溝

磚墻

此係墻外衆地撥還汪（？）地計實五十九步（？）

香火樓

係衆復地

此係撥還一隅地計實四十步（？）

此係撥還（？）

正屋

門屋

嘉靖卅二年癸丑春三月清明之吉

一號係汪蔭收

立議約合同人　汪坎
汪義

評議親眷　胡道立
宗人　汪介　書
丈量人　丁鳳

丈量天

（二）上

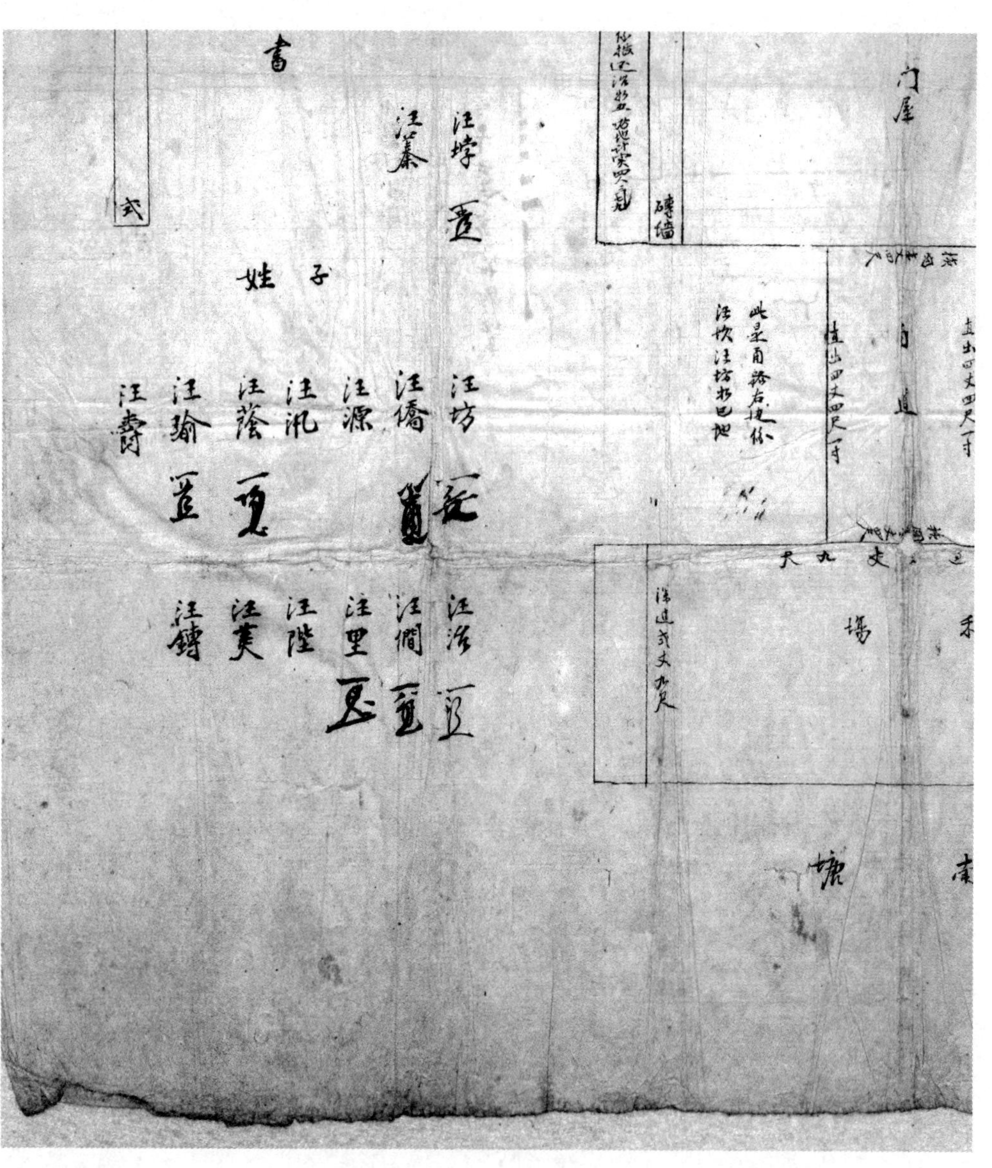

書

汪塝
汪纂

子姪

汪坊
汪僑
汪源
汪汛
汪蔭
汪瑜
汪壽

汪洽
汪僩
汪里
汪陞
汪箕
汪鏄

（二）下

明嘉靖三十八年三月（祁門縣）汪蓁等立摽分屋基地並倉基地合同圖約

桃墅汪蓁同姪汪天文共有承祖土名東塢長源新屋基地并倉基地先年五
房摽分編為天地字親師五號清蓁摽得師字號地向未摽分今憑親族眼同將
地丈量挨摽撥補以便各業並照今畫圖填注丈尺各人坐位埋石為界自今寫立
分書定業之後各宜遵守毋許那移界域異爭違者許守議人理論甘罰白銀
伍兩公用仍依此合同圖約一樣二紙各收壹紙為照

（一）

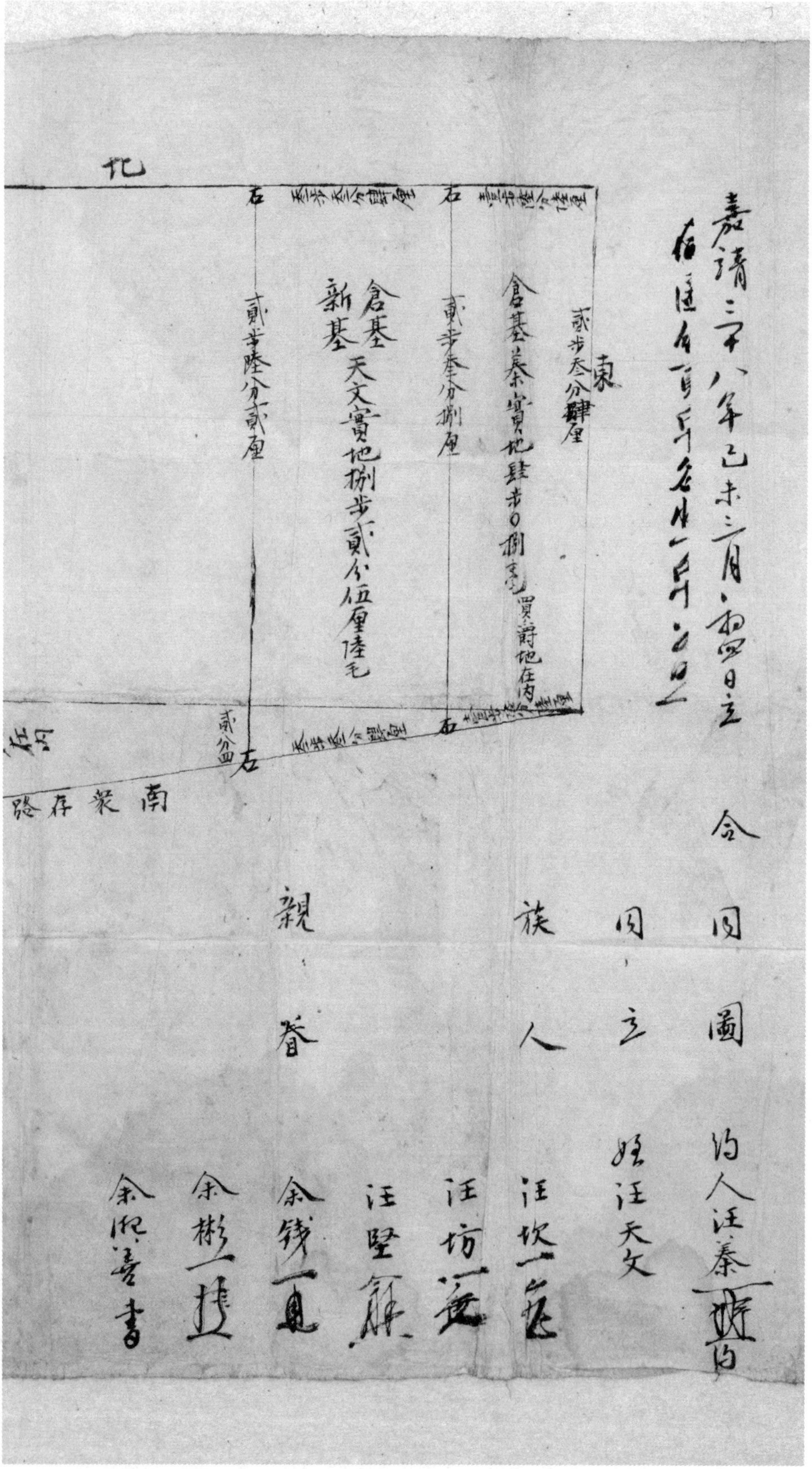

嘉靖三十八年己未三月初四日立

右臣合同各收一紙爲照

合同圖約人汪蓁

同立

姪汪天文

族人

汪坎

汪坊

汪堅

親眷

余錢

余彬

余汝善書

（二）

三

明嘉靖三十八年三月（祁門縣）汪蓁等立摽分屋基地並倉基地合同圖約

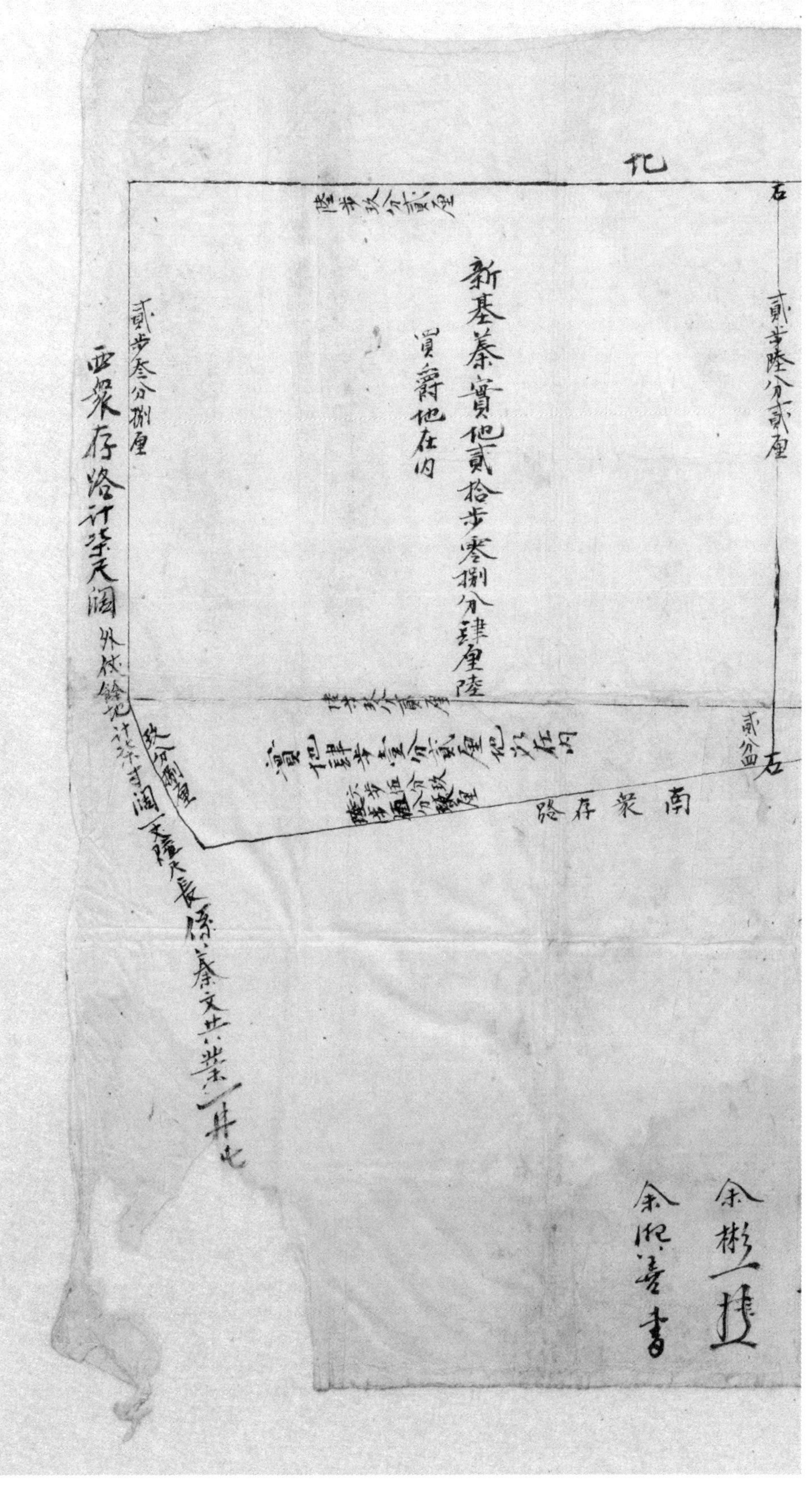

（三）

三

明嘉靖三十八年三月（祁門縣）汪蓁等立摽分基地合同文約

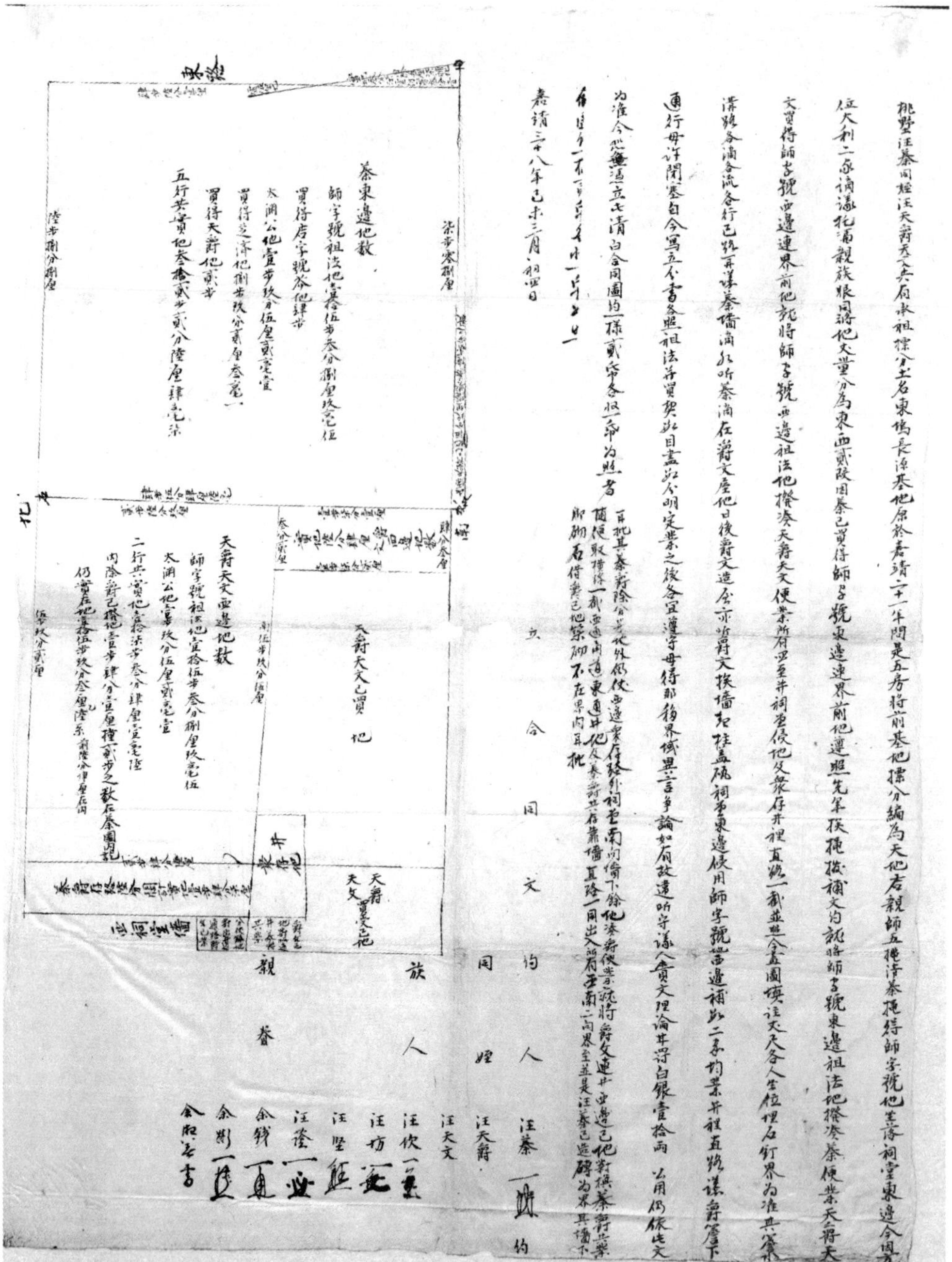

（全圖）

三

明嘉靖三十八年三月（祁門縣）汪蓁等立摽分基地合同文約

桃墅汪蓁同姪汪天爵天文共有承祖摽分土名東塢長源基地原於嘉靖二十一年間是五立
位大利二分請議托憑親族眼同將地丈量分為東西貳段因蓁已買得師字號東邊連
文買得師字號西邊連界前地就將師字號西邊祖法地撥湊天爵天文便業所有四至
溝路各滴各流各行已路再議蓁墻滴水听蓁滴在爵文屋地日後爵文造屋亦照爵文墻
通行毋許閉塞自今寫立分書各照祖法并買契批目盡行分明定業之後各宜遵守毋得
有悔者一不[illegible]一
為准今恐無憑立此清白合同圖約一樣貳帋各收一帋為照者

再批其蓁爵除分[illegible]外仍[illegible]
隨便取橫路一條西邊出通
腳砌石借爵已地築砌不[illegible]

嘉靖三十八年己未三月　初四日　立

柒步零捌厘

肆分叁厘

（一）上

是五房將前基地摽分編爲天地字號，天字號親師五摠，清蓁摠得師字號地坐落祠堂東邊，今因方
邊連界前地遵照先年摽摠撥補文約，就將師字號東邊祖法地撥湊蓁便業天字爵天
有四至并祠堂侵地及衆存井裡直路一截，並照今畫圖墳注天字各人坐位埋石釘界爲准，其爵承
爵文挨墻起蓋廁祠堂東邊侵用師字號西邊補與二家，均業井裡直路讓爵管下
守毋得那移界域，異言爭論，如有故違，所守議人，貴文理論，并罰白銀壹拾兩公用，仍依此文
税外仍仗西邊衆存路外祠堂南關墻下餘地湊爵便業，就將爵文連井西邊己地對換蓁爵共業
過南道東邊井地及蓁爵共存靠墻直路一同出入，所有西南二向界至並是汪蓁已造磚爲界，其墻不
系腳不在界內再批

合同文約人　汪蓁（押）約
同姪　汪天爵
汪天文
族人　汪次（押）

（一）下

東路

陸步捌分捌厘

柒步零捌厘

蓁東邊地數
師字號祖法地壹拾伍步叁分捌厘玖毫伍
買得唐字號岕地肆步
太湖公地壹步玖分伍厘貳毫壹
買得芝濟地捌步玖分貳厘叁毫一
買得天爵地貳步
五行共實地叁拾貳步貳分陸厘肆毫柒

肆分叁厘

叁分貳厘

天爵天文西邊地數
師字號祖法地壹拾伍
太湖公地壹步玖分伍厘
二行共實地壹拾柒步叁
內除爵己撥地三步肆
仍實在地壹拾伍步玖分

南伍步玖分

伍步玖分貳厘

天爵天文

（二）上

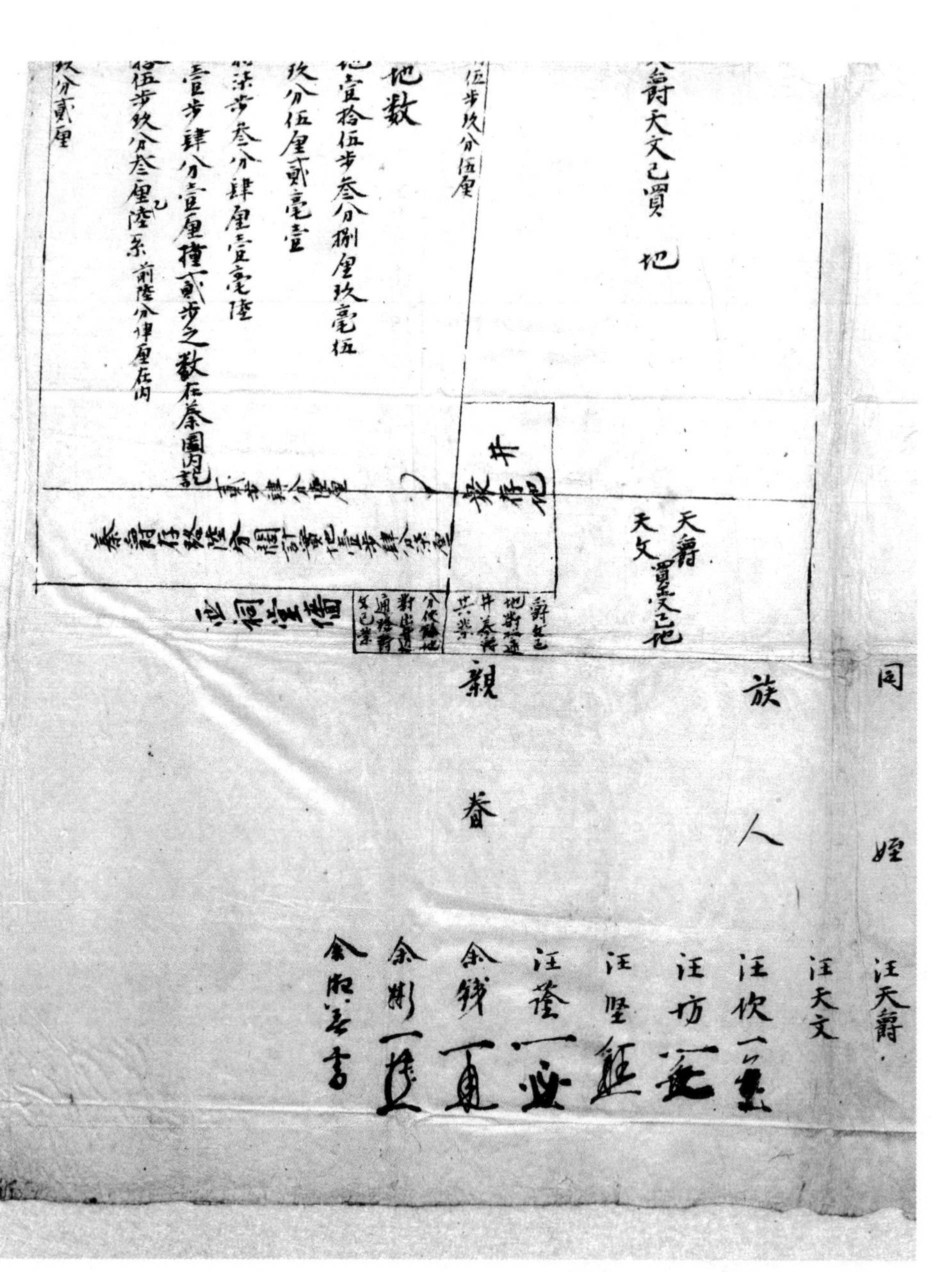

（二）下

〔四〕明嘉靖至萬曆年間〔祁門縣〕龍源汪氏契約分單

龍源汪于祚等原於嘉靖三十五年間有弟于礼病在危焉身思手足之情憑
母親章氏主盟寫立文約將十三都校溪租穀叁百秤貼弟于礼逐年浮收未曾寫立號係今因
浮收不便同弟議憑中將校溪等處土名照看土租數叁百秤與姪必晟收租為業所有
稅粮随即查照原收看土扒付供解其田土段交監租數逐一開具于后今恐無憑立此為照

計開土段租數

段中下号 早租肆秤拾斤　角塢口路外 早租貳秤　范家塢塘外 内取晚租伍秤
范家塢塘裡 内取晚租柒秤　合丘上截 早租伍秤拾斤　合丘下截 内取早晚租拾壹秤拾斤
佛龕前 早租壹秤拾斤　石橋頭 早租肆秤　拾秤裡 早租捌秤
新開丘 早租伍秤拾斤　淩村叁下 早租叁秤内取　外六畝丘 晚租壹秤叁斤伍兩
上六畝丘 内取早租拾貳秤　戢家門前傍上 晚租拾斤　排前 早租壹秤伍斤捌兩
七畝丘 早租柒秤拾斤　梭肚丘 早租陸秤拾叁斤　大柿丘 早租貳秤伍斤捌兩
日子坑 早租捌秤拾斤　塘坑 内取早租柒秤拾斤　小麥丘 内取早租伍秤拾柒斤
室蓋丘 晚租玖秤　坑工 早租肆秤　軟竹坑口 早租陸秤
八畝丘下号 晚租貳秤肆斤　中清水丘 晚租柒秤　揆子丘 内取一半捌秤捌斤
生墳前 内取早租陸秤拾斤　胡七塢 早租肆秤　後門坑 早租伍秤拾斤

（一）

范家塢頭 内取早租貳秤　大彎丘 内取晚租捌秤貳斤捌　墩上 内取八分之一早租陸秤
公子冲口窟裡 早租叁秤　查冲 内取半早租伍秤　古寺下來 内取一半早租伍秤
方段塢 内取早晚拾伍秤　狹山里 内取晚租伍秤　倒石山下 晚租壹秤拾捌斤
赤豆彎 早租貳秤　查坑 早租捌秤　千秤丘 晚租拾斤
狹山里上號 晚租肆秤　池冲頭 早租叁秤　杈冲口 内取一半晚租玖秤
竹塢裡 早租叁秤柒斤　中杈冲 内取早租拾秤　山系二畝廿窟丘 内取晚租伍秤
西冲口 晚租陸秤拾肆斤　西冲 内取肆秤　柿樹丘 晚租壹秤捌斤
下源塢 早租貳秤　水碓丘 内取柒秤拾斤　水碓塢頭 早租捌秤
塘塢 内取早租拾秤伍斤　神子塢口 早租壹秤　已上共伍拾陸號

嘉靖四十五年七月初六日立批約人汪于祚（押）　弟于袏（押）　契
弟汪于祜（押）　鬼必晟（押）
胡時　汪燦（押）　書
親眷 饒学孔（押）　族人 汪棠（押）

（二）

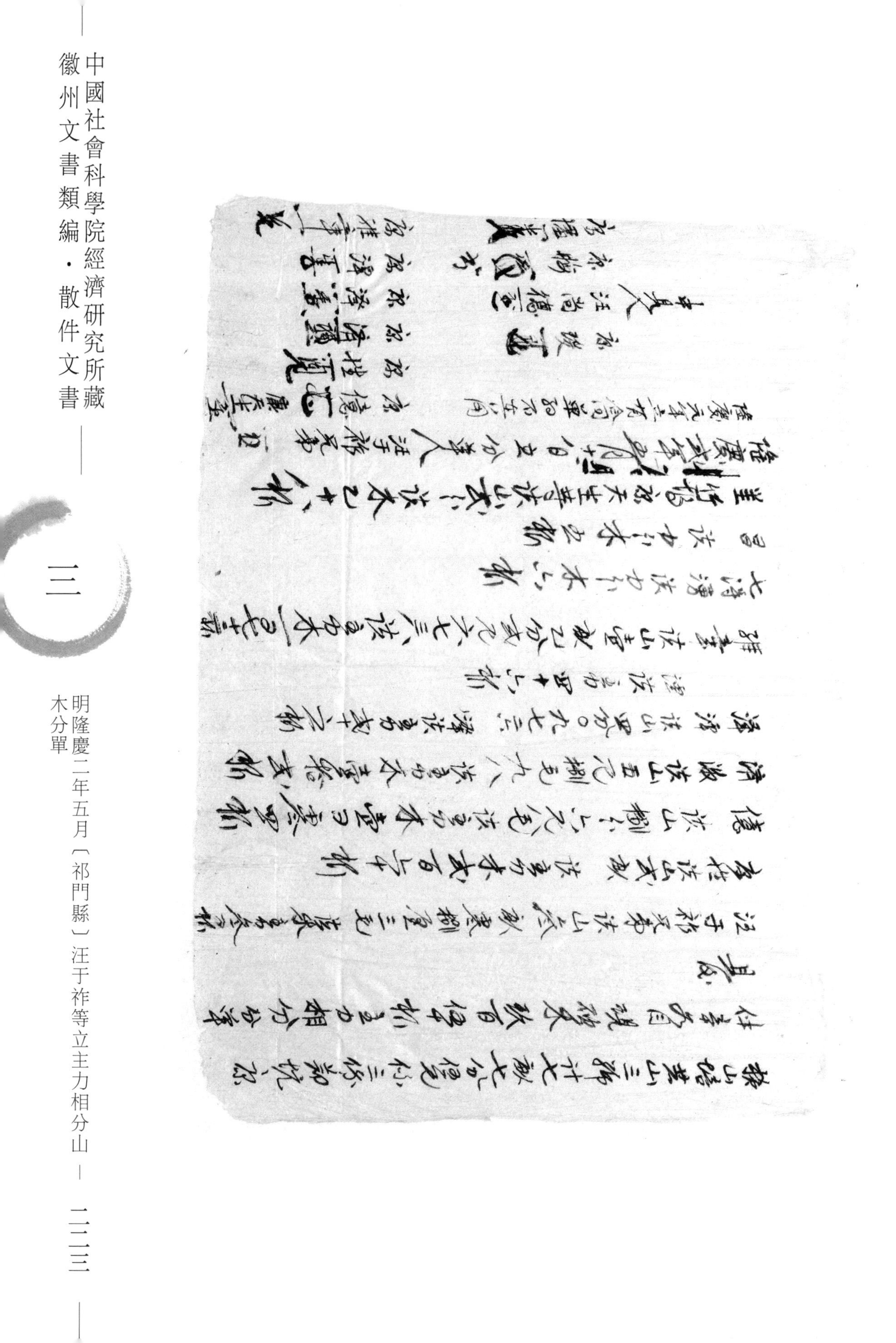

三

明隆慶二年五月〔祁門縣〕汪于祚等立主力相分山木分單

三

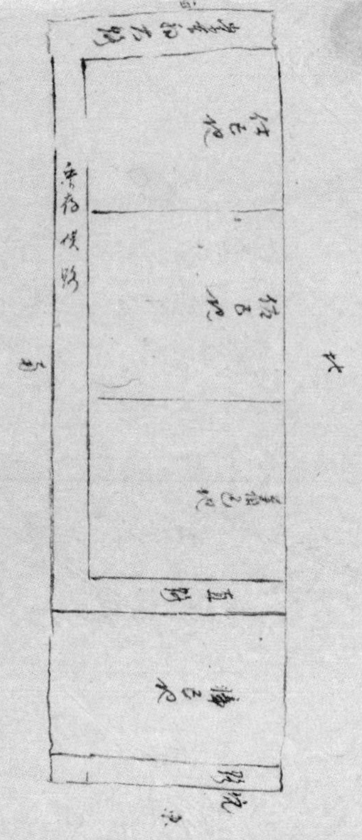

明萬曆三十一年七月〔祁門縣〕汪必佐等立鬮分基地合同文約畫圖

〔五〕明萬曆三十四年某某縣張元時分家分派稅糧合同

萬曆卅四年二月十六日張元時張富時爲有原
父遺下家夥什物向未分用今憑
叔弟逐件開註暫且收執以後姪孫長大再定三股均分爲照

計開

床一張

古銅香炉乙个 此三件爲富時收

滿架乙个

火炉乙个

浴盆乙个 此二件元時收

外秤乙把 也係原物秤棒係富時換的 梯一張 磨一付 盒弍个 缺蓋乙个

此四件存衆取用各無阻當

立議合同人 張元時

張富時

見 叔張來

張順時

張啓亨

明萬曆卅四年二月某某縣張元時等立分用傢伙什物合同

明萬曆卅四年五月某某縣張元時等立爲賣田派明稅糧合同

立合同人張元時同弟富時爲因祖父遺産近年合納
粮編向未分析至今本年元時自將基田凑與弟富時
爲業得受價目俱載契文不及開寫其産多寡
稅粮應當派明以後定則今憑叔弟照業宊除與弟
受納二人遵此办納門戶庶免爭論照單收受恐後
無憑立此合同一樣式張各執乙張永遠爲照
所有自父喪後至今萬曆三十四年丙午歲止兄弟二
人家外往來帳目二面逐一算說明白毫無欠少
及各書信日後檢出不在行用各無生情異說
再批

計開
父遺田四處
土名一百塘岳文　田稅四分三
土名茂冬下　田稅三分六厘
土名杜八公墓前　田稅貳分·八毛
土名項村　田稅五分四毛七毛
前項田四處共稅壹畝五分八厘八毫
原分弟富時平勻分得一半該田稅七分九厘四毛
本年賣與富時爲業日後照田稅認納[illegible]
又遺屋地並已分弟續置基地弍間前後半月賣與弟富時爲業
該地稅六厘　二處基地田割除稅粮六斗
計該米肆升叁合九勺七抄九撮　與弟受納

萬曆卅四年五月初七日　立合同人張元時（押）
同弟富時（押）
見立叔張求
弟順時（押）

〔六〕清乾隆三年某某縣汪氏鬮書合同

清乾隆三年三月某某縣汪邦道等立鬮分山場合同

三

清乾隆三年十一月某某縣汪起輝等立鬮分山場清白合同

立鬮分清白合同人榮宗公秩下三大房汪起輝、士禹、邦道等，今有
本境土名横坑山字號，原列礼、樂、射、御、書、數各兩號，共十二號，照上春相
分山場合約，量情採理，約税相分，各人鬮得開填名目列右：
自塢口陰培打進，鬮分十二號。

樂號、書號、射號，三號四股鬮分：
輝兄弟、煥叔姪鬮得外边樂号、書号一半；
德、武、興公鬮得裡边射号、外書号一半；
外至栢樹弯随坑中尖直上，裡至石窟深水潭小尖直上至岺，武公晩鬮得；
外至石窟深水潭小尖直上至岺，裡至士禹邑得御号随尖直上至岺，興公鬮得。

御號，士禹鬮得；禮號，三房文弑公鬮得，時公一半，弑一半；數號，三房文志公鬮得；
射號，鵠公鬮得；書號，鵠公鬮得；御號，三房文義公鬮得；
樂號，鵠公鬮得；數號，勇公鬮得；
禮號，龍公鬮得，係上山边塢口。以上十二號列明鬮分清訖，共計山税叁拾柒畝伍分。
内大溪培諺分佚拾柒畝伍分，除分佚貳拾畝，照號鬮分，佚解各該税

（一）

壹畝六分六厘六毫六絲六忽零捌自鬮分之後各管各業毋得違文
侵欺盜砍反悔等情如違照依家規 呈送并罪無詞今欲有憑
立此合一樣九紙各收一紙存炤
乾隆三年十一月十二冬至日立鬮分清白合崇宗公秩下三大房汪起輝等（押）
二房汪邦遵等（押）
四房汪士昂等（押）
裔孫 汪邦映書（押）

（二）

清乾隆三年十一月某某縣汪起輝等立鬮分山場清白合同

〔七〕清乾隆年間〔祁門縣〕凌氏分單合同

立議分單合同約人凌明松明寿明傑等今有八保土名成
徒塆山山号外至牌垃畔里至隨坵直上至尖下至坦四至之
内在山松杉雜柴苶数立契未拚女 族内明富說焉二人
各不砍斫面言定係艮式兩整其係艮炤分相分日後子孫
炤此分單管業毋得混争今欲有憑存此分單式帋永遠
尊守存炤

合同

（一）

乾隆四拾年十一月初二日　立分單文約人凌明松（押）

明寿（押）

明傑（押）

明連（押）

大和（押）

龍（押）

大信（押）

代筆

計開分足

明寿該山四兩（押）兄弟叔侄均共

大和該山三兩（押）

荣秀該山三兩（押）兄弟均共

大盛兄弟該山四兩（押）

明松兄弟叔侄該山二兩（押）

龍左　龍鳳凰

龍旺　龍書　共該山二兩三（押）四足均共

明連該山四兩

明傑該山八兩

明信兄弟叔侄該山四兩　三足相分

（二）

立分单合約人凌明富記龍等今有承祖買受山一号八保土名竹塔壜佬

名八畝坵畔又五十二年三月新買明擇叔侄大和妻程氏同處毗連山一单其山

大四至東至大坵塢口西至明運祖坟遊弦直下至坦南至田北至降四至之内

在山杉木議撥與　大俊記富名下砍斫議定價屬榮兩整今將各人

承祖并新買查明清立分单日後照依分单管業毋得争競今恐無憑立

此分单一樣二紙各收一紙永遠存

乾隆五十三年六月初六日立分单合約人凌明富（押）　記龍（押）收合文一紙

仝侄　大有（押）　榮利（押）收合文一紙

代筆　榮春（押）

合同出上

（一）

計開山分于後

明富承祖淡山一厘三毛八　又買受大和喜山一分四厘一　共山一分五厘三毛八

荣秀兄弟淡山一分四厘

記龍淡山三分〇柒毛五　又

大有淡山一分〇八毛　又買受大安山一分　共山二分〇八毛

記鸞淡山二厘一毛二五　又買受大興山二厘〇七五　共山五厘一毛八七五

大富兄弟淡山四厘四毛三八

大遠淡山四厘四毛三系八

大安淡山一厘三毛

大俊淡山一厘三毛八

記旺淡山一厘〇三系七五

大尚兄弟淡一厘三毛八

記凰叔侄淡山一厘〇三系七五

（二）

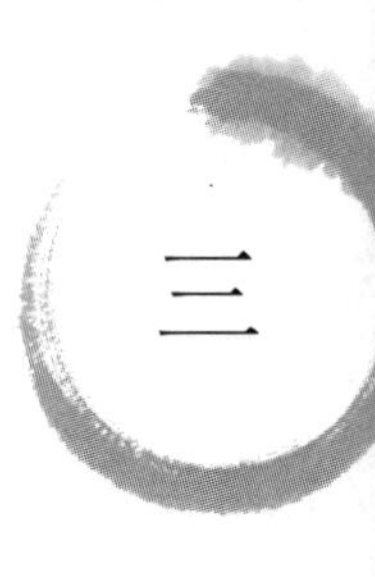

〔八〕清順治至嘉慶〔祁門縣〕黃氏鬮書

立分房鬮書合同人黃仁興欽光等今本家叔侄兄弟共有買受土名韓溪住房土庫貳重命匠修訖衆同議托憑中見里族親眷將前後房間倉廒

上下過廂逐一好歹眼仝品搭鬮分編為長命富貴金玉滿堂字號拈鬮為定各人裝修照鬮分管業開單于後除八股鬮分外仍有後重西边挨墻正房壹间及樓上

倉壹间衆議存留毋得恃強混占其前後耳门樓梯上下東西路巷聽通出入往來毋許擅將農器堆塞如有听衆理說所有前後屋宇大修俱係衆理毋得推挨不敷

料理聽衆其罰白銀叁兩公用恐後人心不一特立合同約束日後子孫各宜遵守毋許私自將房屋基地献豪盗賣聽衆執文陳告逼原賣主當　官取贖即時

逐出不許入族以准不孝罪論恐口無憑立此合同文約貳紙前後各收永遠為照

計開鬮分房間倉廒過廂字號于後

長字號得光鬮得後重東边挨墻正房壹间及房前過廂搭樓上正廳倉一间

命字號文茂鬮得後重正廳房乙间東边搭樓上東边挨墻倉乙间及倉前過廂

富字號起發鬮得後重西边正廳房乙间搭樓上西边第二间倉及倉前過廂

貴字號記興鬮得後重西边第二间正房乙间及房前過廂搭樓上西边正廳倉乙间因過廂兩湿衆議將後重正廳突照後到旭津貼其凌業毋詞

金字號得義鬮得前重左边挨墻巷正房乙间搭房前過廂又搭樓上挨廳正倉乙间

玉字號得欽鬮得前重左边正廳房乙间搭樓上左边挨墻巷倉乙间及倉前過廂

滿字號記仁鬮得前重右边正廳房乙间搭樓上西边挨墻倉乙间及倉前過廂挨墻倉闊尺餘衆議憑中津貼仁辛力之需聽仁常業毋詞如有異言[illegible]甘罰

堂字號記聲鬮得前重右边挨墻正房乙间及房前過廂搭樓上正廳倉乙间

[illegible]

再批：買受本屋基地及買受屋前餘地老契、路地大契，存帋俱仁收貯。分房鬮書合同文約三帋，欽收乙帋，興收乙帋。此照。

順治拾弍年十月十一日立分房鬮書合同文約人黃記仁（押） 黃得光（押）

族兄 黃記盛（押） 黃記興（押） 黃得義（押）

中見 汪汝蘊（押） 黃記聲（押） 黃文茂（押）

本都里長 汪清臣（押） 黃得欽（押） 黃起發（押）

親眷 凌廷玉（押）

（二）

清順治十二年十月（祁門縣）黃記仁等立分房鬮書合同文約

三

清康熙三十三年十一月〔祁門縣〕黃得茂等立股分木價銀清白分單

立清白分单人黄得茂、得先、大富、大秀、大興等，今有本都八保土名梓塢岑係半塢祖墳山壹號，現在山杉木

四根，因外姓人盜砍去杉木壹根，仍杉木叁根，長房秩下子孫謫議眼同砍斫，將済木叁根出賣與方根先

名下為業，得價銀叁兩捌錢整，照股相分，内除天係公六股之一，係買受黄仙係契山，余仍五股，志護公、志三公對半

相分。日後子孫照依分单，毋得爭競。子孫各宜遵受，永遠分单存照。

計開：木價實銀叁兩壹錢，照依六股相分。内除天係公買受仙係公六股之一，内價銀伍錢壹分

仍伙銀貳兩伍錢捌分五厘。志護、志三二人对半均分。

志護公　該銀壹兩貳錢玖分貳厘　三房分　貴文　相岩富　共銀肆錢叁分　天五　天孙　共銀肆錢叁分

志三公　該銀壹兩貳錢玖分貳厘　天祀、良宗　共銀陸錢肆分陆厘　天元、天成　共銀陆錢肆分陆厘

多成　共銀肆錢叁分　成貴、兵、安、貴業

天係公六股之一，内價伍錢壹分　共銀玖錢肆分

康熙三十三年十一月十五日　立清白分单人　黄得茂　黄得先　王乃爵　黄大富　黄大秀　黄大興

代筆人

禄

編定福禄壽三號存照

三

清康熙三十四年八月（祁門縣）黃大富等立分房鬮書合同

立分房鬮書合同人黃大富大琇大盛大琛等，本家兄弟共有買受土名井坵新造土庫屋貳重，眼
同請議，托中族親將前後房間好歹品搭鬮分為定，各人裝脩，照鬮分晉業。鬮單于后。除股鬮分東边过廂眾眷
眷毋得恃強混占。其前後耳門通行出入往來毋[illegible]私敢擅將農器堆塞，如違，听衆理說。所有前後屋宇大脩，俱係衆
理，毋得推挨不敢料理。衆議其有白段金而中用，恐有人心不一，特立合同約束。日後子孫各宜遵守，毋得私自將房屋
基地故豪盜賣，聽衆執文陳告，追原賣主當官取贖，即逐出不許入族，以准不孝罪論。恐後無憑，立此合文約
肆紙，各收壹紙，永遠存照。

計鬮

長字號大琇鬮得後重東边房[illegible]間靠巷墻

禮字號大富鬮得前重東边房壹間向後靠廳

命字號大盛鬮得後重東边第貳房壹間

樂字號大盛鬮得前重東边房壹間向后靠墻

富字號大琛鬮得後重東边第叁房乙間

射字號大琛鬮得前重東边向前房乙間靠墻

貴字號大富鬮得后重正廳房乙間第四

御字號大珍鬮得前重東边房乙間向前靠廳

（一）

金字號大富鬮得后重西边房乙間第五

玉字號大富鬮得后重西边房乙間衆墻第六

满字號大琛鬮得前重西边房乙間、后衆墻

書字號大琛鬮得前重西边房乙間向前衆廳

数字號大琛鬮得前重西边房乙間向前衆墻

堂字號大琛鬮得前重西边房乙間向后衆廳

康熙三十四年八月初十日　立分房鬮書合同人黃大富（押）

黃大榜兄弟（押）

黃大盛（押）

黃大琛（押）

族見　黃得先（押）

胡君泰（押）

親見　凌君旭（押）

代筆中　凌明爵（押）

（二）

清嘉慶十年十二月（祁門縣）黃浩華等立拼山分價單

〔九〕明正統至民國年間其他分派田地家産等合同文書

三

明嘉靖元年正月（歙縣）黃榮得等立鬮分山場鬮書

（全圖）

三

明嘉靖元年正月（歙縣）黃榮得等立鬮分山場鬮書

磻溪黃榮得兄弟同姪玉珊承祖父分業各處山場向來均分因為各要子孫繁衍照管
號鬮具于半
計鬮 天字號係榮得昌得浩得叁人鬮得
一號高蘇塢高培山一片東墳塋心直上埋石為界西埋石南降北昌得地
又將恩文塢下山一截帶山脚并彎心地東陳山及埋石西埋石為界北降南彎心及昌得地
一號倒塢裡上截山一片東埋石為界西夫南降北陳山
一號杉樹塢上截山一片東降西彎心南埋石及文得等山北彎石塝下埋石直上通降為界
一號殺牛塢外培山一片東降西坑南塝四埋石直上通降埋石北塋外埋石為界
一號紅毬塢口山一塊東降西田南塝心埋石及堯得等山南上塝下埋石横過
北塋心直下通坑
一號彭家彎漆樹彎下截山一片東彎心西降南上塝下埋石横過通降埋石北恩文等山埋石為界
一號毒樹塢外截山一片東降西田及地南地塝上埋石斜出通降埋石北陳山
一號株藤坑下山裡截山一片東降西田南塊得上丘田塝上埋石直上通降埋石北文得等
山埋石為界
一號株藤坑上山外截山一片東彎心埋石直上通降埋石西北降南小彎心埋石及堯得等山
一號外廟樹彎山一坵東南文得山西降北恩文等山

（一）上

子孫繁衍恐照管不一托憑親族黃思義王文綺等將各號山場肥瘦品答均分為貳將各鬮得字

地字號係黃本剛鬮得

一號高蘇塢頂頭山一片東彎心埋石直上通過降埋石又黃永成等山西紅花塢降通尖南永成山降通尖北彎心橫過降埋石通塘坑塢山降

一號高蘇塢口墳外山一片帶山腳地東閭田西思隆妻墳直心直上通大降埋石南永成等山北昌得地

一號倒塢下截山一片東降西田南彎心直上通降埋石為界北榮得已買山埋石為界帶短山彎在內

一號杉樹塢下截山一片東降西田南石腳下埋石直上通降埋石北埋石及文得等山

一號殺牛塢裡塔山一截東降西田南垄心直上通過北塢埋石直上通降埋石為界

一號青林山塊東降西坑南埋石北思燦墳山

一號彭家彎漆樹彎頭山一片東上塢尖彎心西邊埋石橫過通降埋石西尖南北降

一號毒樹塢裡邊山一塊帶山腳石堆上地東降西地南荒得等山埋石北地塝埋石斜上通降埋石

一號株藤坑上山裡截山一片東文得山降直尖下通田西南彎心埋石坡中心直上通降埋石北降

一號株藤坑下傳山外截山一片東降西田南思文等山埋石北鹿得田上垃塝上埋石直上通降埋石為界

一號廟樹彎裡山一塊東閭得山西南降北思文等山

一號塘坑塢上山一片東彎弦地西降南文得山北衆存山埋石為界

（一）下

一號株藤坑上山外栽山一片東彎心埋石直上頂降埋石西北降南小彎心埋石反兊得等山
一號外廟樹彎山一塅東南文得山西降北思文等山
又同處山一塅東南降西文得山北田
一號塘坑塢呆培山一片東思文地西彎弦地南玉珊山埋石北興朝山埋石
同處塢頭坑口地一塅東敏得地西思文地南坑口山北尭得等山
一號塘皖塢南邊塔裡地一塅東玉珊山西義得山南文得等山北玉珊地
一號太公塢拜林家塢山東林家塢彎心從木坑直上至太公塢頭西太公塢地
南閹得茅地北太公塢頭
自立分閹鬮定之後各宜遵守毋許異詞爭競（翻悔[illegible][illegible]）如違聽從遵文人告理甘罰白銀伍兩入官公用仍依

[illegible]

嘉靖元年正月　二十日立　鬮
前批所有各號山場與家外人連界不明或入分均管
外批青龍嘴櫻瀧樹外竹山壹塅　昌

一號
一號
同處
又同
又同
又同
一號
外批

（二）上

三

明嘉靖元年正月（歙縣）黃榮得等立鬮分山場鬮書

一號廟樹彎塢一拉東閏得山西南降地思文等山
一號塘坑塢口山片東彎降地西降南文得山地衆存山埋石為界
同處下培山一拉東降西地南閏得山北榮得山
又同處地一拉東榮得山西玉珊山南思文等地北尚得地
又同處中截地一拉東閏得等山西文得等山南思文地北義得地
又同處塔裡北边地一截東浩得山西堯得山南榮得地北堯得閏得山
一號炉背塢山西股一股桶樹彎頭橫培路上一截林家塢山片東至炉背塢口降心直上至炉背塢
頭西林家塢心上坎直上南墳林及柿樹彎橫培路為界北炉背塢頭通堯得山
官公用仍依此文為始今恐人心無憑立此合同鬮書一樣貳紙各收一紙永為照者
外批青龍嘴樹裡竹山一拉 玉珊
書

約人 黃榮得
弟 黃昌得
姪 黃浩得
黃玉珊
黃思文
黃閏得
黃義得
中見人
代書親眷 王文墇

（二）下

三

明嘉靖三年八月（歙縣）胡光等立鬮分山場議單抄白

胡光胡賞兄弟姪今議將祖遠近荒蕪山塲肥瘦品搭
鬮分各業長養苗木所有各処山脚先開成熟田地及日後各家取
用土石毋許阻當廷造風水亦不許阻當或与人爭界不明酒食
與纒並係衆費無詞今恐無憑立此鬮式一樣式岾各收
一張為照
嘉靖叁年八月初一日立議單人胡光
胡賞

（一）

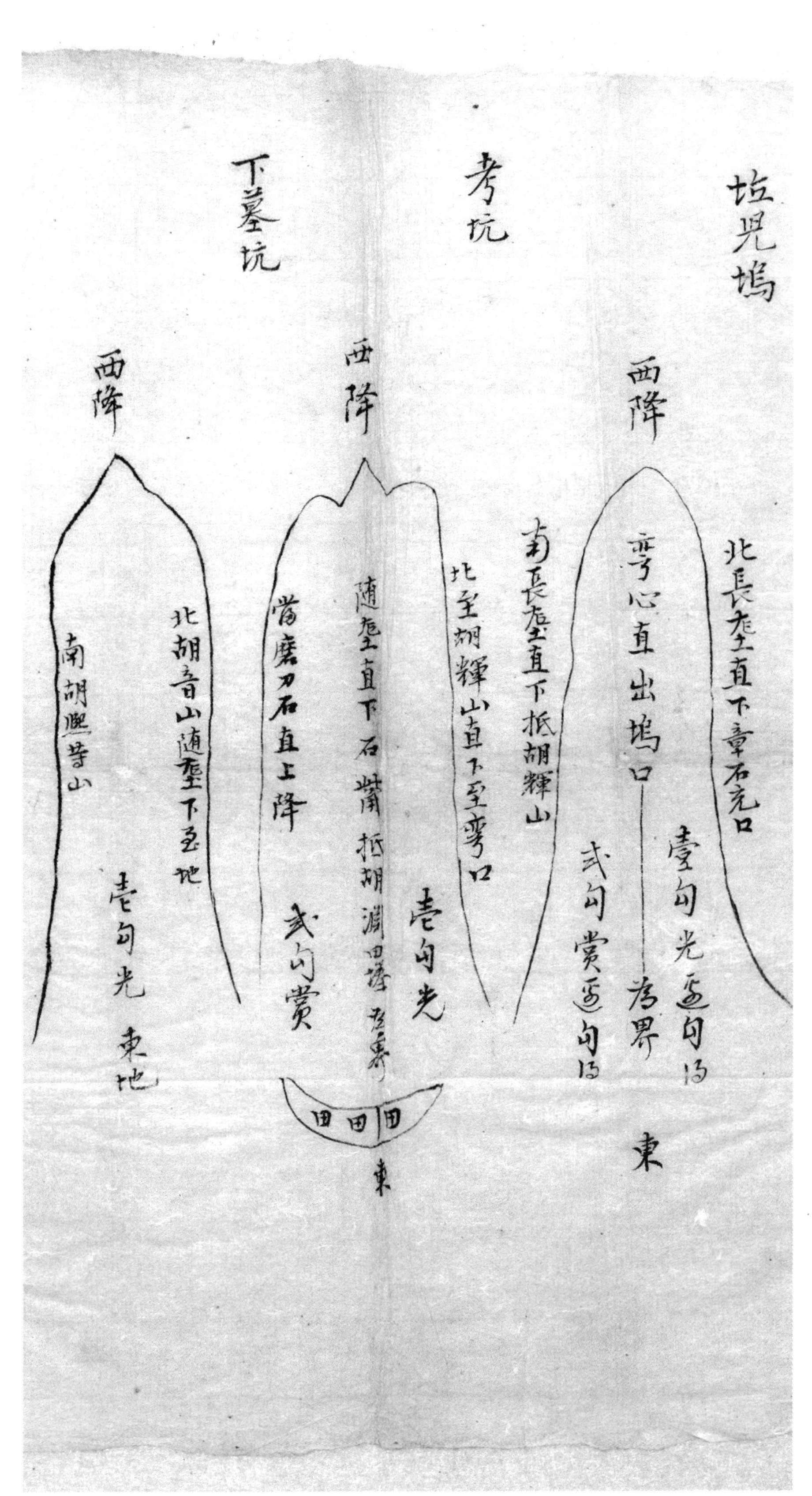
坵兒塢
考坑
下墓坑
西降
西降
西降
北長壟直下章石尧口
弯心直出塢口
壹句光至句得
為界
南長壟直下抵胡輝山
貳句賞至句得
東
北至胡輝山直下至弯口
隨壟直下石嵴抵胡潤田塝為界
壹句光
當磨刀石直上降
貳句賞
田 田 田
東
北胡音山隨壟下至地
南胡興等山
壹句光
東地

（二）

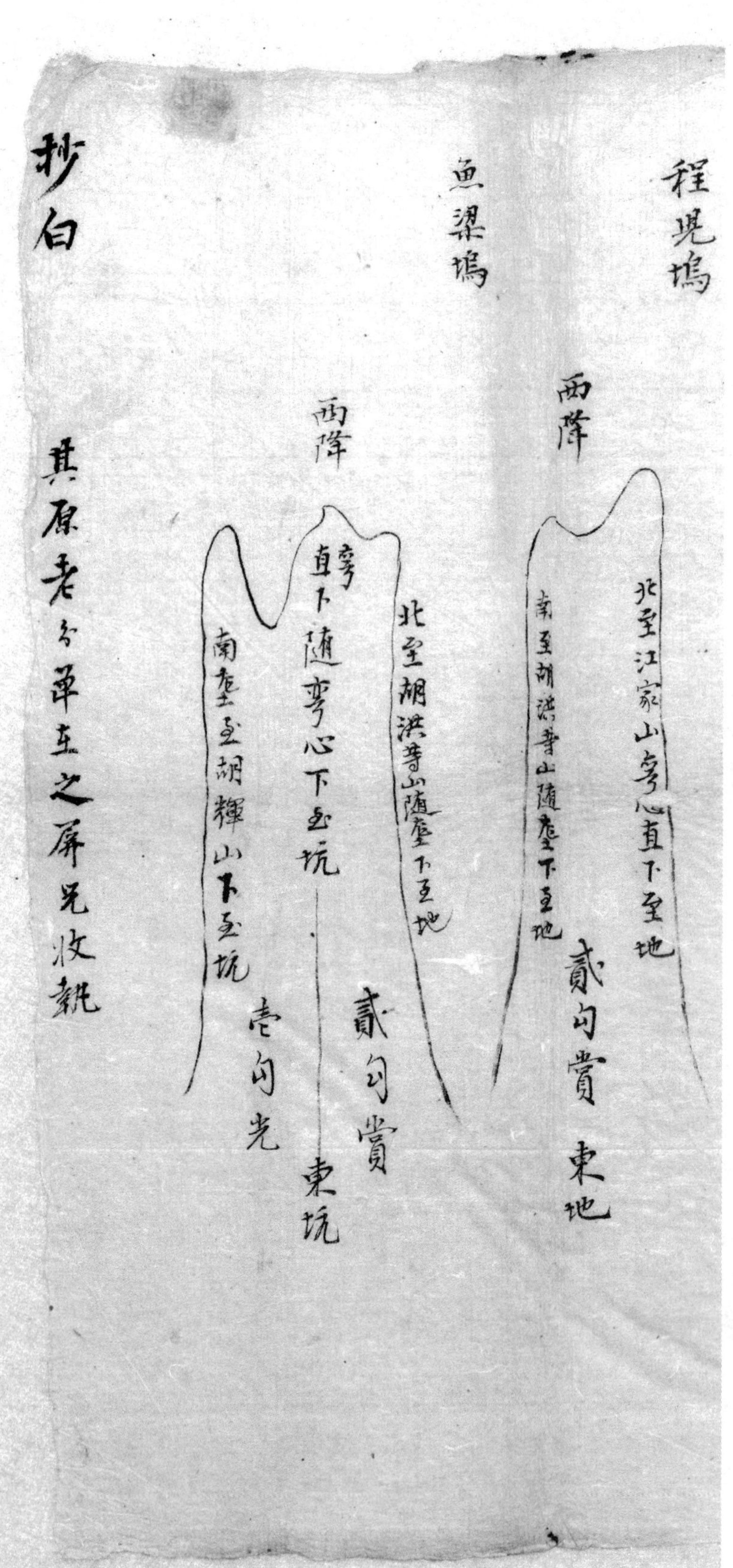
程晃塢
西降
北至江家山彎心直下至地
南至胡洪善山隨壟下至地
貳句貫
東地
魚梁塢
西降
北至胡洪善山隨壟下至地
彎直下隨彎心下至坑
南壟至胡輝山下至坑
貳句賞
東坑
壹句光
其原老々單在之屏兄收執
抄白

（三）

明嘉靖十年四月〔祁門縣〕余早等立鬮分共有山場合同圖約

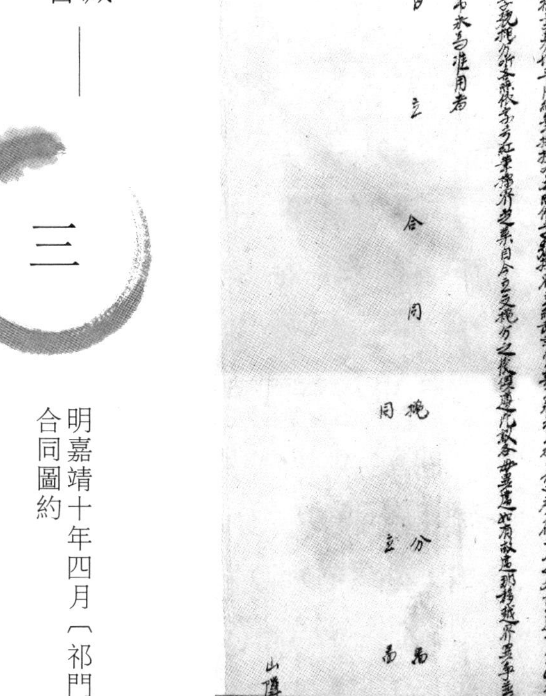

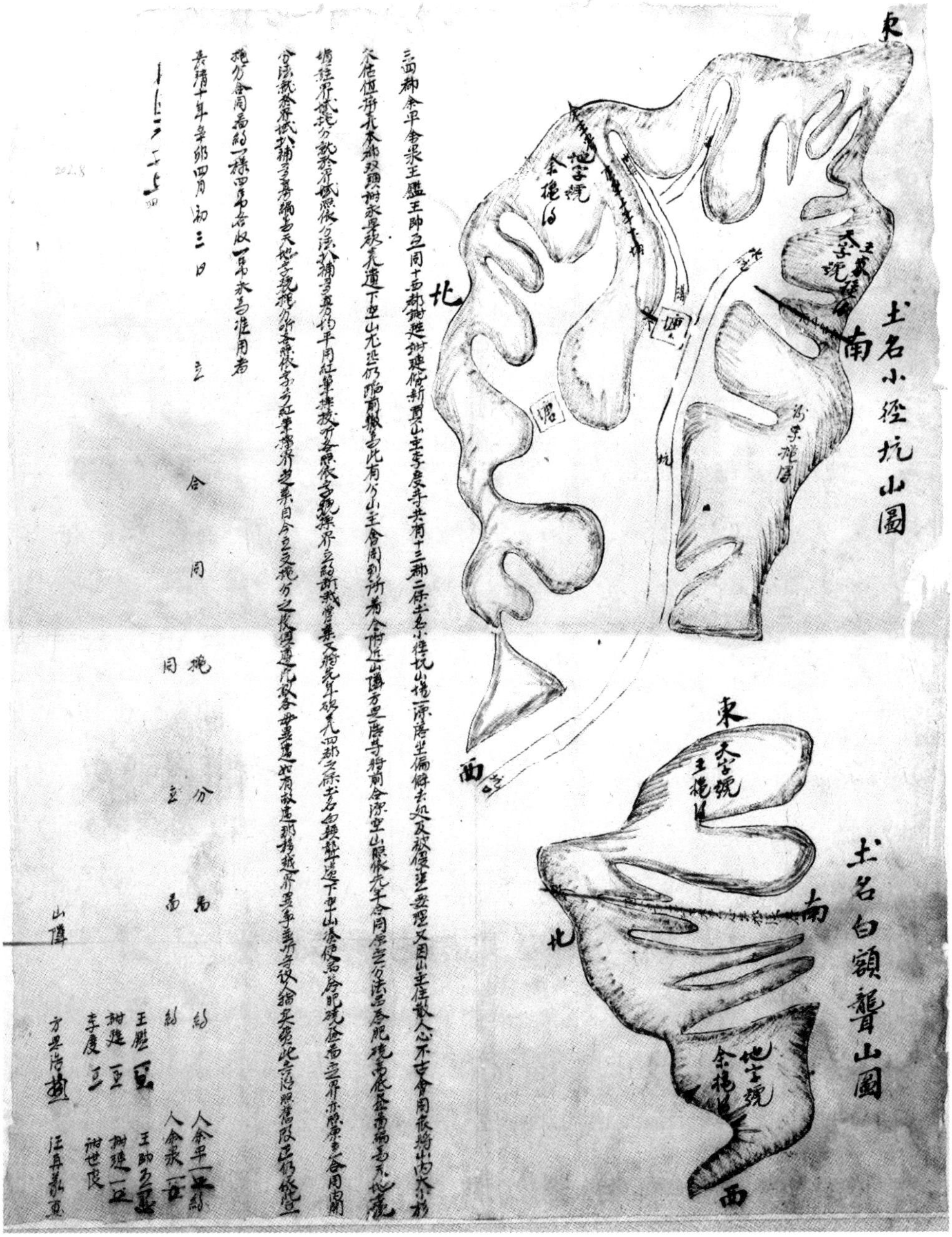

（全圖）

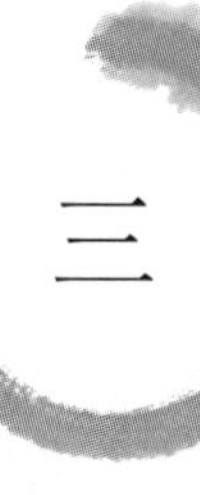

三

明嘉靖十年四月（祁門縣）余早等立鬮分共有山場合同圖約

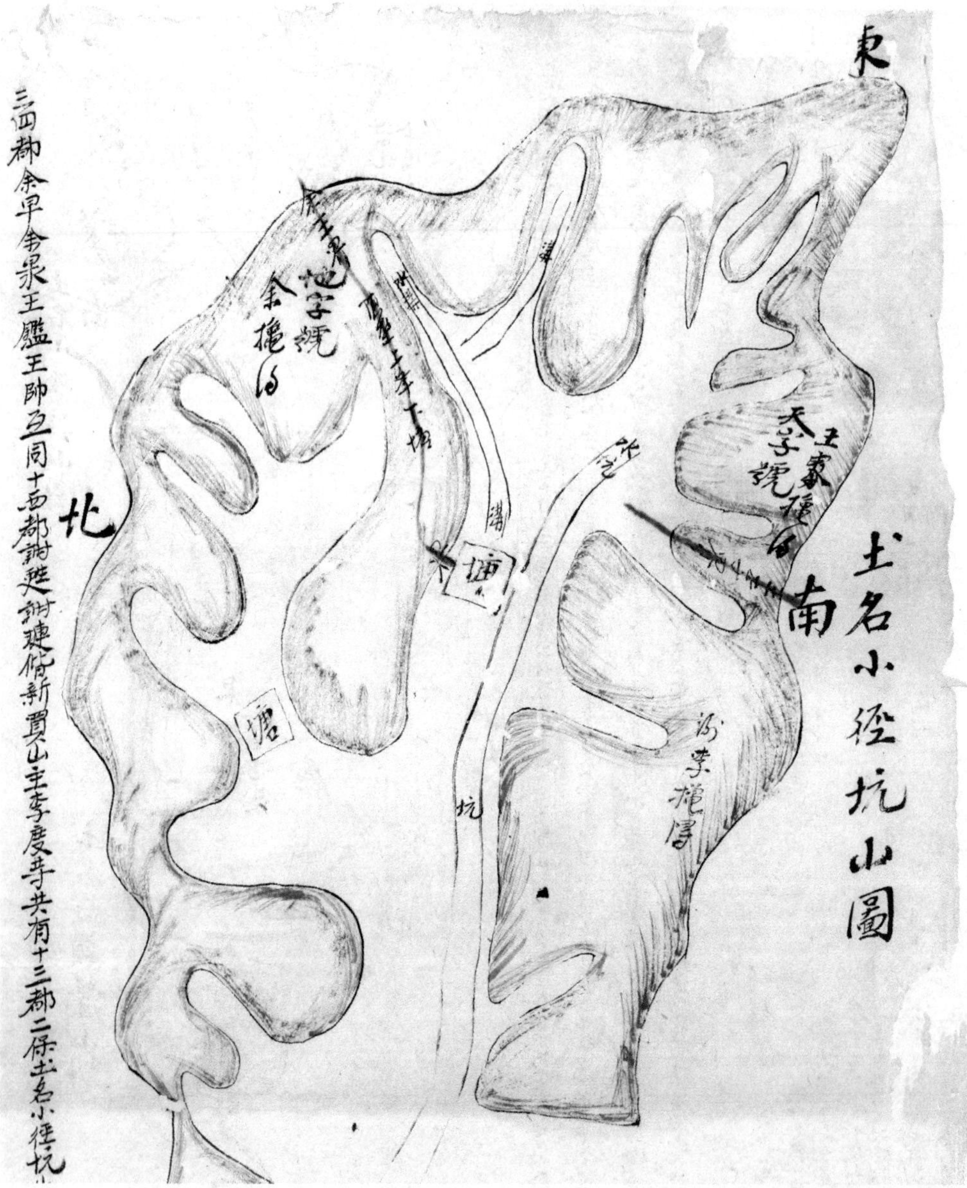

土名小徑坑山圖

東

南

北

余槐昌地字號

王豪德天字號

塘

塘

坑

三四都余早余泉王鑑王師孟同十西都謝廷謝建偕新買山主李度等共有十三都二保土名小徑坑

（一）上

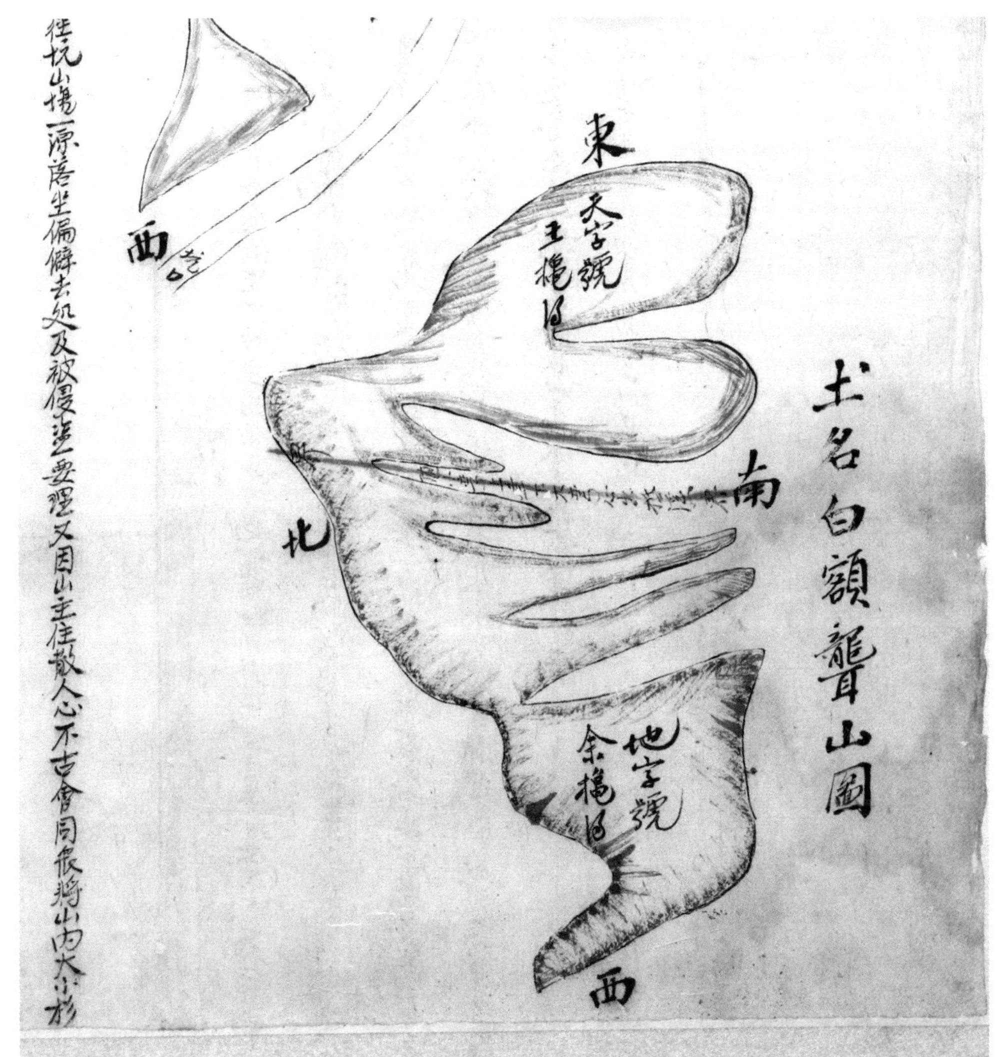

（一）下

北

三四都余早、余泉、王鹽、王師立同十五都謝廷、謝建、備新買山主李度等共有十三都二保土名小徑坑……

不佑值將先本都双頭謝永昱族先遺下空山，尤恐仍蹈前轍，為此有分山主會同到所，着令附近山……

墳註界域，挽分就於界域，照依分法扒補多寡均平，用紅筆標拔，所各照依字號標界立約，斷栽管業，文將……

分法就於界域扒補多寡，編立天地字號，挽分所各照依字號紅筆標界趂之業，自今立文挽分之後俱遵……

挽分合同圖約一樣四本，各收一本，永為准用者。

嘉靖十年辛卯四月初三日　立　合　同　挽　同……

202.8

（二）上

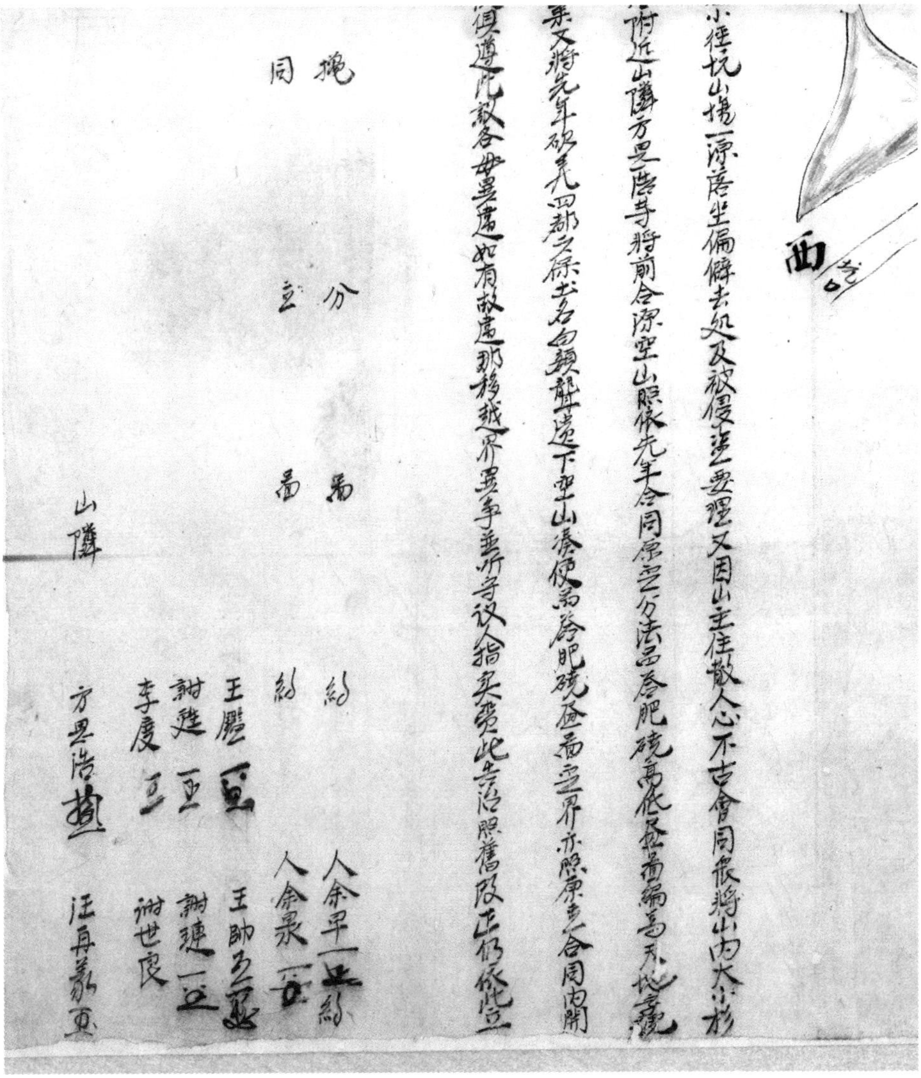

三

明嘉靖十年四月〔祁門縣〕余早等立鬮分共有山場合同圖約

（二）下

合内三保土名茅坑山玄桥一帶起至西边杨二保宋元寿山止

一百四十六号　　一百四十九号

一百四十五号　　一百四十三号

一百五十四号　　一百五十五号

一百五十六号　　一百六十三号

一百五十七号　　一百四十七号　係胡太初經理

一百六十八号　前山共計山一十一号　共山税十畝仝六分七厘内除胡太初山税壹畝

分該汪四大分該汪佑、汪祖、汪信等　余山照依合同均分

計開

佑分下　　實山式十壹畝〇三毛

祖分　　實山貳十八畝〇五分三毛

永久　　實山九畝〇二毛三毛

玉元弟　　實山四畝　弍三四三

係共承父買得汪□□業

五保　實山一分六七三
孫兄弟　實山一分二三七三
實山伍分六九
佀　實山三分六八五
實山九分二七
志　實山二分四六
周　實山壹分七四五
祀兄弟　實山五分一三七
仵　實山五分六九三

嘉靖十八年六月十四日同業人汪佑（押）
康玉（押）
康社（押）
康付壽
康仵

（二）

三

明嘉靖二十八年十二月（休寧縣）吴傳等立摽分共有基地合同圖書

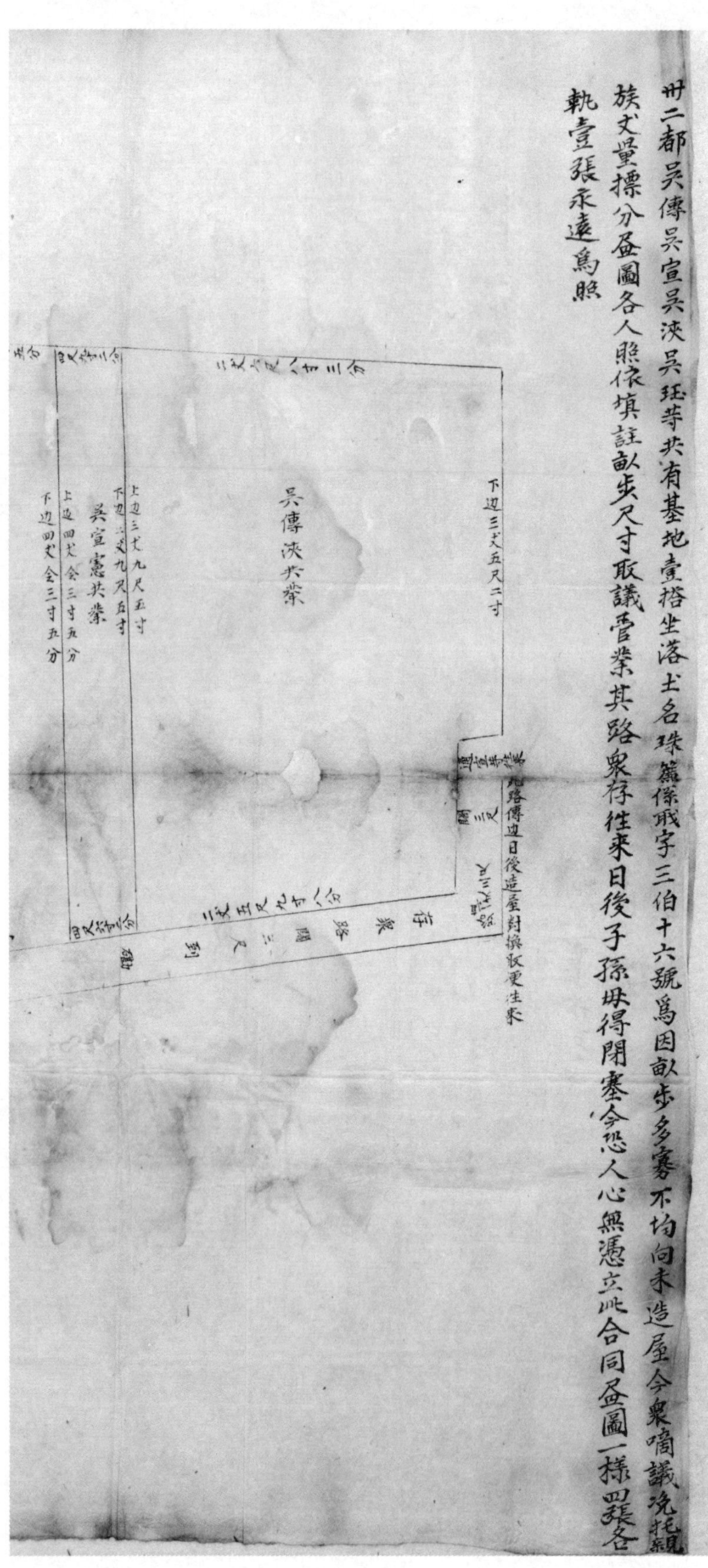

（一）

三

明嘉靖二十八年十二月（休寧縣）吴傳等立摽分共有基地合同圖畫

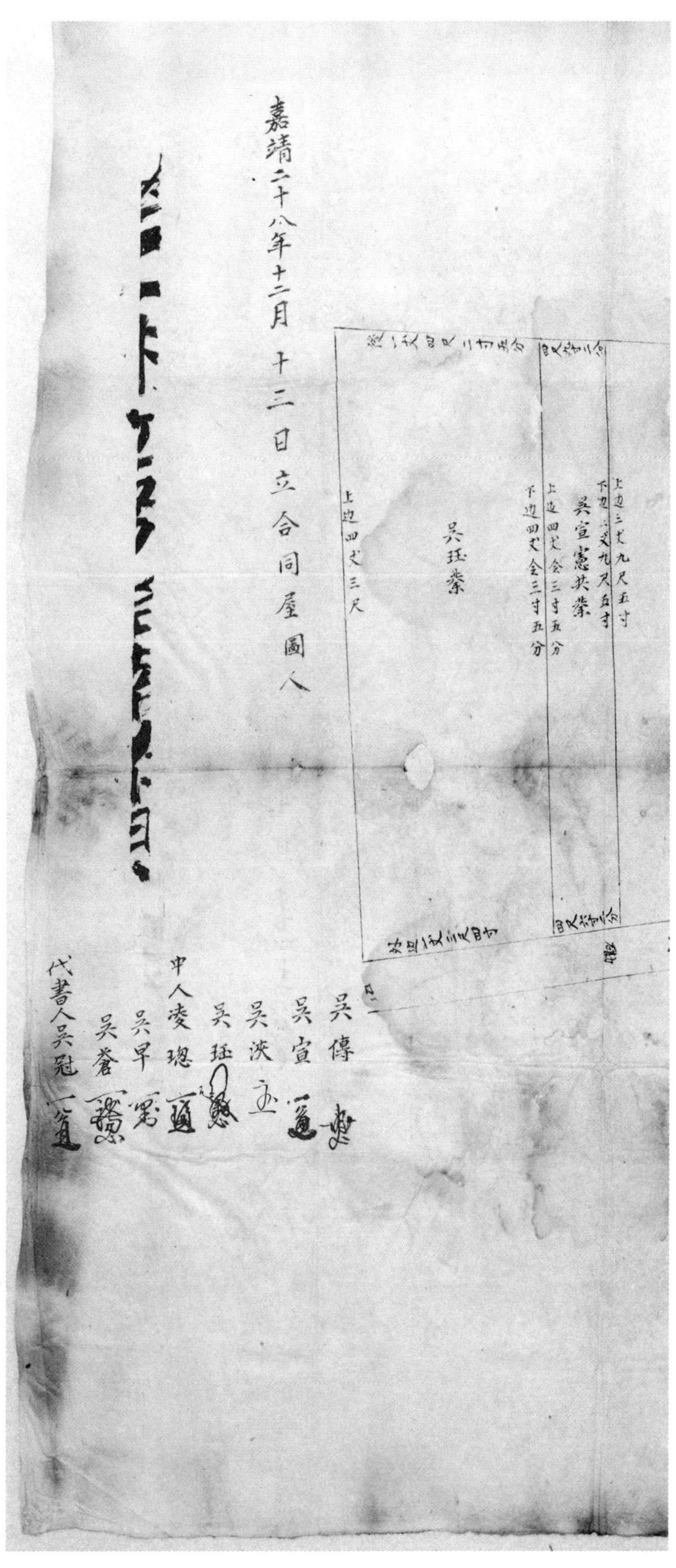

嘉靖二十八年十二月十三日立合同屋圖八

吴珏禁

上边四丈三尺

吴宣憲共禁

上边三丈九尺五寸
下边三丈九尺五寸
上边四丈合三寸五分
下边四丈合三寸五分

吴傳
吴宣
吴浹
吴珏
中人凌璁
吴早
吴蒼
代書人吴冠

（二）

明嘉靖卅一年五月某某縣巴昌立鬮書

嘗謂人本祖物守天水居源乃之根本故鬮一氣浩浩其大足吾宗族在嶺
枝吾名巴昌辛丑年二月十七 生於申係氏壬寅年十月廿四日時生婦自幼
克勤克儉本性孝敬以守天性撫育男女教讀皆各出嫁配當
內居其婦之輔相之功不可枚舉生男長曰岩保繼十四都千村汪岩異
之女次曰岩盛聚親江陳二宗二次不七年不孝逝去女好外適十四都
冊陳公女聚內婦逝之後不幸長男孫廷欽次男孫玄殿女孫異第
以後頗以業男女成人閏已時俗諺云養兒代老積谷防飢實不
可之任所付吾承諸子守以鬮祖平生所創鬮基產田地山塘物件
酒比親族等將長男岩保將嘉靖拾年聚親當資及已田租谷

（一）

三

明嘉靖卅一年五月某某縣巴昌立鬮書

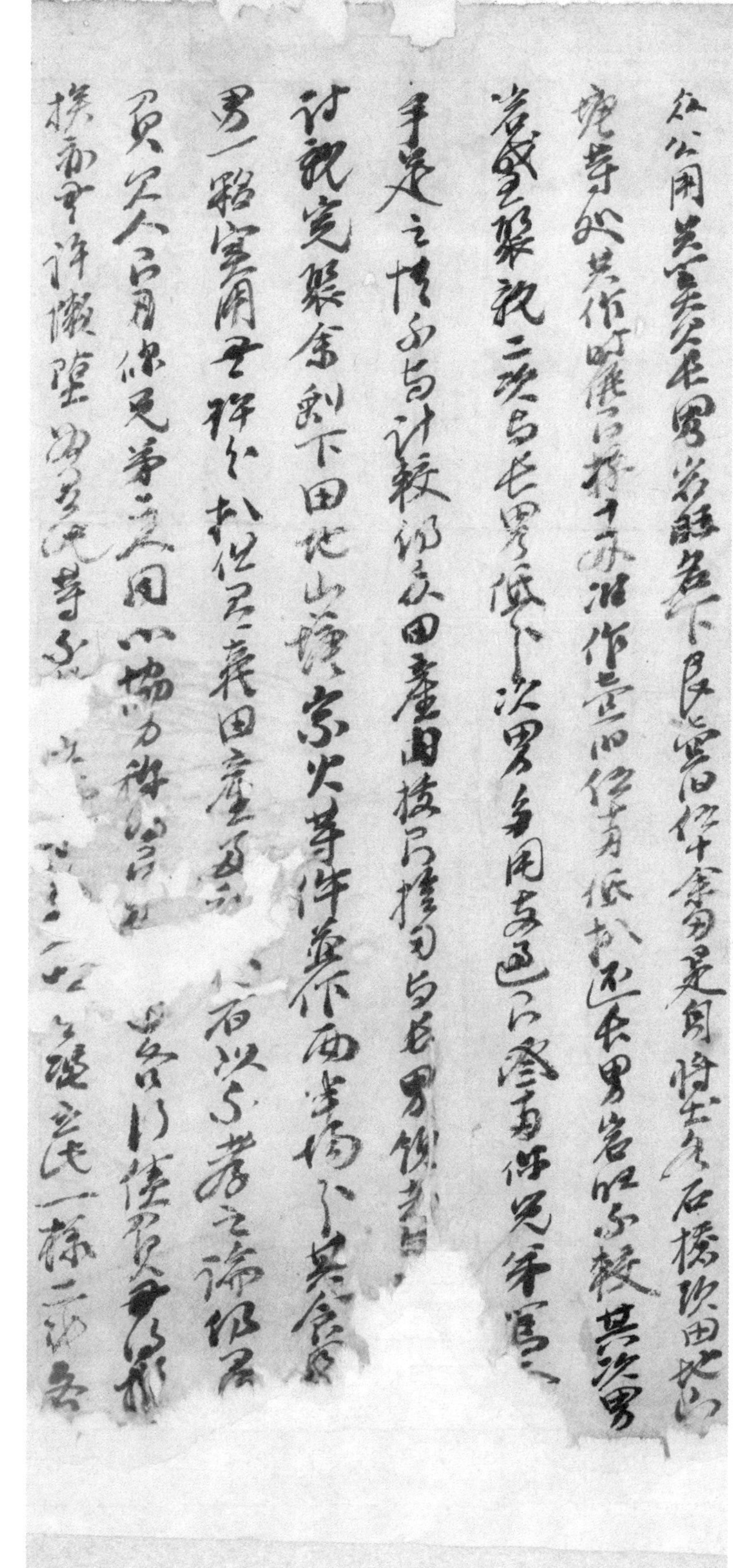

（二）

三

明嘉靖卅一年五月某某縣巴昌立鬮書

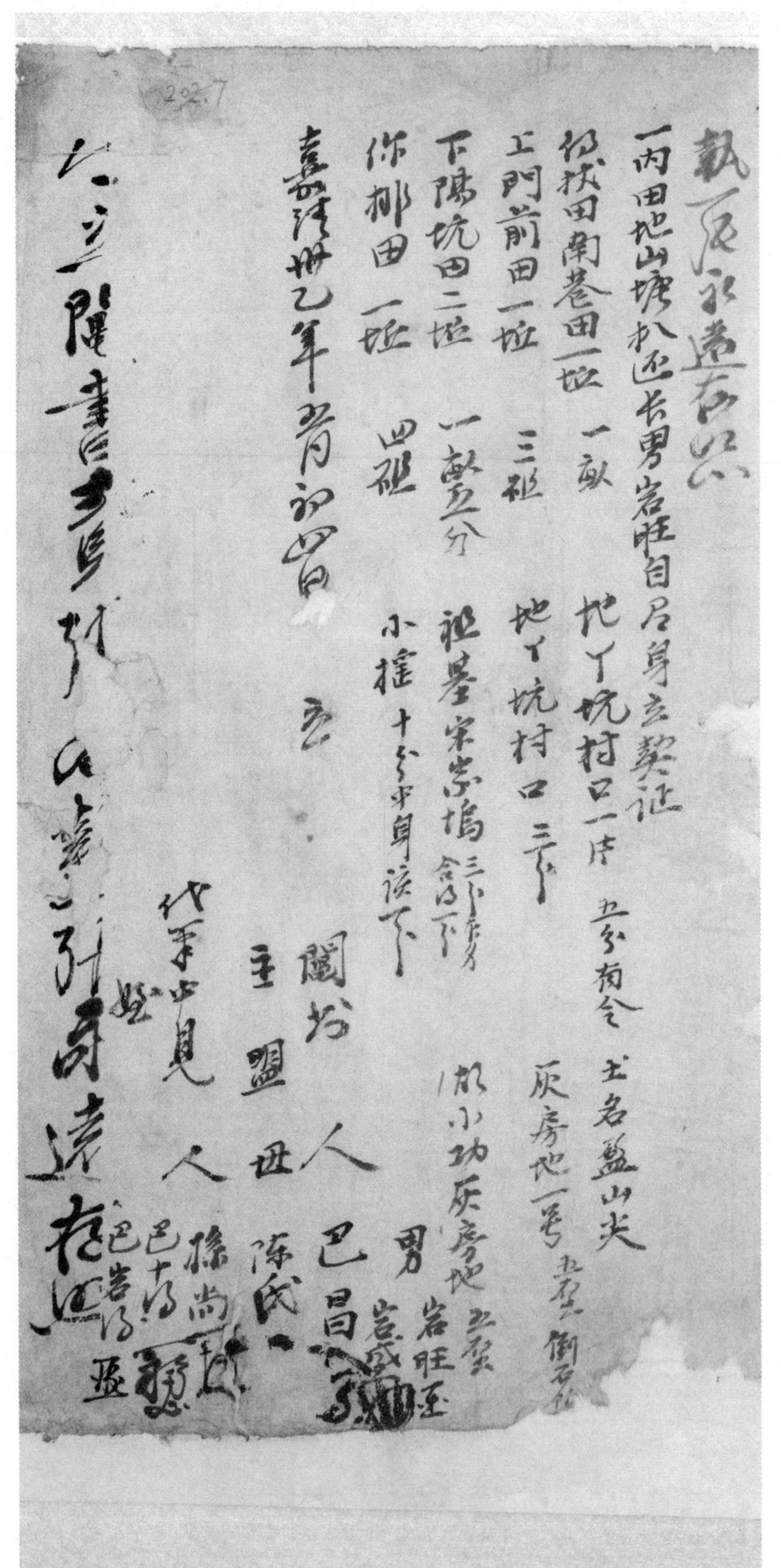

（三）

三

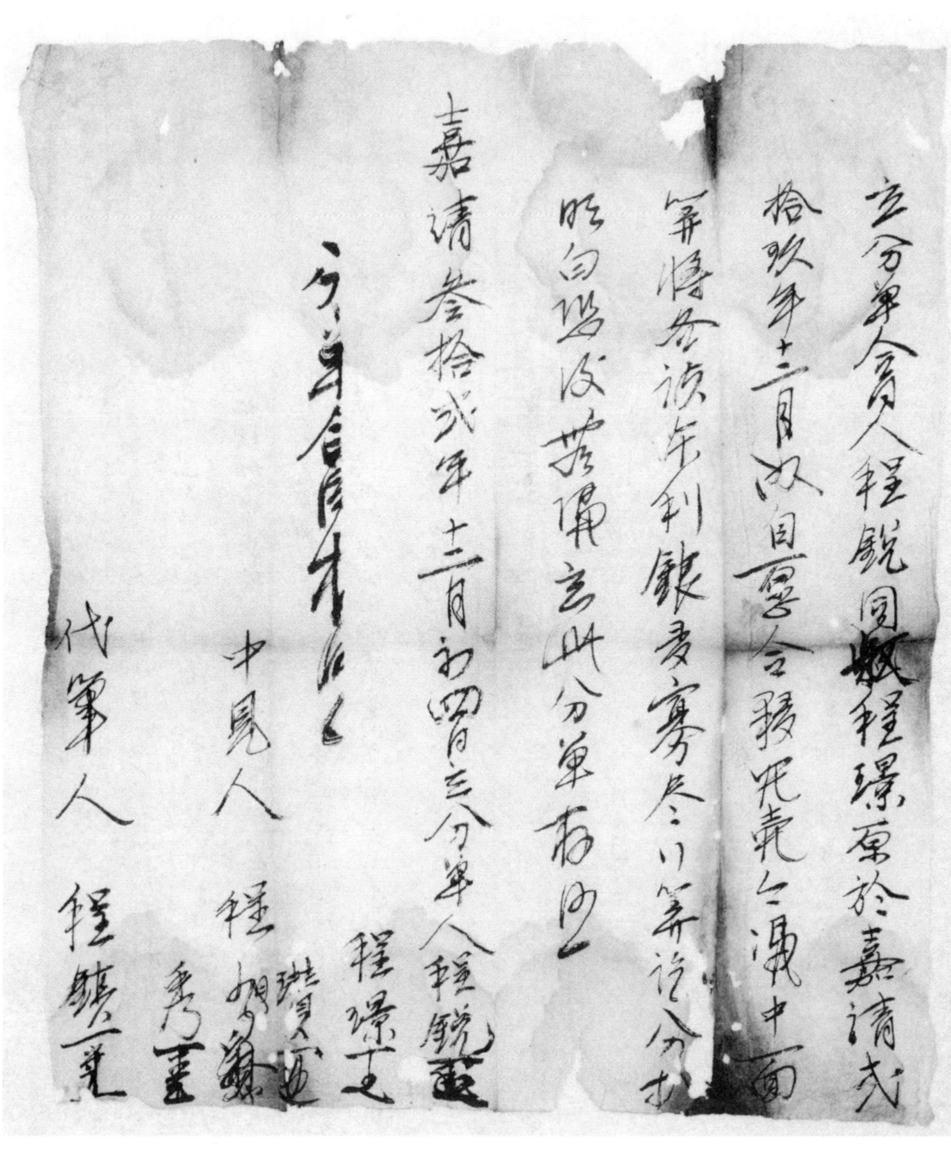
立分單合夥人程鋭同姪程璟，原於嘉靖弍
拾玖年十二月內，自情願合夥買賣生理，中間
算得各該本利銀並實數，各人算訖分扒
明白，照後並無異說，立此分單存照。
嘉靖叁拾弍年十二月初四日立分單人程鋭（押）
程璟（押）
分單合同存照
中見人 程[illegible]（押）
代筆人 程[illegible]（押）

明嘉靖三十二年十二月某某縣程鋭等立分扒合夥買賣本利銀分單合同

三

明嘉靖三十五年十月某某縣汪表等立鬮分茶園竹山合同分闗

二十二都汪表同弟汪進共山一号坐落小土名前山塢上
培竹園茶科又下培𡋽頭茶科一塊一向共業未曾標分今同商议合自請
憑將前茶園竹山托憑户衆汪潤汪安等為中將前茶園竹山平峻肥瘦均分
憑衆品搭拈鬮焊石為界均分為二單以天地字樣為号今照鬮得字号貴業
汪表鬮得地字号汪進鬮得天字号各立憑衆分闗自分之後各照鬮得字号遵
守如違甘罰花銀一兩入衆公用仍依此合同憑衆分單為準今恐無憑立此合同分
闗一樣二本各收一本永遠為照

嘉靖三十五年十月初六日立分闗人 汪表（押） 汪進（押）

中見人 汪潤 汪安 汪佳 汪十女

代書人 洪義 書（押）

三

渠濱忠宅汪演汪橋汪棠等之宅汪杲汪棟汪盼等原承祖晝立圖格
鬮分各業基地衆存明堂壹丈兩下取光向業無異今因造屋之忠二房
憑親議立合同將衆存明堂各分五尺埋石爲界文房南頭明堂照舊取
光忠房北頭分內明堂議定造墻隔火横排石上墻脚外化边忠宅仍存
滴水石捌寸造墻隨磐封火今議日後造屋兩家俱照舊泥磚爲定
毋許墳高文房造屋前步柱高壹丈玖尺上磉高捌寸行条高五寸忠房造屋
後步柱高壹丈柒尺上磉高捌寸行条高五寸房使前後便益竪屋前五
日率衆眼同丈量步柱明白方許起竪兩下遵照永無悔異如有
先悔者甘罰白銀伍拾兩與不悔人用仍依此文爲據今恐人心無憑
立此合同一樣二本各执存照
再議東西之忠明堂直墻俱各照横排界石並做砌墻两相接承只批

嘉靖三十六年九月二十九日立合同人 汪演（押）
汪橋
汪棠
汪杲
汪棟
汪盼

親人 朱景□（押）
朱天玉（押）

依口代書人 朱景相（押）

各二分各存照

明嘉靖三十六年九月〔休寧縣〕汪演等立各分衆存明堂合同

三

明嘉靖卅七年六月某某縣謝岩顯等立地産單

計開

一十三都二保土名墈樹坑山壹源計貳號承父買受胡珊胡□
胡傑通山内取壹半

一土名回塢葉家山内取通山肆分中一分

一土名梓木坑南培通山内取壹半 本家承祖叁分之一 又買胡道護兄弟陸分之一

一土名本都宗保海棠洞杉木塢 原買謝文祐兄弟分數又買謝文才兄弟分數

一土名守牛塢通山内取肆分之一 原買謝文端等

一土名庄塢山通山内取肆分之一 係本家承祖

一土名寺坑塢磜上通山内取玖分中一分

嘉靖卅七年六月十八日 立單人 謝岩顯（押） 單

同弟 謝岩貴（押）
謝岩祿（押）

中見人 胡錦（押）
胡武茂（押）

明嘉靖四十年正月某某縣章氏等立算明買賣帳目暨批田租合同

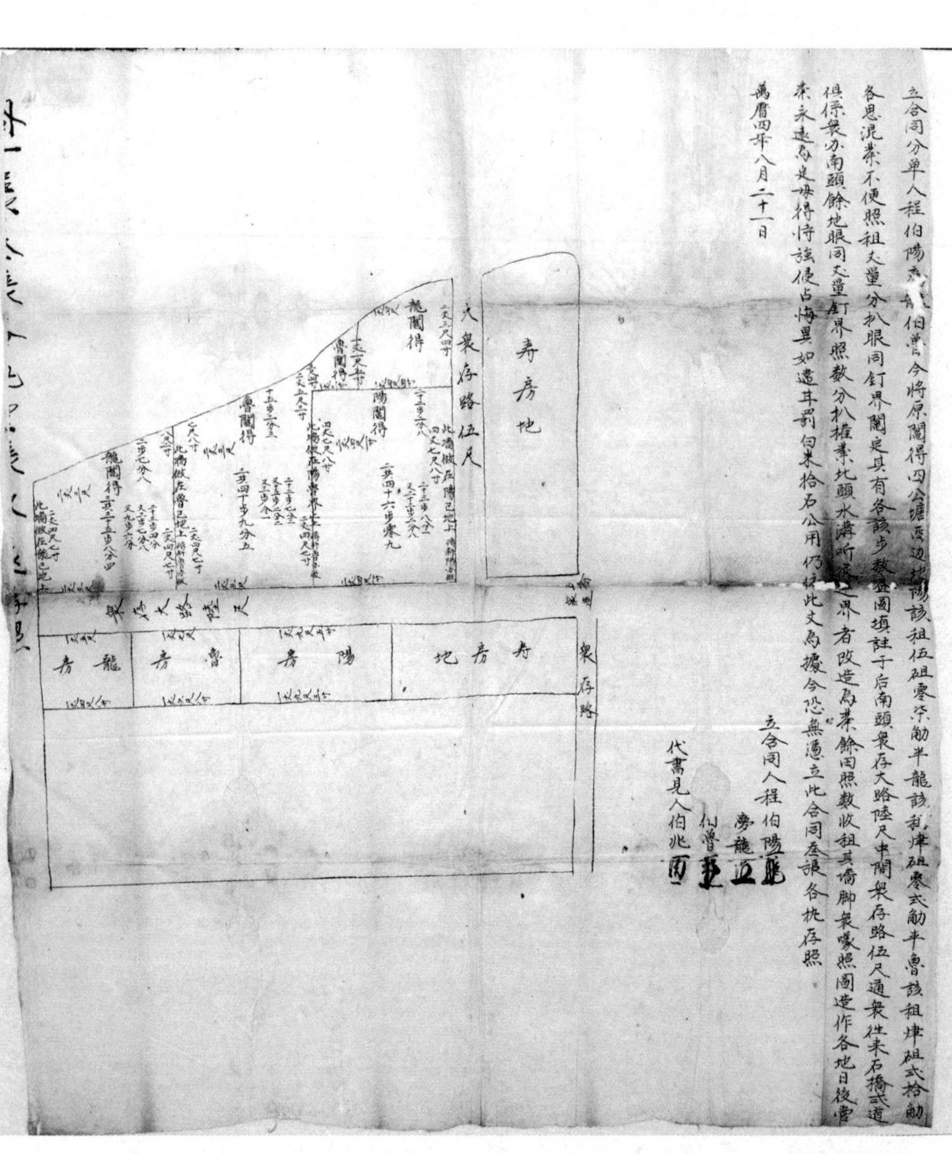

立合同分單人程伯陽、夯龍、伯曾，今將原鬮得四公塘[illegible]边地，陽該祖伍砠零[illegible]觔半，龍該租肆砠零式觔半，曾該租肆砠式拾觔，各思泥業不便，照祖丈量分扒，眼同釘界鬮定，其有各該步數並圖填註于后。南頭衆存大路陸尺，中間衆存路伍尺，通衆往來石橋式道，俱係衆办。南頭餘地眼同丈量釘界，照數分扒，極業北頭水溝所[illegible]之界者，改造爲業，餘田照數收租，其橋脚衆嗦照圖造作各地。日後曾業永遠爲定，毋得恃強侵占悔異。如違，甘罰白米拾石公用，仍依此文爲據。今恐無憑，立此合同一樣各執存照。

萬曆四年八月二十一日

立合同人程伯陽（押）

夯龍（押）

伯曾（押）

代書見人伯兆（押）

（全圖）

明萬曆四年八月某某縣程伯陽等立分地合同分單

三

明萬曆四年八月某某縣程伯陽等立分地合同分單

立合同分单人程伯陽[illegible]伯曾今將原鬮得四公塘邊地陽該祖[illegible]
各思混業不便照祖丈量分扒眼同釘界鬮定其有各該步數畫圖填註
俱係衆分南頭餘地眼同丈量釘界照數分扒權業北頭水溝聽從定界者[illegible]
業永遠為定毋得恃強侵占悔異如違甘罰白米拾石公用仍依此文為
萬曆四年八月二十一日

寿房地

大衆存路伍尺

二丈三尺四寸

此墻做在陽己地上 議料陽办做

(一)上

三

明萬曆四年八月某某縣程伯陽等立分地合同分單

陽該租伍砠零柒觔半龍該租肆砠零式觔半曾該租肆砠式拾觔
盘圖填註于后南頭衆存大路陸尺中間衆存路伍尺通衆往来石橋弍道
之界者改造為業餘田照数收租其墻脚衆嚗照圖造作各地日後管
候此文為據今恐無憑立此合同叁張各執存照

立合同人程伯陽（押）
夢龍（押）
伯曾（押）
代書見人伯兆（押）

衆存路
寿
房
也

（一）下

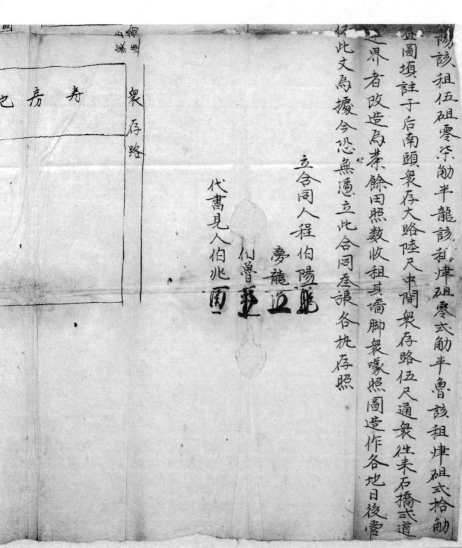

（二）上

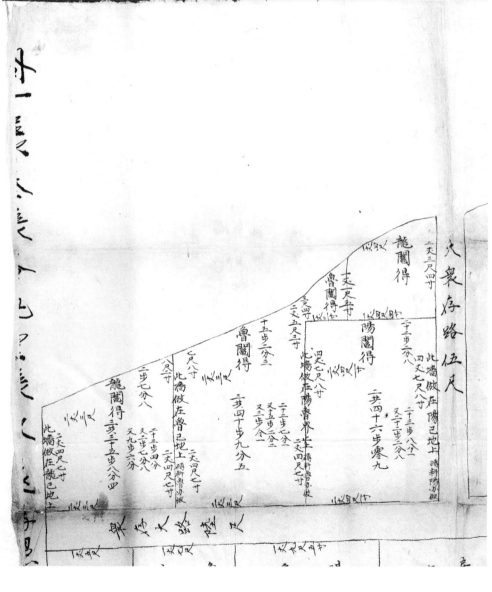

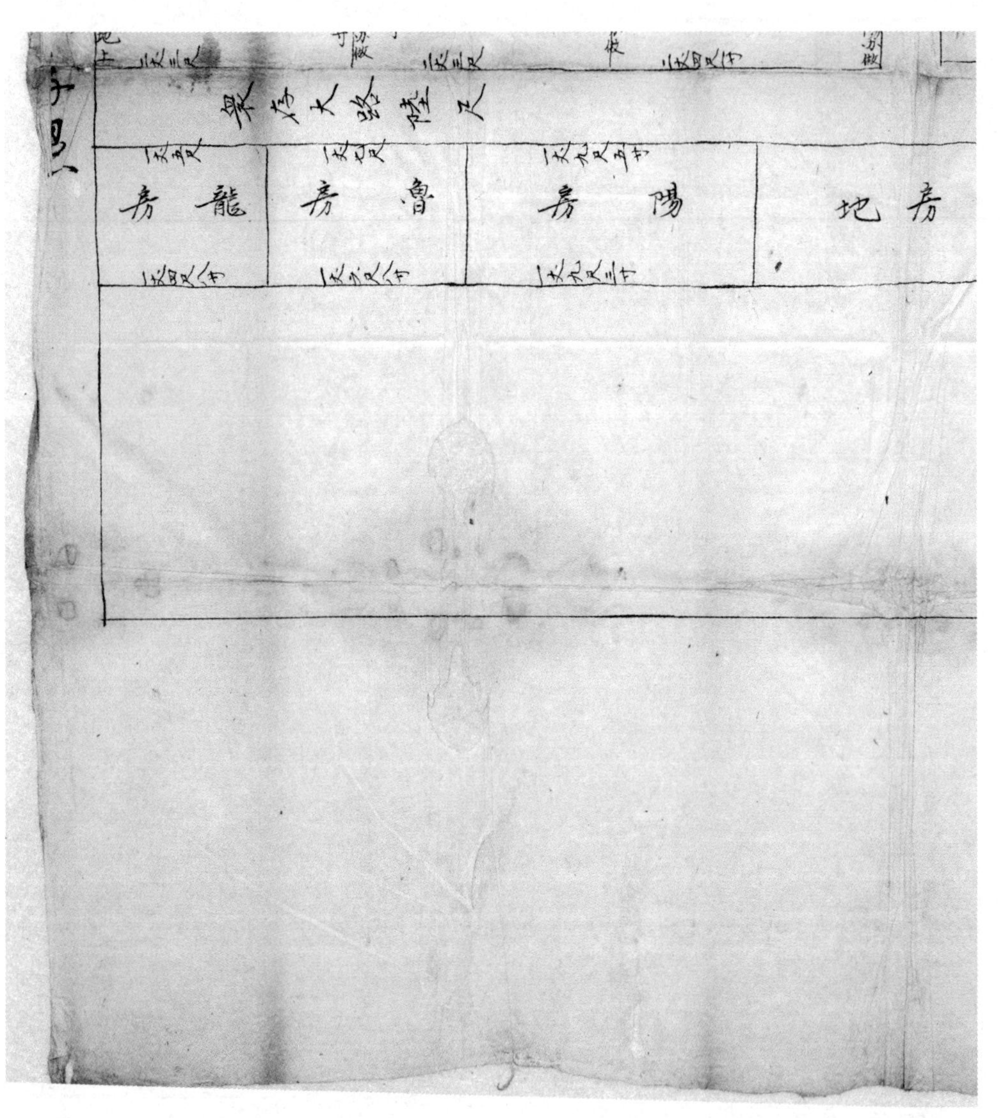

（二）下

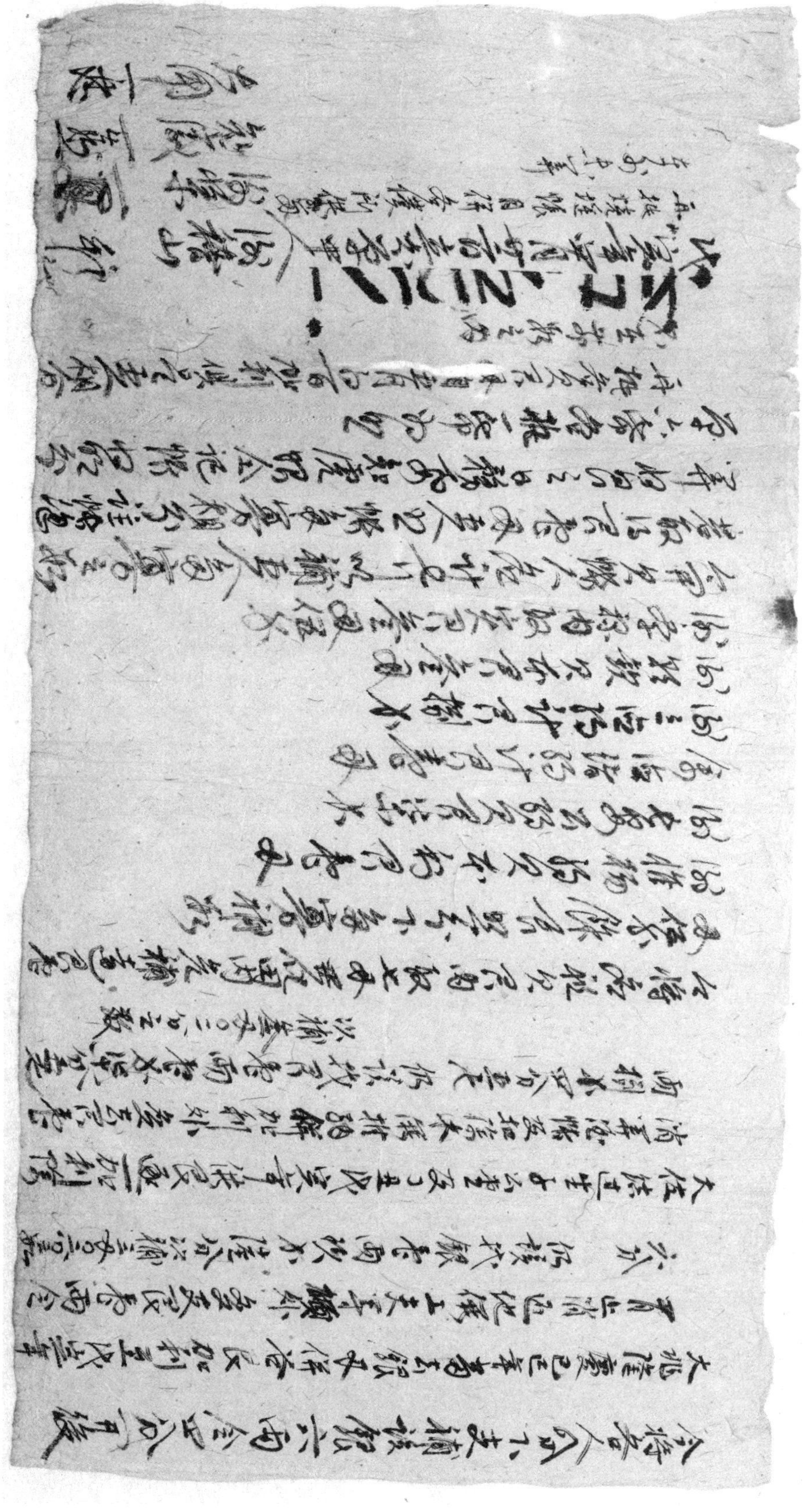

三

明〔萬曆〕戊寅〔六年〕四月某某縣謝稽山等立開明欠帳支補銀兩分單

三

明萬曆七年十二月某某縣謝鉞等立分籍管理杉木均分木價合同

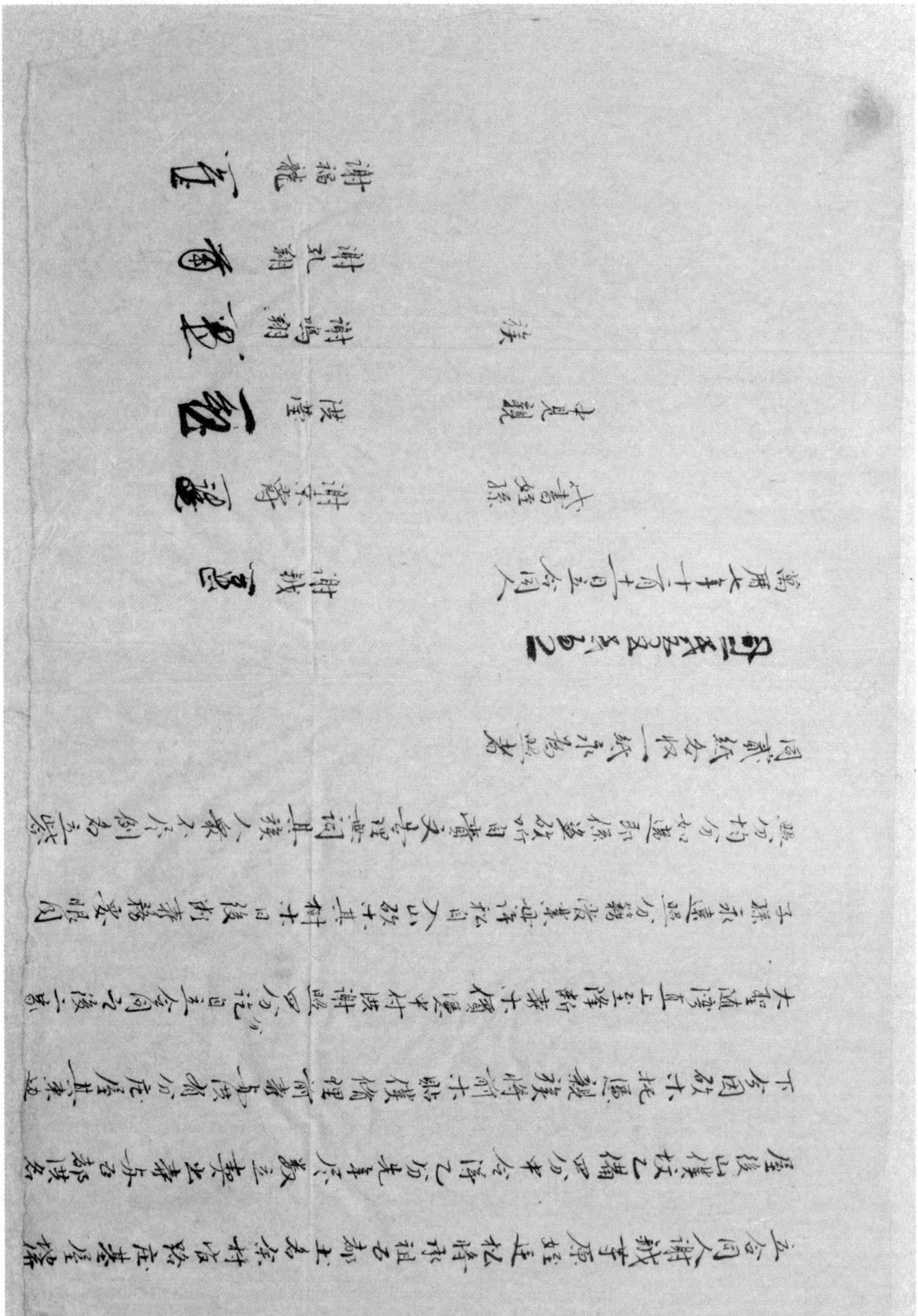

今將續買田租分為仁義二單開具于後

仁字單 逢時兄弟得

十四都土名昔塢旱谷五斤十二两 李齊保佃 十四都土名長坦旱谷加六二秤四斤 長得佃

十四都土名塘塢坑頭大谷加八二秤十四斤 时保佃 黄土岺下大谷加六四秤十二斤 長得佃

大小秋丘大谷加六一秤五斤 齊保恒春帐佃 浴橋下大谷加八七秤三斤 在外歲 付盛佃

西源梨樹塢口大谷加六六秤十斤十两 包右佃 浴橋下包付盛住基上边加六十五秤 付盛佃

昆當丘加八一秤一斤 余七佃 八十里加六四秤八斤 包交鄭興佃

塘塢口加六一秤十四斤五两 余初一余夏佃 内取該十三斤实付袁巳買回用烏兕林十三斤

義字單 玄相得

（一）

明萬曆十年八月某某鄭胤憲等立分田租分單

桿樹坑八畝段加六五秤五斤 余神祐佃 遷青 云青
杜牛坵加八一秤四斤 余龙佃

聖堂前加六十四秤十三斤半 實一隻 孫卩叔羅得佃
程田坑加八一秤 李萬佃

凌家堨口十二斤半 鄭太佃
平家堨八斤

上黃連坑加六三秤十斤 吳堂吳貴佃 白文李眞
庙前加六一秤八斤 胡春李万佃

烏晃林加六一秤十斤又將塘堨口十三斤實對得姪已買国用烏晃林十三斤 實得佃

苦竹堨上截加八一秤一斤半 書同佃 鄭六
楮樣下加八七秤九斤 端進佃

塘堨口加八四秤十七斤

共業未分田租

梨木坵加八五秤
查坑塘堨口一秤十二斤

黃希坵加八十秤
呂千二坵三分之一四秤 實谷四斤

言田段塘堨口十秤九斤
言田段塘堨口五秤 實谷八斤

上頭堨加六一秤二斤半
左肩塘下加六四秤

（二）

黄荊塢 十秤 實收五斤
旧舍塢 加六 四秤
小田塢 三分之一
下陂門前 共十二秤一斤十兩 本五分之一
井塢 十三秤
鮑家門前并塘口前 四秤六斤 三分之一
楮樣下取租一串 本三之一
佛蔭下發田三分一分加七五秤六斤 吳貴李貞財保佃
陇田口發田二分一分細乙十五斤 華旺佃
塘塢口發田加七一秤 洪興佃

石印丘 十五斤
四竹墩下 十五斤
茅塢 開荒未交
井塢口 八分之七
王爵住基 十斤 三分之一
他丘 六秤十三斤鬮 本三分之一
社墩丘一前 二秤六斤五甲詔慶分 本三之一
江坑中段 加八十六秤十斤
界一木三七 各收一占
萬曆十年八月初六日立分單 鄭胤憲 （押）
鄭逢時兄弟 （押）
中見表兄汪一中 （押）
本

（三）

明萬曆十年九月某某縣謝廷謨等立鬮分産業資本鬮單合同附准照管業批

三

明萬曆十年九月某某縣謝廷讃等立鬮分産業資本鬮單合同

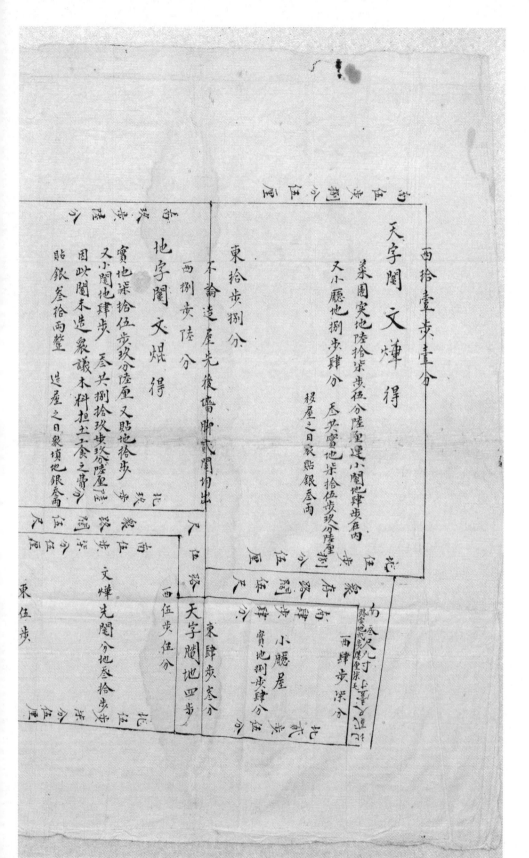

三

明萬曆十一年二月〔祁門縣〕李文焜等立分竹園鬮單

南伍步捌分伍厘

西拾壹步壹分

天字鬮　文煒得

菜園実地陸拾柒步伍分陸厘連小鬮地肆步在内

又小廳地捌步肆分　叁共實地柒拾伍步玖分陸厘

移屋之日家貼銀叁両

北伍步存捌分伍厘

東拾步捌分

不論造屋先後墻脚貳鬮均出

西捌步陸分

地字鬮　文焜得

實地柒拾伍步玖分陸厘又貼地拾步

又小鬮地肆步　叁共捌拾玖步玖分陸厘

因此鬮未造衆議木料担土工食之費

貼銀叁拾兩整　造屋之日衆墳地銀叁両

南玖步陸分

北玖步

小廳屋

西肆步柒分

實地捌步肆分

東貳步伍分

天字鬮地四步

東肆步叁分

西伍步伍分

路

文煒先鬮分地叁拾步

東伍步

（一）

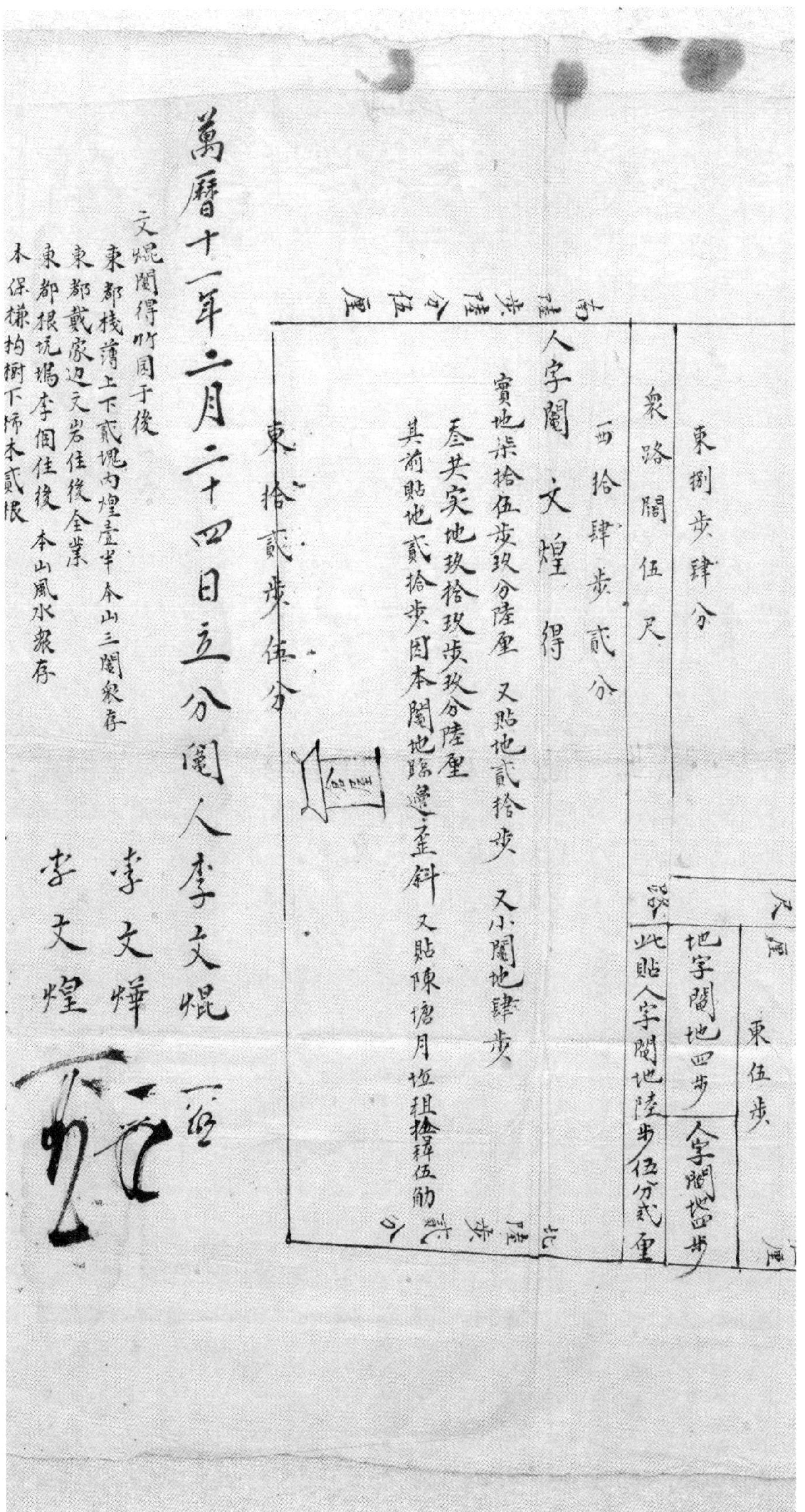
東捌步肆分
衆路闊伍尺
西拾肆步貳分
南陸步陸分伍厘
人字鬮　文煌　得
實地柒拾伍步玖分陸厘　又貼地貳拾步　又小鬮地肆步
叁共实地玖拾玖步玖分陸厘
其前貼地貳拾步因本鬮地臨邊歪斜　又貼陳塘月坵租拾肆伍觔
東拾貳步伍分
北陸步貳分
尺厘
東伍步
地字鬮地四步
人字鬮地四步
此貼人字鬮地陸步伍分貳厘
萬曆十一年二月二十四日立分鬮人李文焜
李文燁
李文煌
文焜鬮得竹園于後
東都棧蕩上下貳塊內煌壹半本山三鬮衆存
東都戴家边文岩住後全業
東都根坑塢李個住後　本山風水衆存
本保株枘樹下栭木貳根

（二）

明萬曆十一年二月〔祁門縣〕李文焜等立分竹園鬮單

東都戴家边文岩住後全業
東都根坑塢李個住後　本山風水衆存
本保槺枸樹下柿木貳根
文烽鬮得竹园于後
東都許家塝朝山上壹塊全業　又上邊壹塊與弟相共
周廒朝山分數
本保朱家西边柿木壹根與尚智兄弟共
後底壩角柿木壹根
溪边栗木壹根
文批方東付住前
溪边竹地壹帶
併廒九塢山塢頭塢
東都禾獅嶺前見竹山
東都塢口溪邊壹塊
本保中村住後竹园壹片　溪邊栗木壹根
本保墩上壹塊　陳塘山柿木貳根
文煌鬮得竹园于後
東都根坑塢口孫家边竹山全業　風水衆存
東都古城山竹山全業　風水衆存
本保槺枸樹下下边大小栗木
同日鬮定　文烽收執

李文煌（押）
中見叔李應辰（押）
李應鳳
兄李文炳（押）
弟李文爍
李文焜（押）
李文爕（押）
李尚智
代書親人汪一中（押）

（三）

三

明萬曆十三年九月〔休寧縣〕江翔起等立均分菜園地合同

（一）

浯潭江翔起同姪江喜孫有菜園地壹備坐落土名塘塢口，向因舊種未曾品搭，今因人心不一，自情愿凂中丈量，書圖兩半均分為業。自分之後，悉照合同管業，各無異說。恐後無憑，立此

填圖合同壹樣貳張，各收壹張，永遠為照者。

翔起分業
高基
喜孫分業
翔起分業
東路（至）塘
喜孫分業
高基東字
翔起分業
東路

三

明萬曆十三年九月〔休寧縣〕江翔起等立均分菜園地合同

[illegible][illegible][illegible]一樣二張

萬曆拾三年玖月初二日立合同

人江鳳翔（押）
江鳳起（押）
同立合同人江壽孫（押）
中見人江珂（押）
江貴生（押）
代書人江叅良（押）

（二）

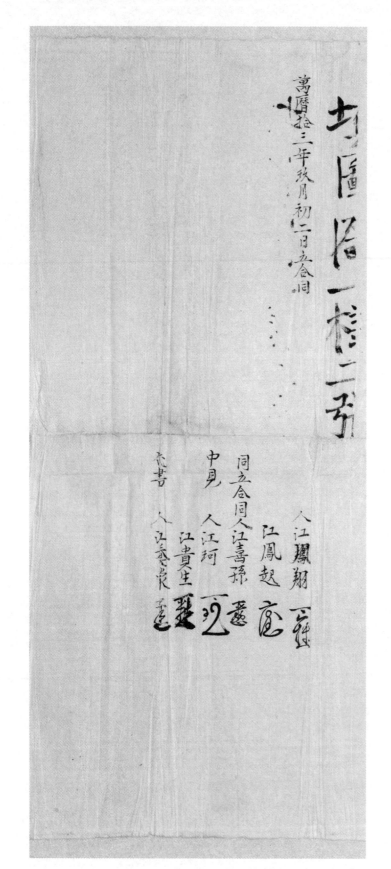

三

明萬曆廿三年三月某某縣金堦等立鬮分基地合同

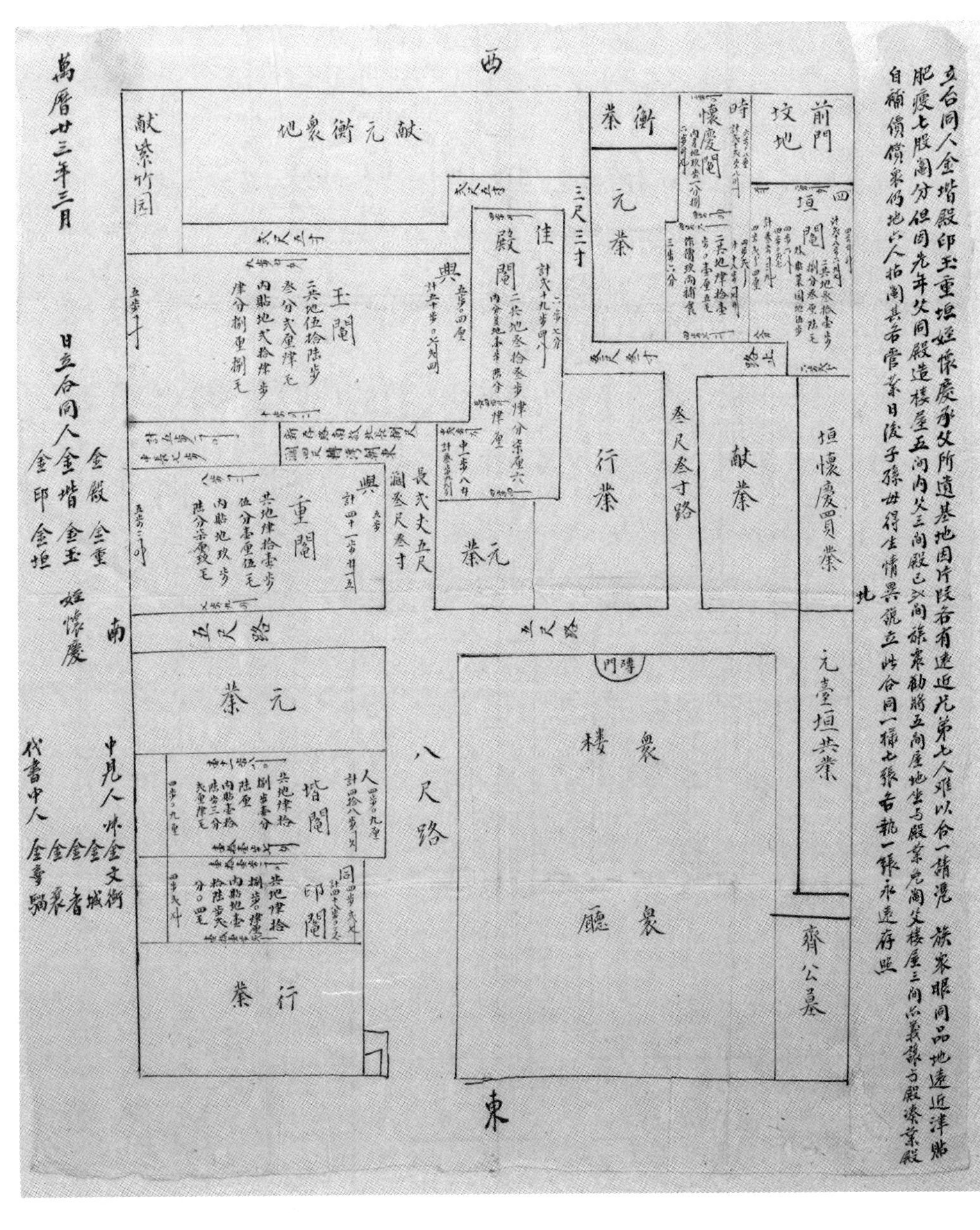

立合同人金堦、殿、印、玉、重、垣、姪懷慶承父所遺基地，因片段各有遠近，兄弟七人難以合一，請憑族衆照同品地遠近津貼肥瘦七股鬮分。但因先年父同殿造樓屋五間，内父三間，殿已弍間，族衆勸將五間屋地坐与殿業，免鬮。父樓屋三間亦義讓与殿業。殿自備價貲與衆。仍地六人拈鬮，其各管業。日後子孫毋得生情異說。立此合同一樣七張，各執一張，永遠存照。

萬曆廿三年三月　日立合同人　金堦　金殿　金印　金重　金玉　金垣　姪懷慶

中見人　休金文衡　金城　金香　金泰

代書中人　金子顯

（全圖）

明萬曆廿三年三月某某縣金堦等立鬮分基地合同

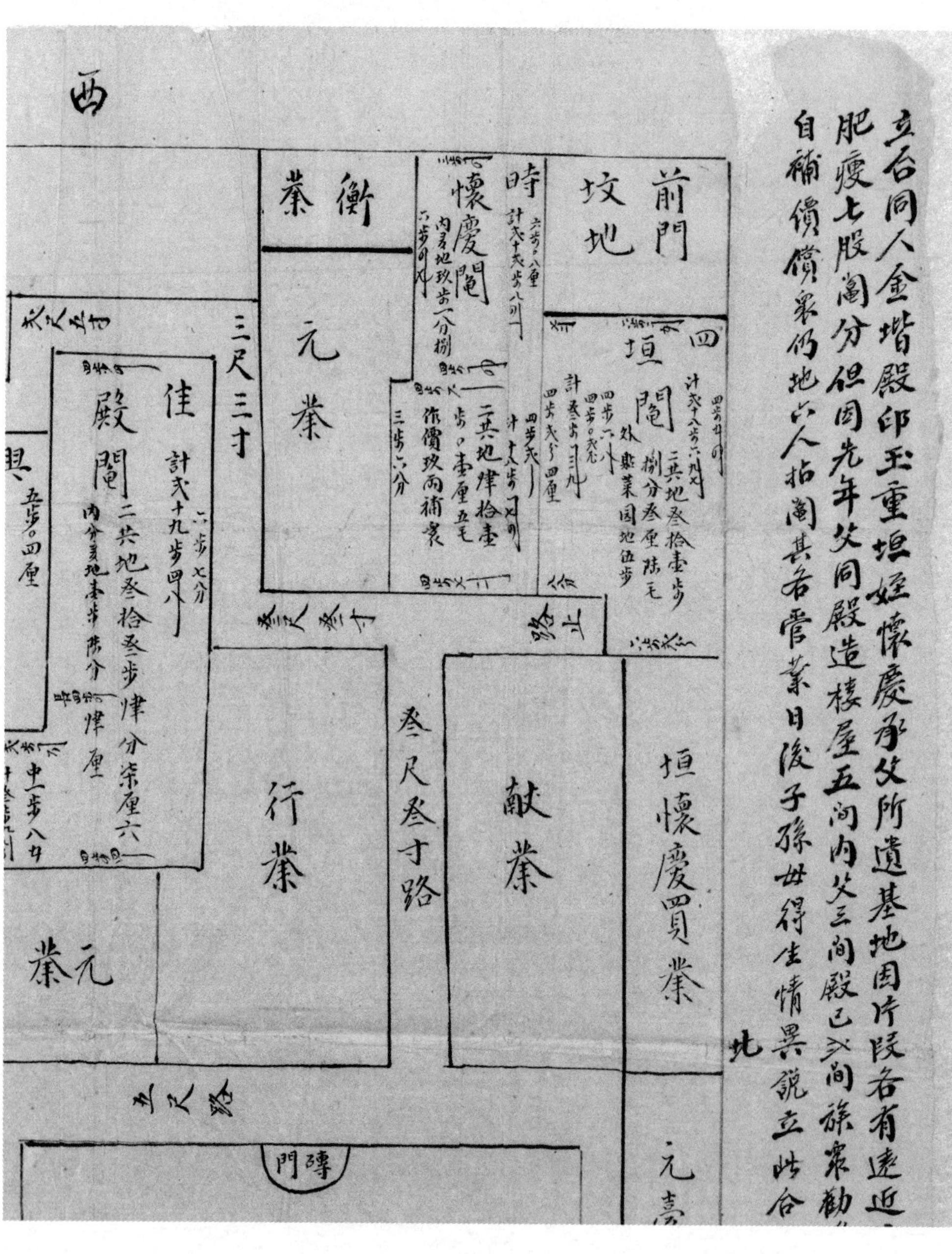

立合同人金堦殿印玉重垣姪懷慶承父所遺基地因片段各有遠近
肥瘦七股鬮分但因先年父同殿造樓屋五間内父三間殿已二間族衆勸
自補價價衆仍地六人拈鬮其各管業日後子孫毋得生情異說立此合

（一）上

三

明萬曆廿三年三月某某縣金堦等立鬮分基地合同

段各有遠近兄弟七人难以合一請凴　族衆眼同品地遠近津貼
以間族衆勸將五間屋地坐与殿葉免閣艾楼屋三間出義讓与殿漆葉殿
異說立此合同一樣七張各執一張永遠存照

北

出入路

磚門

衆楼

衆廳

元臺垣共業

齊公墓

東

（一）下

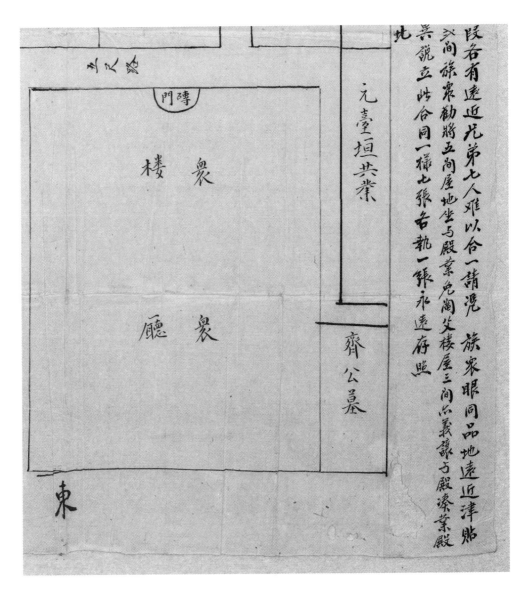

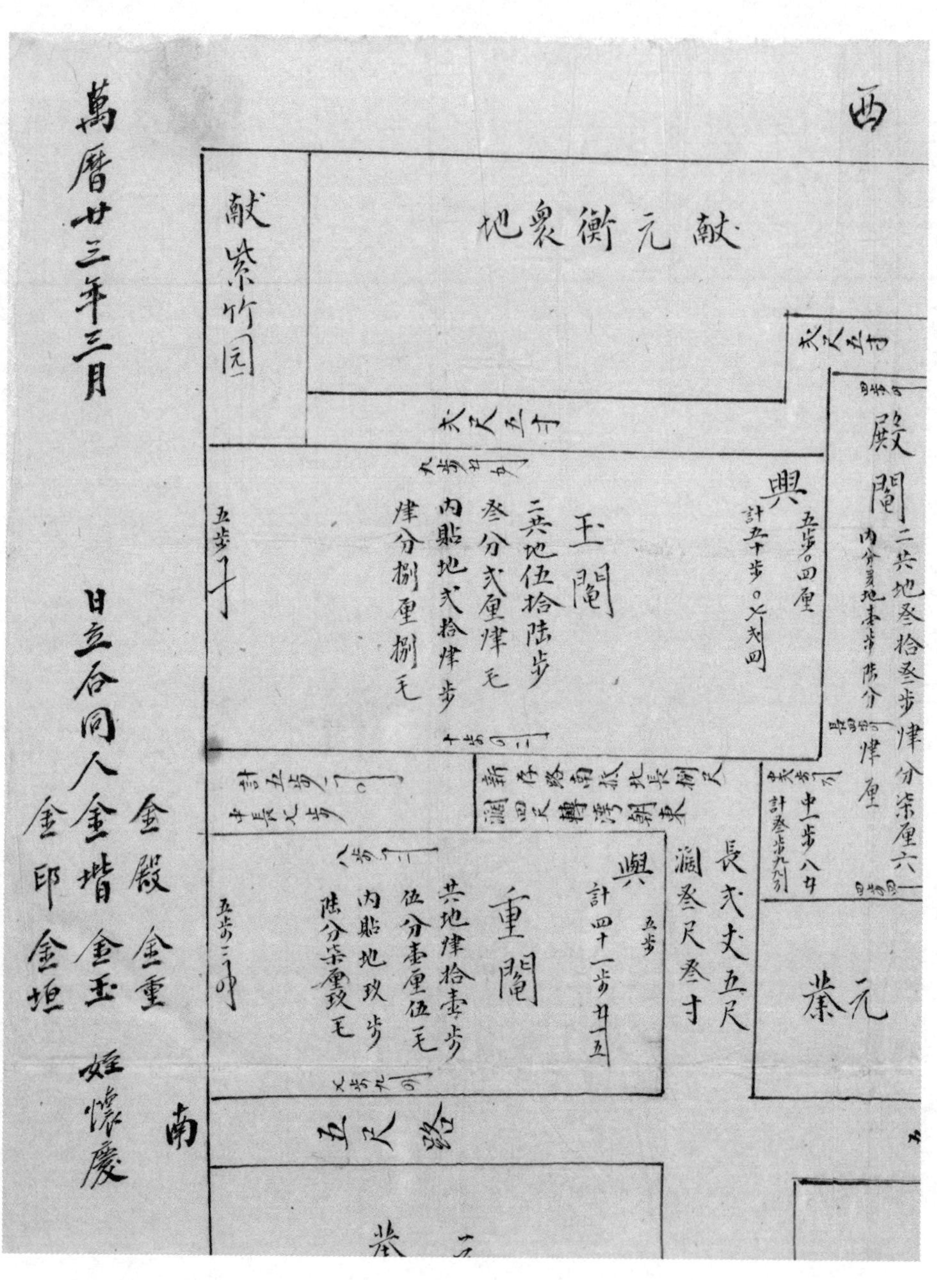
西
南
獻元衡衆地
獻紫竹园
興
計五十步〇七分四
玉閹
二共地伍拾陸步
叁分弍厘肆毛
内貼地弍拾肆步
肆分捌厘捌毛
殿閹
二共地叁拾叁步肆分柒厘六
長弍丈五尺
濶叁尺叁寸
興
計四十一步廿一五
重閹
共地肆拾壹步
伍分壹厘伍毛
内貼地玖步
陸分柒厘玖毛
元
五尺路
萬曆廿三年三月
日立合同人金堦
金殿 金重
金玉 姪懷慶
金印 金垣

（二）上

五尺路

棻元

人 四步〇九厘 計四拾八步〇
堦鬮
共地肆拾捌步壹分陸厘
內貼壹拾陸步三分弍厘肆毛
四步〇九厘

同 四步弍〇 計四十八步〇二
印鬮
共地肆拾捌步〇肆厘
內貼地壹拾陸步弍分〇四毛
四步弍〇

棻行

八尺路

東

南

姪懷慶

中見人 金文衡 金城 金香 金襄

代書中人 金[illegible]

（二）下

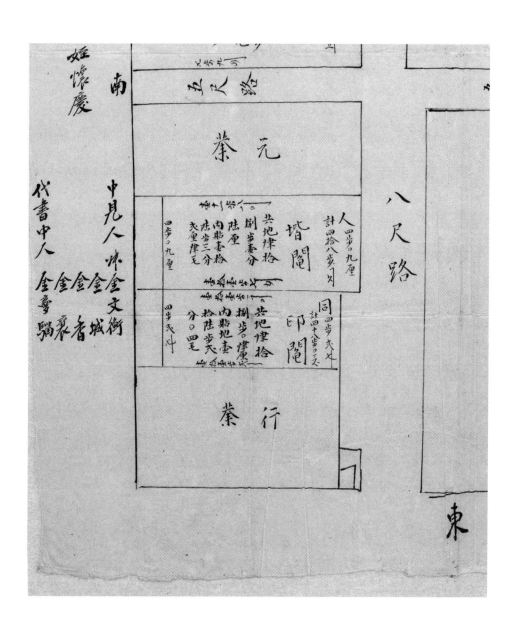

明萬曆廿三年八月某某縣李之揮等立鬮分生基穴均出造作費用合同

十都李之揮、吳文紀今有地壹備坐

落本都一保土名騎馬州溪边四至丈步自有文

毋須載不及開寫，其地開生基二穴

每穴計七尺濶，為率々通中粘鬮，日

後听擇日便葬，二家自得生情，無説

所有造作費用俱照兩家均出，自

安葬之后，倘々家子孫有葬者，自

許侵損祖脣以害祖塚，如有此者，許

不葬之家即时起本，仍罰艮廿兩

公用。如一家有不願葬者，願出艮三兩

與不葬之家，以買其穴，々照自選，立此

合同一樣二張，各收一張存照。

居

萬曆廿三年八月初五日立合同人 李之揮（押）

吳文紀（押）

中見人 李仁吾（押）

立議約人程廷珍程廷用等今因程沂故絶應立子
嗣本房議親枝程澈三子樞應繼沂妻朱氏抱樞
出繼有三房和奎給照欲繼沂父程欽以致朱氏訐告
親族金宵槐等程廷珍等志傷和義近前勸諭二家
息訟當憑衆議立定樞應繼沂量將繼產肆拾伍畝
扒與程奎程鏗等領聽六股分以全親義兩各輸服並
無異說日後如有生情反悔甘罸白米壹百石今恐無
憑立此議約為照

萬曆二十七年十一月十六日立議約人程廷珍
程廷用
程奎
程鏗
程鑑
程釜
程源
程潮
程洲
程澈

親人金宵槐
吳紹崗
胡北軒
汪五敷
汪邦彥
朱懷德
張光明
陳瑆
族人程廷璀
程一德
程禹謨
程光陛
約副程鈞
代書親人丁對薇

三

明萬曆三十二年四月某某縣吴炷等立勾分土地畫圖

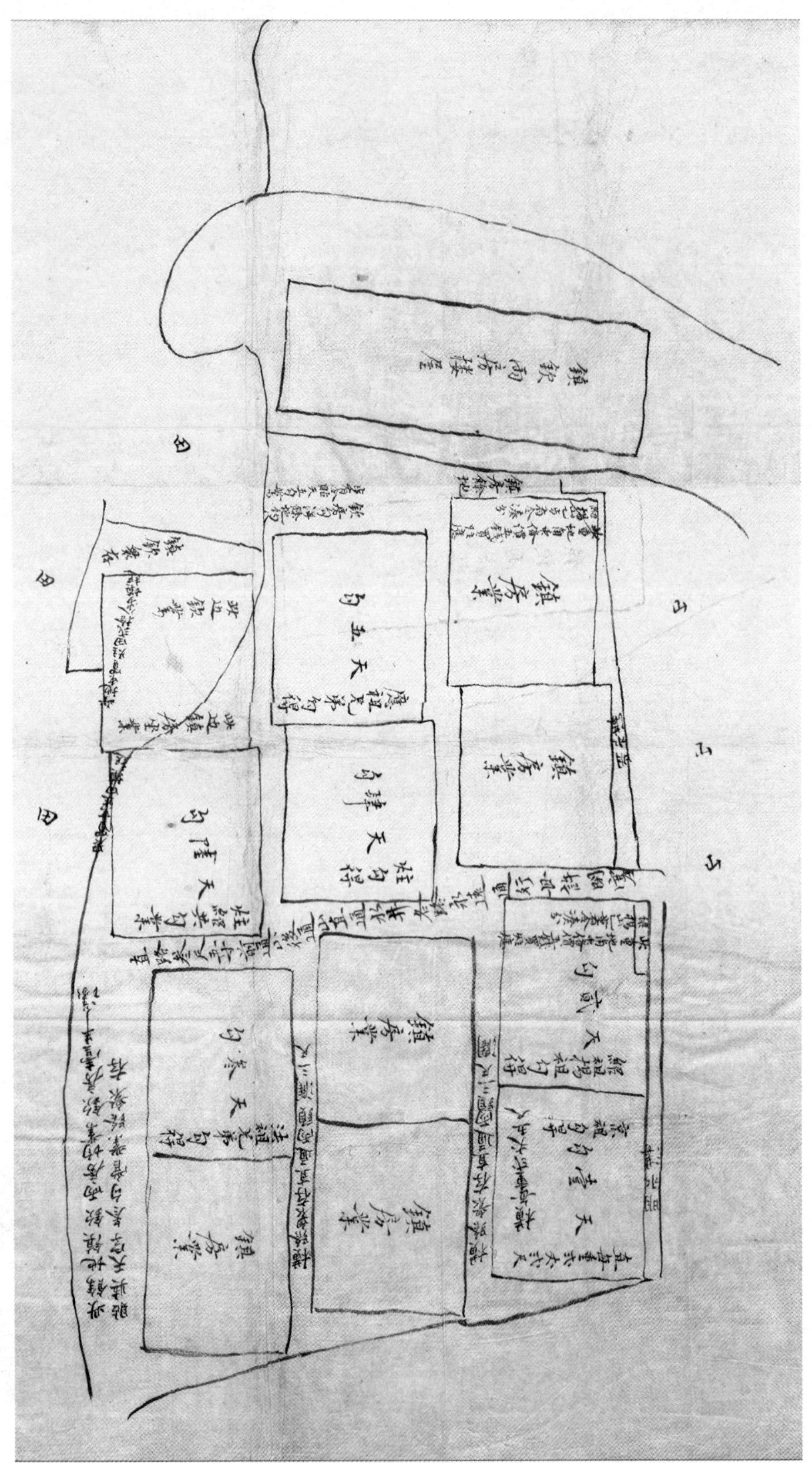

（一）

萬曆三十二年四月十七日立畫圖人吴炷

吴應祖兄弟

吴法祖兄弟

吴京祖兄弟

吴紹祖兄弟

代筆人吴自功

見人吴京生

田

田

（二）

三

明萬曆卅三年十月某某縣吴元興等立鬮分基地合同

立合同人吴元興同侄吴應祖、吴應时，原用價買受田一畝，坐落本家住基塘
塝下邊，四股用工食將架成基地，其地元興同應时四股之三，應祖四股之一。
今議鬮分，各便造屋。應祖愿坐下边一鬮，元興、應时三鬮在上边，鬮分四股，仍
衆存地一丈，闊与本門衆塝地相連，地後空溝并地未平正者，仍係四股用工填
平，毋得推捱。自立合同鬮分之後，四股照鬮畫造屋管業，毋得生情悔異。
如有此等，再罰白銀十兩入衆公用，仍依此文為准。其下边原四股衆共存空地一丈
闊，並係四股均業，日後子孫毋許侵占。基地面前空田亦係四股均業，未分。
恐後無憑，立此合同鬮書一樣三張，各執一張，永遠遵守存照。

（一）

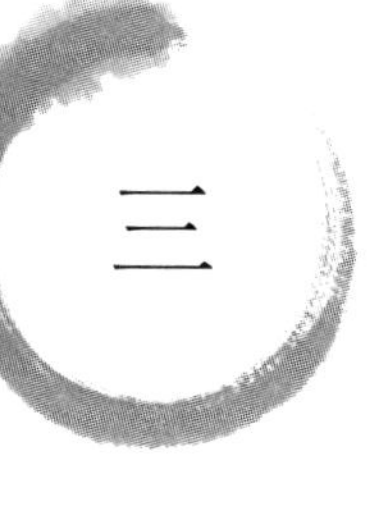

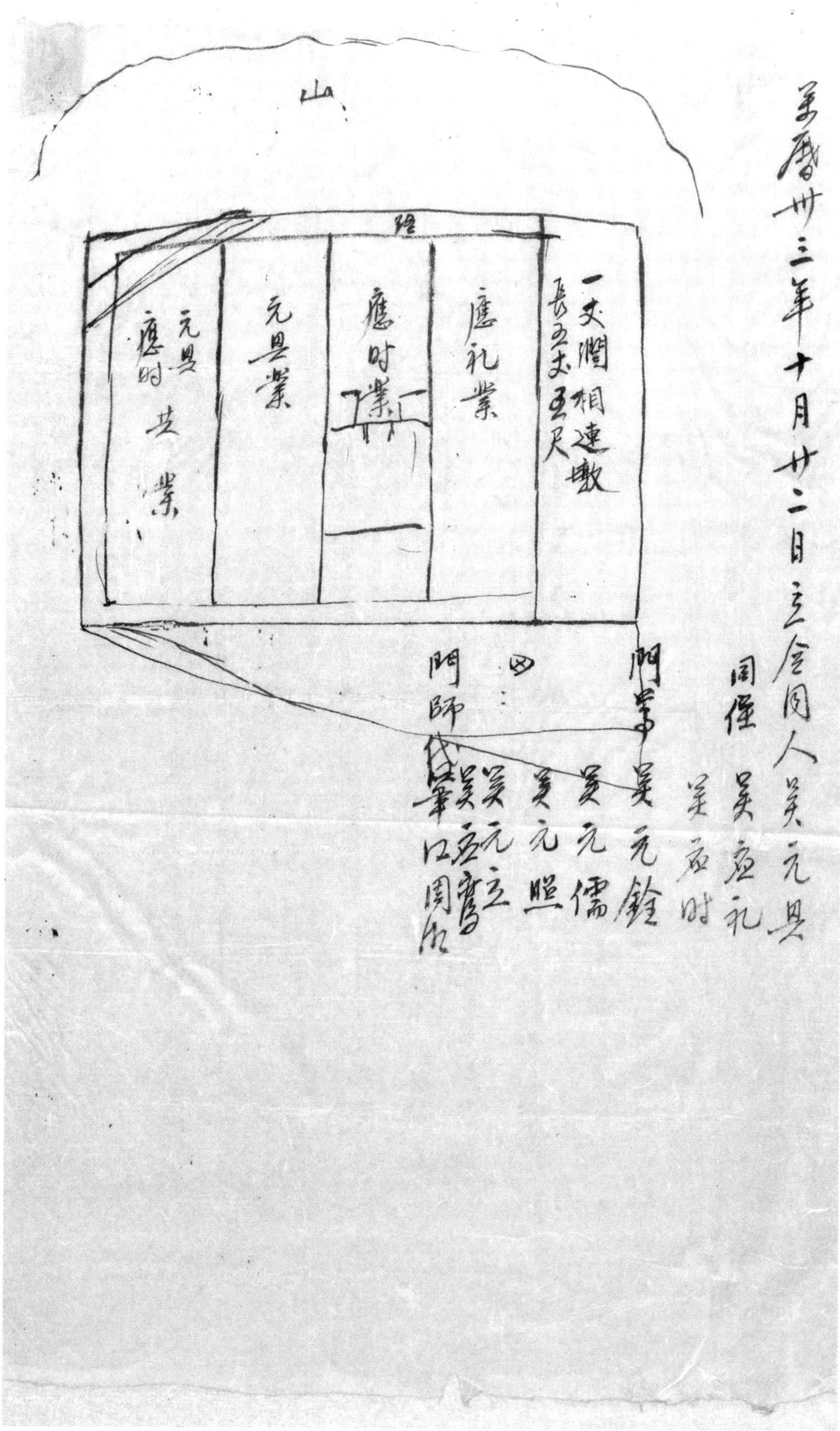

明萬曆卅三年十月某某縣吳元興等立鬮分基地合同

山

路

一丈濶相連埭
長五丈五尺

應禮業

應時業

元興業

元興
應時 共業

萬曆卅三年十月廿二日立合同人吳元興

同侄 吳應禮

吳應時

門呈 吳元銓

吳元儒

吳元照

四

吳元立

吳應鸞

門師代筆江周保

（二）

明萬曆卅五年十月某某縣江繼魁等立股分山地山木合同

立合同人江繼魁、江稚修、江肯亙、胡春生、江騰蛟、朱邑，江姓原買胡春生之祖胡道
彰名下子孫山壹號，土名梨木塢，其山新立界至：東至地畔，西至[illegible]，南至江二房
山頂，龍直上至降，北至江三房隨龍直下至尖。其山各人原買分數，年深歲久，難以查考。
今請中見親人胡宗道、李高通，東西議通，山陣大股分江繼魁該得壹股，胡春生仍
承祖該得壹股，仍式大股派作拾股，所有江稚修兄弟共得肆股，江騰蛟該得叄
股半，江肯亙該得貳股，朱邑該得半股。於萬曆卅五年十月廿四日東議共立合同，
以後子孫照依合同為業，不許[illegible]。所有舊契日後長養杉松雜木，作三七分，主山
得七分，長養之人得三分。日後坐併長養之人各無私自侵犯。如有情違者，甘罰官
[illegible]治，另[illegible]，立此合同一樣二張，各執一張為照。　稚修兄弟共一張

萬曆卅五年十月廿四日

立合同人　江繼魁（押）
　　　　　江稚修（押）
　　　　　江肯亙（押）
　　　　　胡春生（押）
　　　　　江騰蛟（押）
　　　　　朱邑（押）
中見人　　胡宗道（押）
　　　　　李高通（押）

明萬曆四十二年正月（祁門縣）胡兆祖等立共買基地取租銀當差合同

立合同人胡兆祖、胡應柏、胡炘、胡榮起，原自於萬曆四十一年五月廿日用價
銀壹兩買受李文焕有承祖分兄鍾以佃分無該業兄等孫屋基地
計積稅壹分陸厘貳毫，又油榨基屋地貳処，共計稅肆分玖厘捌毫
与伊兄焯、煌、焌、薦，立有共該同文焕分法，計租銀壹分捌厘壹毛，本
家買得四股之一，該得租艮肆分零伍毫貳系伍忽，外無科，亦買得四股
之一，租亦該四厘五毫貳系伍忽，二家共計基地稅壹厘貳毫捌系
伍忽，其地稅係在立隆[illegible]的名下，遞年取其租銀玖厘零伍系當
差，其義要合同，係法收，恐後無憑，立此合同一樣四紙，各收
乙紙永遠為照。

（一）

计開出艮分法于後

胡兆祖出銀叁錢叁分

胡應柏出艮壹錢壹分

胡[illegible]榮起出艮叁錢叁分

胡自法出艮叁錢叁分

四共出銀壹兩壹錢

三

合書一樣四紙各收壹張存照

（二）

（三）

三

明崇禎十一年七月某某縣胡天時立摽分遺囑文書

立摽分遺囑文書人胡天時以身久創江湖勤劳刻苦所生二子名曰大儒大任俱各婚娶課篤貿易不竟光陰迅速趲人霜鬓倏而總過花甲以往暮鍾是以邀諸弟於前喚二子于側將承祖之遺產身續置之物業及所存之貨本兩股均搭眼同鬮分庶免二子無鬩墻之變全尔兄弟有同氣之風其田二人分各稅粮同輸祖遺山場基址二人共業鬮定均遵遠論不孝鬮單于後立此摽文遺囑云、

計開

一承□□樓房土庫一重
左邊樓房一間　大任鬮得
右邊樓房一間　大儒鬮得
中廳壹所　二人均業
一買受五元樓房一間　大儒鬮得
一買受連生各□樓房一間　大任鬮得
一承祖工邊廚屋　二人均業
一買受田
上尖角　四秤
麻榨塢口　拾秤
碣□□　叁秤
□□□　□秤

一承祖田
碣下塢　五秤
麻榨塢口　弍秤
石磜源　七秤
裡尖角　九秤半
外尖角　八秤
大門口　十二秤十□
半邊塅　二秤十斤
路工下　五秤○五觔
與叔相共該五股之一　兄弟二人共一股

一所存財本貳伯兩　二人均分營運
仍伏銀壹伯伍拾兩　晉身用

（一）

上尖角　四秤
泉擇塢口　拾秤
碣丹塢　叁秤
石坦　十二秤
狄　肆秤半
播頭　叁秤〇六觔十二兩
新田　叁秤
九丘山　五秤〇三觔
何家坑　陸秤〇五觔

二人均業

一所存財本貳伯兩　二人均分營運
仍伏銀壹伯伍拾兩　晉身用

崇禎十一年七月　　十五日　立摽文遺囑人胡天時（押）

中見親弟　天節（押）
天喜（押）
天贊
天明（押）

（二）

三

清順治三年正月某某縣王興仁等立股開牙行合同文約

立合同文約人王興宣旦意明等原祖先年在于本處茅岑塢口憑帖充牙秉公執証向來無異近因子孫
人心不一有將所壽名吉將壞々遇更 朝王爺蒞任示通各牙換帖如有不換即係私充今衆計議着
王興仁詞告本縣給帖承充米谷併雜色等項又有王松欽貴壽机才又領牙帖壹紙今思一處二帖恐
有爭論二各俱係族衆共行合同二係通堂以作拾貳股為率除本年分派年者陸人經管所壽
乙年輪次挨充毋得攙前奪後內有無暇及歿者聽祖身公年人代管所祖遺祠內錢糧併遣照新
年橋渡等事俱照上文舊例其年現充人後議出陸人經理所壽出入註帖務要明白除支特將分併
本祠使費并項休仍伏餘或無員約心違之日同在內人等查刷照股均分無得苟且恐查不清無
月於無神前歃血立誓如有朦朧不註帖不立誓者即係有異聽衆并罰白銀伍兩入衆公用
仍責文理論不許充牙自議之後各無本悔遵行恐後無憑立此合同收執永遠為照

順治三年正月十五日立合同文約人王興仁

王永用
王天貞（押）
王天旦（押） 共二股
王天從（押）
王香房（押） 一股半
王天意（押） 一股貳分半
王大成房 机調達（押） 一股叁分半
王貴壽（押） 一股
王顯壽（押） 一股
王尚禹（押） 一股
王松（押） 一股
王欽（押） 一股
王天才（押）
王本明（押） 一股

立議約人朱世鳳仝侄良枝等今將屋基地二家相共
計房間良枝房內多三間世鳳房內少三間今將香
火背後地存三間与世鳳房內不論遠近听自起造
屋宇今議明白日後不得異言如有等情听衆執
議約理論便世鳳房內起造三間仍伏餘地二家相共
各一半听便起造無得異說今恐無憑立此議約存炤

仝議約弍紙各收壹紙照

康熙拾八年九月十一日立議約人朱世鳳（押）
世鳳（押）
世大（押）
侄應魁（押）
良鳳（押）
良枝（押）
良桂（押）
良柏（押）
中見黃伊如（押）
馬宗助（押）
馬惟貞（押）
代筆應春（押）

清康熙十八年九月某某縣朱世鳳等立分屋基地議約

三　清康熙二十二年十二月某某縣謝正緒等立鬮分厝屋合文

立合文謝正緒仝侄立徵立龍等今有南嶼荊蘆坑衆造厝屋新舊共計肆所原擯列祖在上今行移棺另
葬是以叁房人等誠恐後來人衆管業不一衆行共議將左邊太祖母弍棺地衆存又靠老横屋左邊壹棺衆
存其老磚横屋山所併毗連新造磚横屋乙所今將新舊品搭分作叁股畫圖拈鬮為定以為永遠之計叁房
人等務要照鬮管業所有用義公夫婦弍棺仍厝在老横屋內俟後另葬即與勾淂者管業無詞自立合同之
後其横屋內倘或將棺不厝即行听造隔間不淂阻檔用事者亦當會議通知所衆存横屋併空地日後倘有用事
者務要先立租約付衆方許作用不淂横佔如有違者以准不孝罪論聽自執文衆罰銀五兩入衆仍依此文
為照自今勾分之後各宜遵守恐後無憑立此合文壹樣叁紙各收壹帋永遠為照

（一）

再批所有合文乙紙謝廷積仝侄日湧合文隨即交付與買人收日後
倘有查出不得行用又照

[illegible]

空田　太祖母梁存　理　梁存　先徵兄弟勻得　先緒勻得　先鑨兄弟勻得　新徵兄弟勻得　新鑨兄弟勻得　新緒勻得　路　空田

斗管樓與衞　斗管樓與鑨

因主衞叔姪兄母継故無措欲將鑨兄弟勻分得新老厝基貳棺賣
價今兄弟叔姪嘀議主衞叔姪將勻得老厝屋右边壹棺自愿對換
與主建叔姪新厝屋右边壹棺以便受主比建官業日後無得異說主
建叔外貼銀壹両與主衞叔姪斗焐

康熙貳拾弍年十二月初一日立合文人謝正緒（押）
仝侄　立徵（押）
立衎（押）
立鑨（押）
立衞（押）鑨押
立衝
中見代書親林憲裕（押）

清康熙二十五年八月某某縣洪邦珍立分撥鬮書

十七都四啚立鬮書父洪邦珍遺予
先祖公諱仁傳四旬客故闠地　祖母孫氏安人未四旬守志舉二子次子諱道德亦故闠元配　黃安人亦守志有匾曰矢志栢舟時未立繼長子諱　齊德公元配
許安人生二子邦璽邦愚側室　劉安人生邦珍　齊德公中年竭力創造致晚年家道式微享年七十有七臨終將産業寫還人外分予兄弟三人各正房四間分債負
當頭各四拾捌兩此其大畧耳遺墨俱存　邦璽公讀書廣踞晚年為狐奸内外煽惑狐生一女嫁對河程士康既未[illegible][illegible]亦不立繼臨終一二年間將書籍衆匙
及浮物盡歸奸人及女家房産　橐中漸化烏有此明人一昏無藥可救若　邦愚公中年迷花酒失生意共欠珍銀叁拾兩票存五旬死于右源被賊無子亦
立繼今將璽愚二公及二元配祔入　仁傳公祀同享標掛及春秋二祭血食此予明大義也　邦珍八歲入鄉塾十六訓鄉蒙十七館楊林得交　汪愚臣公欲遂以妹聯姻
二十二歲始婚娶生二女三子長光沐次雲鵬歲貢生季光瑩殤　汪孺人賢能勸助佐予剔歷生意家道漸興詎意　愚華後一潰於左兵再困於三年連旱三壞於
甲寅賊寇今日猶然故吾中間苦楚萬狀豈堪提筆　汪孺人享年八旬五月壽終内寢維時子孫媳婿女孫婿外甥環衆一堂六七以前得賢婿女佐諸兒孫每
七祭必合禮致長女及坊婿雲鵬仗義措置心碎形枯良亦苦矣長子光沐六七後次日奔到滿七徵祭予情克盡鄉人僉曰此孝義之門也　孺人僊宮心自慰矣八四老父
勞爵己父六月廿五夜一病幾危七月十五閉門持戒不妄語絕葷酒靜復元神因鵬丁艱申文　功令限嚴急於往楚沐有微恆迎於利門老人如風前之燭今照　先大人

（一）

清康熙二十五年八月某某縣洪邦珍立分撥鬮書

遺墨將所存産業逐一清查列圖詳后三子照三分管業次媳遠外季媳近到數十年有病侍姑朝夕服事長媳勤勞居多另撥房貳間註後聽長媳管業變易以

勵後人至于舊新債負另詳立有帳父手者三子均還不得推諉各人名目立票及各分下應還者各人自還與衆無涉人自我者不上日金簽付丙丁今立分書各帳

叁張一樣各執一張存照倘有日後生端異説者執此呈官罪以大逆不孝[illegible]田判復盛[illegible]三子同推此志以光大門閭榮光[illegible]

[illegible]

康熙貳拾伍年捌月日立分撥鬮書父洪邦珍（押）

居間長壻汪啟綸（押）

次壻程端正（押）

（二）

清康熙二十八年十一月某某縣程瑞先等立鬮分產業分單抄白

抄白

立分单兄弟程瑞先、惟先今将承父續置已業凂親族分扒均云配搭閹定分晰清白所有税粮遞
年兩半均納又承祖遺下税業已凂親族将税粮與叔父分晰明白另立議墨合同在兄瑞
先收执其錢粮亦係兄弟兩股均納不淂推委但有契文于康熙二十七年十一月初三夜
因于回禄契文尽行被燬無存閹分父業字号及承祖分晰税畝開列于后今恐無凂
立此分单一樣二張各执一張永遠存照

康熙二十八年十一月　日立分单兄程瑞先
弟程惟先

親叔　程幼玉

親族　汪顧良
趙元芳
程仁鄉

代筆　程西英

兄瑞先閹分承父産業于后

人字三百四十八号　九個塘田四分九厘六毛
三百五十一号　九個塘田乙畝三分五厘九毛六
五百二十二号　上茱田田四分六厘七毛三系八
五百三十二号　門前段田四分六毛
五百三十四号　汪天乞田五分三毛二系六
五百七十号　回柱門前田五分六厘八毛六
二百五十三号　牛尼段地八分五厘九毛
二百六十四号　牛尼段地三分五厘九毛
四百七十六号　汪天乞地五分五厘二毛
五百十八号　春碓基地八分三厘八毛
乙千八十五号　後底山地乙分八毛六
乙千九十一号　後底山地乙分六厘四毛四
乙千九十五号　後山塢地五分二厘九毛二
乙千九十六号　後山塢地二分二毛六系
乙千三百五十七号　鷹斜裡地乙畝五分八厘六毛七
三百四十四号　安山塘塘五厘
三百四十九号　氷山塘塘五厘
四百十七号　後底巷塘二厘
四百十二号　只宋塘塘四厘

又承祖分淂

乙千二百九十六号　過路塢田五分九厘四毛九
乙千二百九十五号　過路塢塘塘八厘五系
五百二十三号　後底田田乙畝二厘八毛五

弟惟先閹分承父産業于后

人字乙百七十五号　兎壇段田七分五厘五毛
三百五十号　九個塘田四分五厘乙毛八
四百九十八号　茱奴交地乙分二厘七毛三
五百〇二号　仝　地六分
五百〇三号　仝　地乙分六厘八毛五
乙千三百五十六号　鷹斜地乙畝二分乙厘七毛四
乙百五十号　小兇塘七厘九毛五
乙百五十二号　道院塘五厘
三百四十四号　安山塘五厘
二百五十八号
二百五十九号　牛尼段地乙畝八分乙厘三毛六
二百六十号
二百七十号

又承祖分淂

文字三千二百九十六号　泥路坵田二畝九分九厘四毛
人字乙千二百九十七号　過路塢田五分乙厘八毛八
乙千二百九十五号　過路塢塘八厘五系
四百十六号　後底巷田四分三厘
五百二十三号　後底田乙畝二分八毛五忽

存衆字号于后

人字　五百二十六号　上茱園地四分
五百五十八号　独骨塘尾地三厘八毛一系六
乙千乙百〇三号　後底山山五分三厘三毛二
二百八十四号　牛尼段地二畝〇二厘

（全圖）

三

清康熙二十八年十一月某某縣程瑞先等立鬮分産業分單抄白

抄白

立分单程先瑞先弟惟先今将承父續置已業凴親族
年两半均納又承祖遺下税業已凴親族将
先收執其錢粮亦係先弟两股均納不淂揺
因于回禄契文尽行被燬無存鬮分父業
立此分单一様二張各執一張永遠存照

康熙二十八年十一月

瑞先先鬮分承父産業于后
人字三百四十八号　九個塘田四分九厘六毛
三百五十一号　九個塘田乙畝三分五厘九毛六
五百二十二号　上菜田田四分六厘七毛三系八
五百三十二号　門前段田四分六毛

弟惟先鬮分承父産業于后
貢十八都戴子貞人字乙百七十五号　尾堨段田乙分五厘
三百五十号　九個塘田四分五厘
四百九十八号　葉奴塆地乙分二厘
五百〇二号　仝　地七六分

（一）上

三

清康熙二十八年十一月某某縣程瑞先等立鬮分産業分單抄白

凴親族分扒均云配搭鬮定分晰清白所有稅粮逓
親族將稅粮與叔父分晰明白另立議墨合同在先瑞
不淂推委但有契文于康熙二十七年十一月初三夜
父業字号及承祖分晰稅畝開列于后今恐無凴
日立分單　兄程瑞先
　　　　　弟程惟先
親叔　程幼玉
親族　汪願良
　　　趙元芳
　　　程仁鄉

[illegible]産業于后
[illegible]田七分五厘五毛
[illegible]田四分五厘乙毛八
[illegible]地乙分二厘七毛三
地六分
[illegible]厘八毛五

（一）下

五百三十二号 門前段田四分六毛
五百三十四号 汪天克田五分三毛二系六
五百七十号 四柱門前田五分六厘八毛六
二百五十三号 牛厄𣪘地八分五厘九毛
二百六十四号 牛厄𣪘地三分五厘九毛
四百七十六号 汪天克地五分五厘二毛
五百十八号 春碓基地八分三厘八毛
乙千八十五号 後底山地乙分八毛六
乙千九十二号 後底山地乙分六厘四毛四
乙千九十五号 後山塢地五分二厘九毛二康熙三十七年十二月 賣與武亂母舅名
乙千九十六号 後山塢地二分二毛六系
乙千三百五十七号 鷹科裡地乙畝五分八厘六毛七
三百四十四号 安山塘塘五厘
三百四十九号 氷山塘塘五厘
四百十七号 後底巷塘二厘
四百十二号 只实塘塘四厘

又承祖分得

乙千二百九十六号 過路塢田五分九厘四毛九
乙千二百九十五号 過路塢塘塘八厘五系
五百二十三号 後底田田乙畝二厘八毛五

五百〇二号 仝 地六分
五百〇三号 仝 地七分六厘
乙千三百五十六号 鷹科地乙畝二
乙百五十号 小兒塘七厘九毛五
乙百五十二号 道院塘五厘
三百四十四号 安山塘五厘
二百五十八号
二百五十九号 牛厄𣪘地乙畝八分乙厘
二百六十号
二百七十号

又承祖分得

文字三千二百九十六号 泥路坵田二畝
人字乙千二百九十七号 過路塢田五
乙千二百九十五号 過路塢塘八
四百十六号 後底巷田四分
五百二十三号 後底田 乙畝二厘

存衆字号于后

人字 五百二十六号 上菜園地四分
五百五十八号 独骨塘尾地三
乙千乙百〇三号 後底山山五分
二百八十四号 牛厄𣪘地二畝〇

（二）上

地六分
地七分六厘八毛五
科地乙畝二分乙厘七毛四
七厘九毛五
塘五厘
五厘
乙畝八分乙厘二毛六

程仁卿
代筆　程西庚

泥路坵田二畝九分九厘四毛 [illegible]
過路塢田五分乙厘八毛八
過路塢塘八厘五系
巷田四分三厘
底田乙畝二厘八毛五忽
菜園地四分
塘尾地三厘八毛一系六
底山山五分三厘三毛二
段地二畝〇二厘

（二）下

立議分單人程繼順繼海兄弟今將故叔喜祥無子所遺佃作田畝各照二人已承佃約侄今繼順兄弟等所承叔父佃作
山坦房屋肥瘦不均以至繼順兄弟投知花户今花户仝户内族兄再三力勸所有從前佃作等件俱照各人閹書管業毋有異説
惟有叔父所遺山坦基業縣是兄邊耕種繼海不井今憑衆將叔父佃作田皮山坦肥瘦品搭均分自議之後兩家毋得爭論至生異
端如有反悔公罰白銀拾兩入衆恐後無憑立此分單永遠存照

程繼海照舊承約閹得

土名大塢頭田貳坵　祖大秤柒秤拾觔

土名朱龍坵口田壹截　祖大秤伍秤（係大坵下角半畝）

土名茶培坑田叁坵　祖平子叁秤拾伍觔

土名朱家塢口田壹坵　祖四大秤係朱龍坵口田内該遞年交繼順祖捌秤拾觔言定永分不可

房屋照舊居住

所有承祖續置帝筆俱是長子繼順收執日後要用將出參照毋詞

坦

瓦瑤坦地壹塊（係茶柯）

坐上塝口地壹塊（係茶柯）

茶培坑柿樹塝口坦壹塊（係茶柯　祖銀捌厘）

朱龍坵口地至下壹塊（係茶柯）

再有橫路上廁所壹箇限田

[illegible]

（一）

康熙貳拾玖年九月　日

立議分单人程繼順(押)
　　　　　　　繼海(押)

中見花户吳景述(押)

子長貿

洪度(押)

遠昇(押)

幼梁(押)

族兄程繼福(押)

侄應富

應法(押)

（二）

三

清康熙三十二年二月歙縣朱可遠等立議鬮分田地收租完糧合同

歙縣二十五都一啚立議合同八甲排年朱可遠、朱可泗、朱必龍、朱心明、朱夢正等，今因承祖遺下充當八甲里役，置有田共壹百弍拾有零，因人衆輪管不一，以至料理不專，荒蕪少收，錢粮因此欠缺。今合衆公議，將田各租肥瘦均搭，共分各房，親手鬮定，各人料理，彼此不得混雜。所收子粒，逐年變辦完粮，以備長遠，永久田地雖分，止許收租完粮，不許私自典賣，以致誤公。如有違議者，憑衆罰穀拾担存衆公用，仍責令私賣之人取贖，請成股數，永為公議，庶不負祖宗遺意，而成此興隆之兆也。其議合同五紙，各房執一紙存照。

一議衆粮叁兩玖錢壹分六厘，各房從公分派，照股上納，不得彼此推卸。

一議田租肥瘦均搭鬮定，各人自行料理，召種收租完粮，不許私自典賣。

一議錢粮遵分數上納，不完者支持公差，欠人自行比較。

一議各花戶公衆鬮分為定，各股自催，不得混收，亦不得牽累衆人。

一議信公房鬮得　程若芸　程世拱　王守郎

（一）

一議保公房鬮得程太文　程義祀　程文樓

康熙叁拾弍年二月　日立議合同人朱可遠（押）

中見人朱先祥（押）

朱可泗（押）

朱必龍（押）

朱心明（押）

朱晉明（押）

朱熙生（押）

朱亨正（押）

朱亨兆（押）

朱懷珍（押）

（二）

三

清康熙四十二年六月〔祁門縣〕倪國瞻等立鬮分山場合同文書

立合同文書倪石喬公秩下國瞻等國基等國祐等伺承祖買受産業山場乙備坐落本都八保土名栖樹坑合源四水流塲内因遭世乱未經興養今
尚書公於辛巳年卜吉於塲此山乃其朝山也秩下三大房人等念祖業荒廢國課難供上無以豐祭祀下何以裕後人爲此公同嘀議毋論山之遠近肥瘠除畏
存獨嘆毐洪家塢等處外其餘山塲品作十二单各鬮四单各人佃種興養成材庶不負先人一片置業苦心嗣後各管各单毋得争競悔鬮倘違外悔務
要同心協力一体支撑勿得退縮子孫永遠遵守總毋許賣出祀外如違往不孝論仍行執文鳴
官理論今恐無憑立此合同叁帋各收一帋存照
國瞻國睦鬮得天字壹号外自楓葉塆中壟直上扺峯裡至倒塆外培石嘴直上扺峯地字叁号外自山羊坑口外培中壟直上扺峯裡至輪坑口石
嘴直上扺峯人字壹号外自叚坑口陳八塢外培石嘴直上扺峯裡至三郎坑外壟石嘴直上扺峯和字貳号外自輪坑壟分水裡至
正塢長壟直上扺峯又搭輪坑口裡培山外自佛科山裡至竹園塢田角直上扺峯　以上俱有埋石爲界
國基國添鬮得天字叁号外自茅坦中壟直上扺峯裡至叚坑口陳八塢外培石嘴直上扺峯地字壹号外自日新塢裡培塆心直上扺峯裡至黄土坑
裡培長壟分水直上扺峯人字叁号外自叚坑口佛科山直上裡至栖登頭大路分界和字壹号外自輪坑口外培石嘴贯壟直上扺峯
裡至烏沙坡横過扺輪坑壟分水　以上俱有埋石爲界
國祐起溥起漆起公鬮得天字貳号外自倒塆外培石嘴直上裡至茅坦中壟直上扺峯地字貳号外自黄土坑外培長壟分水直上扺峯裡至山羊坑口
石嘴直上扺峯人字貳号外自三郎坑外培石嘴直上扺峯裡至栖登頭大路分界和字叁号外自竹園塢田角石嘴直上扺峯裡至正塢
長壟分水直上扺峯　以上俱有埋石爲界

康熙四拾二年六月廿四日立合同文書倪石喬公秩下國瞻（押）
國基（押）
國添（押）
國祐（押）
國睦（押）
起溥（押）
起倖（押）
起公（押）

（全圖）

三

清康熙四十二年六月（祁門縣）倪國瞻等立鬮分山場合同文書

立合同文書倪石喬公秩下國瞻等國基等國祜等伺承祖買受全業山場乙備尖

尚書公於辛巳年卜吉於塘塢此山乃其朝山也秩下三大房人等念祖業荒廢國課難

存獨喉塢洪家塢等處外其餘山場品作十二单各鬮四单召人佃種興養成材庶不

要同心協力一体支撑毋得退縮子〻孫〻永遠遵守總毋許賣出祀外如違罪不

官理論今恐無憑立此合同叁帋各收一帋存照

國瞻國睦鬮得天字壹号外自楓葉塢中塹直上抵峯裡至倒塢外培石嘴

嘴直上抵峯人字壹号外自蔞坑口陳八塢外培石嘴直上抵峯

正塢長塹直上抵峯又搭輪坑口裡培山外自佛科山裡至竹園

國基國添鬮得天字叁号外自茅坦中塹直上抵峯裡至蔞坑口陳八塢外培

裡培長塹分水直上抵峯人字叁号外自蔞坑口佛科山直上裡

裡至烏沙坡橫過抵輪坑塹分水　以上俱有埋石為界

（一）上

已俻坐落本都八保土名栢樹坑合源四水流埽內因遭世乱未經興養今
國課雖供上無以豐祭祀下何以裕後人為此公同嘀議毋論山之遠近肥瘠除衆
材廢不負先人一片置業苦心嗣後各管各单毋得争競悔閙倘遇外侮務
如違准不孝論仍行執文鳴

外培石嘴直上抵夆地字叁号外自山羊坑口外培中壄直上抵夆裡至輪坑口石
直上抵夆裡至三郎坑外壄石嘴直上抵夆和字貳号外自輪坑壄分水裡至
至竹園塢田角直上抵夆　以上俱有埋石為界
塢外培石嘴直上抵夆地字壹号外自日新塢裡培旁心直上抵夆裡至黄土坑
山直上裡至栢登嶺大路分界和字壹号外自輪坑口外培石嘴随壄直上抵夆
分

（一）下

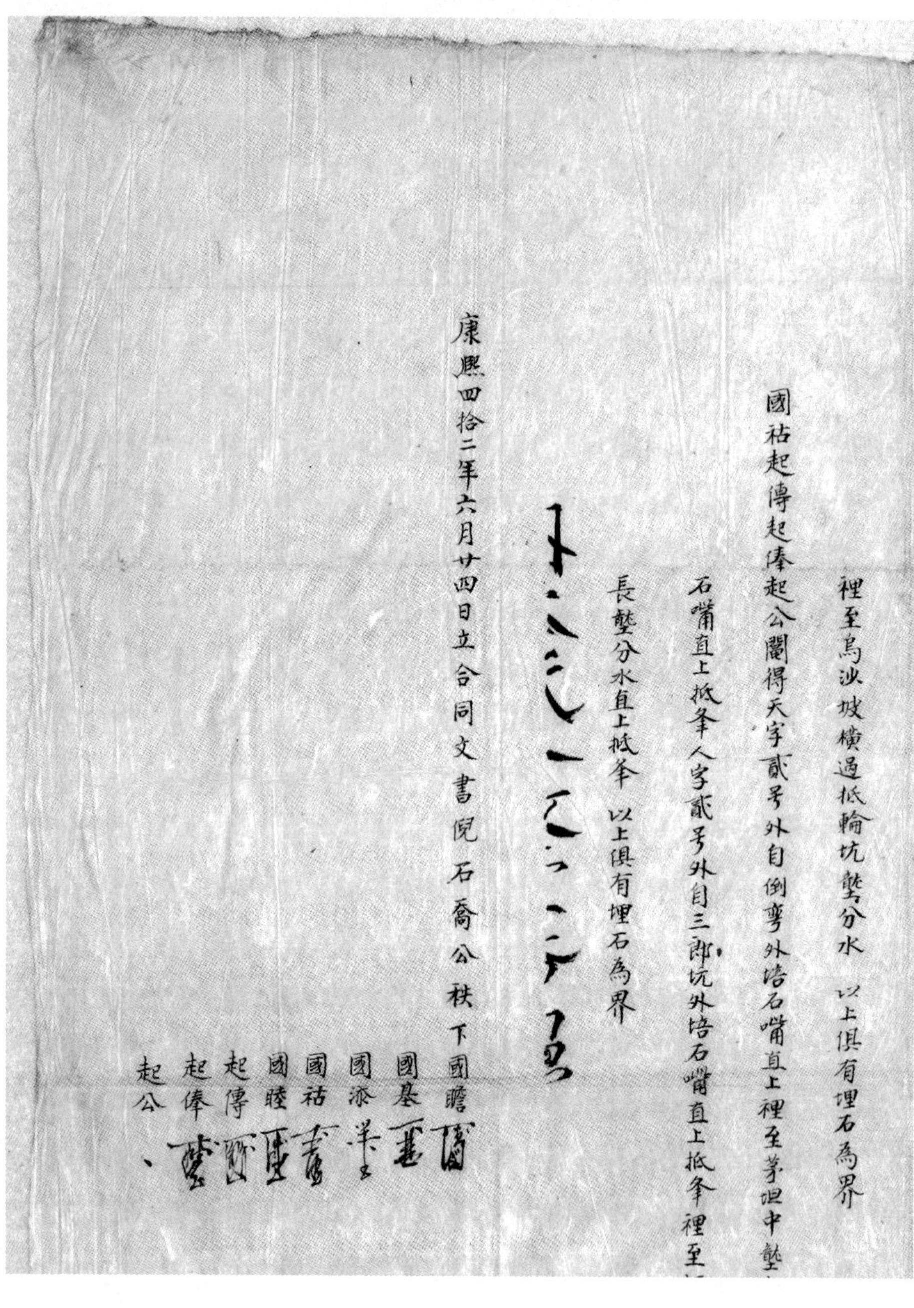

裡至烏沙坡横過抵輪坑墪分水　以上俱有埋石為界
國祜起傳起俸起公鬮得天字貳号外自倒𡋾外墖石嘴直上裡至茅吧中墪
石嘴直上抵夆人字貳号外自三郎坑外墖石嘴直上抵夆裡至
長墪分水直上抵夆　以上俱有埋石為界

康熙四拾二年六月廿四日立合同文書倪石喬公秩下國瞻
國基
國添
國祜
國睦
起傳
起俸
起公

（二）上

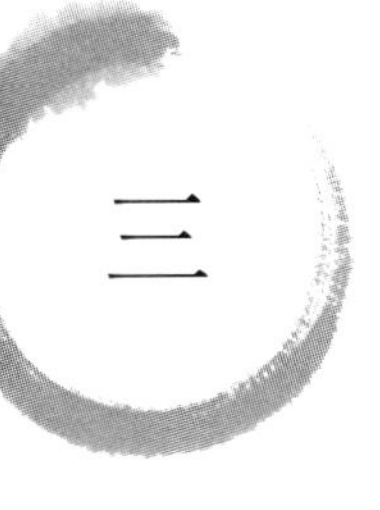

中塋直上抵夆地字貳号外自黃土坑外培長塋分水直上抵夆裡至山羊坑口
裡至柘峇頭大路分界和字叁号外自竹園塢田角石嘴直上抵夆裡至正塢

（二）下

三

清康熙四十三年正月某某縣吴阿傳立分單鬮書

立分單毋吴阿傳今因不幸先夫于康熙甲戌年去世今自愿憑親族將所遺
樓房屋壹所廚房四間並家伙什物俱是四股均分 所欠人㕥帳目各會等項因四子
年幼不能立事俱是叁股均認無得推委 所存候大坵田一業係坐毋處膳並衣衾
使費之用其錢粮四股均認于上房屋鬮定開列于後今恐無據立此鬮書四帋各執一
帋永遠存照以後不得爭論如有執拗者以不肖論之
長房 鬮定東边前步上下樓房兩間 廚房外边東首壹半
弍房 鬮定西边前步上下樓房兩間其西边樓上過厢係貼婚娶之費 廚房東边裡首一間
叁房 鬮定東边後步上下樓房兩間其樓上照壁後係貼婚娶之費 廚房東边第弍間
肆房 鬮定西边後步上下樓房兩間其西边樓下前步過厢係貼婚娶之費 廚房東首外边一半
所存後坑田二坵存與長孫掌管 所存八仙棹橙鉄耙衣葛存衆用
所存厠所衆㕥鬮定新屋墻外文彬佛光鬮定扶大坵田埕上文賢鬮定祖屋西边第弍處
一欠吴慎老並子文足共本拾兩坐上村橋头田叁小坵抵还

（一）

一欠 程世珍票本紋陸兩其利言定每年交乾谷壹石伍斗其本利俱是三人均認不致短少
一欠 細老哥本銀壹兩叁錢 三人均認
一欠 雅瞻叔谷本柒石本利 二人均認
其会銀並令碎帳目俱是三人均認無得推委
一欠 黄君傑兄会谷壹石叁斗八升本利 三人均認
一欠 福叔店帳係長手召还

康熙肆拾叁年 端月 拾伍 日立鬮書 母吴阿傅（押） 母男傅禎瑞（押）
房長吴季虞（押） 房伯吴雲章（押）
房兄吴瑞伍（押） 親人黄君傑（押）
表兄程季玉（十） 代筆 程世珍（押）

（二）

立分單毋吳阿傅今因不幸先夫于康熙四十弍年去世今自愿憑親族將所遺
楼房屋壹所厨房四間並家伙什物俱是四股均分所欠人額帳目谷會等項因四子
年幼不能立事俱是叁股均認無得推委所存張大坵田一業係坐毋養膳並衣衾
從費之用其錢粮四股均認于上房屋鬮定開列于後今恐無憑立此鬮書四紙各執一
紙永遠存照以後不得争論如有執拗者以不肖論之

長房 鬮定東边前步上下楼房兩間 厨房外边東首壹半

弍房 鬮定西边前步上下楼房兩間其西边楼上過厢係貼婚娶之費厨房東边裡首一間

叁房 鬮定東边後步上下楼房兩間其楼上照壁後係貼婚娶之費厨房東边第弍間

肆房 鬮定西边後步上下楼房兩間其西边楼下前步過厢係貼婚娶之費厨房東首外边一半

所存後坑田二甽存与長孫掌管 所存八仙棹櫈鉄爬衣剪存衆用

所存貝一所衆以定新屋後边墻外之地佛光鬮定張大坵田埕上之費鬮定裡屋西边第弍隻

一欠吳慎老並子文兄共本拾兩坐上村橋头田叁小坵抵还

（一）

三

清康熙四十三年正月某某縣吳阿傅立分單鬮書附康熙四十八年二月因二房身故重鬮再批

一欠程世珍票本紋陸兩其利言定每年交乾谷壹石伍斗其本利俱是三人均認不致短少

一欠細老哥本銀壹兩叁錢　三人均認

一欠黃君傑兄会谷壹石叁斗八升本利三人均認

一欠雅騰叔谷本柒石本利三人均認

其会銀并会碎帳目俱是三人均認無得推委

一欠福叔店帳係長子召還

康熙肆拾叁年端月拾伍日立鬮書母吳阿傅○　母舅傅禎瑞（押）

房長吳季廣（押）　房伯吳雲章（押）

房兄吳瑞伍（押）　親人黃君傑（押）

表兄程季玉十　代筆程世珍（押）

因弍房于康熙四十陸年九月不幸身故今四十八年貳月內會重抱親族友鬮定

長房鬮定東边前步上下樓房弍間并過厢上下兩間

叁房鬮定西边前步上下樓房弍間并過厢上下兩間

肆房鬮定後進上下東西樓房肆間

其上下照壁并樓廳下堂前公同出入　程世珍執筆再批（押）

（二）

清康熙四十五年六月某某縣汪振祖等立鬮分房屋園地竹山議約合文

立議約合文父汪振祖且喜貳子均皆成立婚娶自思年邁將分下房屋園地竹山編為忠恕貳字號眼同均搭以便長養管業承　父摽分房貳
間現住為定已買嘉貞房貳間辈兄振魁房壹間兆輅管業辈嘉貞房壹間兆軾管業承　父摽分東邊祿公竹山壹號對半均分埋石為界裡邊
為忠字號東至降行路西至田及地南至恕字號山埋石為界北至轉角抵振琳買兆龍兆鳳山直上至降外邊為恕字號東至降行路西至脚下稅地及田南
至可通叔山北至忠字號山埋石直上至降　又石堨上合彎兩嘴相對外邊為忠字號東至尚衛侄山西至恕字號山埋石直上至降南北會面至降裡邊為恕
字號東至忠字號山埋石直上至降西至椂塢培南北會面至降　又栗山拖分山壹单　裡邊為忠字號東至恕字號山埋石直上至降西至侄山南地北降外邊為恕
字號東至侄山西至忠字號山南至地北至降　又栗山外石培與侄對半相共兄弟各得四股之壹　又石堨下南培、金業山壹单　東至五房山拖溝為界　西至石堨
上南降北地又承　父摽分倉坵園地壹塊辈嘉貞地壹塊為忠字號西邊至路為恕字號東塢高園地壹单　裡邊為忠字號外邊為恕字號低地外邊為
忠字號裡邊為恕字號竹山稅地伍拾[illegible]步裡邊為忠字號外邊為恕字號前地四號中間開溝為界以上房屋倉竹山園地眼同均分命貳子各管各業嗣後不
得混爭強佔如違聽自執文以不孝論今欲有憑立此議約壹樣貳紙各收壹紙永遠存照

再五房山壹单本身承常公分籍又買朗公佐叔祖分籍　又前山朝山梅樹塢木爪彎自梅樹塢起至苦竹坑扁[illegible]上邊行路止本身該四股之壹各得八股之壹照

再低石堨上大松木壹根東邊竹山大松木叁根均存公用再柿樹栗樹不在分內貳人均共此照　再東邊牛坪上坦壹塊現養木竹二人均共又高坦上坦壹塊水竹園坦壹塊二人均共照

兆輅拖得忠字號東邊祿公山裡邊石堨上山外邊栗山裡邊口地東塢口辈嘉貞地東塢高[illegible]裡邊低坡外邊東竹山地裡邊存照

兆軾拖得恕字號東邊祿公山外邊石堨上山裡邊栗山上外邊園地東塢口辈路西邊高坡外邊低坡裡邊東竹山兜外邊存照

合文壹樣貳紙各收壹紙存照

康熙四拾五年六月拾玖日立議約合文父汪振祖（押）

男　兆輅（押）
　　兆軾（押）

中見侄　尚衛

族見　未(?)高王

（全圖）

立議約合文父汪振祖且喜貳子均皆成立婚娶自思年邁將分下房屋園
間現住為定已買嘉貞房貳間靠兄振甦房壹間兆輅管業靠嘉貞房壹
為忠字號東至降行路西至田及地南至恕字號山埋石為界北至轉角抵振
至可通叔山北至忠字號山埋石直上至降又石堦上合墻兩嘴相對外邊為忠
字號東至忠字號山埋石直上至降西至榛塢培南北會面至降又栗山掩分山壹
字號山東至侄山西至忠字號山南至地北至降又栗山外石培與侄對半相共兄弟
上南降北地又承　父摽分倉坵園地壹塊靠嘉貞地壹塊為忠字號西邊至路為
忠字號裡邊為恕字號竹山稅地伍拾[illegible]步裡邊為忠字號外邊為恕字號前地
得混爭強佔如違聽自執文以不孝論今欲有憑立此議約壹樣貳紙各收壹紙
再五房山壹單本身承常公分籍又買朋公佐叔祖分籍　又
再批石堦上大松木壹根東邊竹山大松木柒根均存公用再柿樹栗樹不在

（一）上

房屋園地竹山編為忠恕貳字號眼同均搭以便長養管業承　父摽分房貳
員房壹間兆軾管業承　父摽分東邊禄公竹山壹號對半均分埋石為界裡邊
房抵振琳買兆龍兆鳳山直上至降外邊為恕字號東至降行路西至脚下稅地[及田]南
邊為忠字號東至尚衛侄山西至恕字號山埋石直上至降南北會面至降裡邊為恕
分山壹单裡邊為忠字號東至恕字號山埋石直上至降西至侄山南地北降外邊為恕
共兄弟各得四股之壹又石堈下南培全業山壹单東至五房山拕溝為界西至石堈
至路為恕字號東塢高園地壹单裡邊為忠字號外邊為恕字號低地外邊為
號前地四號中間開溝為界以上房屋倉竹山園地眼同均分命貳子各管各業鬮後不
壹紙永遠存照。
又前山朝山梅樹塢木瓜塆自梅樹塢起至苦竹坑嶺𡸁上邊行路止本身該四股之壹各得八股之壹照
木樹不在分內貳人均共照　再東邊牛畔上坦壹塊現養水竹二人均共又高坦上坦壹塊水竹園坦一弍塊二人均共照

（一）下

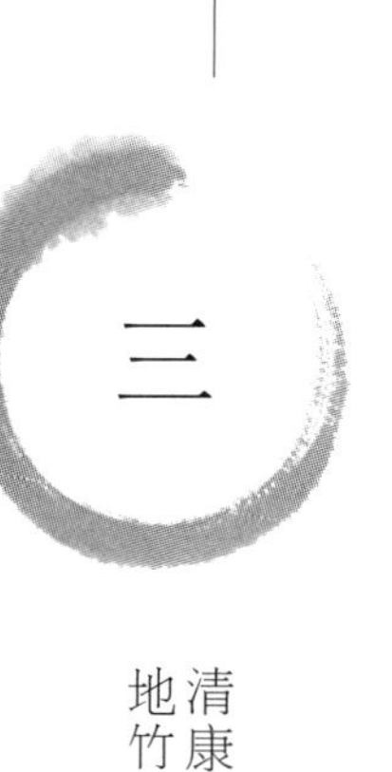

再批石堋上大松木壹根東邊竹山大松木柒根均存公用 再栢樹栗樹不在

兆輅拈得忠字號東邊祿公山裡邊石堋上山外邊粟山裡邊园地東塢口靠嘉貞地

兆軾拈得恕字號東邊祿公山外邊石堋上山裡邊粟山上外邊園地東塢口靠路西

合文壹樣貳紙各收壹紙存照

康熙四拾五年六月拾玖日立議約合文 文

男

中見

族見

（二）上

栗樹不在分內貳人均共[illegible]照 再東邊牛畔上坦壹塊現養水竹二人均共又高坦上坦壹塊水竹園坦弍塊二人均共照

[illegible]嘉貞地東嶋高坎東嶋裡裡邊低坡外邊東竹山地裡邊存照

[illegible]口靠路西邊高坡外邊低坡裡邊東竹山地外邊存照

[illegible]字爲照

立文汪振祖

男 兆輅

兆軾

中見侄 尚衛

族見 未 高玉

（二）下

三

清康熙四十五年六月某某縣汪振祖等立鬮分房屋園地竹山議約合文

立議約合文父汪振祖且喜貳子均皆成立婚娶自思年邁將分下房屋園地竹山編為忠恕貳字號眼同均搭以便長養管業承　父標分房貳
間現住為定已買嘉貞房貳間靠兄振魁房壹間兆輅管業靠嘉貞房壹間兆軾管業承　父標分東邊祿公竹山壹號對半均分埋石為界裡邊
為忠字號東至降行路西至田及地南至恕字號山埋石為界北至轉角抵振琳買兆龍兆鳳山直上至降外邊為恕字號東至降行路西至腳下稅地南
至可通叔山北至忠字號山埋石直上至降又石堌上合塆兩嘴相對外邊為忠字號東至尚衛侄山西至恕字號山埋石直上至降南北會面至降裡邊為恕
字號東至忠字號山埋石直上至降西至棕塢培南北會面至降又栗山掩分山壹單裡邊為忠字號東至恕字號山埋石直上至降西至侄山南地北降外邊為恕
字號東至侄山西至忠字號山南至地北至降又栗山外石培與侄對半相共兄弟各得四股之壹又石堌下南培全業山壹單東至五房山抗溝為界西至石堌
上南降北地又承　父標分倉圾園地壹塊靠嘉貞地壹塊為忠字號西邊至路為恕字號東塢高園地壹單裡邊為忠字號外邊為恕字號低地外邊為
忠字號裡邊為恕字號竹山稅地伍拾肆步裡邊為忠字號外邊為恕字號前地四號中間開溝為界以上房屋倉竹山園地眼同均分命貳子各管各業嗣後不
得混爭強佔如違聽自執文以不孝論今欲有憑立此議約壹樣貳紙各收壹紙永遠存照

再五房山壹單本身承常公分籍又買朗公佐叔祖分籍　又前山朝山梅樹塢木瓜塆自梅樹塢起至苦竹坑嶺發土邊竹路止本身該四股之壹兄弟各八股之壹

再批石堌上大松木壹根東邊竹山大松木柒根均存公用再柿樹栗樹不在分內貳人均共照再東邊井畔上坦壹塊塊[illegible]水竹二人均共又高坦上坦壹塊水竹園地貳塊二人均共照

兆輅掩得忠字號東邊裡邊竹山石堌上貼尚衛山栗山裡邊靠尚衛山東塢口園地靠貞地東塢高坂裡邊低坂外邊竹山裡邊地存照
兆軾掩得恕字號東邊竹山外邊石堌上裡邊栗山外邊東塢口園地靠路東塢高坂外邊低坂裡邊東邊竹山園地外邊存照

（一）

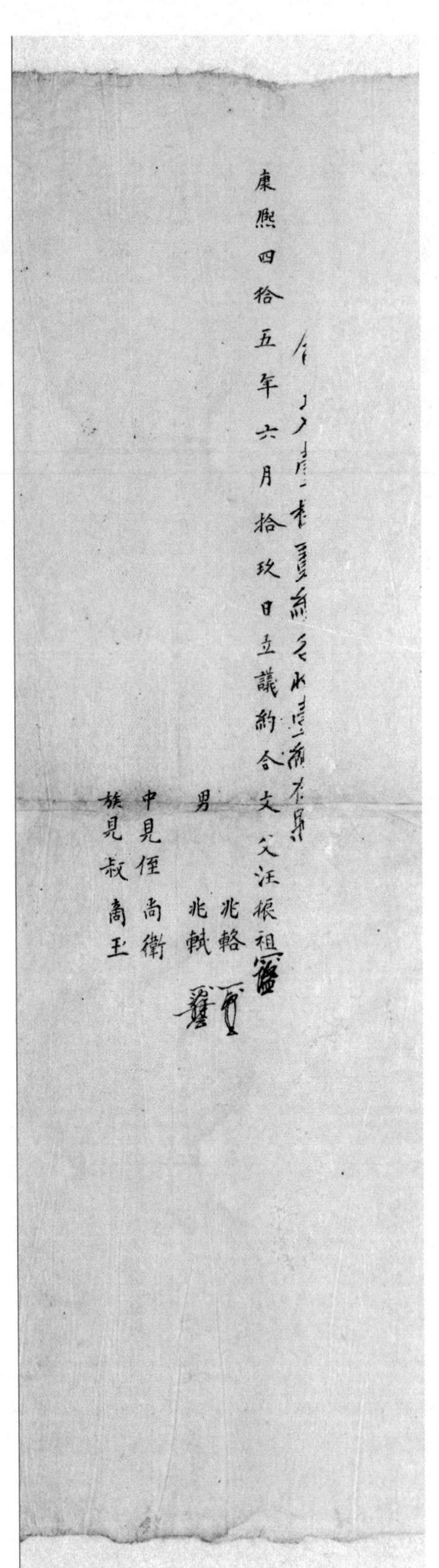

康熙四拾五年六月拾玖日立議約合文　父汪振祖（押）

男　兆輅（押）

兆軾（押）

中見侄　尚衛

族見叔　高玉

（二）

三

清康熙五十三年十月某某縣某姓光序等立分田產屋宇等合同分單文約

立合同分單文約光序光康光庸原承祖父產業父在之日已四叉分撥管理立有鬮書後後全弟康庸同心協力辛勤置有田租併山地碓新造屋宇今因人口浩繁難以統理是以眼同嘀議托中將所置田產及新建屋宇兄弟義遜聽自卜吉居住其田畝另自相分各自管業所有土坑生意仍議同心共事東入毋得生心容私務期廣大自立分單之後子子孫孫永遠遵守毋得違文生議如有違文等情准不孝論今欲有憑立此合同文約三紙存炤

一新屋前重併餘屋二間買受光定地五十七卜有零　丁村上所碓陸枝　光序得

地字單田租係後置一單　買受焯兄茶園

一新屋後重併餘屋二間客廳一間老屋半重橫屋叁間併廚房正屋前基地　光康
光庸得

号東岸高平地六十乙步　又買受棋傳下宅塢地併山一塊

天字單係坑置田租一單　丁村下所碓捌枝　光庸鬮得

人字單係坑置田租一單　毛山碓五枝　外貼捲硝頭租九秤拾斤　光康鬮得

（一）

清康熙五十三年十月某某縣某姓光序等立分田產屋宇等合同分單文約

一　園地　下宅塢水碓序　度康庸均
　　　　　三家园新置　序康庸均

一　搭新置土保土名砂培租柒拜十五斤　扒直正公祀

一　杉樹並典碓價叁拾兩有零　衆存公用

康熙五十三年十月二十二日　立合同分單文約　光序
　　　　　　　　　　　　　　　　　　　　　光康
　　　　　　　　　　　　　　　　　　　　　光庸

中見族　弟應奎
　　　　侄邦哲
　　　　弟光度
　　　　侄棋尊

代筆　弟光泰

（二）

三

清雍正十一年十一月（休寧縣）程應升等立清分財產合墨

立合墨程應升應豐為有故父所遺房屋憑衆清理以杜後患事緣父生兄弟四人長應泰次應升三應豐四應益故父存日親拈鬮遠曾代立房產分單二本未合父意後于康熙五十四年　月父病危篤將所遺房屋自立親筆扒單付次子應升收執將南首大樓屋五間併前後灶樓扒與長子應泰為業將北首樓屋三間併灶屋一帶扒與次子應升為業將承芳堂北首房兩間併灶屋五間扒與三子為業承芳堂南首房兩間併平屋三間屋前餘地一片扒與四子應益為業其廳堂正間併间渠軒〻存管業應豐自幼出外應益年幼其豐益之業命泰升二人代管不料父親即於本年物故家務長兄掌管事業日漸蕭條後長兄病故家道益加敗壞口食不週故長嫂陳氏仝姪昌治温將所扒大樓屋盡行變賣迁居高山應升繼將所扒樓屋变易他人應豐自幼出外音信杳然踪跡莫知應益將所扒之業契歸應升名下應升謀生乏術日久囊空難於撑持致將所扒應豐承芳堂房屋及正間分法于雍正　年一併出賣與公鑒伯為業淂受價銀肆拾柒兩伍錢是實今雍正十一年冬應豐忽帶家小帰里素手無以安身央衆向應升理論應升無辭以對自愿將〻存间渠四股之一分法併買應益四股之一分法合淂一半作時值價銀叁拾貳兩伍錢又銀拾伍兩共湊足原價肆拾柒兩五錢憑衆償還應豐應豐既已收足原價並無異說所有未上扒單等處餘地因歷年錢粮門户獨升一人撑持或經變賣應用或泰兄賣過除已

（一）

賣出者，憑衆議不計，今將現存间渠軒右首園地一片，約計壹百步有零，與應豐晉業，以償賣過股數分清。其塘邊園地，併蒜坑口菜園地兩塅，仍與應升晉業。所存古栗樹一株，併洋茶花三株，仍舊公存。日後錢粮门户公貯，各無推諉。此係兩相情愿，憑衆立合墨貳張，各執一張，永遠存照。

其栗樹壹株，憑衆與應豐為業，又照。

雍正十一年十一月　日立合墨程應升

程應豐

憑親弟程應益

親姪程昌治

昌温

堂叔程兆仕

堂兄程象六

憑見立程錦章

程子盛

程永誉

程公旦

程有章

程竹宜

保長

程于成

合墨貳長各執壹長存照

清乾隆十四年某某縣某姓拱豪等立分配山木船料價銀分單

（全圖）

清乾隆十四年某某縣某姓拱豪等立分配山木船料價銀分單

乾隆拾肆年砍斫五保陳坦株木四根老松木貳根杉木衆用作價銀叁拾叁兩又……

俱係付尚義做造浚進祖宗堂其山照五十三年分單派列于后

周隆公得三之一　該銀三十四兩三分

時通達公得一半　該銀十七兩一錢五分

短兄弟得四之三　光界叔侄八之一

内拱侍得一半　光庸得　拱特得四之一　拱时得　鄭輌得四之一　正祀得

時中公祀四之一　該艮八兩五錢七分

光翰兄弟八之

有煒得一半　該艮四兩貳錢八分

拱儒得四之一　該艮貳兩一錢四分三厘

短兄弟得四之一　該艮貳兩一錢四分三厘

拱特得四之一　拱時得

拱侍得一半　庸得

鄭輌得四之一　正祀得

時和公得四之一　該艮八兩五錢七分

光翰兄弟得一半　又得通達貳兩一錢三分　共六兩四錢八分

光界叔侄得一半　又得通達貳兩一錢三分　共六兩四錢八分

周文公得三之一　該艮叁拾肆兩叁分

時言公　該艮拾壹兩肆錢三分　又得時行十七兩一錢五分

守正公得三之一　賣與序康　序得艮九兩五錢二分

（一）上

清乾隆十四年某某縣某姓拱豪等立分配山木船料價銀分單

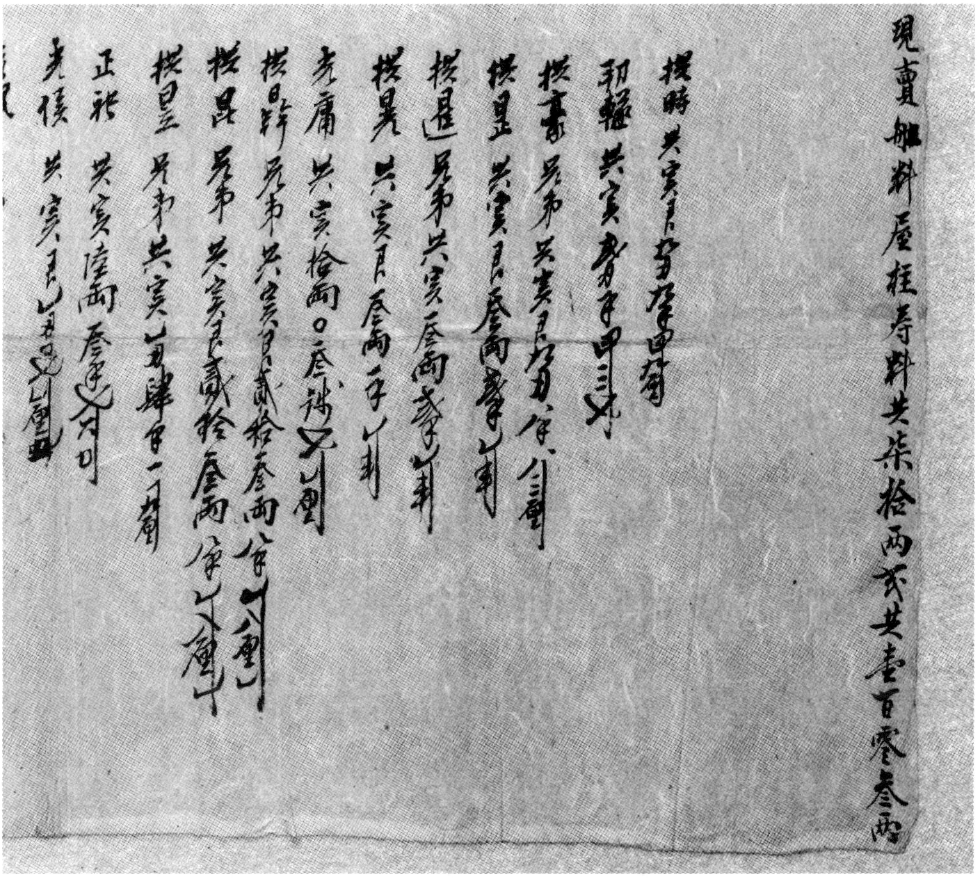

現賣船料屋柱等料共柒拾兩弍共壹百零叁兩
拱時 共實艮[illegible]
邦耀 共實[illegible]
拱豪 兄弟 共實艮[illegible]
拱昱 共實艮叁兩[illegible]
拱進 兄弟共實艮叁兩[illegible]
拱昊 共實艮叁兩[illegible]
光庸 共實拾兩〇叁錢[illegible]
拱時 兄弟共實艮貳拾叁兩[illegible]
拱昆 兄弟 共實艮貳拾叁兩[illegible]
拱星 兄弟共實[illegible]
正新 共實陸兩叁[illegible]
光儀 共實艮[illegible]

（一）下

（二）上

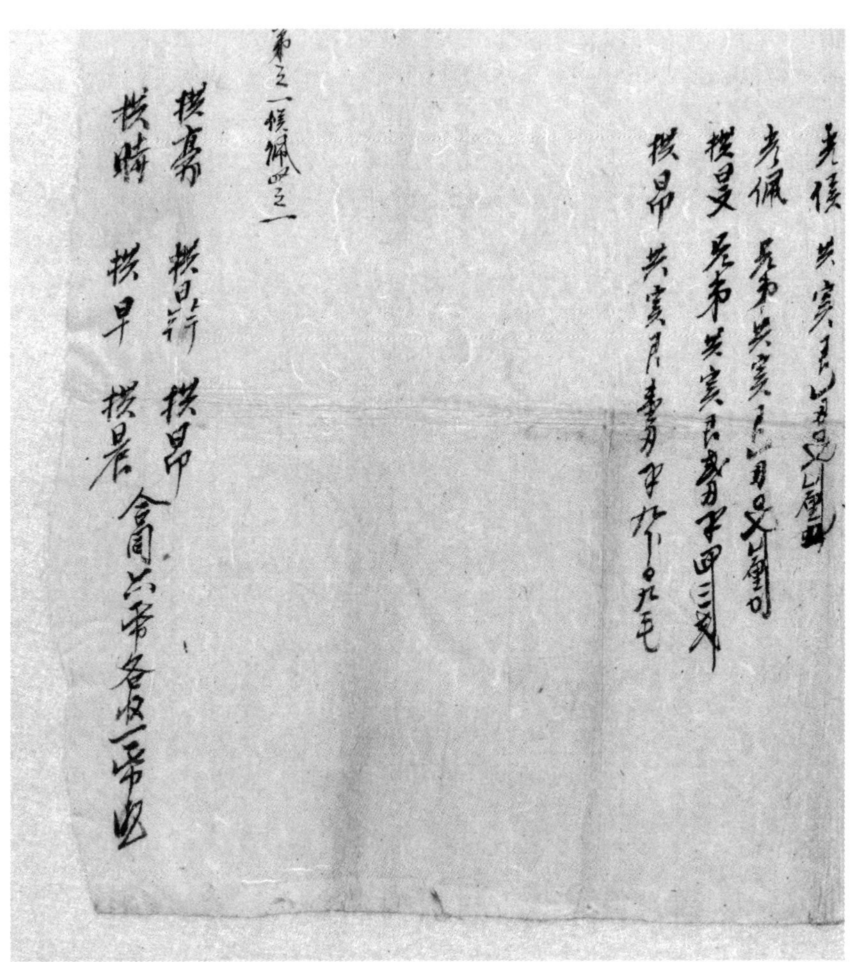

（二）下

三

清乾隆二十二年七月〔祁門縣〕〔徐〕士書等立議鬮分家産清白合文

（全圖）

三

清乾隆二十二年七月〔祁門縣〕〔徐〕士書等立議鬮分家產清白合文

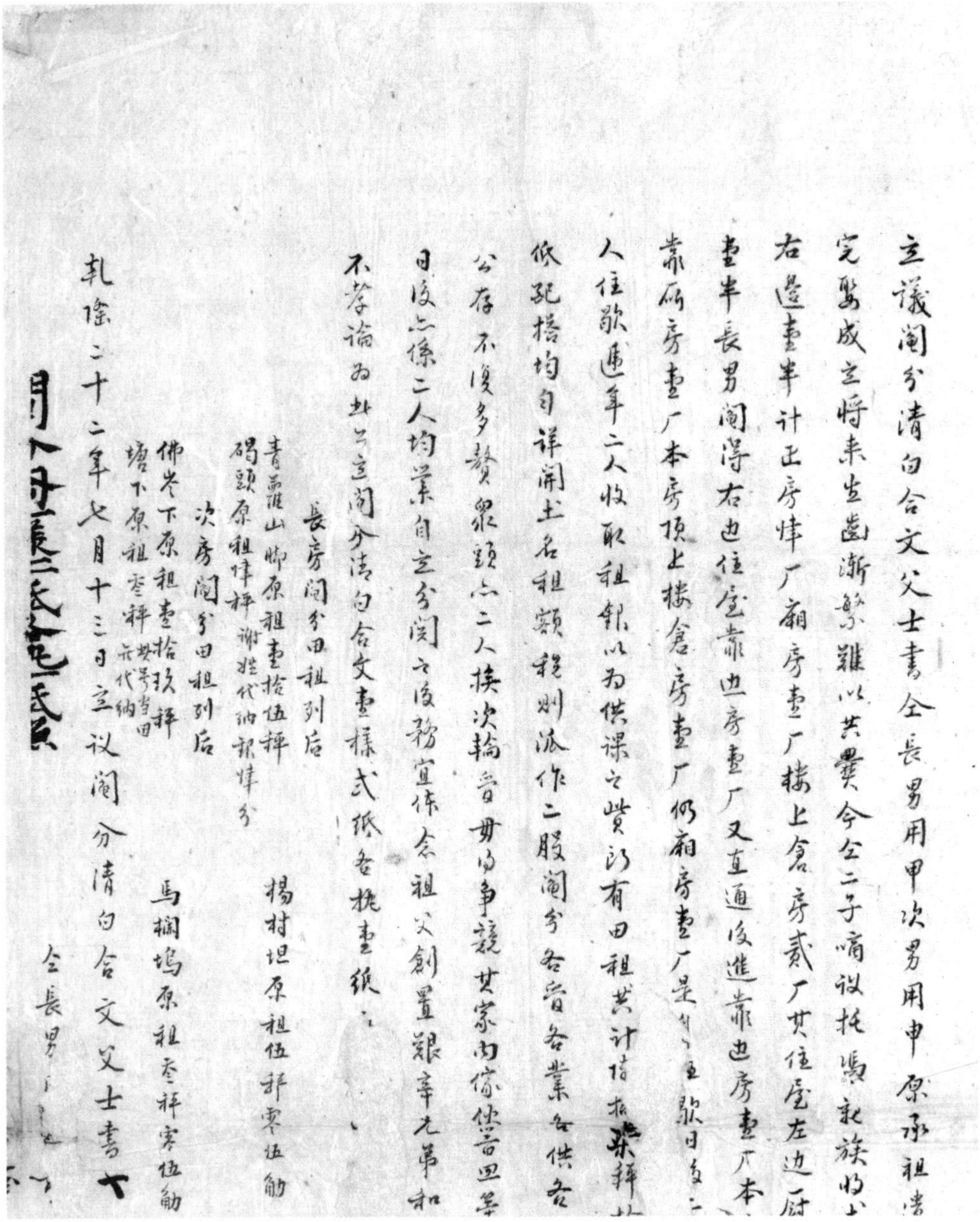
立議鬮分清白合文父士書仝長男用甲次男用申原承祖遺
完聚成立將來生齒漸繁難以共爨今仝二子嘀議托憑親族將上
右邊壹半計正房肆厂廂房壹厂樓上倉房貳厂其住屋左边厨
壹半長男鬮得右边住屋靠也房壹厂又直通後進靠也房壹厂本
靠厨房壹厂本房頂上樓倉房壹厂仍廂房壹厂是[illegible]歇日后二
人住歇逓年二人收取租穀以為供課之費所有田租共計拾柒秤
依照搭均自詳開土名租額種則派作二股鬮分各管各業各供各
公存不復多贅眾頭之二人挨次輪管毋得爭競其家內[illegible]四等
日后之係二人均業自立分鬮之后務宜体念祖父創置艱辛兄弟和
不孝論為此立鬮分清白合文壹樣式紙各執壹紙。

長房鬮分田租列后
青羅山脚原租壹拾伍秤
硐頭原租肆秤謝姓代納租肆分
楊村坦原租伍秤零伍觔

次房鬮分田租列后
佛光下原租壹拾玖秤
塘下原租叁秤其乎号當田亓代納
馬搁塢原租叁秤零伍觔

乾隆二十二年七月十三日立议鬮分清白合文父士書十
仝長男[illegible]

[illegible]

（一）上

三

清乾隆二十二年七月〔祁門縣〕〔徐〕士書等立議鬮分家產清白合文

承祖遺有土庫住屋基地併續置田租等項因室人早喪生有二子俱各

托族將土庫住屋壹重計兩進與二兄士琦相共本身分籍樓上樓下該得

左边厨屋厕所及前後出入通行路地俱与兄琦相共本身分籍亦該得

壹厂本房頂上楼倉房壹厂次男閏得右边住屋厨所房壹厂又直通後進

日后二人均業本家巷口小土庫楼屋壹重計兩進與再侄行模共業

柒秤拾觔除内扒土名鴨児坵原租拾陸秤津貼長孫行相晉業

各供各税至大衆公共田產及身兄弟四人相共田地山塢等項俱各照股分

四等均分照二股均分仍有嫁娶花樁壹宗是身存留收取花利以應用

兄弟和睦各安生業立志向上共圖昌大不得偏听反覆致滋異說違者准

以

零伍觔　鴨児坵原租壹拾陸秤　共分貼長孫田　計税叁畝伍分該票銀叁錢叁分叁毛

零伍觔　方坑源原租弍秤　計税貳畝

書

（一）下

（二）上

（二）下

三

清乾隆廿四年三月某某縣黄時禮等立鬮分產業屋宇傢伙等分鬮合同文約

立分閲合同文約人黄特禮等痛思父母止生子兄弟四人，三弟出继與叔廷槐名下爲嗣。不幸父先故，母親年老，身等兄弟嘀議，托凭親族將父遺産業、屋宇、家伙等項品作天、地、人三長，拈閹爲定。日後各管各業，無得生端異言。自立分閲之後，各宜遵守，如有違文異言者，所自執文鳴公理論。今欲有凭，立此合同一樣三本，各收一紙，永遠存照。

天字號閹得東边房乙間

地字號閹得中房乙間

人字號閹得西边房乙間

乾隆廿四年三月廿四日立分閲合同文約人黄特禮（押）

特智（押）

特泰（押）

（一）

中見族 啟朋 押
親叔廷槐 押 廷進 押
玉才 押
文興 押
親陳士昇 書

計開田皮茶科地坦註單于後
張禾坑田皮三畝 田冲塢田皮七分
深公塢田皮壹畝肆分 彭家旁田皮陸分
牛宅里田皮陸分 花园裡茶科下截
牛角旁口坦壹塊又旁上外壹截併茶科在内
面批正屋後重房間各壹間，該有前重正屋，并屋牛欄厠，該併買受光揮
培屋山間併空地衆存，日後以作三股均分無詞
原父該存土名雜楓科塢大租壹秤，又號淺塢平祖壹秤
又號青山林里田皮三分，前田三號遵貼幼子時泰位下，壹業無詞。面批
再批土名舍基冬降上坦三片併茶科，遵貼長孫春九名下為業，無詞。又批

（二）

三

清乾隆二十四年十一月某某縣某姓光珅立分單星字紙附乾隆三十四年七月鬮補天字號乾隆三十六年四月鬮分天字號

立分单光珅生有三子昭霞昭電昭雷今將已買受實租土名開列于后其田眼仝品搭均明分
爲日月星三條此係星字條號各鬮一條照依管業毋致異後相競變賣他人鬮分立後違者準
不孝論况此存照

再批各執租課一部永遠爲照違者準不孝懲治

乾隆二十四年十一月二十日立分單父光珅押

男 昭電押
昭霞押
昭雷押

霞鬮分得

一號安八塢兩秤
一號墻下二秤
一號南牛坑六秤
一號湖塢八秤

一號棗木塢十四秤（合三秤）
一號麻查山四秤
一號汪三塢口九秤
一號三角塢六秤（合二秤）

一號楮毋塢五秤（本秧坵五秤抵換楮毋坵八秤）
一號門前二秤
一號長塢六秤
一號曲尺塢六秤

一號上元下塢六秤
一號鳴腳木塢九秤
一號湖蜜裡二秤
一號李家門前五秤

一號汪坑兩秤
一號石圍塢五秤
一號早田塢三秤
一號長塢六秤

（一）

三

清乾隆二十四年十一月某某縣某姓光珅立分單星字紙附乾隆三十四年七月鬮補天字號乾隆三十六年四月鬮分天字號

外一號苗泥坵六秤 昭霞收

乾隆三十四年七月十五鬮補租数列后天字號

一號鮑林段五秤　一號董四五口十陸秤　一號羅家培四秤五斤　一號曲尺坵六秤 小名二秤半　一號王七塢七秤

一號胡珠塘六秤　一號葫芦坵一秤一斤　一號高旺塢三秤七斤　一號奴坑口二秤六斤　一號官路下五秤

一號九十里二秤六斤　一號風月橋十五秤 小名八斤　一號沙坵六秤八斤。八拾二兩　一號湖坵兩秤　以上三十五行

乾隆三十六年四月二十日鬮分昭霞天字號田

一號宗家壟十六秤　一號朱毋坵十二秤　一號上横坵十四秤 小名全人字共　一號項家塢六秤 小名二秤　一號合塢口十一秤 信美半處

一號下大坵十三秤　一號四毋坵八秤五斤　一號沙坵六秤八斤十二兩 信美全地字共　一號上六畝段八斤十二兩

（二）

清乾隆廿六年十月某某縣程阿潘氏立鬮書

（全圖）

三

清乾隆廿六年十月某某縣程阿潘氏立鬮書

立代書人程阿潘氏因夫亡故所生三子光

孫身托筆侄供出品搭房屋身批貼長孫屋后

長孫康宏住歇當參遵遺母囑其屋仍有屋

叁間照子均分拈鬮以定仍有餘屋在重房叁間各

爭弄毋得反悔如違仍自鳴官理治　準不孝論

計鬮天地人字号

再批所有歷管衖路俱係衆存照

天地号程遂還鬮得後重東边房右餘基西边房中间照

地字号程延遵鬮得新屋中间房右间又貼前重老

人字号程延邀鬮得前重老屋東边房右间餘屋

再批鍾

（一）上

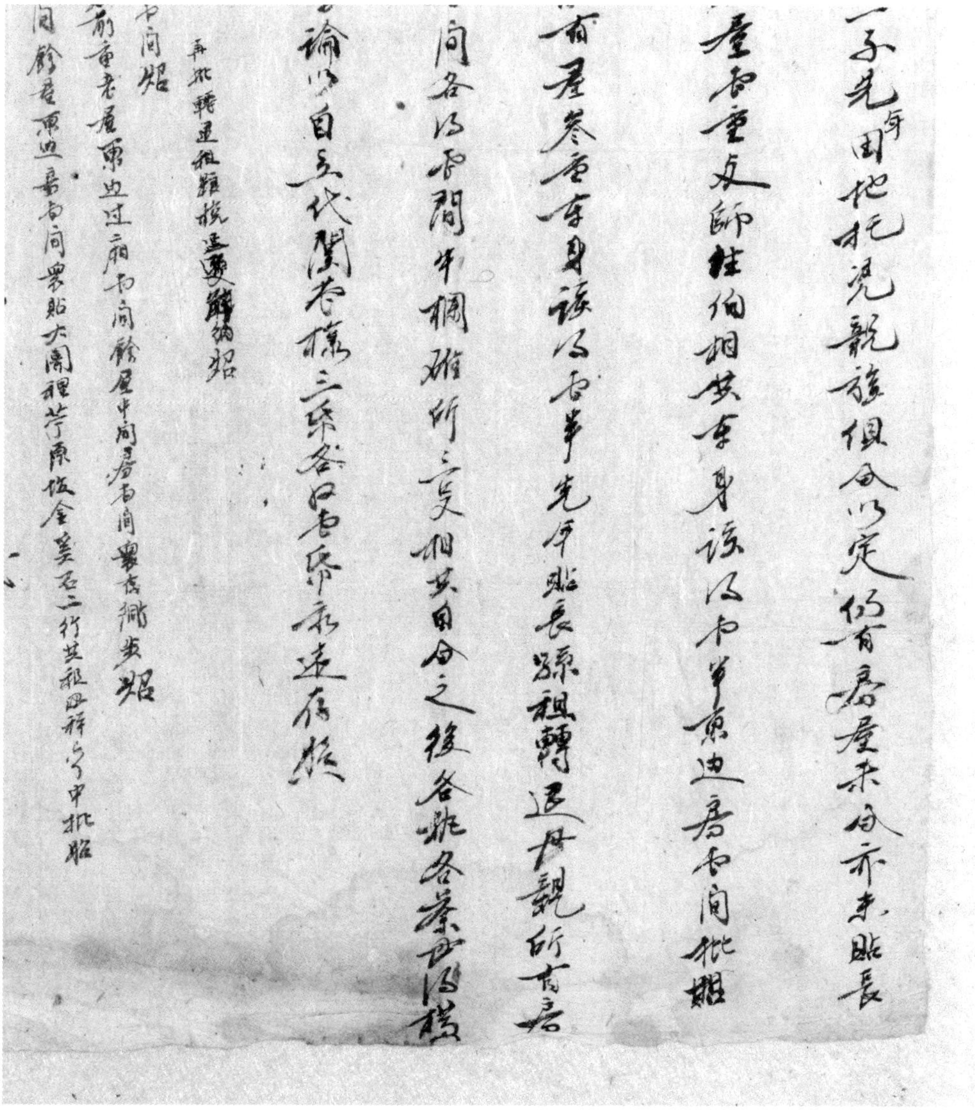

三

清乾隆廿六年十月某某縣程阿潘氏立鬮書

（一）下

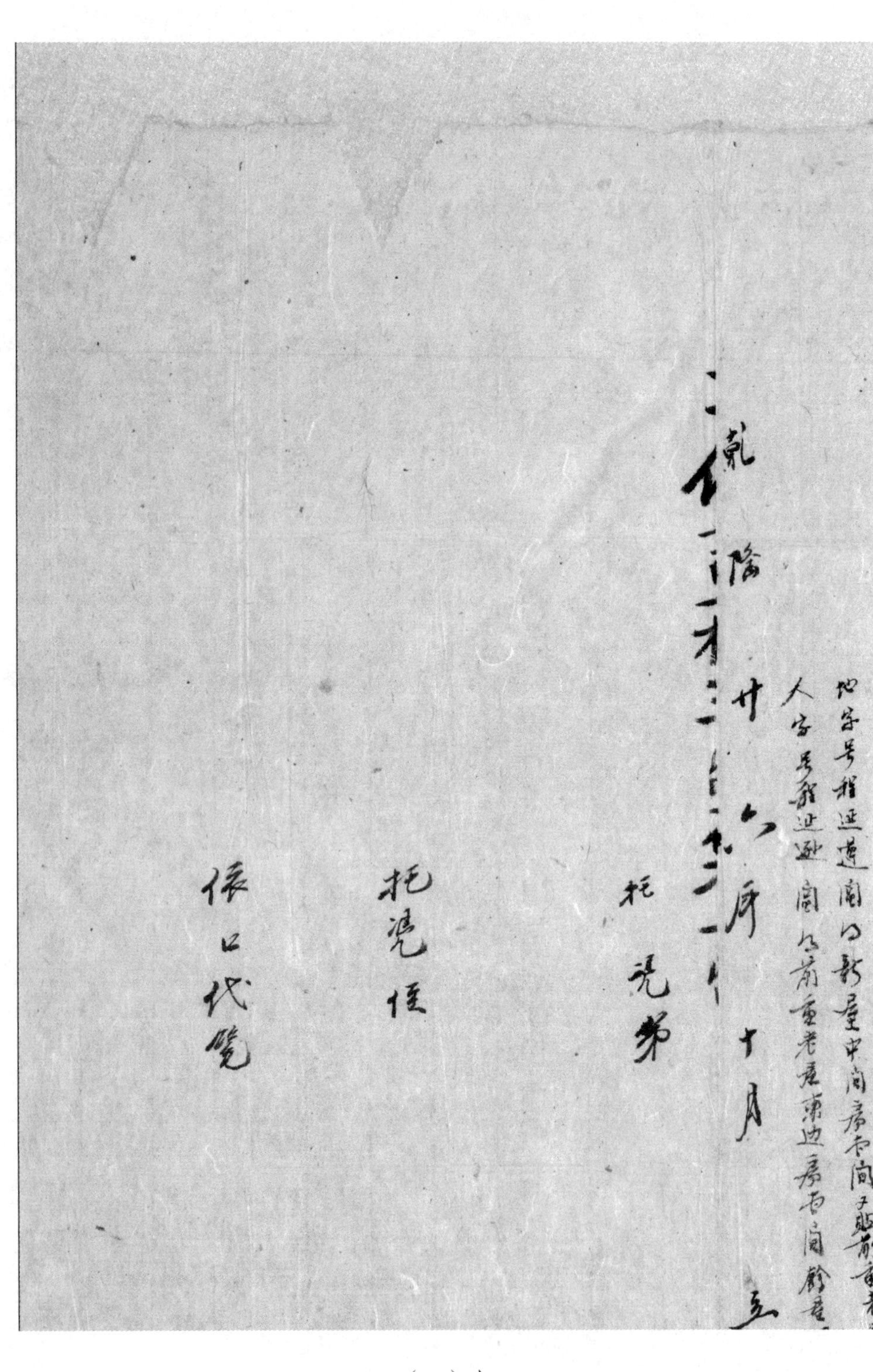

地字号程迎道鬮內新屋中間房壹間，又貼前重老

人字号程迎迦鬮內前重老屋東邊房壹間，餘屋

乾隆廿六年十月　立

托見弟

托見侄

依口代筆

（二）上

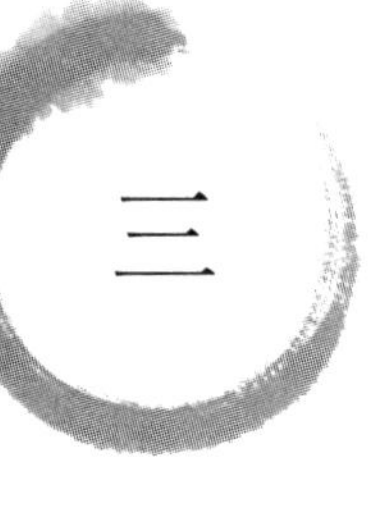

立鬮書人程阿潘氏

滿廷露

滿廷村

韜廣

韜洧

韜惟

（二）下

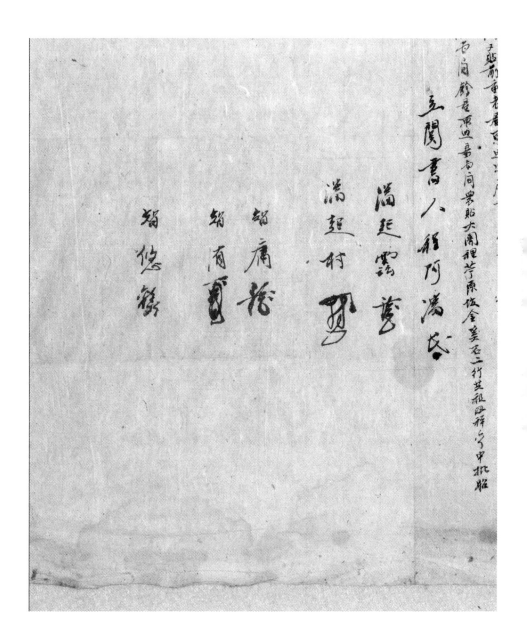

三

清乾隆二十九年十一月某某縣程師鈷立遺囑鬮書

立遺囑鬮書父程師鈷爲續前志以垂奕世事自思從幼艱辛侍常勤勞父母棄世遺余孑立朝晡纂壟以作糊口計幸得
保其祖業先娶吳氏不意故孟繼娶胡氏端靜貞淑積德惠持家有道內助多賢生子有四俱已受室而延師教育加以隆焉
內訓詳切致余隨得起家業置田產者多賴內相之功也今諸子各能自立余爲父之責始輕但亦知事欲息而心未厭于是
悔靜鼓姻將承祖併續置田地屋宇等項編爲仁義禮智字號照依四股品搭均分除予養老田租□□□秤整土名載後異
日以爲標祀其外付與四子均當嗟夫諸子欲繼前志當思創業惟艱充加勉力無墮前人之烈欲述父事更知守成不易又存
和氣愈振將來之緒所有稅糧門戶悉照四股支扒其津貼之租受者辭納今立遺囑鬮書四部各收壹部允我子子孫孫遵
而行之倘有造端悖父遺言者即准不孝義之論仍依此文爲據永遠存照
再批田租土名鋪廣塢口租弍秤又號揀樹坵租壹秤陸觔拾兩又號倉竹坑并前三共內取租五秤六斤又號四畝坵田坪租肆秤併前共租九秤
六斤貼長孫康寶收租照 其斗糊袁共擋撥迪邈二人相共其下東邊餘屋樓閣上下係造邈迪三叉均共 其新屋廳堂听各人賓客往
來支持毋得阻撓此照

延道位田祖屋宇閣左 閹分得新屋西邊正房壹間廂房壹間餘屋壹重內有碓磨眾共閹得何家坦菜園二閹壹所
一號土名塚林下原租捌秤 又號四畝坵原租壹拾弍秤 又號橫町樹坵原租伍秤 又號灰灶坵原租捌秤 又號上碓波原租玖秤
又號長坵原租叁秤拾弍斤 其橫町樹坵長塘弍號原租回四畝坵上碓波弍號內有客租四秤拾斤又因各位並谷有少將此弍號抵償

延造位田祖屋宇列左 閹分得香火堂前重西邊正房壹間廂房壹間何家坦菜園第三閹壹所
一號土名遠山坵原租叁拾弍秤 又號揀樹坵原租壹拾壹秤 又號圍田坑裡外號原租壹拾弍秤 又號裡杓柄坵原租肆秤
又號三分里原租叁秤 又號學園坵原租弍秤此行租因並分少谷將以抵償

延邈位田祖屋宇載左 閹分得新屋東邊正房壹間何家坦第四閹菜園壹所
一號土名外湖坵原租玖秤 又號大坵原租陸秤拾觔 又號葉家坵原租壹拾陸秤 又號施刀石原租叁秤

延迪位田祖屋宇派左 閹分得老屋前後東邊正房弍間何家坦第一閹菜園地壹塊
一號土名石盤坑原租拾秤 又號坦頭坵原租叁秤 又號外七分原租柒秤 又號裡湖坵原租伍秤 又號外杓柄坵原租四秤
又號路外園坵原租壹秤拾觔 又號高橫上原租捌秤 又號橫坵原租弍秤 又號路下原租叁秤拾叁觔客伍兩 又號學園坵原租
弍秤拾叁觔 又號下砂波四分里原租壹秤拾觔自橫坵以下四號回高橫上有客租五秤柒斤又外七分有客租捌斤並分少谷抵償
又號外杓柄坵皮田柴分貼房上修理之資

乾隆二十九年十一月　日立遺囑鬮書父程師鈷（押）
華男　延道（押）　延邈（押）　延造（押）　延迪（押）
族人　師鈺（押）　延述（押）

（全圖）

三

清乾隆二十九年十一月某某縣程師鈷立遺囑鬮書

（一）上

艱辛倍常勤劳父母棄世遺余子立朝晰暮鑿以作糊口計幸得
傢慈持家有道內助多賢生子有四俱已受室而延師教育加以隆焉
諸子各能自立余爲父之責始輕但亦知事欲息而心未灰于是
字號照依四股並搭均分除予養老田租壟里度号拾秤整土名載後畀
思創業惟艱猶加勉力無隳前人之烈欲述父事更知守成不易又存
汗貽之祖受者鮮納今立遺囑鬮書四部各收壹部凡我子孫遵
爲始永挑存照
号金竹坑并前三共內取祖五秤六斤又号四畝坵田柳祖肆秤併前共祖九秤
下東边餘屋樓閣上下係造邂迪三受均共　其新屋廳堂所各人賓客社
廂房壹間餘屋壹重內有碓磨衆共鬮得何家坦菜园二鬮壹所
橫町樹坵原祖伍秤　又号灰灶坵原祖捌秤　又号上砂波原祖玖秤
畝坵上砂波弍号內有客祖四秤拾斤又日各位並谷有少將此弍号抵償
壹間廂房壹間何家坦菜园第三鬮壹所
秤　又号團田坑裡外号原祖壹拾弍秤　又号裡杓柄坵原祖肆秤
分少谷將以抵償
閒何家坦第四鬮菜园壹所

（一）下

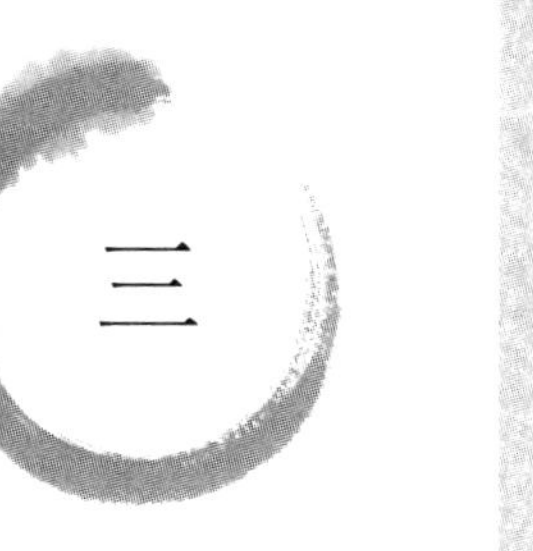

延遴住田祖屋字載左　鬮分得新屋東边正房壹間何家坦…
一号土名外湖坵原祖玖秤　又号大坵原祖陸秤拾觔　又号葉家坵原…
延迪住田祖屋字派左　鬮分得老屋前後東边正房弍間何家…
一号土名石龍坑原祖拾秤　又号梘頭坵原祖叁秤　又号外乙分原祖采…
又号路外园坵原祖壹秤拾觔　又号高横上原祖捌秤　又号横坵原…
弍秤拾叁觔　又号下砂波四分里原祖壹秤拾觔自横坵以下四号曰…
又号外杓柄坵皮田采分貼房上修理之資

乾隆二十九年十一月　日立遺…

（二）上

間何家坦第四鬮菜园壹所

葉家坑原租壹拾陸秤　又号施刀石原租叁秤

弍間何家坦第一鬮菜园地壹塊

分原租柒秤　又号裡湖坑原租伍秤　又号外杓柄坑原租四秤

号横坑原租弍秤　又号路下原租叁秤拾叁觔零伍両　又号苧园坑原租

下四号回高横上有客租五秤柒斤又外七分有客租捌斤並分少谷抵筭

日立遺囑鬮書父程師鈷（押）

幸男　延道（押）　延造（押）

延辮（押）　延迪（押）

族人　師鈺（押）　延述（押）

（二）下

三

清乾隆三十年六月某某縣朱正駐立遺囑

立遺囑朱正駐愛生育得二子讀教婚娶俱係週全因長大九世同居起發分
烟身托親族眼同承　祖遺下併自己續買房屋田產地坦農器耕牛銅鉄
錫壜虧碗碟木器竹篚石磨各物傢伙
神前均搭均匀拈鬮定例爲準自分之後男婦人等各人不要聽内室之言倘有愚群
聽室之言自致有悮必有多端毋得倚强欺弱以不孝論父在必要孝順，天然自分
之後毋得忘恩悖逆有此情嗚公理治今欲有憑立此遺囑一樣二紙各執一紙永遠存
照

計開各產列后　　　　　貳房炳膄和字號

鬮作仁和二字號
一號中間房壹丁
一號厨房西边壹間
一號西边猪欄一半
一号芦柴垃貳畝七分
一号八畝垃貳畝七分

（一）

𡍼塘上下共壹畝九分
一号 昌墫里 乙畝
一号 橄木冲 乙畝八分
一号 海老塢 貳畝貳分
一号 門前下廟所 半個外边
一号 棠房 半𠩄外边

乾隆三十年六月十八日立遺囑朱正騂（押）
仝男 炳勝（押）
炳鵬（押）
中親 胡茂文（押）
陳修其（押）
代筆 彭玉璲（押）

合同文一樣二紙，各收一頁

（二）

三

清乾隆三十八年九月（休寧縣）黃永華等立分票券田房等物並承辦門戶保長里役議墨合同

立議墨合同黃永華黃永元黃家蔭黃家義等緣
父藍田公于乾隆三十三年忽得風痰之症手顫不能握筆故未立
有分書今畧述吾 父一生困苦平日兢兢自守克勤克儉自幼
經營客外歷盡艱辛上念
祖父母年高未能承歡膝下嘗以為憂後十餘年賴吾 母朝夕奉養
父心少慰迨丙子歲 大人歸里為覔 祖父母葬地及修理住屋
不意丁丑歲 母親一旦仙逝家務紛紜 祖塋未就故不能往
外從此覊身在家偕二弟料理門戶等事己卯年安葬 祖父母
辛巳墳工告成癸未納劉氏甲申歲命榮挈眷回家乙酉生三弟
是年又命榮另爨 大人同劉氏二弟三弟共爨庚寅生四妹壬
辰又生四弟家用日增所有銀兩已將用盡無存壬辰命大二兩
房輪流供膳是年七十有八氣血已衰飲食少進癸巳閏三月倏
爾捐館臨終亦無遺命所存住屋業已鬮分永華分得前二進東

三

清乾隆三十八年九月（休寧縣）黃永華等立分票券田房等物並承辦門户保長里役議墨合同

首樓上樓下統間房貳眼永元分得前二進西首樓上樓下統間
房貳眼後進樓上樓下房四眼分與三四兩弟居住其餘票券田
房等物變價清還 父手該人未清之項及喪葬出殯需用理應
撥存但三 四弟及幼妹生母四人日給無從支取故將存物內除
出銀 兩憑公交三弟生母收去聽其另存生息支利度日俟
兩弟長大成人之日作為婚嫁之用日後殯葬費用若干再行公派
所有承 祖門户保長里役今大二兩房代為充當待其出幼成
立仍作四股輪流承辦無得推委此係公議俱毋異説立此議墨
合同一樣四張各執壹張存照

[illegible]

（二）

查存當業田園屋價會銀列後

一存月潭敦和九七銀貳伯两 此宗已作实数倘有短少及遲早兑还不能預
实再行另算亦不起利

一存步曾再姪灶邑會銀貳拾伍两三錢五分 原會本捌拾两内永元會去四十两
又浇会利十〇四六十丹
共幸〇四六十丹

一存甘林弟當屋價灶銀伍拾两

一存升五嫂菜园當價銀拾两

一存元公叔當屋價灶銀肆拾两

一存御珍兄當屋價銀柒拾两 内 父手收織雲銀以及藥賬共計銀弍〇〇两弍錢五分
实存價銀四拾两零柒錢五分

一存五城公榮兄茶園當價銀拾貳两弍錢

一存永年頴和弟倉屋南首厨房價銀拾伍两

一存葉茂午兄賣倉屋灶（房）價銀柒拾两 内永元當去叁拾两做團拜用
实作肆拾两

一又買茂午兄坦地灶價銀拾柒两五錢

一又買葉阿俞坦地灶價銀貳拾壹两柒錢五分

一存買葉履吉兄坦地灶價銀柒两陸錢

（三）

一存買葉宅倉屋後進板廳房價銀貳拾兩

一存聿懷抵倉屋樓上北首過廂房一眼價銀拾貳兩

一存永迪兄賣汪充地價銀柒拾肆兩

一存介石兄賣龜山頭地價銀伍拾捌兩

一宗友兄抓狸充厝地價銀捌兩

一存維球兄大嶺脚厝地價銀貳拾柒兩

一存容若叔厝地價銀五兩

一存永肇弟借票伍拾兩

一存岵瞻姪借票壹伯兩

廿二宗永元借用日後補還

一履吉兄手孚吉兄當田價銀貳拾兩 當契一紙未脚一紙永元收去日後履孚未取向永元取贖與大三四房無涉

一存田園五宗計田骨柒秤 園一石六斗七升并找價共計銀五十五兩半 外永元當去五十六兩

一西首別屋原為敬奉神主理宜清潔不得堆塞物件褻瀆
神主各宜知敬凜遵業作四股公共

一西首廚屋四間各管一間作坐
廁所三間四房公共

一父手未清等項共計銀壹伯柒拾貳兩陸錢捌分

一父喪費共用銀壹伯柒拾肆兩零六分四厘

一父出殯共用銀兩四股公派

一父大葬四股公認

一父神主入宗祠四股公認

一祖父神主入宗祠四股公認

一菊陽公曉山公大衆祀事輪到每挨管一輪不得推委

一藍田公祀事四股挨管

一親戚往来款待管年承辦

一存契墨公同封貯不得擅自啓看

一存晨暉再姪當田價銀叁拾貳兩　永元將此田轉當日後取贖永元承值與大三四房無涉

一田骨叁拾捌秤　永元借當銀伍拾陸兩　找價銀貳拾兩零九錢入存田园銀內收

一漁灘園價銀貳拾兩　永元當去拾肆兩　實存價銀陸兩

乾隆三十八年九月　日立議墨合同黄永華（押）

黄永元（押）

黄家蔭　正

黄家義　十

黄容若（押）

黄永輝（押）

黄織雲（押）

憑　公

代　書黄永昭（押）

三

清乾隆四十八年十月某某縣洪細九等立議鬮分樓屋並餘地合同

立議合同洪细九程公烈今二人同買樓屋一所坐落土名石橋頭係新丈化字号地税在契載明于
地上樓屋叁間餘屋叁間並前後餘地其屋程公烈上年先同立芳買屋一半今將立
芳一半賣與洪细九今將屋地憑中正屋餘屋及前後地搭均各拈鬮每人分一半載明開
列于後自立合同后二家不得折卸倘有不願受屋者當議將本股或湊或賣無得
作難以失前義恐口無憑立此合同一樣兩張各執壹張存據

一公烈鬮分得樓屋東边壹半餘屋後边壹間半進餘屋路在西边内屋出入後边餘地鬮
分西边一半並後門外餘地一半前東边餘地叁間内取中一間仍舊開門出入鬮分叙東边
左右弍間

一细九鬮分得樓屋西边一半餘屋前边一間半進餘屋路在前边簷下出入後边餘地鬮分
東边一半進餘地路在东边内屋出入後門外餘地一半前边餘地鬮分西边弍間

（一）

合立合同壹樣兩張各執壹張存照

乾隆肆拾捌年拾月　日立合同人　洪細九　十
　　　　　　　　　　　　　　　程公烈　押

中證人　程純明　十
　　　　姚起家　押
　　　　程進保　十
　　　　程耀南　押

代書　程善邦　押

（二）

立撥單八拾老父端望予所生三子長曰本貞次曰本剛三曰本和承先大人與有房屋買有基地及予所造房屋續
後本貞本和買受房屋基地造有廚屋均屬統業今逐宗載明分撥於後各當各業庶免異日爭端 計開
貼萬山堂左邊畫者清班土名梓木坑口弍保藏字叁百拾捌號內樓廳壹所通頂正屋五間兩廂通頂廚樓屋叁間
兩廂於內房屋基地叔祖國樓字夆若公分得基業壹半夆若公之長子諱煐字子俊公承繼祖於淑公宗支得基業壹
半 康熙五拾六年子俊叔將承繼祖分得之業內存晋壹半內取壹半計四大股之壹房屋基地併夆若公該分得壹半房屋
基地共立典契壹紙出典與先大人名下為業計典價銀五拾兩 雍正叁年子俊叔將存晋四大股之壹房屋併基地
立契出賣與珍叔名下為業子俊叔除賣之外所典與本家者只有四大股之壹基業矣 乾隆五拾壹年語山堂支下
兆坐字御升在文字秀升祖佑字正顏等將伊祖父珍叔所買子俊叔四大股之壹房屋基地盡行立契出賣與本和
名下為業計價銀叁拾兩整 乾隆五拾弍年德泰侄將伊祖子俊叔所典四大股之壹分數該分得伊壹半計捌大
股之壹房屋基地立契出賣與本貞名下為業計價銀弍拾壹兩子俊叔基業僅存伊子次騶名下捌大股之壹分
數 嘉慶元年德祥德林侄將伊祖夆若公大號內所出典壹半房屋基地合之次騶大號內仍存出典捌大股之
壹房屋基地共計捌大股之五分數三人共立契壹紙將捌大股之五房屋基地盡行出賣與本貞名下為業伊家毫無存晋
計價銀壹百五拾兩 其貼萬山堂右邊土名梓木坑口弍保藏字叁百拾肆號基地計地肆拾弍步捌分叁厘先大人於 雍正六年
用價銀肆拾五兩買永錫堂支下瓚房即珍房璦房業 乾隆五年予起造正屋樓房叁間半邊廂壹間用過推先叔銀叁拾六
兩係本貞出貲会還子寧弟收訖仍有廚地未及起造 乾隆五拾壹年本貞本和用貲起造廚屋四間半其高級貼山廚地壹間先
大人遺有廁所在上正屋之外有友愛堂發業基地柒步 順治拾叁年四房人等出賣叁步與國樑房 乾隆四拾年友愛堂用
價向語山堂贖回照舊衆存基地柒步 乾隆肆拾玖年友愛支下將基地柒步除餘慶堂四股之壹分數在外其餘叁房基
地盡行立契出賣與本和名下為業計價銀拾六兩老腳契弍紙俱已繳田分得餘慶堂四股之壹基地稅粮已撥入餘慶堂名下供納
再梓木坑口兩號房屋基地註明某人名下出價買受某處者係各人已業不得因尊父在上契寫賣在父名下日後兄弟借意混爭
今因兄弟兩邊分居不便本貞願將叁百拾肆號內正屋叁間半併正屋基地低級廚屋基地高級廁所屋基地該分得伊名下叁股之壹
分數概撥與本和名下為業所有從前合造廚屋本貞用会還子寧弟屋價俱在撥內概不計其其買受友愛堂基地係本和已業不在其內
本和亦願將買受語山堂原買得子俊叔弍保藏字叁百拾捌號內房基地四大股之壹分數概撥與本貞名下為業兩邊調換不得反悔至於叁百
拾捌號內房屋先大人用典價銀五拾兩今業概賣與本貞典價應本貞付出除本身分數現找出銀拾陸兩六錢六分六厘交本剛收領訖
應找本和叁股之壹典價因本和五拾四年患病用過本貞銀若訖再本剛右邊叁百拾四號內正屋基地該分得叁股之壹今撥貼大門邊通
頂樓房壹間與其管業後門代般廚地不該叁股之壹分數因造廚屋伊未出貲念手足亦作叁股均分將貼後門巷口過頂廚房壹間通頂
過廂壹間高級廁屋半間撥與管業此因祖遺房屋基地併兆鬻已置房屋基地各從其便屯為分撥仍有祖遺田地及予所置田地候後
再作閏書今立撥單壹樣叁張各收壹張存晋為據

嘉慶元年六月 立撥單父端望（押）

遺撥男 本貞（押）

本剛（押）

本和（押）

（全圖）

三

清嘉慶元年六月某某縣某姓瑞望立撥單

立撥单八拾老父端望子所生三子長曰本貞次曰本剛三
後本貞本和買受房屋基地造有厨屋均属統業今
貼萬山堂左邊畫省清班土名梓木坑口式保藏字叁百拾
兩廂於内房屋基地叔祖國楼字岑若公分得基業壹半岑
半　康熙五拾六年子俊叔将承継祖分得之業内存晋壹半内取
基地共立典契壹紙出典與先大人名下為業計典價銀五
立契出賣與珍叔名下為業子俊叔除賣之外所典與本
兆坐字御升在文字秀升祖佑字正顏等将伊祖父珍叔
名下為業計價銀叁拾兩整　乾隆五拾式年德泰侄将
股之壹房屋基地立契出賣與本貞名下為業計價銀式
數　嘉慶元年德祥德林侄将伊祖岑若公大號内所
壹房屋基地共計捌大股之五分数三人共立契壹紙将捌大股
計價銀壹百五拾兩　其貼萬山堂右邊土名梓木坑口式保藏
用價銀肆拾五兩買永錫堂支下瓚房即珍房瓊房業　乾隆
兩係本貞出貲会還子寧弟收訖仍有厨地未及起造　乾隆五拾
大人造有厠所在上正屋之外有友愛堂簽業基地柒步　順治拾
價向語山堂贖回照舊衆存基地柒步　乾隆肆拾玖年友愛
地盡行立契出賣與本和名下為業計價銀拾六兩老脚契式紙俱已

（一）上

日本剛三日本和承先大人典有房屋買有基地及予所造房屋續
統業今逐宗載明分撥於後各管各業庶免異日爭端計開
字叁百拾捌號內樓廳壹所通項正屋五間両廂通項廚楼屋叁間
係壹半岑若公之長子諱煥字子俊公承繼祖於淑公宗支得基業壹
壹半內取壹半計四大股之壹房屋基地併岑若公該分得壹半房屋
典價銀五拾両 雍正叁年子俊叔將存晋四大股之壹房屋併基地
典與本家者只有四大股之壹基業矣 乾隆五拾壹年詰山堂支下
祖父珍叔所買子俊叔四大股之壹房屋基地盡行立契出賣與本和
泰侄將伊祖子俊叔所典四大股之壹分數該分得伊壹半計捌大
計價銀弍拾壹両子俊叔基業僅存伊子次驄名下捌大股之壹分
大號內所出典壹半房屋基地合之次驄大號內仍存出典捌大股之
將捌大股之五房屋基地盡行出賣與本貞名下為業伊家毫無存晋
已弍保藏字叁百拾肆號基地計地肆拾弍步捌分叁厘先大人於 雍正六年
業 乾隆五年予起造正屋楼房叁間半過廂壹間 用過惟先叔銀叁拾六
乾隆五拾壹年本貞本和用費起造廚屋四間半其高級貼山廚地壹間先
順治拾叁年四房人等出賣叁步與國樑房 乾隆四拾年友愛堂用
年友愛支下將基地柒步除餘慶堂四股之壹分數在外其餘叁房基
弍紙俱已繳回分得餘慶堂四股之壹基地稅粮已撥入餘慶堂名下供納

（一）下

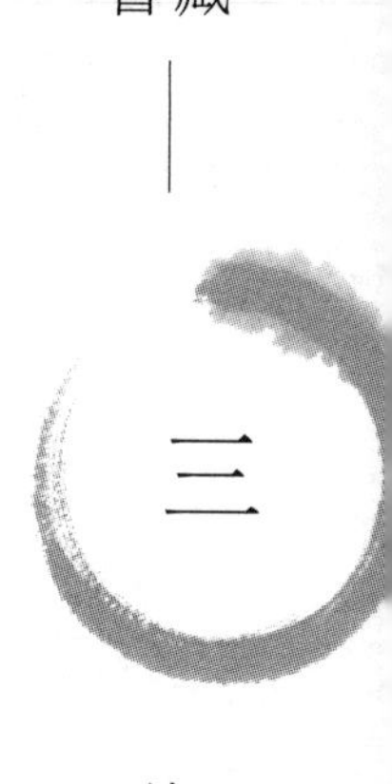

清嘉慶元年六月某某縣某姓瑞望立撥單

地盡行立契出賣與本和名下為業計價銀拾六两老脚契弍紙俱已繳
再梓木坑口両號房屋基地註明某人名下出價買受其處者係各
今因兄弟両邊分居不便本貞願将叁百拾肆號内正屋叁間半併正
分數概撥與本和名下為業所有從前合造厨屋費用会還子安弟屋
本和亦願将買受諧山堂原買得子俊叔弍保藏字叁百拾捌號内房基地
拾捌號内房屋先大人用典價銀五拾両今業概贖與本貞典價應本
應找本和叁股之壹典價因本和五拾四年患病用過本貞銀若訖再
頂楼房壹間與其管業後門低級厨地不設叁股之壹分數因造厨屋
過廂壹間高級厠屋半間撥與管業此因祖遺房屋基地併兄輩已
再作鬮書今立撥单壹樣叁張各收壹張存照為據

嘉慶元年六月

（二）上

[illegible]式紙俱已繳回分得餘慶堂四股之壹基地稅粮已撥入餘慶堂名下供納
處者係各人已業不得因尊父在上契寫賣在父名下日後凡弟借意混爭
間半併正屋基地低級廚屋基地高級廁所屋基地該分得伊名下叁股之壹
子寧弟屋價俱在撥內概不計筭其買受友愛堂基地係本和已業不在其內
號內房基地四大股之壹分數概撥與本貞名下為業兩邊調換不得反悔至於叁百
典價應本貞付出除本身分數現找出銀拾陸兩六錢六分六厘交本剛收領訖
銀筭訖再本剛右邊叁百拾四號內正屋基地該分得叁股之壹今撥貼大門邊通
數因造廚屋伊未出費念手足亦作叁股均分將貼後門巷口通頂廚房壹間通頂
併見筆已置房屋基地各從其便先為分撥仍有祖遺田地及予所置田地候後

立撥單父端望（押）
遵撥男 本貞（押）
本剛（押）
本和（押）

（二）下

三

清嘉慶元年十一月至咸豐六年六月某某縣〔項氏〕鬮書當房契抄白收租產業單暨項崇通等立按股承管里役合同抄白

（全圖）

三

清嘉慶元年十一月至咸豐六年六月某某縣〔項氏〕鬮書當房契抄白收租産業單暨項崇通等立按股承管里役合同抄白

（一）

三

清嘉慶元年十一月至咸豐六年六月某某縣〔項氏〕鬮書當房契抄白收租產業單暨項崇通等立按股承管里役合同抄白

業三股均壹所有賠粮亦係三股均認
無得推諉此係三人情愿並無異說
倘有翻悔者聽凭呈公理論恐後人
心不一故立合同叁紙各执壹紙為據
依添柏公合同抄下
添柏公支下長二三房人等茲緣
嘉慶元年添柏公年高以致邀請
親族所有祖遺並續置田園產業租
苗屋宇什物請公品搭分析長房崇
學二房立佳三房立仕立有鬮書各
壹各業比時存坐二老日食後收作公
堂鬮書上現有數石其穀豆租係二房
立佳公出立他人名不長房崇棠取來
收貯其立之字係立佳公出筆与三

（二）

三

清嘉慶元年十一月至咸豐六年六月某某縣〔項氏〕鬮書當房契抄白收租產業單暨項崇通等立按股承管里役合同抄白

（三）

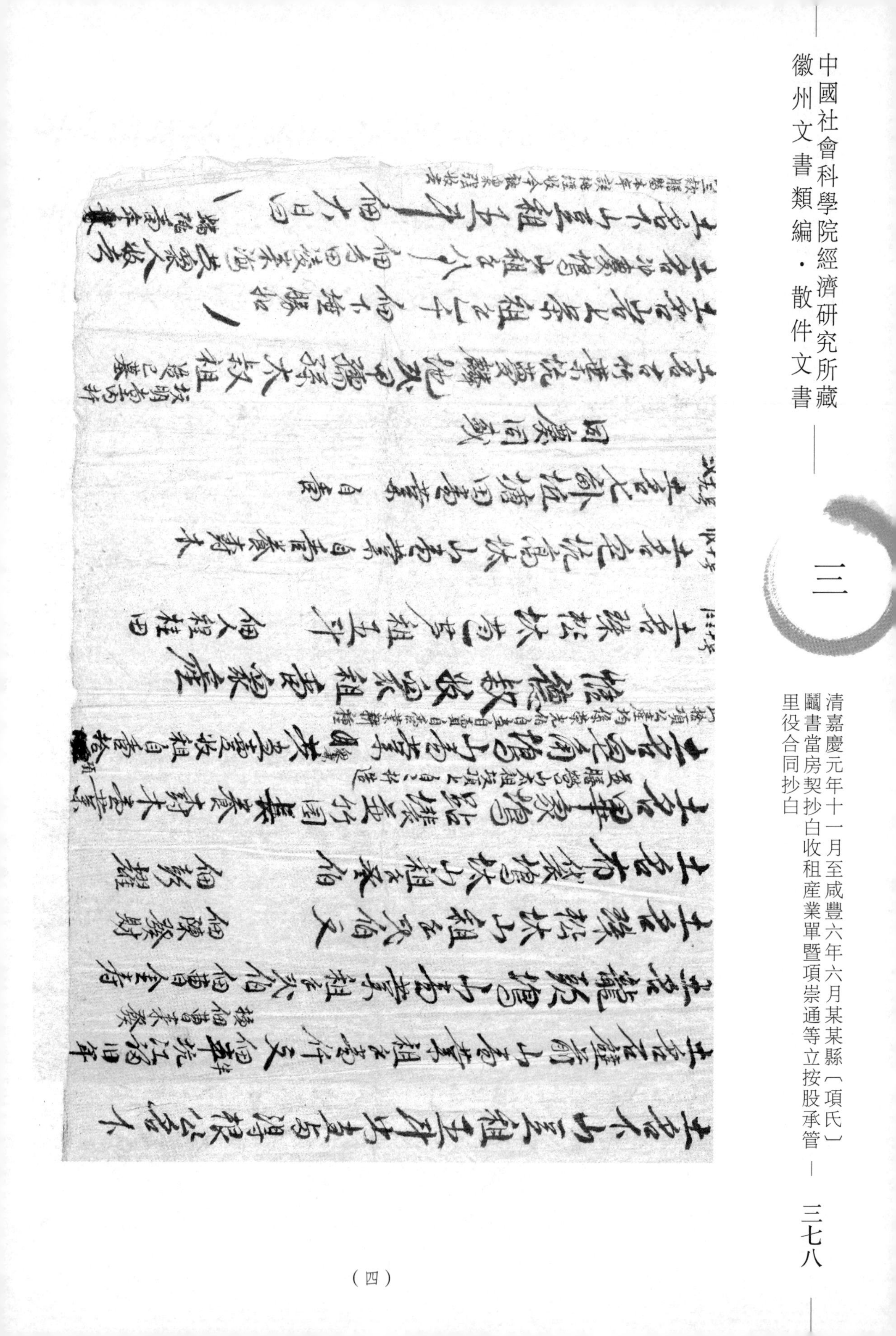

三

清嘉慶元年十一月至咸豐六年六月某某縣〔項氏〕鬮書當房契抄白收租產業單暨項崇通等立按股承管里役合同抄白

（四）

三

立分閲約人吴應法仝弟應涌思古時張公義尚有九世未分今人难敦古道事
奈家大口闊难以提揺亦不能仝心努力何必强聚兄弟汃同商議兩相合意承
蒙先人創業艰难之辛苦所置織微產業経中品搭兩半均分田地名開立仌單
自情愿托戚族將早遲晚田畝并山塲地坦竹木菓園茶科肥瘦好歹品搭编立
天字号地字号汃天单拈阄分訖自分之后務要各宜遵守勤儉成立各管各
業毋得妄起争端亦不得以强欺凌如違听從鳴
官重懲準以不孝不義而
論仍依此分閲為準謹列所分如左用以為照

内批秋坵大小祖六分笑以前買田價銀為運香業六年清訖

又批沙坵大小祖叁分衆面貼恒鳳婚配又貼銀伍兩正笑取親酒酌只此

又批横磨背段大小祖壹畝又值下半名里大小祖叁分又白石坵大小祖四分三共田壹畝九分面貼大祖与兄應法夫婦存祖百年之后應涌合值以為祭祀

又衆批路上沙坵小祖壹名叁分又方坵小祖叁分又崖里小祖六分以為祭祀

嘉慶柒年七月初十日立分閲約人吴應法（押）

清嘉慶七年七月某某縣吴應法等立分鬮約（右半字）

（一）

今將朝種田土名甫及應法地字号

紅緑岸旱田壹畝叁分　葫芦坵旱田弍畝　小沙坵旱田壹畝五分

黄土圳頭六十日田壹畝　仝処六十日田乙分　横店及方坵壹畝五分

菜地塆口旱田六分　横坵遅田弍畝　曲尺坵遅田弍畝

椿木坵遅田壹畝叁分　丁家塝遅田壹畝叁分　窟里遅田六分

栗木山下晚田壹畝　秧椿坵晚田八分　雙背塢口遅田壹畝　李家塝遅田壹畝五分

外批九畝号遅田以及冬桂承人長大以作三叉耕種照

又批山場乃坐地坦菜園様竹茶科以作三叉均分照批

今將朝種田土名甫及應滔天字号

陳家塅路上沙坵旱田壹畝五分　叁脚下小方坵旱田五分　橋頭旱田弍畝　陰山下旱田壹畝五分

陰山下旱田壹畝　黄土垣六十日田弍畝　横店及旱田壹畝苗叁坵　汪家坵遅田弍畝四分

趙家塝遅田弍畝五分　墻下遅田壹畝四分　礁坵遅田壹畝　门口晚田弍畝

[illegible]

應滔

中見　戚范新鴻

族弟應清

代笔侄范有珩

（二）

三

清嘉慶七年七月某某縣吴應法等立分鬮約（左半字）

立分阄約人吴應法仝弟應涵思古時張公義尚有九世未分今人难敎古道事
奈家大口阔难以提撥亦不能仝心努力何必强聚兄弟㕥同嘀議兩相合意承
蒙先人創業艰难之辛苦所置纖微產業经中品搭两半均分田土名开立阄单
自情愿托戚族将早遅晚田畝并山塲地坦竹木菓园茶科肥瘦好歹品搭编立
天字号地字号㕥天单拈阄分执自分之後務要各宜遵守勤儉成立各管各
業毋得妄起争端亦不得以强欺凌如違听從鸣
官重拠準以不孝不義而
論仍依此分阄為準謹列所分如左用以為照

内批秧坵大小租六分正以前買田價銀并連業字洗札
又批沙坵大小租五分正其田貼恒風婚配又貼銀伍两正取親酒酌只拆
又批橫店背后大小租壹畝又值下半坞里大小租壹分又白石坵大小租四分三共田壹畝九分其田貼大祖与兄應涵夫妇收租百年之后應涵仝侄以為祭祀
又要批路上沙坵小租壹兄弟合分又小方坵小租五分又塢里小租六分以為祭祀

嘉慶柒禩七月初十　日立分阄約人吴應法

（一）

三

清嘉慶七年七月某某縣吴應法等立分關約（左半字）

今將朝種田土名開後應法地字号

紅絲岸早田壹畝叁分　葫芦坵早田弍畝　小沙坵早田壹畝叁分

黄土圳頭六十日田壹畝　仝處六十日田弍分　横店後方坵壹畝叁分

茉地塆口早田六分　横坵遲田弍畝　曲尺坵遲田弍畝

梅木坵遲田壹畝柒分　丁家塝遲田壹畝柒分　窟里遲田六分

栗木山下晚田壹畝　秧梅坵晚田八分　雙背塢口遲田壹畝　李家塝遲田壹畝叁分

外批九畝号遲田以後冬桂成人長大以作三叉耕種只此

又批山塲力坌地坦茉园棕竹茶科以作三叉均分只此

應涵

中見　戚范新鴻（押）

族弟應清（押）

代筆侄范有珩（押）

今將朝種田土名開後應涵天字号

陳家㙦路上沙坵早田壹畝叁分　叁脚下小方坵早田叁分　橋頭早田弍畝　陰山下早田壹畝叁分

陰山下早田壹畝　黄土坦六十日田弍畝　横店後早田壹畝（苗叁坵）　法家坵遲田弍畝四分

趙家塝遲田弍畝叁分　墙下遲田壹畝四分　塘坵遲田壹畝　门口晚田弍畝

[illegible]

立分單人程廷伯仝侄加言原受有祖屋上边土
各墙路并基地五分内抽五厘補貼香火楼餘仍餘基地作
三股均分夫明弓口繪畫分管日後不得争端恐口無
憑立此分單存照

嘉慶十一年九月　日立分單人程廷伯

侄加言

憑親人　張可琴

張可耀

書　余萬秀

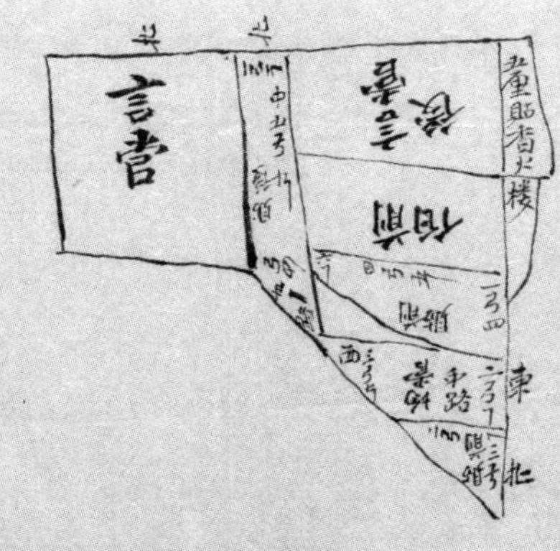

三

清嘉慶十二年七月某某縣章灶女等立補貼灰堂各不得扦造議約

立議約人章灶女今將本家慶字九十七号只曾灰堂壹園兄為長慶字九十八号只曾灰堂基乙園弟灶女屋外西边園路楼合身壹半貼艮九十八号灰堂慶字九十柒號裡边于坦弍各不得扦造日後如有扦造其罰銀伍兩今欲有憑立此議約存照

再批改字弍園

大清嘉慶拾弍年七月十二日立議約人章灶女（押）

兄為長（押）

中見　兄三寿（押）

弟六喜（押）

代筆　王德正（押）

清道光三年十一月某某縣某姓成祀等立按畝分配木價分單

道光三年十一月初二日眼仝將本都九保土名大塢源相父獨人墳山松杉
嫩林壹號係秀實名目計山叁畝挤得價錢肆拾叁千文內除花艻錢
拾千文又除禁牌酒酌等項仍實仗錢弍拾捌千四百文每畝分得錢
玖千叁百文今將各人分籍分于右

照依乾隆三十二年嘉慶三年十六年分單內出山五厘四毛
未知錯在何人位下今仍依前單派候從查 又照

成祀 得山七分九厘九毛弍系五三 得錢七千四百卅三文
上榮 得山四分三厘四毛三系七六 得錢四千零卅文
正祀 得山三分弍厘五毛乙系八二 買受上瑗兄弟四之三 得錢三千零廿文
昕祀 得山壹分乙厘四毛〇二六 得錢乙千零六十文
上瑗兄弟 得山壹分〇八毛五系九四 得錢乙千零十文
拱暹兄弟 得山九厘五毛弍系四 得錢八百八十六文
上藻 得山九厘壹毛弍系[illegible] 買受拱昆位下 得錢九百十六文
上梗 得山弍分壹厘七毛乙系八 買受上瑗位下 得錢弍千零廿文
昌鏞兄弟 得山弍分壹厘七毛乙系八 得錢弍千零廿文

上淮 得山壹[illegible]石四毛[illegible] 得錢[illegible]文

上梃 兄弟 得山九石八毛[illegible]九八 買受按早位下 得錢九[illegible]十[illegible]文

邦杰 得山九石八毛[illegible]九八 上灝買得一半 得錢九[illegible]十[illegible]文

邦輪 叔侄 得山壹[illegible]石〇八[illegible]八 上璦買得一半 得錢[illegible]千四〇三文

邦禝 得邦禮山[illegible]石三毛八一 得錢[illegible]廿一文

上桂 叔侄 得山[illegible]石[illegible]毛[illegible]九 得錢[illegible]文

上明 得山[illegible]石[illegible]毛[illegible]九 得錢[illegible]文

昌謨 得山一石[illegible]毛[illegible]九 得錢[illegible]文

昌栢 得山四毛[illegible] 得錢卌九文

昌桂 得山四毛一[illegible] 得錢卌九文

分单四紙 正祀收壹紙 上榮收壹紙
成祀收壹紙 上梃收壹紙

三

清道光六年十二月某某縣程茂楊等立鬮分田産屋宇鬮書

立分鬮兄弟人程茂楊、茂楷竊慕往哲遺風，豈宜一旦分析，第世事如棋，人心不古，难以和合，即欲勉強同居，猶恐反生嫌隙。是以兄弟嘀議，邀請親族將祖、父及自己續置田産、屋宇等物品搭均分，拈鬮晉業，毋許倚強欺弱。如違等情，執此文鳴官理論。恐後無憑，立此鬮書，編為天、地字號，一樣貳紙，各收壹紙，永遠子孫存照。

計鬮茂楊

鬮得天字號：土名舖嶺花園裡□重東边屋半重屋□□兄弟二人均共；又號土名槐樹坑碣頭根大坵田壹坵，又叚迎壹小坵，又大坵頭匜坦壹塊，又號土名沙波堀小土名上沙波田壹坵，計皮骨□

計鬮茂楷

鬮得地字號：土名舖嶺程文盛住基充屋西边屋半重屋，後與茂澡相共餘地分得本身壹半，兄弟二人均共；又号土名槐樹坑下截田壹坵，又蓬洞号小坵，又号泓皮塅大湖坵皮骨田壹畝，又□湖坵皮骨田五分正。

道光六年十二月初二日立分鬮兄弟　茂楊（押）

（一）

茂楷（押）
母舅 凌癸祆（押）
延還（押）
族 康安十
茂樹（押）
茂椿（押）
代書 茂濠（押）

（二）

下垅坑原租贰拾秤 滕溪塢原租五秤十五斤 梘頭垅

九畝廻原租八秤 牛屎窟原租七秤十斤小路坳

南岸竹山下原租弍秤十三斤曹家门前原租十六秤七斤干田坑

後山塢原租十八秤十斤八角亭原租叁秤 溪边

余村官路下原租十二秤 高塅 原租四秤五斤 皮刀垅

田字垅 原租弍秤十六斤沙金坛原租十贰秤 汪王

魚山背 原租三秤 青山下原租三秤十七斤謝家

查塢裡原租五拾四秤 普廣溪田皮五秤朱福孫等 紫

无窑垅原租十五斤田皮 查塢裡 田皮四秤十斤

神會

龍燈乚叐 观音一叐 慶寿乚叐 老添灯一叐 永

增輝乚叐

山業

三層楼住屋背後在山背後山業并在山樹木碑公衆存 〔灰?〕堡石料已業 〔已居住〕 褒封第

上至山頂下边至廚屋外塢溪為界

仍有已業衆存未坐扒者列后 下 龍兒下上边靜

仍有永徽公衆存三大房業剖居本屋與寿公秉惠公共業

龍兒下在左边正房乚間楼倉乚厂正廳楼上楼

磨坊塢山基 小開塢山基 寺古坦

大清道光二十六年 月 日立遺囑分扒闡早秋宫公秩裔

凴族 堂弟 起

親 周 堅

族 堂叔 允

起瑞親筆

爾母周氏眼仝

一存祀租蒸嘗田租土名佃户砠数

土名茶丘　租四砠　佃人德福

石角坞租叁砠半　德福

十畝丘租叁砠半　吴運才

源頭　租捌砠　吴運才

仙塘口　租柒砠　紅年婦

岩脚　租拾一砠　紅年婦

佛子前租式砠七斤　胡發

長塍　租拾式砠　金连芳

社　坵前租伍砠式斤　吴旺

書屋园租捌砠　樹德堂

后塘　租拾砠　日興店

列于后

口祖弍砠半　能婦

下祖捌砠　品婦

口祖伍砠　善奎

坵祖四砠陸斤　金保

頭山祖叁砠半　和婦

坑陸砠　胡發

亭祖壹砠七斤　胡發

塢祖弍砠　吳旺

門口祖拾弍砠　德仂

塘祖叁砠　日興店

角塢祖伍砠弍觔　日興店

廳門口祖伍砠　日興店

胡八塢祖伍砠　同義店

胡八塢祖叁砠　同義店

廳門口祖陸砠弍斤　怡慶嫂

大干祖四砠　秋俚

湖頭祖伍砠半　覌貴

前岩祖　覌貴

鴨塘祖拾叁砠　覌祥嫂

索石祖弍砠弍十三斤　貴保

三六畝坵祖拾七砠　覌禄細

柿宅祖伍砠　胡十嫂

立遺嘱分扒阄单 承宫公秩裔起瑞 缘身承 祖遗屋宇田業山塘

厚承家 秉懋公創業河南關東身殖異地 兄昂公亦復貿易中州三河

成次祀勲年尚幼身自十三齡喪父勤勤懇懇苦守寒窗不幸十七歲

拈缴恙漸入膏肓故將 祖遺產業併自己所置薄產除衆存親在生老

錢粮的名嘉禄扒與祀熙名下兑納越瑞扒與祀勲名下兑納公提公

毋一人經收錢粮以及門户付会應酬等項亦尔毋支持如有不愿同爨者毋

自尋出息貼補不復向尔毋津貼為人子者須細體親心為何人守

娶会銀收來先貼次子婚娶曹平銀壹伯两第四女未出室應貼嫁資尪大錢

則一人獨收如現應院試者不止一人則照人分收若閒空非現應院試之年

有阄内屋宇田地山業 神会名目秤數一一詳載于后候尔毋仙遊之日再與阄

阄单為凴自拈阄坐扒後願尔等守分安命承先啟後興家創業勝

恕字阄拈得屋宇

三層楼經德堂三間楼屋一重毗連下边厨屋一重併背

田產

水湖 原租八秤 郭公坑 原租七秤十斤 大坛下 原

四畝丘 原租三秤六斤 葉落坑 原租二秤十介 楊樹丘 原

孫家門前 原租十四秤 高塝上 原租拾四秤 留

沙坡裡 原租乙秤十五斤 油榨塢 原租十秤 坛

陰灣口 原租貳秤 茶园坐 原租七秤 茶

魚山背 原租八秤 仰村坦 原租八秤 魚

水礁 原租七秤 江祠坑 原租八秤 坛

三畝丘 原租十七秤 三畝丘 原租五秤六斤 林

孫家源 田皮四秤 孫家門前 田皮叁秤 仰

芦皮丘 田皮三秤

神會

奎光 一支 龍灯 一支 燈油 七支 尚義 一支 新

山業

三層楼住屋背後炭堡石料 背後山業併在山樹来聘公業 上至頂 寮東边至塝溝為界 桑樹菜园地 東至坦弟下边 大路

忠字阄拈得屋宇

三層楼 畋边年高德並三間楼屋一重毗連上边厨屋一重全業 背後無花墓圍外貼碗後神会乙支

慎德堂右边正房一間厢房三間門首門房一間正大廳併

清道光二十六年某月（祁門縣）某姓起瑞立遺囑分扒産業鬮單

前明歷今置租千有餘硧向係六房輪管，因長二兩房無
華字管理，嗣華字故，其出紹孫惠康接管，按年七月初一
祖簿除諒收之外，間荒田廢業，衆所共知，不料舊年村遭
惠康記黙列单，實難完璧，除荒田外，僅有捌百七拾餘硧
寫困守，又多孀居寡婦，日食無靠，因公議會内存租除
撥出四百陸十九硧零，啇低品搭，以作四股鬮分，又先年其羽之父
娶，憁向衆情商，拔還元銀弍拾兩，其仍存元銀叁拾兩，公
糧賦，照鬮撥硧數在固本會名下撥入各丁名下，如數完
叁百肆拾柒硧十四觔，又公議另提租陸十石零存會備納祀内山地糧
應會事，照前办理，公議另奉惠康、濬川管理，在會人等不淂分
日常入分存，遂革出會，公同聯名禀官，以作欺祖滅祀

立闔分合議回本會支丁其羽等緣本會

續回房支丁又多外貿於嘉慶年分公

邀集各房在家支丁結算殼帳歷年

大叔惠尾被焚祖簿契墨隻字無存

尚遺漏者仍着隨記補登第遞來支

办蒸嘗支用頗有盈餘公同商酌將

捐過元銀伍拾兩入會配享咸豐八年

議將祖叁拾砠抵還着其自備祭享

納除闔分梭還外公同核算現實存

賦以及荒田虛粮其餘均作祀祖蒸

闔分後尚有支丁盈賣另立見

□及坵 原祖五秤十斤 石塢埕 原祖七秤 紫坑塢 原祖九秤

□家塢 原祖七秤十斤 紫竺里塢 原祖三秤 竹山下 原祖拾弍秤

□尾坑 原祖弍拾秤十斤 胡三田 原祖九秤十五斤 曹家塢 原祖十秤十五斤

□背 原祖拾秤 大樹塢 原祖弍拾秤十斤 南山下 原祖五秤

□上 原祖六秤 塝上 原祖五秤六斤 塘坵 原祖八秤

□背塢 原祖六秤 茶園坵 原祖七秤十四斤 魚山背 原祖五秤

□塘坵 原祖十秤十斤 石塘埕 原祖五秤 陳坑埕 原祖六秤

曹家山前田皮七秤 南山下原田皮十五斤 汙沰塢 原祖十斤

□上又 福社一支

□地 [illegible] 油榨塢 [illegible] 大路坵 [illegible]

□兩進全業 [illegible]

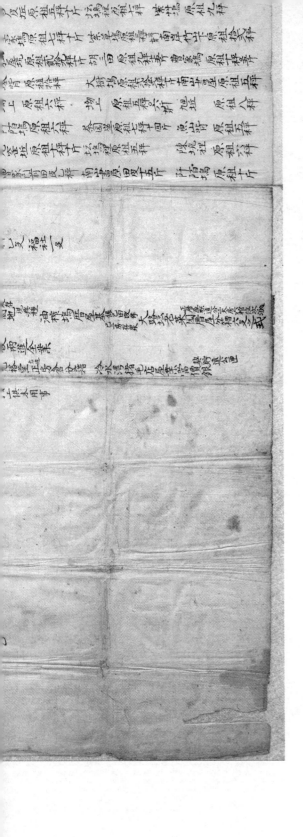

□出未用事

立分關合同文約叔登春仝姪藹吉炳安緣先年父在之日分爨有年不幸父於乙卯年去世未曾立有分關愚恐後嗣繁衍難保無爭論之意今與姪嘀議仝托親族將父承祖產業及父自置產業盡行分析獨房屋遵父遺命體念手足之情多寡不計以各人現居之屋各管各業爲憑其田祖除蘆溪及坍家山等號二處之祖約式拾餘秤又蘆溪祥泰店祖錢二行存爲祭祀永不分析其餘產業并茶萪坦土俱作二人均分自分之後各守各業永無異言如後有不肖子孫不遵分關聽憑托族以不孝論仍依分關爲據今欲有憑立此分關合同文約二紙各收一紙永遠存照

再批內改後字一個又照　又改丑字一個又照

一承祖樓分新屋及廚屋垣內餘地俱分得本身一半歸長房管業

一父手買受作楨老屋半重又買受作仁兄弟新屋垣牆外地現做廚屋歸次房管業

其餘產業并神會及茶萪坦土俱作二人均分又照

同治九年二月初十日　立分關合同文約叔登春（押）

（一）

清同治九年二月（祁門縣）某姓登春等立分鬮合同文約

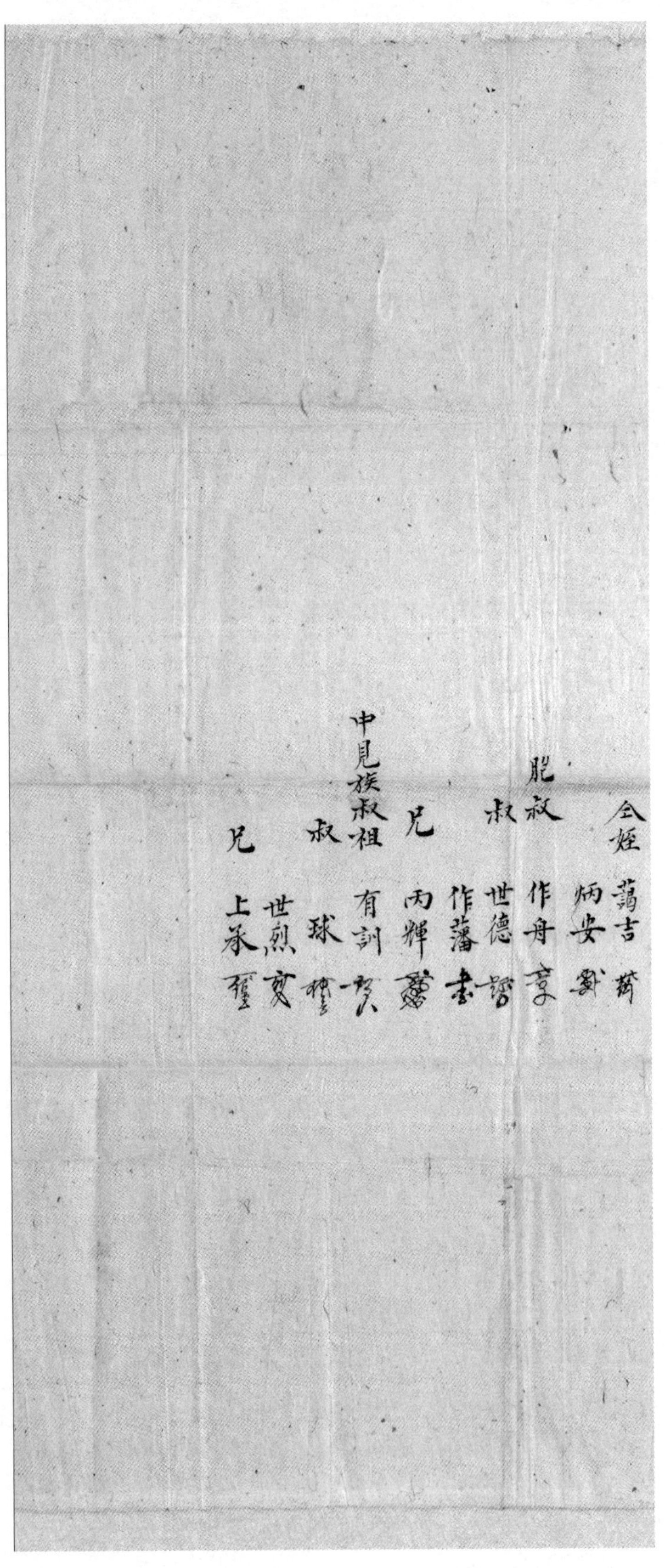

仝姪　藹吉（押）
　　　炳安（押）
胞叔　作舟（押）
叔　　世德（押）
　　　作藩（押）
兄　　丙輝（押）
中見族叔祖　有訓（押）
叔　　球（押）
　　　世烈（押）
兄　　上承（押）

（二）

三

立合同議據兄弟許維師、許子帛，今將斗公遺下役租并完九甲賠𣅿祭祀并差費等，計田壹伯玖拾肆秤半，又園租貳拾壹歸，今憑中兩房議定，配搭均分，以後各收各業，錢粮并祭祀差費等，亦各房自當照办。倘日後如有查出失業田園山塘地基風水等業，仍歸兩房均分。今維師名下多分田祖陸秤貳分半，三面言定，時值計租出叁硕，以作時價計洋拾貳元，其洋當成墨之日維壹并交子帛收足，日後各無異言。恐口無憑，立合同壹樣兩紙，各執壹紙，永遠存照。

計田園租挨鬮列于後

再有沙下園栗樹、茶巢原歸當年家打栗採茶，又批。
另楊樹柒株打椏，貳房分打，不準砍拚，又批。

許維師阄得

巴村源　叁拾八秤半
巴湖塘　拾陸秤
葛村　拾肆秤

許子帛阄得

張充兴塝　拾弍秤
小湖坵　拾弍秤
藕江塘　弍拾秤

（一）

清光緒二十四年九月某某縣許維師等立鬮分田園租合同議據

三

清光緒二十四年九月某某縣許維師等立鬮分田園租合同議據

路頭坵 拾叁秤
木果充 拾秤半
朱村 陸秤半
古塘墈 五秤
朱村園 柒號
官滩園 壹號
三十層後園 壹號
蕩裡園 壹號
水碓基園 壹號
更楼外園 壹號
上園園 貳號

據上加定字一个價字一个改六字一个又批

鵝江塘 玖秤
五百塢 捌秤
陳山畝 柒秤半
官山下 捌秤
苦黄塢 五秤
白洋塘 肆秤半
茶坑 五秤
沙下園園 叁號
鶴冠山園 壹號
楊樹下園 貳號
其武公坟前園 貳號

立合同義據壹樣兩張各執壹張存照

光緒式拾肆年玖月 立合同議據 許子帛
許維師

所分之園每號即是壹塊稅畝不等多少以作上中下三等搭分各無異言又批

憑中

（二）

三

立分關字人程萬順情因兄弟三人承父遗業，雖地土荒蕪，而兄弟并以勤勞，
猶可足食，又蒙 祖先默佑，而兄弟逐年完娶成家，今志不合，請憑
族戚分居各爨。𠁅有山地列天地人叁号，順拈得叁号，坐落水井頭，左边
至白石尖當降直下，右边至老金地界直下；貴拈得式号，搭石門廠與老
地為界，左至茶园廠與溝直下，右至白石尖當降直下，竹子廠上对破下至溝
為界；富拈得壹号，坐落汪家廠茶园當溝直下，搭老屋门前路下荒地
壹塊。其屋順、富坐前老屋，貴坐前新屋。家中什物等件叁股均分。所佃
梅林田园牛、鍬、車耙什物等項，約費洋百餘圆，……
種田此認此項，不種田此不認此項。所有大會、活會兩抵，欠錢無幾，以會抵
會。自分之後，各守各業，無得異說。恐口無憑，立此分阄一樣三纸，各收一纸存照。

再批：先祖立有分阄三纸，係咸豐拾年立。事因光緒戊申……遺失式纸，幸存壹纸，因抵押汪姓名下，
故而未失。今各房願自請憑族戚登名畫押，照依老分阄……惟老阄壹纸存立本家春森名下，永遠大發存照。又批

光緒卅四年歲次戊申孟秋月 日

遵老分阄命 程瑞和十

奉叔父命願遵依老分阄立字據人 程春久十 榮 富

憑 族 程瑞寬 程春蘇

戚 杜雅義十 劉喜十 程德鑾

依書 方鴻飛

（全圖）

清光緒卅四年七月某某縣程春久等依咸豐十年程萬順等老分關立字據

三

清光緒卅四年七月某某縣程春久等依咸豐十年程萬順等老分鬮立字據

立分鬮字人程萬順情因兄弟三人承
猶可足食又當 祖先默佑而兄弟逐
族戚分居各爨於有山地列天地人
至白石尖當降直下右边至老金地田
地為界右至茶园廠坦溝直下右至白
為界當於叓田坐落汪家廠茶园
叓坭其屋順當坐落老屋貴坐落新
梅林田园牛鋤車耙什物等項均貴
種田地認此號不種田地不認此號所
會自分之後各守各業無得異說恐口無

再批先祖立有分鬮三紙係咸豐拾年之事因光緒戊申不
故而未失今三房願自請凭族戚登名畫押照依老分鬮
再批外批兩添另立三紙四字又照

（一）上

三

清光緒卅四年七月某某縣程春久等依咸豐十年程萬順等老分鬮立字據

人承父遗業雖地土荒蕪而兄弟益以勤劳
[illegible]迄年完娶成家今志不合請凴
地人叄号頂拈得叄分坐前水井頭左边
地界直下贵拈得弍分搭分石门廠坐老
至白石尖当降直下竹子廠上对破下至溝
采园当溝直下搭分老屋门前路下荒地
[illegible]新屋家中什物等件叄股均分所佃
约费洋百餘圆数年供人伙项壹百餘圆
所有大會活會兩抵欠錢無幾以會抵
口無凴立此分阄一樣三纸各收一纸存照
中承偶遗田禄遗失弍纸幸存壹纸因抵押在汪姓名下
[illegible]惟老阄壹纸存在本家春森名下承[illegible]大發存照

（一）下

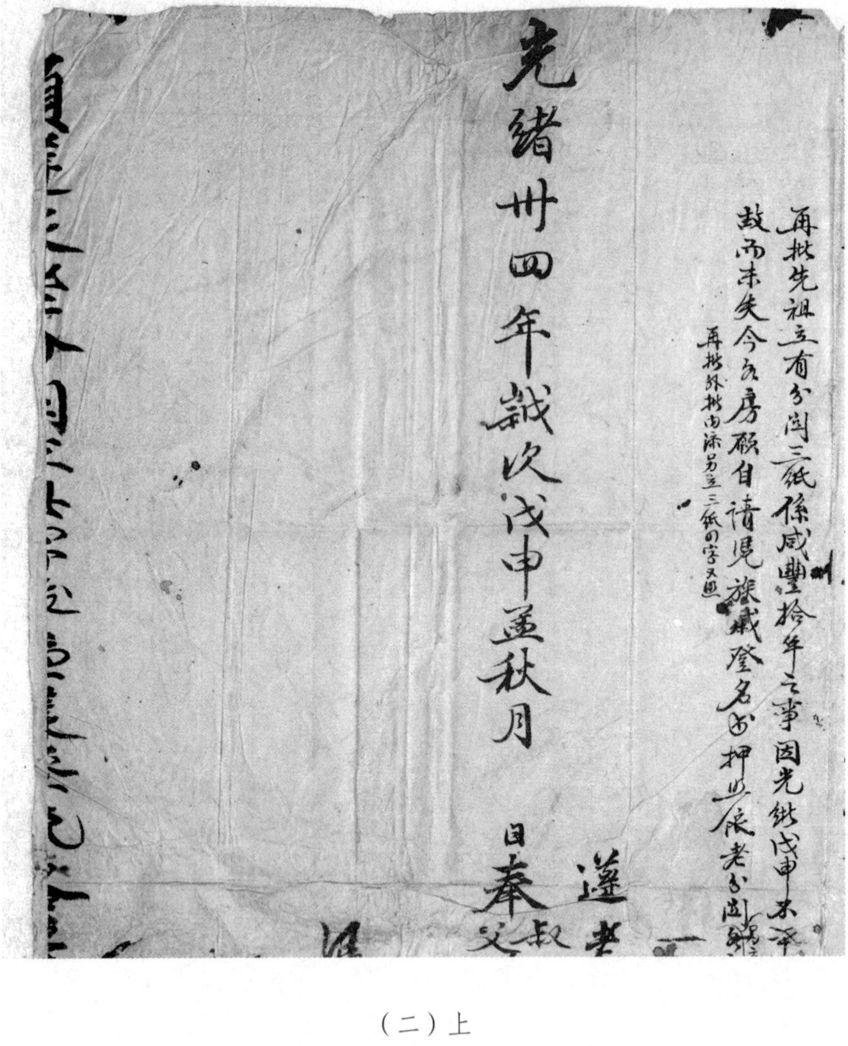

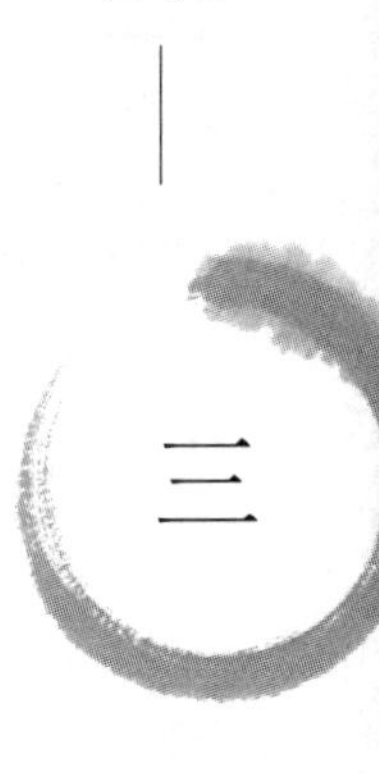

清光緒卅四年七月某某縣程春久等依咸豐十年程萬順等老分鬮立字據

再批先祖立有分鬮三紙係咸豐拾年之事因光緒戊申不幸

鼓而未失今五房願自請見族戚登名畫押照依老分鬮

再批外批由添另立三紙四字又照

光緒卅四年歲次戊申孟秋月　日奉

（二）上

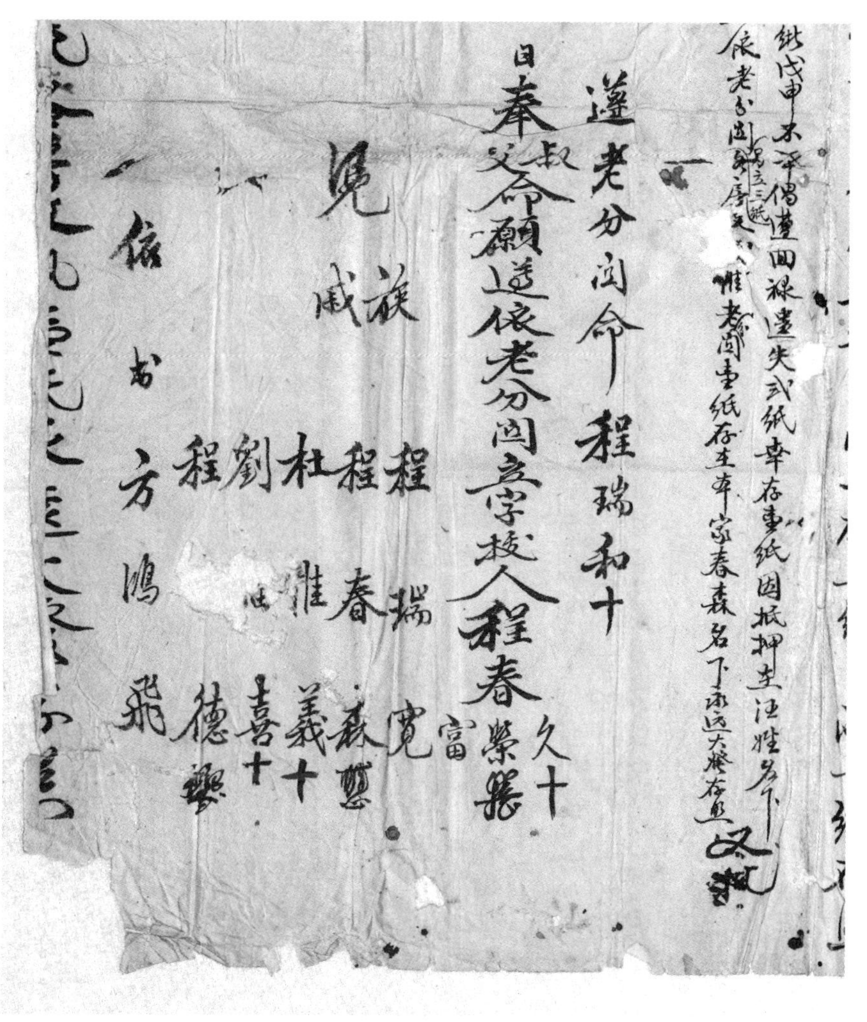

（二）下

三

民國八年夏曆三月〔祁門縣〕胡雲英立主盟分鬮單

立主盟分鬮文胡雲英緣身同胞兄弟有二身居長弟雲華不幸早故弟媳葉氏現在孀居乏嗣
身幸有兩子長開煒務農次開煥均已婚娶成立奈家境不順兩遭喪媳長子曾為再娶次子尚
未續絃身苦力籌謀生意又難獲利以至家用不敷雖有志欲造新居辦有傳瓦而力量誠恐
難支況身年逾六旬負債洋蚨貳伯餘圓而膝下二子又心志不符自顧家大人繁難以主持不
得不作分扒之計爰命二子央托親房族中作証將承父買受本都五保土名江坑長灣茶科
壹號并山在內五保土名沙坵田皮谷子壹秤又全都四保棠梨樹段田皮谷子拾觔扒與弟媳管
理外其餘茶科園地田皮谷子品搭均分拈鬮為定所有賬目另列于后二子各宜勉力承還其
會項亦歸二子承付自分之後各管各業賬目各項各還兄弟務要和氣致祥克勤克儉勉力門
戶斯不負身之厚望也今欲有憑立分鬮單二紙編為忠恕兩字號各收壹紙永發存照

三

民國八年夏曆三月（祁門縣）胡雲英立主盟分鬮單

次房惠字號　　鬮煥得

鬮得四保汪思坑茶科壹號　又鬮得五保大塢茶科貳號并山　又鬮得五保汪正坑上單田皮谷子壹秤

又鬮得六保白羊嶺田皮谷子拾觔　又鬮得四保舊宅塢田皮谷子五觔　又鬮得一保下宅上截竹山壹半

一承還賬目共計英洋壹伯叁拾圓正　內

善禎英洋貳拾五元　春華英洋拾元　外祖母英洋拾五元　達明英洋叁元

添丁會英洋拾元　記本牆英洋拾五元　耀記英洋拾五元　姚老三英洋六元

素老根英洋拾元　葉肖梅叟英洋五元　同福昌英洋五元　散賬英洋拾壹元

長房恕字號　　鬮煒得

鬮得五保朱心坑茶科壹號　又鬮得仝保稔坑頭茶科壹號　又鬮得仝保太小塢彎茶科貳號

又鬮得仝保汪正坑下單田皮谷子壹秤　又鬮得仝保江坑田皮谷子壹秤　又鬮得一保下宅塢下截竹山壹半

一承還賬目共計英洋壹伯叁拾圓正　內

又公記英洋叁拾元　社會英洋八元　善記英洋貳拾五元　達明英洋叁元

光庸記英洋拾六元　春華英洋拾元　記本牆英洋拾五元　培元英洋五元

成枝叔英洋叁元　貴社英洋拾元　老和英洋五元

[illegible]

一本家所邀蘇聖公會英洋壹伯元，每年共付出英洋拾四元五角，兩房均派

（二）

一助鼎春會壹股仍有叁界未付每年應付出英洋拾叁元五角 兩房均派

一貞一會壹股 一本門社會壹股 開煒得

一公積社會壹股一添丁會壹股 開煥得

中華民國八年夏歷己未季春月望日立主盟分鬮文胡雲英

一存東岸石边正房楼倉一厂以及廚屋柴屋厠所一併在內

一存東岸老園地基壹偹

一存東岸下宅塢園地壹偹

一存新婆坦地基壹偹併雜樹在內

一存新置磚瓦條木托沙屋領

一存各處樹木

一存五保長坵谷子田皮壹秤

一存各處土名實祖拾六秤有零

一存東岸園地茶稞壹偹

公男 開煒

開煥

房中 雲蓮

族中 兆祥

曰墉

曰梁

代筆 開銘

（三）

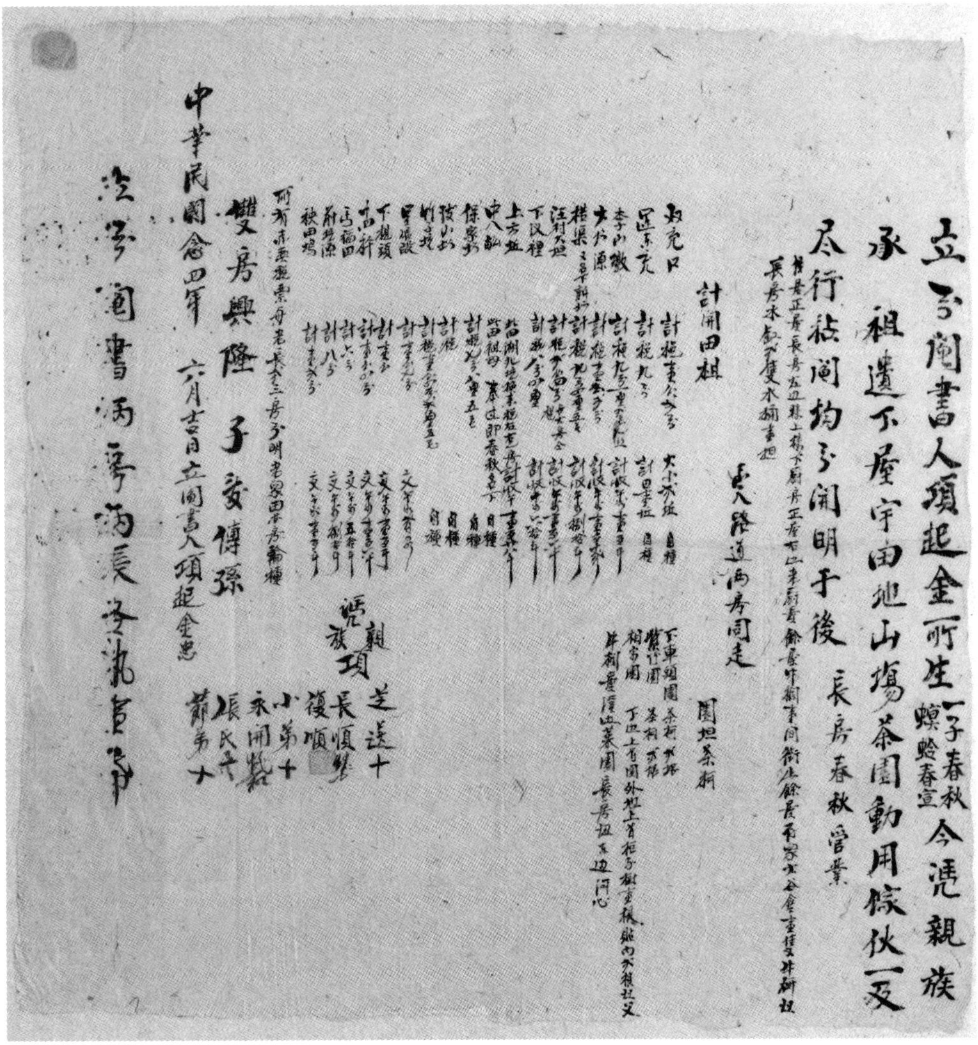

立分鬮書人項起金所生一子春秋　螟蛉春宣　今凭親族
承祖遺下屋宇田地山塲茶園動用傢伙一叉
尽行拈鬮均分開明于後　長房春秋管業

計開田租

憑親族項　芝送十
長順
復順
小弟十
永開
張氏
鄰弟十

雙房興隆　子孫傳孫

中華民國念四年　六月吉日立鬮書人項起金

注分鬮書兩房兩長各執壹本

（全圖）

（一）上

起金所生一子春秋螟蛉春宣今凴親族
[illegible]由地山塲茶園動用傢伙一叉
明于後　長房春秋管業
屋右边茶廚壹餘屋牛欄東間街上餘屋承祭大谷倉壹隻牛欄地
除道兩房同走
園坦茶柯
下車頭園　茶柯　分派
櫧竹園　茶柯　不派
相家園　丁边上首園外坦上首柜子樹壹根貼內不根坦叉
牛欄壹塊边茶園長房坦東边河心
自種
自種

（一）下

三

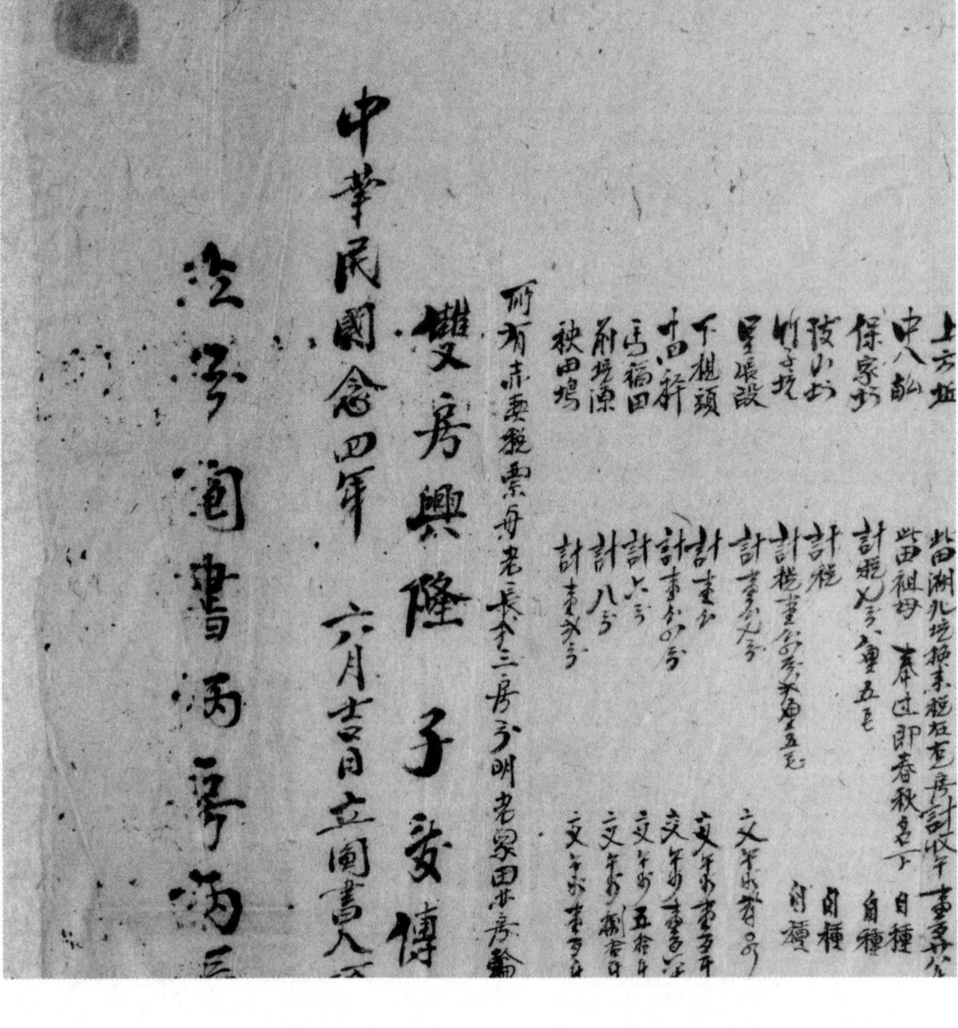

上方坵　坐西湖九坵換來租在本房 計收午[illegible]
中八畝　坐西祖母　奉過即春秋息下　自種
保家[illegible]　計租又[illegible]　自種
陂山[illegible]　計租　自種
竹子坑　計租[illegible]
呈張段　計[illegible]
下[illegible]頭　計[illegible]
十畝[illegible]　計[illegible]
馬福田　計[illegible]
前塝源　計八[illegible]
秋田塢　計[illegible]

所有赤契稅票每年老長三房分明老眾田共房輪[illegible]

雙房興隆子孫[illegible]傳

中華民國念四年　六月吉日立鬮書人[illegible]

[illegible]園書[illegible]

(二) 上

自種
自種
自種

房輪種

傳孫

書人項起金（押）

憑親族項

芝送 十
長順（押）
復順
小弟 十
永開（押）
張氏 十
節弟 十

（二）下

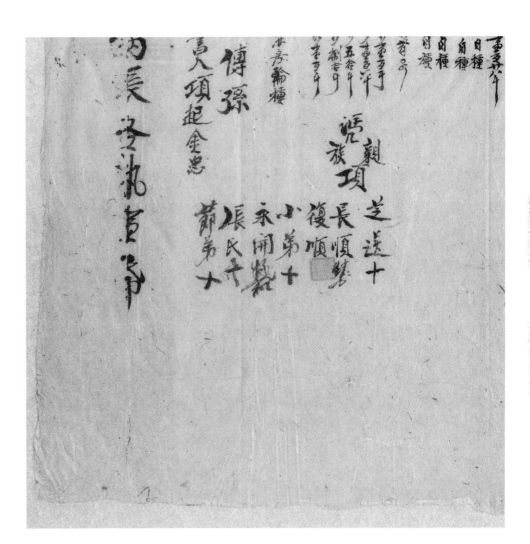

某年某某縣何村等處地圖

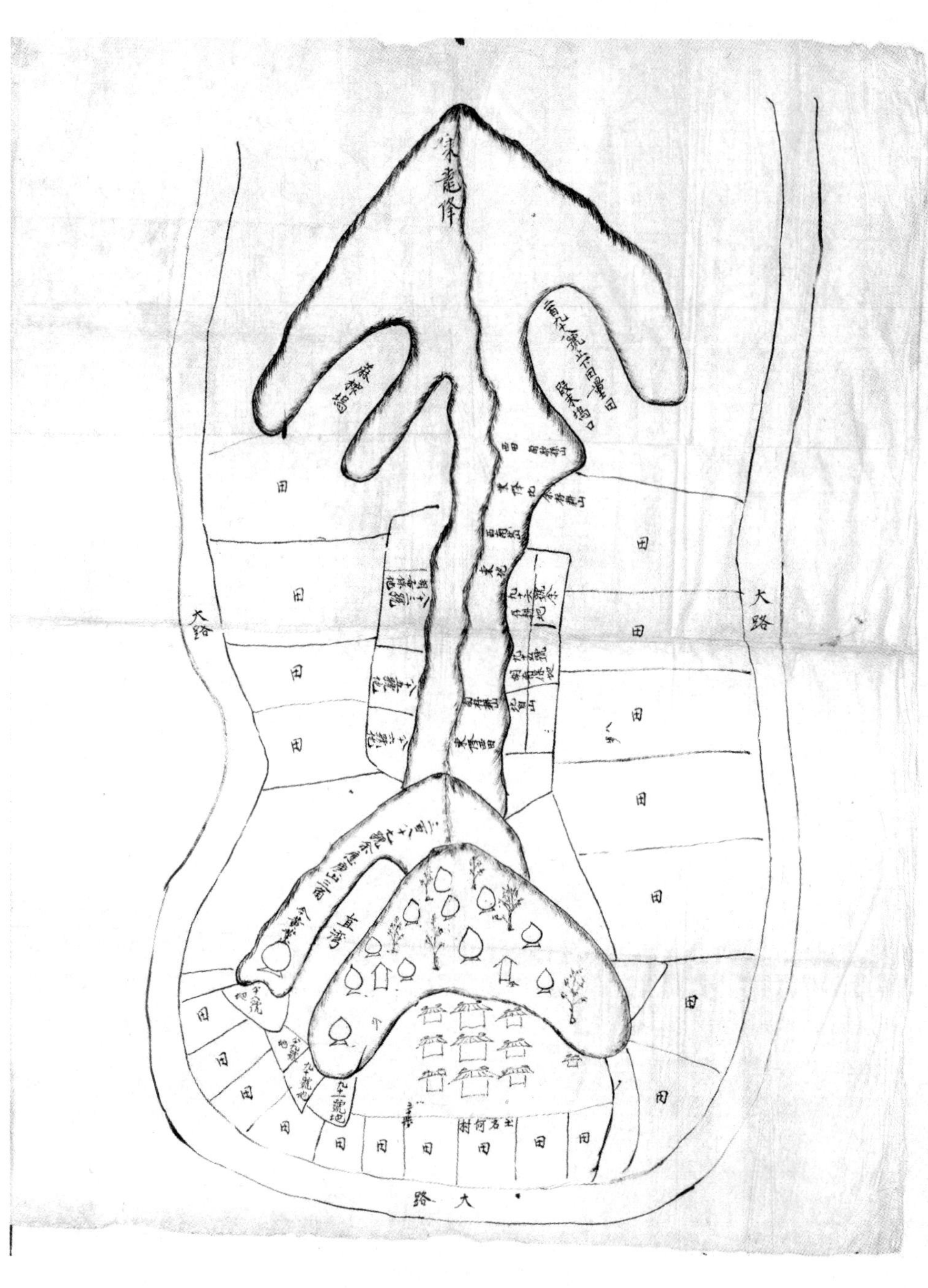

（全圖）

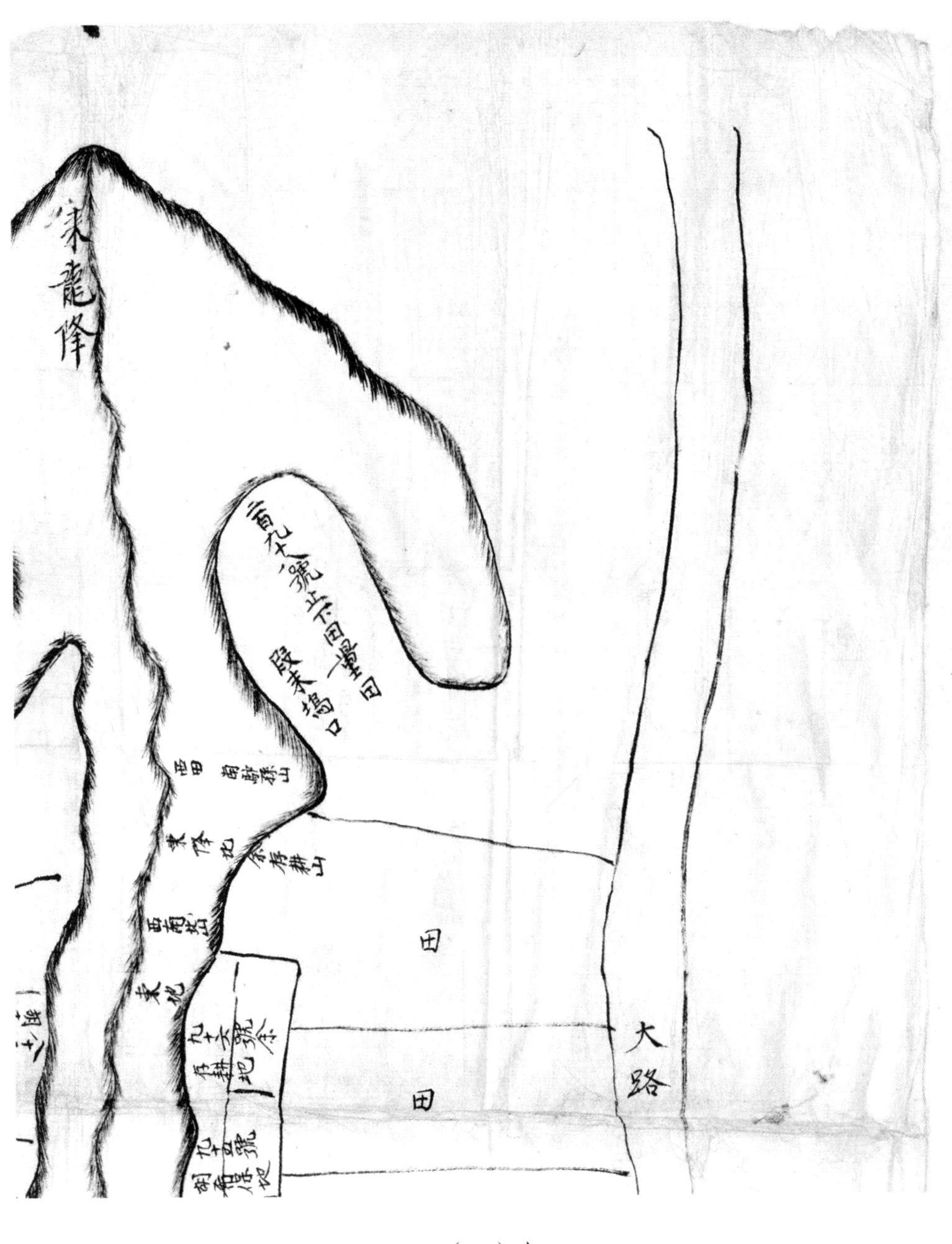

（一）上

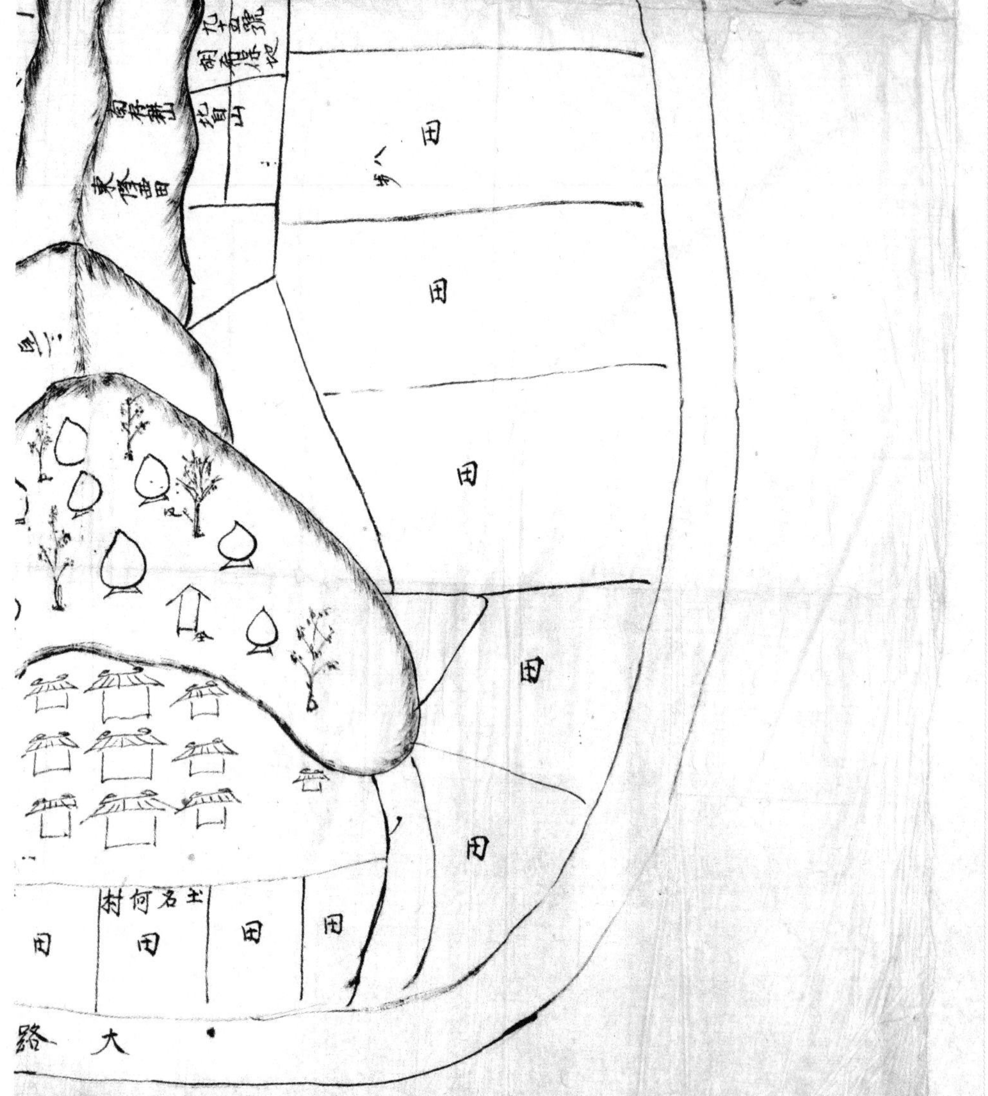

（一）下

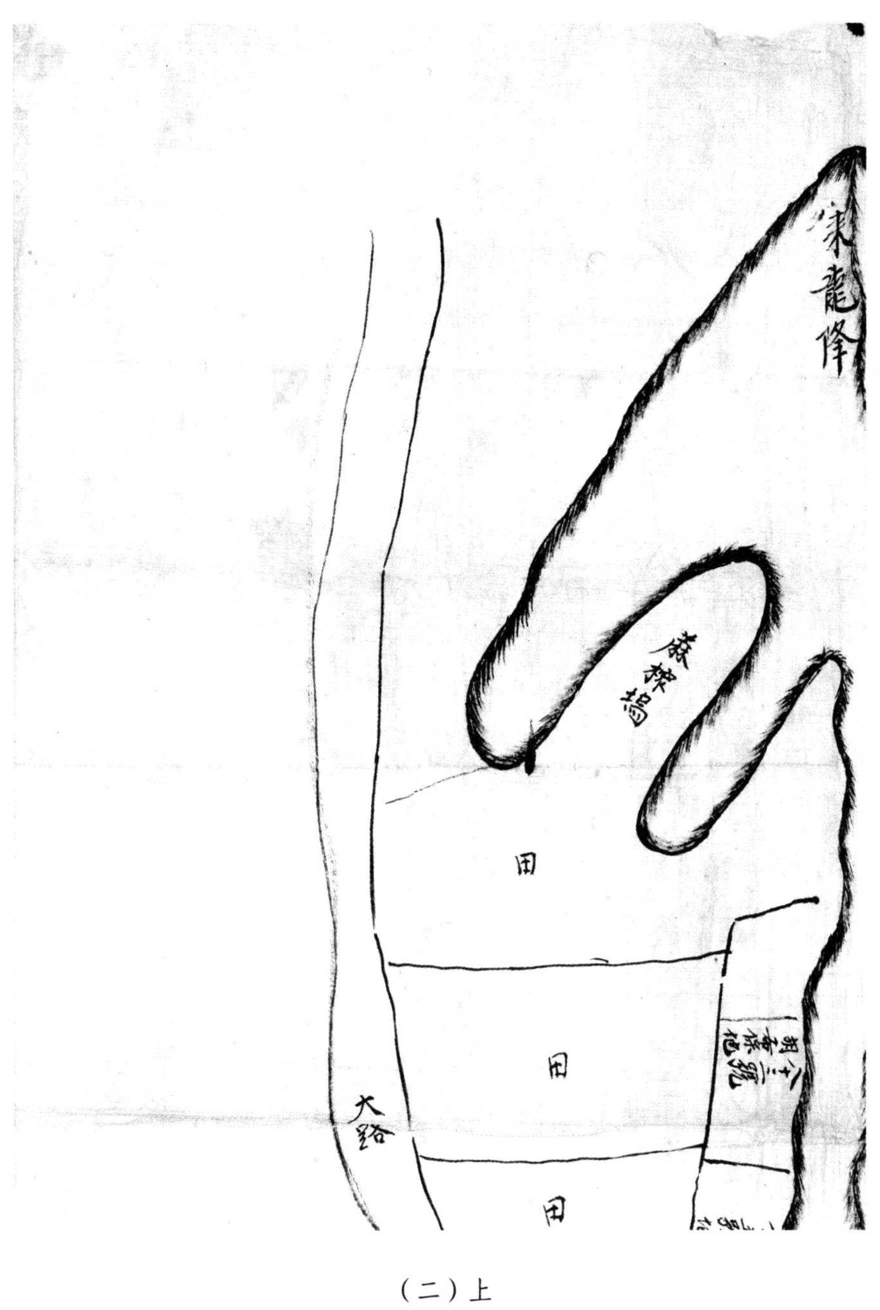

（二）上

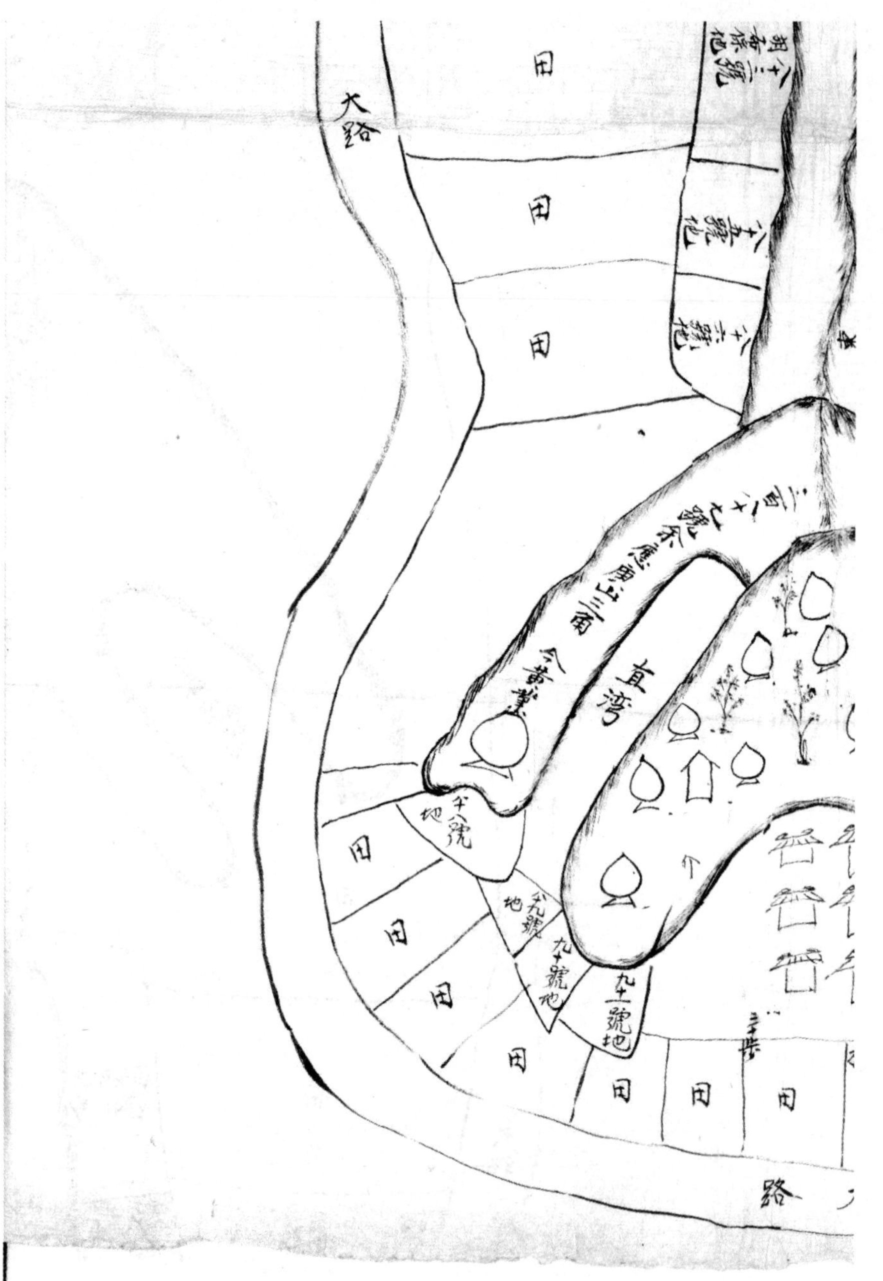

（二）下

二、明正德至清乾隆年間分析墳山田地房屋合同

〔一二〕明正德至嘉靖年間某某縣十一都方朱二姓劃分墳山合同

十一都方記洪朱勝虎等共業山乙片坐落本都土名高風坑水口坂山
不計數今年七月十二日是勝虎嬸嫂葬在山彼时記洪不知勝虎
分數計告到官亭拘問間二家契將出齊照其山記洪承祖買
數是实朱勝虎原買得高振軒分數是实照契無辭憑親
支具本一勸諭議合同之後二家各照前項分數管業山內二家
見葬坟塋毋許侵犯即無異說今恐無憑立合同一樣弍張各
收乙紙為照

正德十四年八月初四日立合同人 方記洪
方支[illegible]
押
中見代書 具本一

明正德十四年八月某某縣方記洪等立共業墳山各照分數管業合同抄白

三

明嘉靖三十三年正月某某縣方思聰等立方朱二姓劃定墳穴無許侵葬合同抄白

十都方思聰方記洪等承祖原買得分數山坐落本都七保土名高鳳坑水口坟山係經理野字號不計數與本都親人 朱輔朱轅等相共於嘉靖卅二年二月廿九日是 朱輔轅安葬 毋坟本家稱說朱侵欺具身狀投里老憑中 李季勸諭篤念至親二家兩下不願終訟輔原出銀壹兩五錢雇工做（打石）造及安謝墳營其穴内坟冢所内左右弍所方家掛拜内中間壹所是朱轅掛拜自議之後穴内保闢二家子孫各毋許侵葬如違听自聞 官理治立時改正仍依此文爲始今恐無憑立此合同一樣弍紙各收一紙子孫永遠爲照

嘉靖三十三年正月十三日立合同 人方思聰
方記洪

中見人 方賢 李樞 胡銑

勸諭老人 胡偟

代筆人 李學

抄白

〔二〕明嘉靖至清乾隆年間〔祁門縣〕赤橋方氏鬮書

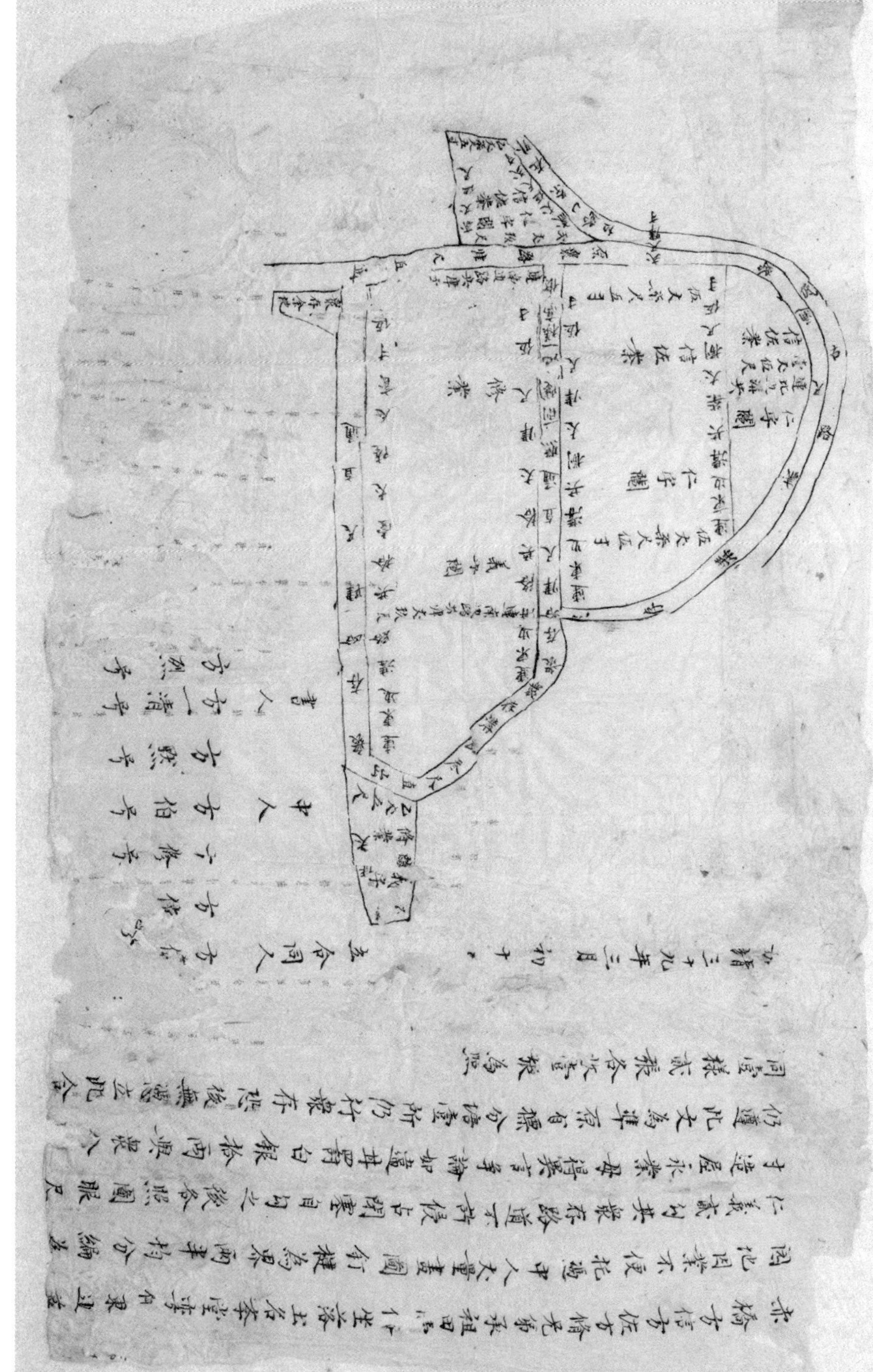

明嘉靖三十九年三月〔祁門縣〕方信等立丈量畫圖鬮分承祖田合同

三

清康熙三十六年五月〔祁門縣〕〔方〕聲振等立鬮分基地議墨

立議墨靜公支下三大股人等今有七保土名赤橋村心基地壹片
係经理閏字壹千壹百陸拾陸號其地自承祖摽分之後向未分界
三股不便管業今議作天地人三鬮南為天字勾北為人字勾地居
中自鬮之後各炤鬮管業造屋用事毋得生情異說如有不遵墨者公
罰白銀叁兩仍依此文為準合文一樣三張各執一張為炤

天字鬮試公支下元龍鬮得
地字鬮訓公支下聲振鬮得
人字鬮讚公支下桂生鬮得

合文壹樣叁張各執壹張為照

康熙三十六年五月初四日立議墨靜公支下
訓公支下　聲振等（押）
試公支下　元龍等（押）
讚公支下　桂生等（押）
中見代筆　同堃（押）

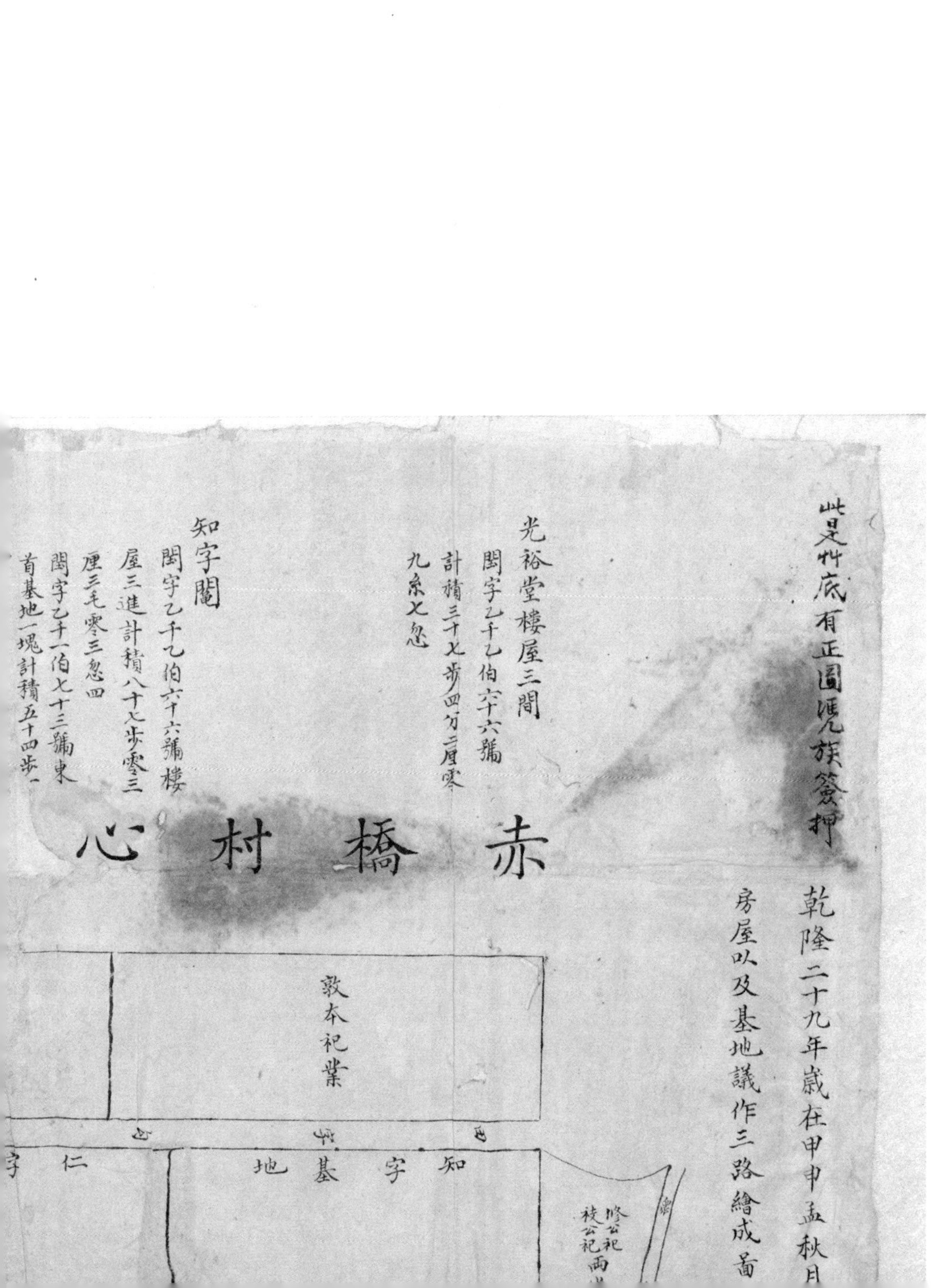
此是卄底有正圖憑凡族簽押
乾隆二十九年歲在甲申孟秋月
房屋以及基地議作三路繪成啚
光裕堂樓屋三間
閟字乙千乙伯六十六號
計積三十七步四分二厘零
九系七忽
知字閣
閟字乙千乙伯六十六號樓
屋三進計積八十七步零三
厘三毛零三忽四
閟字乙千一伯七十三號東
首基地一塊計積五十四步一
赤橋村心
敦本祀業
知字基地
仁字
修公祀
枝公祀西

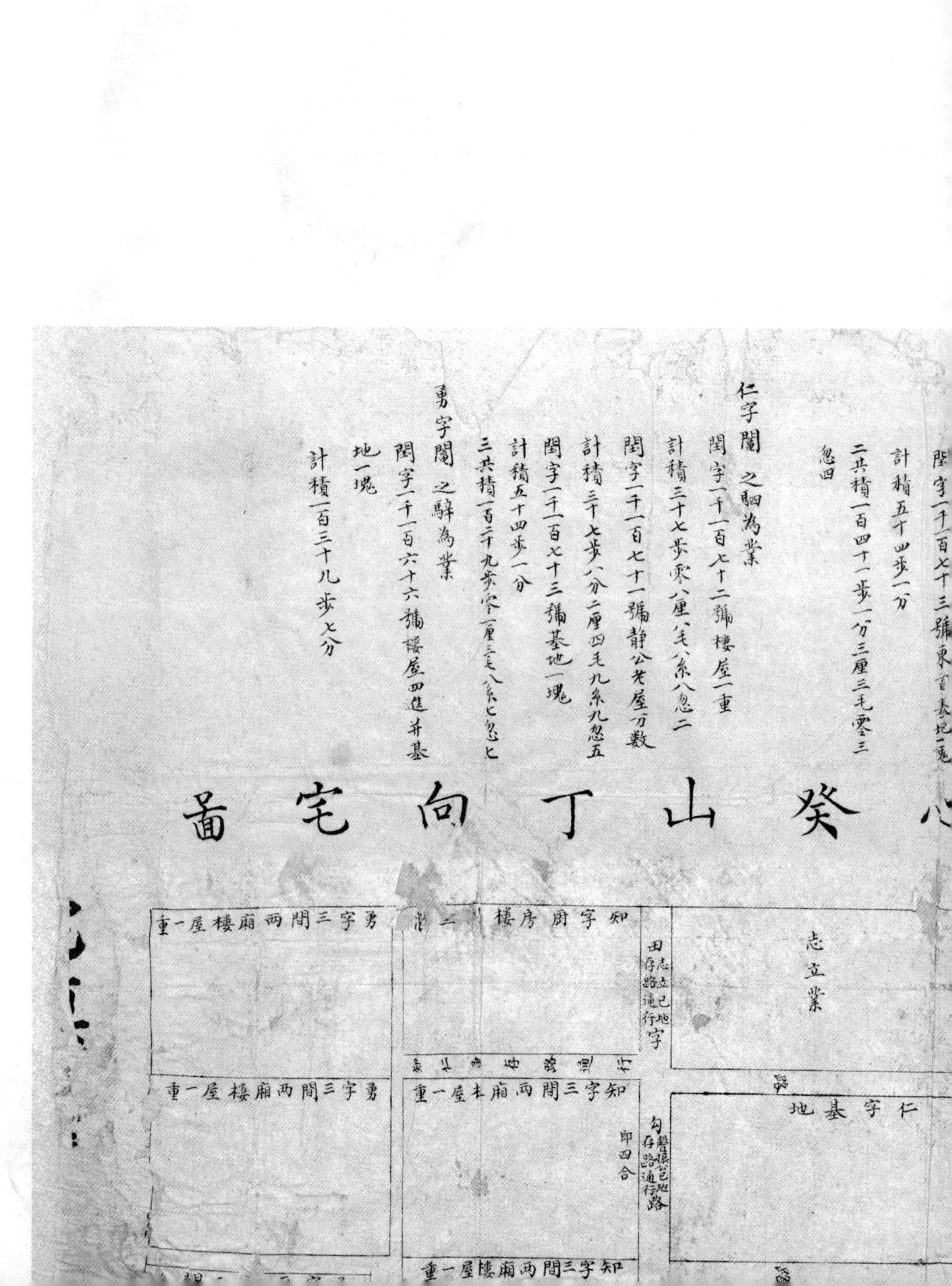

閏字一千一百七十三號東首基地一塊

計積五十四步一分

二共積一百四十一步一分三厘三毛零三忽四

仁字閣 之駟為業

閏字一千一百七十二號樓屋一重

計積三十七步零八厘八毛八系八忽二

閏字一千一百七十一號靜公老屋分數

計積三十七步八分二厘四毛九系九忽五

閏字一千一百七十三號基地一塊

計積五十四步一分

三共積一百二十九步零一厘三毛八系七忽七

勇字閣 之騂為業

閏字一千一百六十六號樓屋四進并基地一塊

計積一百三十九步七分

癸山丁向宅圖

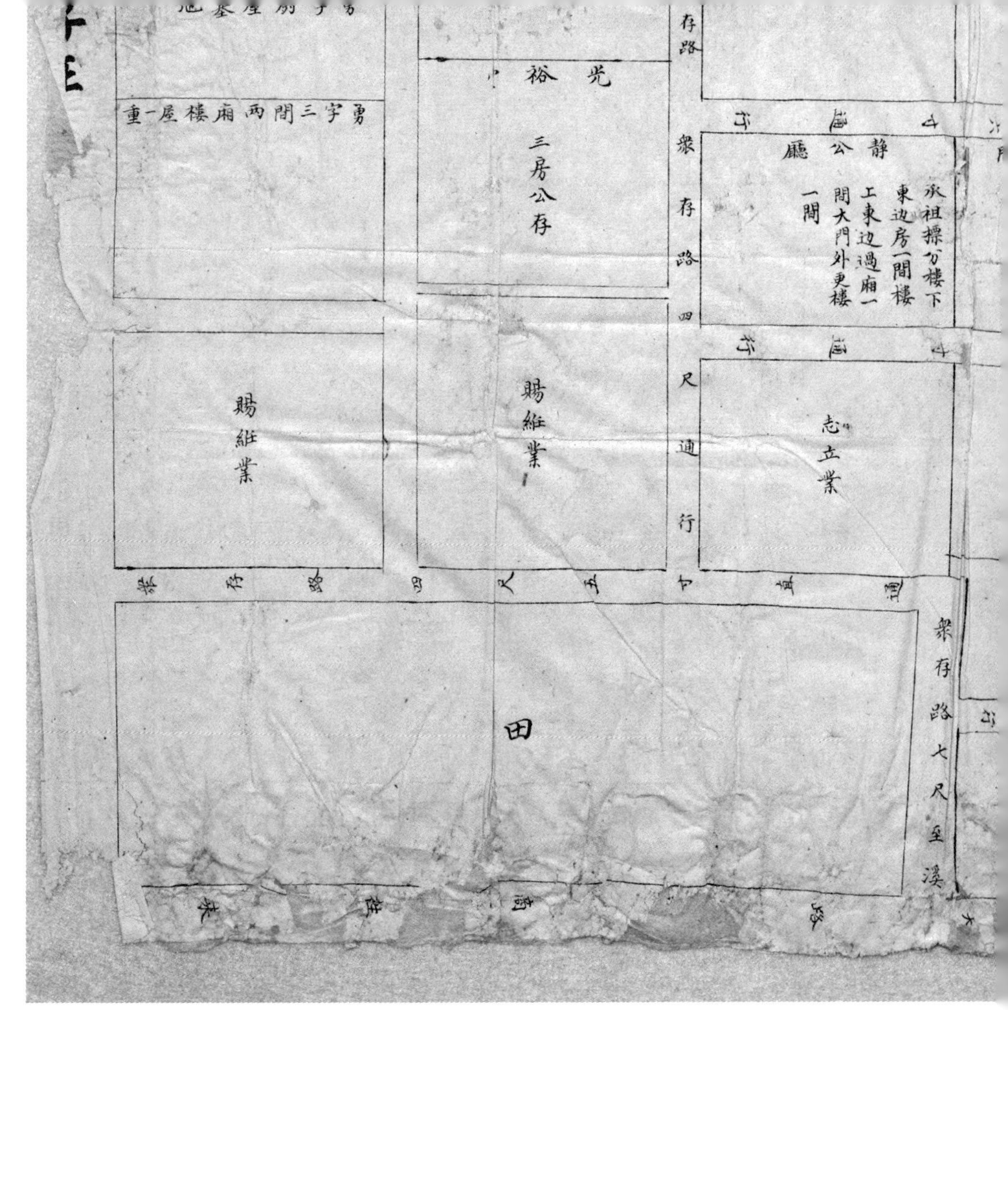

勇字三間兩廂樓屋一重
光裕
三房公存
賜組業
賜組業
衆存路四尺通行
靜公廳
承祖操分樓下東边房一間樓上東边過廂一間大門外更樓一間
志立業
衆存路四尺五寸直通
田
衆存路七尺至溪

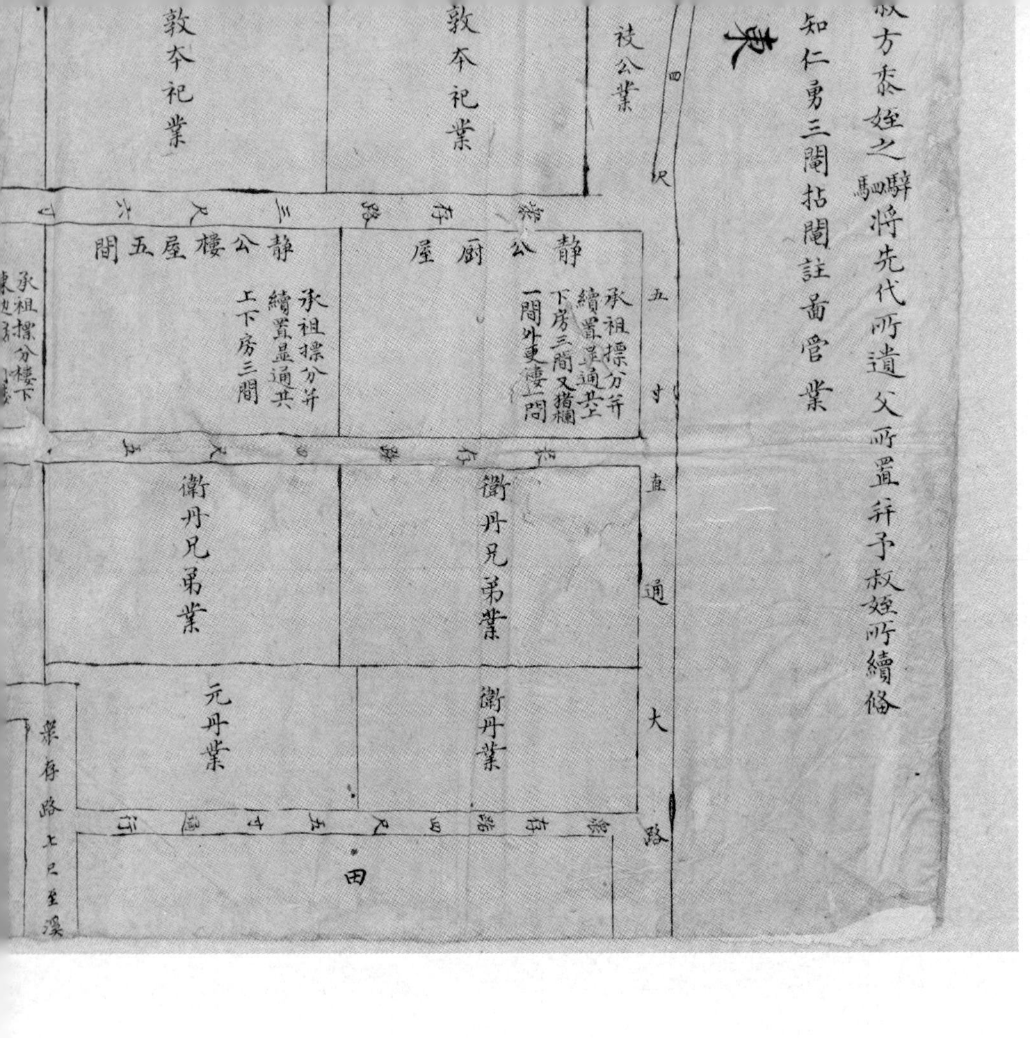

叔方泰姪之驊騮將先代所遺父所置并予叔姪所續備
知仁勇三間拈鬮註畨管業
東
敦本祀業
敦本祀業
祾公業
四尺五寸直通大路
靜公樓屋五間
承祖標分并續置基通共上下房三間
靜公廚屋
承祖標分并續置基通共下房三間又豬欄一間外更樓一間
衛丹兄弟業
衛丹兄弟業
元丹業
衛丹業
眾存路七尺至溪
田

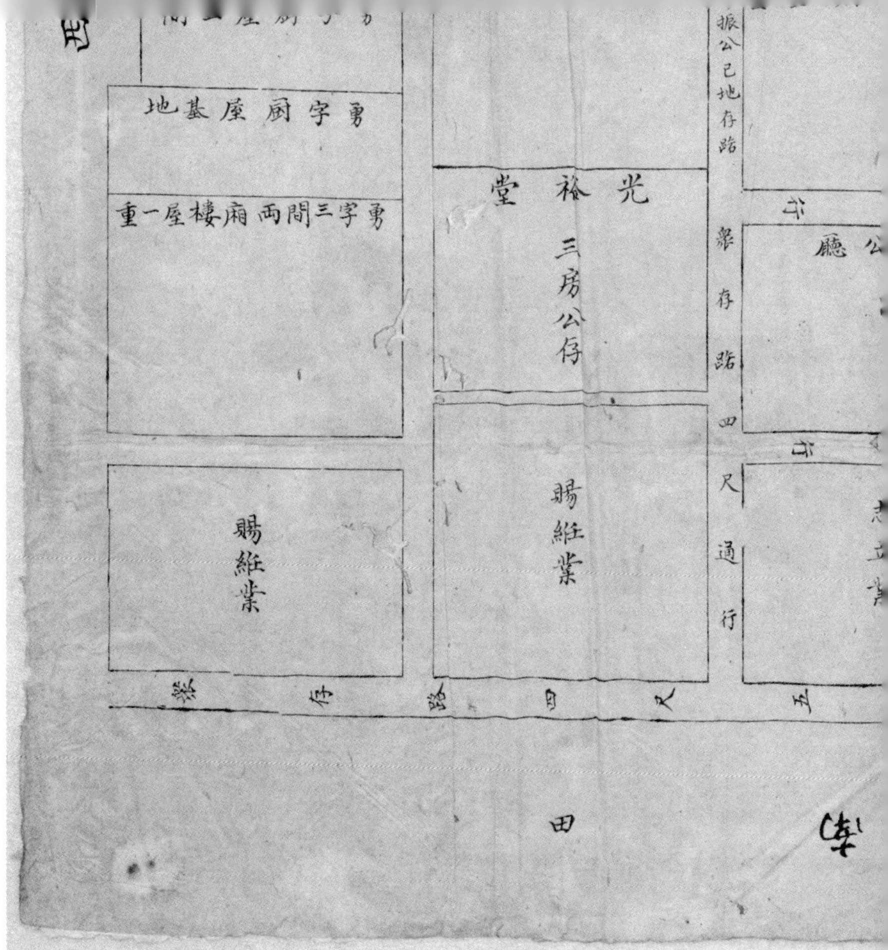
勇字厨屋基地
勇字三間兩廂樓屋一重
光裕堂
三房公存
賜紐業
賜紐業
振公已地存路
衆存路四尺通行
廳
田

先代所遺　父所置并予叔姪所
仁勇三閹拈閹註畨管業

畨叔　方黍
同姪　之驊
之騆
見立房弟　禄
伊操
姪孫　賜絅
賜維
族兄　震
彥孖
弟　華
懋季

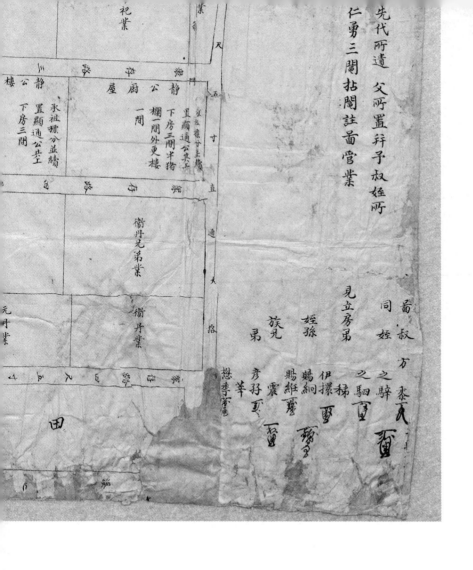

乾隆二十九年歲在甲申孟秋月吉旦叔方秦

續買倫房屋以及基地議作三路繪成圖

赤橋村

光裕堂楼屋三間

閏字一千一百六十六號

計積三十七步四分二厘零九系

七忽

知字閣 泰為業

敦本祀業

知字基地

修公祀
枝公祀 兩半均業

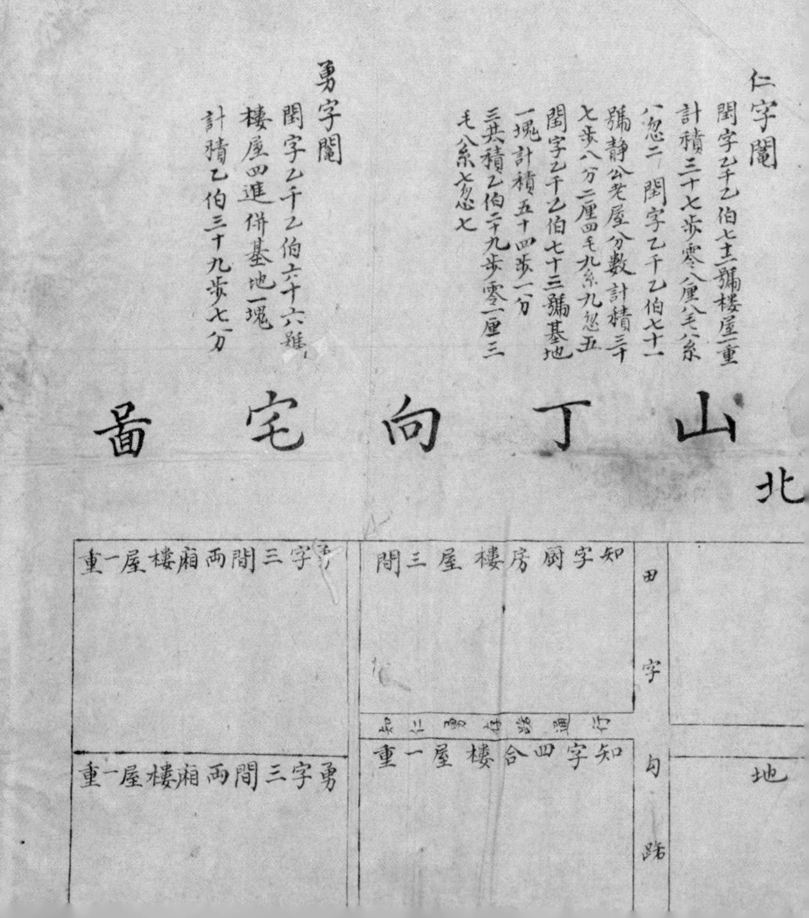

仁字鬮
閏字乙千乙伯七十二號樓屋一重
計積三十七步零八厘八毛八系
八忽二　閏字乙千乙伯七十一
號靜公老屋分數計積三十
七步八分二厘四毛九系九忽五
閏字乙千乙伯七十三號基地
一塊計積五十四步一分
三共積乙伯二十九步零一厘三
毛八系七忽七

勇字鬮
閏字乙千乙伯六十六號、
樓屋四進併基地一塊
計積乙伯三十九步七分

山丁向宅啚

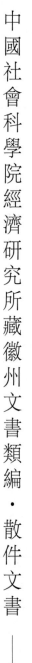

立議合同佐公支秩下伊撰維雄等承祾公支秩下之驄賜綳賜綱賜約等緣七保朝字九伯弍拾弍
號土名金竹塢山弍畝肆拾步，先年兩支各買有契拠為憑，于上均各安有　祖塚，是兩支事同壹体
子孫命脉攸関，悉守無異。于舊八月被房姪孫如珩嘉祥等毫無分籍，黑夜將棺盜葬于山，
現在　邑主控案未沐審訊，由恐日後兩支子孫貪山餘者無知妄動，有傷　祖塚，致
生事端，反失先人親亡之義。因思全美始終，今兩支憑中東公眼同畫圖定界，各管
各業，毋得相侵，上安　先靈，下全命脉，使兩支　祖塚毋得相傷，子孫情義不致有失。
佐公支祖坟居東北，自金竹塢中壟直下披水至盜葬穴南向斜出，挨資公起過坟穴右臂下
至塢中平地高塝及田為界，其東北截界內山骨及現在古蔭拾肆株及新養松木
数株，均属佐公支管業。　承祾公支坟居西南，自金竹塢中壟直下披水以南至資公起
過坟穴臂高脊直下至塢中平地高塝及田為界，其西南截界內山骨樹木均属　承
祾公支管業。其中壟八分界之處，日後兩支子孫恪遵此善後之議，不得在上擅動

（一）

三

清乾隆五十五年三月（祁門縣）（方）伊撰等立山地畫圖定界毋傷祖塚合同

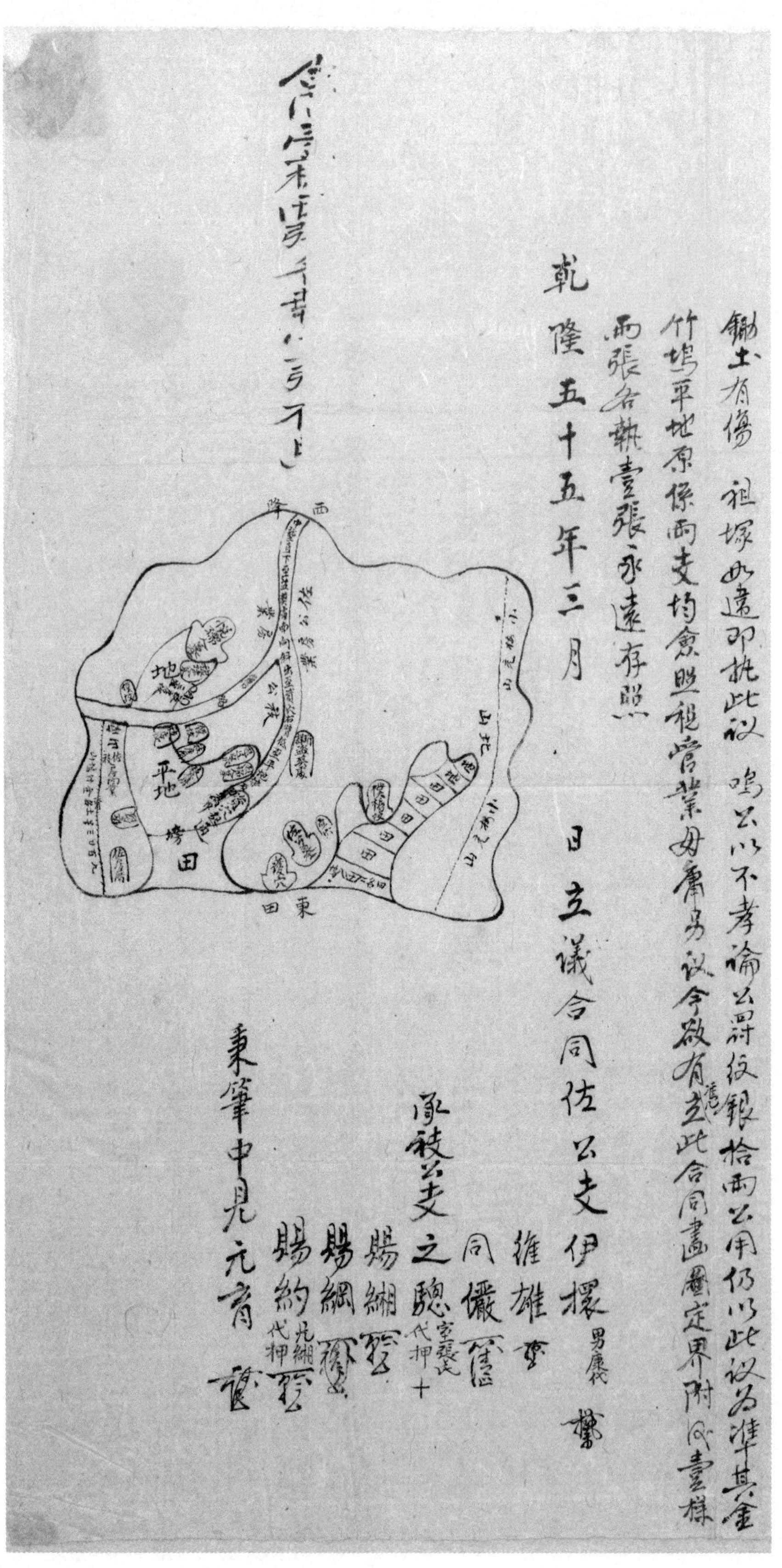

鋤土有傷　祖塚毋違，即執此議　鳴公以不孝論，公罰紋銀拾兩公用，仍以此議為準。其全

竹塢平地原係兩支均僉照祖管業，毋庸另議。今欲有憑，立此合同畫圖定界，附入畫樣

兩張，各執壹張，永遠存照。

乾隆五十五年三月　日立議合同佐公支　伊撰（男康代）押

維雄　押

同儀　押

承祧公支之　聰（堂親代押）＋

賜緗　押

賜約（兄緗代押）押

秉筆中見　元育　押

（二）

三

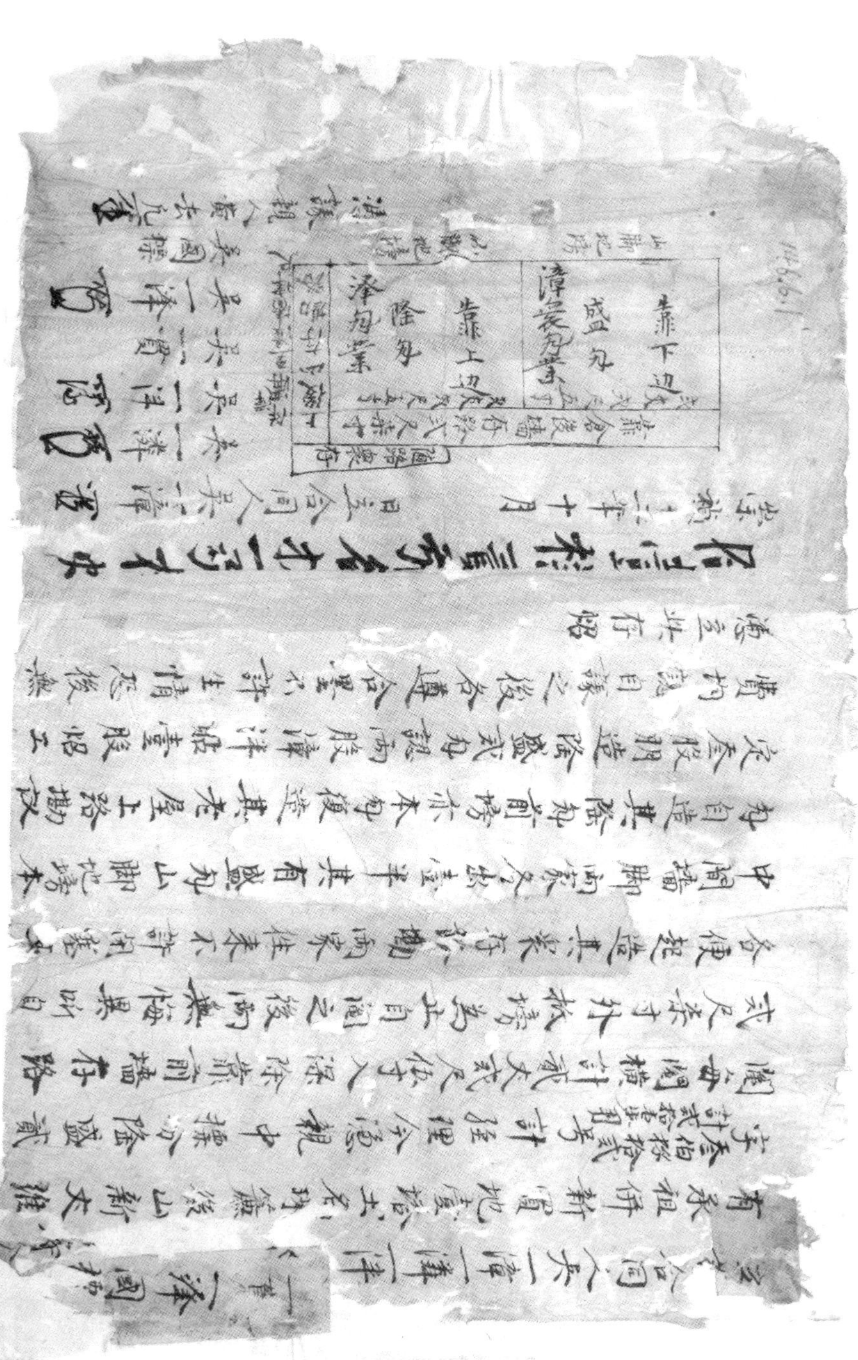

明崇禎十二年十月〔休寧縣〕吳一漳等立議鬮分祖地合同〔左半字〕

三

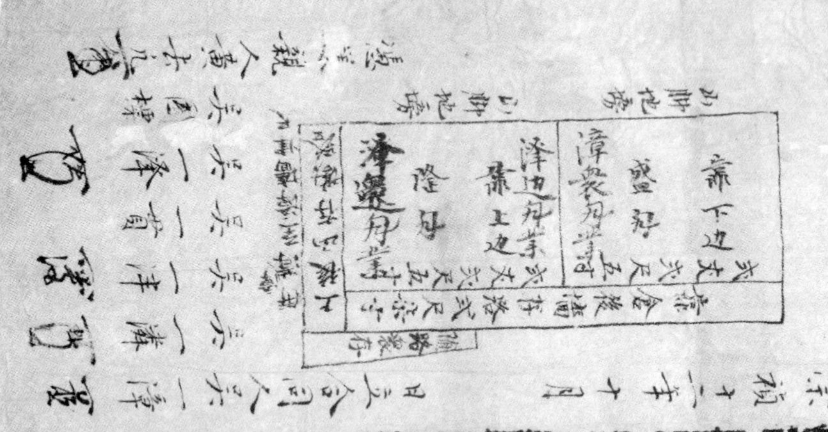

明崇禎十二年十月〔休寧縣〕吴一漳等立議鬮分祖地合同〔右半字〕

明崇禎十七年四月（休寧縣）吳一漳等立照股鬮分尚義會田地屋基現銀等會帳議單

立議單尚義會友吳一漳、一貫、一傳、一濟、一倫、一澤、一任、康彥、憲兄弟
柏寿等上年立會生殖，無奈因會友不齊，以致屢年會帳不清。
無欠未償會友集議，諒情難算，將會內無欠併浮尚逐一計算估值，
照股均派鬮分。所有子祯边于天啓七年將田二號當本拾〔兩〕肆錢，
算至崇禎元年，該本利拾五兩零八三分，雖祯边一股照實，每股該
分銀又兩八錢零分，除祯边該股外，仍負又兩又分又分，因祯边合家廷
前難以注取補分，待祯子一芳一萬回家之日，會友再取照股均分。今將
取得田地屋基山苗現銀，尚存俱照拾壹股均搭鬮分，今立分單拾
弍張，各執一張存照。

（一）

明崇禎十七年四月（休寧縣）吳一漳等立照股鬮分尚義會田地屋基現銀等會帳議單

至禎边分單一張存匣內番条炤　分會友秉存一賢边田契當來
銀月供炤會友十一人均派均分毋得推挨　又重興社內欠會內
本家叁拾五兩零六分七僅取得一方基地買屋時值價四兩仍欠
銀、待重興社內物件眼仝算還均分　又轄內欠會內七拾七兩零三分
待衆面仝算將轄內物件　算還均分

崇禎十七年四月初二日　立議單尚義會友吳一漳

一賢

一傳

一濂

一任憑兄弟分得第一分牛欄基一塔計稅壹分貳釐珠
并道生屋樣、房併巷一眼計稅貳釐白布衫一件

（二）

漳栢寿分得第弍号菊边塢田弍坵合得一半计
税四分六厘 瑎篁後边买一号楼上房一眼计税弍厘
石叶里山一塝计税七分 鬼坑孔买位山计税肆分
金奂塢 计税弍分五厘 礼衣一件 棉裙一条

第三号业彦庵一半 又买治名下四股之一实买
治名下四分之一漾买治名下四分之二南边塢田弍坵合
得一半计税四分六厘 瑎篁後边买一号基地弍纸二塝
併屋计税 瑎篁后边高坡上房屋一间计税 十
户山一号计税刁三 鬼坑孔买禄山一号计税柒分半 白
绵裙一条

一倫
一澤
一任
彦庵
憲兄弟
栢寿

（三）

三

明崇禎十七年四月（休寧縣）吳一漳等立照股鬮分尚義會田地屋基現銀等會帳議單

貫傅丹得第四丹棋坵地一塔計稅　湖边田合得二股之一計稅
道生樓下房一眼併樹計稅　李師干田一坵計稅二了　買棕風一件
第五丹六丹業倫該三股之一澤該三股之二　中路边瑯屋前菜地
買吳璣四股之一計稅　塘益大路边買涑漳房樓下一眼計稅
汪高刈山買吳璣四股之一計稅弍分半　云頭買涑漳地一塔計稅一分
小坑口田硬租九斤四兩計稅半　白棉衣一件　紬衣一件　青綿衣一件
各會友鬮內產業其原韓衆貯尚義匣備后參看便取所參毋阻其產照合
墨丹分受業毋詞

（四）

明萬曆三十年二月祁門縣章社謹等立保塚並分析出拼樹價合同

祁一縣九都立合同人章社謹、社誂、章昊、章魁、章昊、章節、章桂等，休寧縣十二都
汪文訓等為立墨保塚事。土名祁一祖峰葉塢後塢口，係門字一千乙九十一号，東至
高尖，西至田，南至弯弦，北至後塢石壁直上至尖，四至內先年曾取一半賣与休
寧何云堅兄弟于萬曆廿年，何云堅兄弟已將山盡行轉賣与汪文訓兄弟訖。
仍存章社謹、社誂、社昊、社魁、社昊、章嵩、章鄧、章桂、章權共業一半，于萬曆廿
六年陸續各自立契盡賣与汪文訓兄弟訖，此時汪氏合業，比時汪文訓於墓
父母于章氏古坟之上，經今五載，各家異說。于萬曆卅年章氏不察原合同
來歷，又往立穴，汪文訓執墨鳴諫，查得章謹兄弟叔侄先年東水章權分數，今
愿立賣受價，湊汪氏合業，縱此章氏僅存上下左右存一丈護祖，日後各不許侵
塟。若情契內並無存留分數，此係遇執此合同一樣二張，各執一張永遠存照。
所占先年賣楊豕章壹立頂上只賣坟穴，余山全無。
又賣与朱萬里坟穴坐落弯弦，並無山業，又賣長豐吳家坟穴坐落田塝，亦無山
業。再批。

（一）

計開在山蔭木日後汪氏出拚松木与章氏長養兩半均分其新舊樹木

日後汪氏出拚每一兩與章氏四分議批

合同一樣二張各執一張永遠存照

萬曆三十年二月初一日立合同章社謹等　俱已名字畫押

同立合同人汪文訓

親隣中見人許元倖　章小梅　孫湧祐

章社福　章應選　汪文蔚

代書人黃鈺　即黃鎮宇

（二）

三

清順治三年七月某某縣汪得孚立出替所租鋪面貨物替約

立替約人汪得孚原租得吉水鎮宗文還中街下岸
鋪面一間并店內貨物傢伙包客差役一併盡
行出替与方　名下開張生意得收艮拾玖兩
契整其書以後租貨方边認納自今交替之後
兩無異說如有反悔者罰艮叁兩公用今恐無
憑立此替約存照

順治叁年七月[illegible]拾日

立出替人汪得孚（押）

中見人　方含輝（押）
方君甡（押）
方余鏜（押）

三、明嘉靖至清光緒年間祠堂祭祀等宗族事務文書

〔一〕明萬曆至清同治年間〔祁門縣〕善和程氏設立祀田祠堂合同

善和程錯程鏈程錢程漸四大房人等共有　賓山公軍産遵行家議已久其浮穀逐年約分壹千伍百以業貧乏其蓄養
山木箚立合同保全至成材出拚更有成法當守祖宗先達垂慮至深遠也彼　顕公房秩下即将　賓山公所分浮谷
衆存随置祀田已有成效錯等四房　盛達懋讓曰公未立祀田以致祭不時舉誠恐日後子孫貧富賢愚不齊在家出
外不一若不設法預存祖宗惧有乏祀人心何安今四房集衆謫議除五大房原分乙千五百併存管　賓山公祭祀差
粮支費外仍剩浮穀頗有羨餘議分作五厭錯等四房衆存蓄積以置祀田支持衆事各房另議一人輪流管理註帳交
遞與家議同再家議所合山場　孫爺批印文書開載頗[illegible]不必再贅獨潭溪塚林併青真塢頂源等山場又祖宗命脉志
意所係尤宜保守近来拚木大半充強梁之囊槖而衆[illegible]存虚名不均不和莫此為甚今合衆謫議　賓山公當年管理
毋許出契賣木果係成材必要家長契押當年為副每房必要二人方許拚賣如議論不一即将所存浮穀做出均分只不許當
年朦朧私賣如有管理私賣罰銀拾両入衆公用仍責令取回原契自立合同之後四房子孫各宜永遠遵守毋許狗私拗
衆生端分拆如違聽賫文告理準不孝論仍依此文為準恐後無憑立此合同乙樣伍紙呈　官懇印衆存乙紙貯匣每房
各收乙紙為照

（一）

明萬曆二十四年閏八月〔祁門縣〕程錯等立蓄積浮穀羨餘以置祀田及毋許私賣山木合同文書

三

明萬曆二十四年閏八月（祁門縣）程錯等立蓄積浮穀羡餘以置祀田及毋許私賣山木合同文書

萬曆貳拾肆年閏八月拾八日立合同文書人程錯（押）

程鏈（押）

程錢（押）

程深（押）

程溹（押） 程淮（押） 程洋（押） 程樞（押） 程標（押） 程太（押）

程湁（押） 程泮（押） 程登瀛（押） 程良傑（押） 程梯（押） 程聖

程澌（押） 程派（押） 程滇（押） 程植（押） 程本蘅（押） 程樹（押）

程潮 程汝（押） 程祖（押） 程木（押） 程文燦（押） 程培（押）

程渲（押） 程潢（押） 程崇本（押） 程極（押） 程焰（押） 程陞（押）

程潙（押） 程潡（押） 程敬之（押）書 程爊（押） 程玉（押）

程淪（押） 程洭（押） 程滌（押） 程權 程熺（押）

程濡（押） 程光祖 程樺（押） 程猷（押） 程裕（押）

程記周（押）

中見人程良燮（押）

（二）

三

清同治八年十二月〔祁門縣〕程延岱等立議提釐穀建造四公總祠合約

立議提厘穀人程智仁禮信分秩下緣身等四大房建造
四公總祠會賴各分捐資并已領會銀故中廳寢室已成
大致惟前進及墻垣一切功程浩大費用難敷若不
亟為籌畫何以善後兹集衆公議復成一會計
銀壹伯兩正以濟燃眉之需并暫將四房逐年輪管
仁山公祀 賫山公祀及各分己租每百觔內按提伍
觔入祠以備佈會要用自庚午年起至己卯年止會
終之日再行另議章程身等均係秩裔嗣後各無悔
異恐口無憑公立合約一帋存據

（一）

各分釐額列后

樹德堂　實租伍伯秤　五釐出米弍石五斗

心存堂　實租弍伯伍拾秤　五釐出米壹石壹斗

康鉞　實租壹伯捌拾秤　五釐出米柒拾伍升

廸安祀　實租捌拾秤　五釐出米肆拾升

泉軒祀　實租陸拾秤　五釐出米叁拾升

際盛　實租陸拾秤　五釐出米叁拾升

泰根　實租陸拾秤　五釐出米叁拾升

泰倫　實租陸拾秤　五釐出米叁拾升

寶山祀　四分共實租肆伯肆拾秤　五釐出米弍石弍斗

仁山祀　四分逓年經管弍股共實租壹伯弍拾秤　五釐出米陸拾升

同治八年十二月初一日立議提釐穀人程延岱（押）

泰根（押）

泰倫（押）

茂楧（押）

茂女

十人

康鈲

康鉞五

枝寫（押）

枝鳴（押）

枝鵬（押）

濬梧（押）

際盛（押）

（二）

〔一二〕明嘉靖至清光緒年間其他宗族事務合同文約

（全圖）

三

明嘉靖五年八月歙縣張永昇等立將領放本利銀兩及田租交衆供張祖社祭祀合約

歙有三舍許名曰潭瀆家世居是焉予暇同叔永昇公永輝公偕兄日演者等相謂之曰嘗

聖天子建國之初八世祖本公登進士第功甫擇址建壇以為春秋祈報之所祀社稷土谷之神則生民咸藉

而恒有心不料被頑未終其意正德年間各發已憒無新添戶協同捐資助聚收歛乃成是舉

因議將前田吐還原主每秤議收時價銀肆兩、今照依將時扡每戶分受銀叁兩

增新舊共廿一戶編作三股輪領毋得換推捱週過重編良向秋社前二日領首將銀本利交

字號共○列後租數出于渊源簿佃戶納租將在秋社日不許放肆濫廣有推捱備有

而永佑立此付各收遵為証者

嘉靖五年八月

計開

受字五百二号共田叁秤捌分有零土名吴山塢

隨字一千四百九十六号下田壹秤柒分土名木杓坵

隨字一千三百六十三号下田壹秤四釐毛中田伍分土名樵坑

隨字　号下田壹秤土名黄荆塆

傅字　号下田柒分伍厘土名　嶺

（一）上

三

明嘉靖五年八月歙縣張永昇等立將領放本利銀兩及田租交衆供張祖社祭祀合約

曰曾定吾祖居斯歷閱世遠譜三代之規以木名社而吾祖亦立社曰張祖社至
稍變至成化年間故伯祖本初公等見謂立社無田何以為祈報之助議各出艮令衆生息歘創田畝以為有恒產
是事方置田收租供祭燎免逐年支外餘剩生息益增見買原田入社者遞年交租湮爍不
叁兩玖分除外存艮壹拾貳兩照田領放每本艮壹兩月息止取貳分伍厘備年閏月照例加
本利交衆遞期得艮叁錢公用所原買田入社契書俱述原主收衆不許異詞有公用便照田畝
有旱澇年陳即不減係是輕微蓋公濟而非己私也冀各同志以圖後日之益昌則赫赫厥靈

立合約人張永昇（押）松字
張永輝（押）岳字
張演（押）
張桂華（押）恍字
張廿芳（押）
張金貴（押）
張桂松（押）林字

（一）下

酒字　又下田壹畝弍分　黄荊塢

傅字　又下田柒分伍厘　土名水坑嶺

（二）上

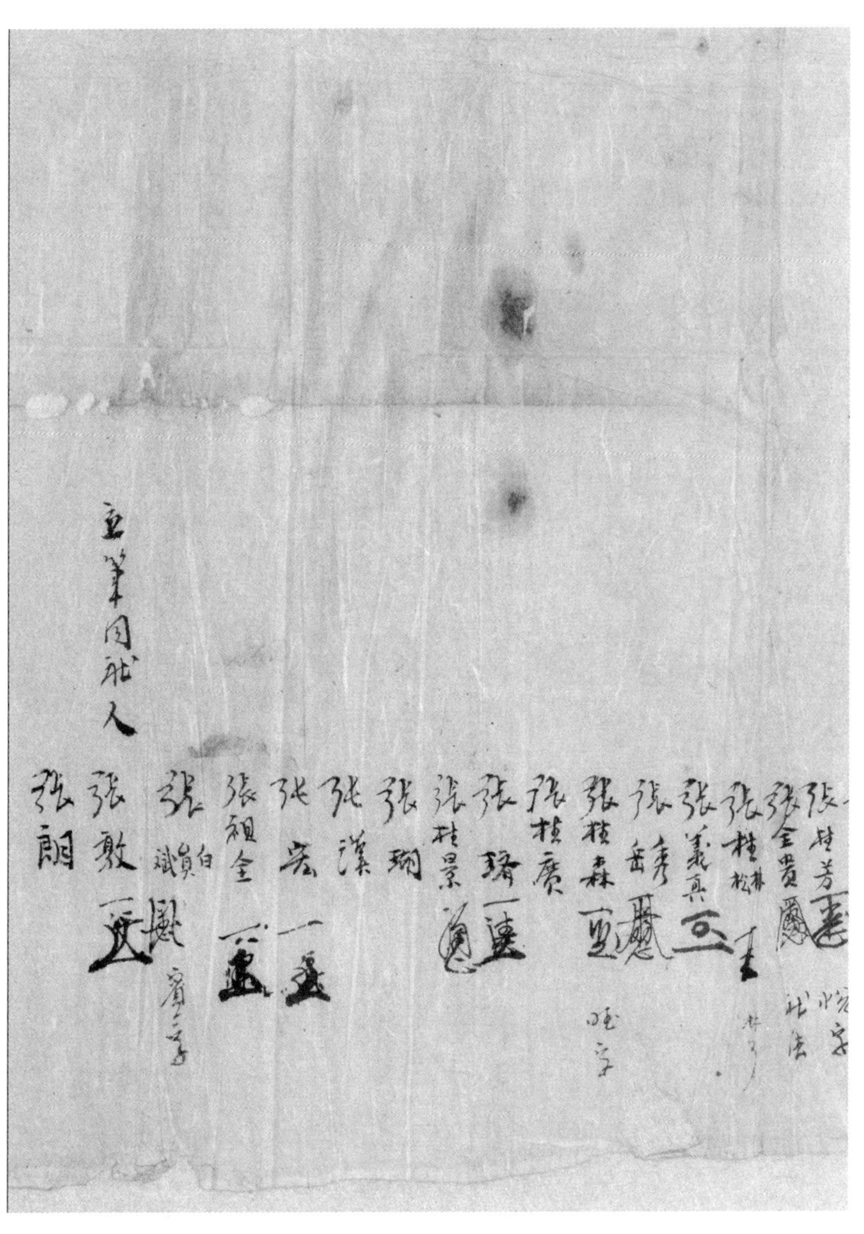

（二）下

明嘉靖廿一年正月（歙縣）黃國得等立追征衆造暖橋銀穀及器皿物件合同文書

（全圖）

三

明嘉靖廿一年正月（歙縣）黃國得等立追征衆造暖橋銀穀及器皿物件合同文書

智

橋溪苑因乃同弟觀保姪玉珊吳人毆光…

租米併得騰出取銀兩及暖器皿物件銀兩因失火心不齊未

廿利銀米併承領物件逐一開數手段約在秋收之際通衆眼

此盡理務要倍追亦不許户衆容情作弊違者得銀叁錢入衆沒

為照日批所衆物件銀米計服為率　　閏乃志服

計開

見收員保兄弟暖蓊米四秤　　見收玉珊蓊米四秤　　舜乃…

見收舜乃前地租頂正米乙秤五斤　　見係兄弟供丁黃地租廿利頂正米…

瑄係將見住基地房屋當橋榜塢口廿利地租頂正米拾叁秤　　見收安係…

廿利頂正米壹拾伍秤　　玉珊將李坑口田當賠失火廿利米廿式秤式斤

當取注綠衣銀壹兩伍錢　　又將舍基岑地出兌併收見銀三分…

又將打毛被壹條當墓林木銀廿利乙不齊　　又將代當乃賠失麻…

收文林木廿利銀乙分三厘　　呈係將見住基屋壹間當併廿利銀壹兩弍錢

（一）上

三

明嘉靖廿一年正月（歙縣）黃國得等立追征衆造暖橋銀穀及器皿物件合同文書

（一）下

三

明嘉靖廿一年正月（歙縣）黃國得等立追征衆造暖橋銀穀及器皿物件合同文書

（二）上

三

明嘉靖廿一年正月（歙縣）黃國得等立追征衆造暖橋銀穀及器皿物件合同文書

（二）下

清康熙四十九年十二月某某縣劉廷楠等立議完納穀麥銀兩修理祠宇議約合同

立議約人劉衆等，今因本家祠宇創造年深，因公堂被人拖欠，未經修理，將致倒壞，祖靈不安。身等痛心
無可奈何，爲此洽酌，杆立頭首刘楠運等查衆所欠本穀，每租本年完穀貳拾觔，所欠穀來年小麦立約
坐田還麦，斷不徇情少欠觔粒。再有本家出嫁之女，亦有納公堂者，亦有未納公堂者，其有未納之家
理宜全完，付衆應用。姑念人丁貧苦，每女本年出銀乙錢，所艮來年照前立約割麦全完。如
有恃頑不服，許刘楠運等入欠戶欠艮之田割麦交衆。無麦之家入室搬取物件，鳴衆公議作
價。即有口舌人命，此係為祖墓公衆出身處决，不貽累割麦拿物之人。如所立割麦拿物之
人名推三阻四，不同前者，許衆責罰。恐後無憑，立此議約，一樣二帋存照。

康熙四十九年十二月初八日

合同[illegible]

立議約刘廷楠（押） 刘廷運（押）
刘遊年（押） 刘耀祖
刘廷桂（押） 刘廷梁（押）
刘啟江（押） 刘求生（押）
刘啟椎 刘廷梅（押）
刘長年（押） 刘天賜
憑户族長刘添壽（押） 刘湘芳（押）
奉書 刘有年（押）

三

清乾隆二十三年六月某某縣吴廷邦等三房立充當正保副保並另立規條合墨

立議合墨人吴德吴公支下奉 上委當保長 即吴爕甲長吴德以息争訟稽查匪類，但族内繁衍，人心不異，恐失覺察，今三房集議，舉家長有德者充當正保 仍恐塞責，又議家頭輪日挨充爲副保。或族内官事以及公事、門户差役事，副保即要通知正保公議派費，無得推委。至於族内或有不端者，今另規條述後，定行開 官究治不貸。恐後無憑，立此議墨一樣四張，每房各執一張爲據。

一不孝者　一飲酒撒潑凌辱尊者

一不悌者　一恃强欺孤者

一犯姦者　一不遵家訓者

一賭博者　一懷挾私仇者

一窩盗者　一倚尊壓卑者

一窩藏者　一盗砍蔭木者

（一）

乾隆二十三年六月　日立合墨人吴德英公支下長房

廷邦
德孫
德傳
德仁
文起
文高

二房

廷𥛚
德宣
德峧
德佐
德宸
德昭
德宰
有科

三房

廷鰲
廷臟
華德
國祖
国禪
國禧
国泰
国祺
国成
国宇
德華
德㞐
德周
廷𥛚
廷祥
廷選
国佐
國祼
国賜
富元
華亮
兆鈴
八九
國袍
華慶
兆奎
兆録
添貴
德㳘
德圭
德時
德燚

清乾隆廿八年二月某某縣劉廷栲等立重建香火堂費用照丁均派議約合同

立議約合同人劉族衆等今因 乾隆廿二年遭回祿焚空之後本家重造
香火祖屋以致家無主室人心不齊特集衆議立頭首的於來年擇
選吉月吉日重建 香火堂其木料磚瓦供給等費照本家老幼人
丁均派毋論在家在外人丁俱系為首之人收斂登帳公用工畢之
後眼同算帳自立議約之後本家人丁毋得特頑不出凡為首之
人亦毋得推挨違者聽遵約頭首鳴鑼外罰良壹兩仍依此文為
始至有逃竄之丁雖收費者其子孫不許入 祠恐後無憑立此
合同一樣四紙為首之人各收一紙存照

（一）

清乾隆廿八年二月某某縣劉廷栲等立重建香火堂費用照丁均派議約合同

乾隆廿八年貳月廿四日立議約合人劉族衆等

計開

爲首人

廷栲

士富

廷繼

士鳳鸞

福壽

（二）

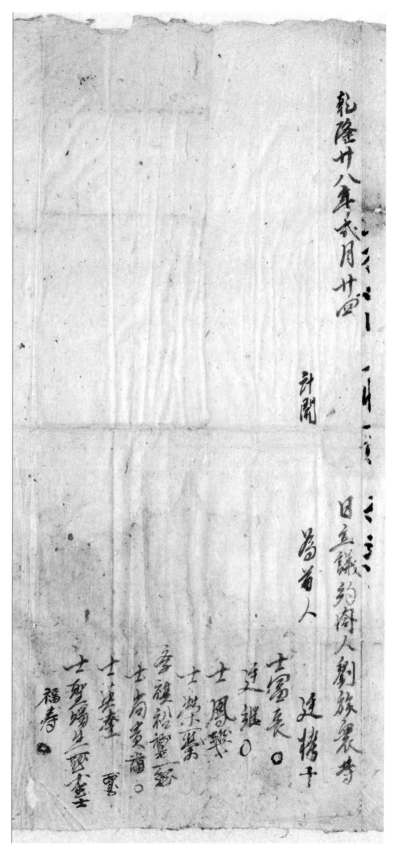

三

清乾隆六十年閏二月某某縣葉允瑞等立議各出租穀標祭祖墳合文

立議合文葉良相、道七二公挨下人等，今因江坑口鳳形祖坟，領樂標掃
以至乙卯年二家挨下子孫嘀議，挨毋標祭坟墓，各立出租三秤
共成六秤，貯收易祀生放，其錢粮各觧，再每丁挨出半秤，易使散胙
上坟祭祖。立文之後，二各毋悔，如違悔者罰錢五伯文，工用各自仝
心協立，扶放易後，如有不孝变賣敢祖聽凴，各官理處，今文有
凴。立此天地二字合文存照。

清明后三日標坟，爲是照丁散胙。

一議王情山林果卅二个，撥坟果廿四个，交半斤足。

計田租土名佃人開后

天字號田租夹坵塝，交三秤，佃人已種。

地字號田租豐坑下全塢，又號井坵，佃洪葰注遠，共實交乾三秤。

合文　天地二字

（一）

清乾隆六十年閏二月某某縣葉允瑞等立議各出租穀標祭祖墳合文

乾隆陸拾年又二月廿弍日立文約人葉允瑞（押） 萬春（押）
宜壽（押） 光垚（押）
宜亨（押） 正茂（押）
萬林（押） 萬松（押）
萬栢（押）
善嘉書

天字人丁 允瑞 宜庸 善嘉
萬林 萬枝即正茂 萬松 萬栢
各出半秤一年止

地字人丁 宜壽 萬春
宜亨 萬枝即光垚
各出半秤一年止

再設出新丁者扶送秤易祀

宜壽收紙地字號
萬林收紙天字號

地字萬林代筆

（二）

三

清咸豐八年十月〔績溪縣〕某姓廷圭等立合股租山並雇人開種議據

（全圖）

三

清咸豐八年十月〔績溪縣〕某姓廷圭等立合股租山並雇人開種議據

立議據廷圭嗣煥嗣媢嗣鍈嗣鈖紹成紹瀛等緣表忠祠　通公会木斗形山業
佃荒弍十有餘年並未有人租佃至道光十八年叔是際坑汪順萬等租種苞蘆议
即以退佃眥制復讓去苞芦壹百零弍升貝文一百廿八升又復頂賠有名無实嗣
為所眥制者將近百年並無一人出為經理咸豐八年十月嗣鍈等因際坑
可扦杉苗密切欢從前並無人經理該山扦種杉木誠不可解鍈歸即邀知
浩大成敗難必置而不問復邀身等商议若不出為經理不独該山棄置為可惜
一全酌议惟無以該山落在伊村值此时势經理維艰邀議數次皆不能妥並無一
邀全会衆從公酌议將該山租與身等開種扦苗议定每年包还会内苞芦伍百升浸公派苞芦壹
仍扦栅十工数足交会衆所有苗本一切各费俱身等支当十年之外所有费用
價銀会内得陸股之伍浸公派得陸股之壹会衆俱各甘允無异身等同立租批
废可惜是以出為肩任其事今將該山內下半山身等各起工食雇人開扦杉
俱是身等租山人應得之物照股均分與会衆無涉其上半山不能扦種杉苗
此之人務要始終如一同心合意庶不敗乃公事所有条议開列于後各宜遵守不得

条議列後

一股法當定免起争端今议廷圭股半嗣煥壹股嗣媢壹股嗣鍈股
項以及公费苗本雇工工食俱照八股均分均派不得争执違者議
一公立账簿弍本一本登记一切费用苗竹资本一本登记雇工工食其

（一）上

清咸豐八年十月〔績溪縣〕某姓廷圭等立合股租山並雇人開種議據

斗形山業原租與際坑人佃種包蘆雜粮陸百廿斤合為五百斤，後又減壹百斤。道光十一年因該佃藉端短租以致退
佃包蘆，議定每年包蘆五百四十斤，合公内四百斤，退公眾八十斤。佃來十餘年，于咸豐三年又求讓租，若不依允
不兵實。盡因該山落在伊村，除伊村人不佃，再無他村人敢佃，因此視為奇貨，佃退自此，莫可如何。我祠
今因際坑汪有貴與章家園黄長玉爭界，俱登該山，周圍巡視，較章家園大可二倍，見其山濟
知合眾秩衆二分天之玉生共林継敷、嗣炎、康松等出為經理，皆以該山離城窎遠，僱人開種工本
置為可惜，抑且被人霸制，為可恥。僉議僉允，僉欺終無底。是以身等特具籌單邀集會眾
並無一人肯挺身任事。身等再四思維，若不出為肩承身任其責，則該山終難整理。是以身等再具籌單
合公内壹百斤，以熟包荒，必有短少，身等之人應辦出通公，合若不短少，亦不得加租，另召其杉苗，議以十分之内
有費用，合眾支出，拚苗所得樹價遵照舊例，除買山人外，扣餘二分均分，以酬身等扦苗辛勤勞苦，其餘
向立租批交存公匣。第身等皆非農家者流，何能扦佃，不過因該山可扦杉苗，以廷身任事之人荒
人開扦杉苗，有不能扦苗之處，扦種各竹、桐子、桕子等樹，日後成林，所有竹、桐、桕等子不交合眾
種杉苗，轉租與歙南鄉卅二都白石源人洪淇當等開種，粮食每年所包，身等包，其轉包合眾，再(?)自
等不得違拗。誠恐日後無憑，立此議據一樣八紙，各執一紙，永遠存照。
嗣鋏股半，嗣鈖壹股，組成壹股，紹瀛壹股，共成捌股，日後所有勤勞、租息、竹等
立合議據

（一）下

一股法宜定免起争端今议廷圭股半嗣焕壹股嗣熖壹股嗣鍈股半
項以及岀費苗本雇工工食俱照八股均分均派不得争执违者議罚
一公立账簿弍本一本登记一切岀費苗竹资本一本登记雇工工食其簿存
一洪淇安等每年所包之租除交會東並還公派外仍餘芘芦不准
同支取若無公用不得支取逐年结一清總俟十年後杉苗扦成以有仍
私自支取即行革出
一洪以前後之人俱要上山親督雇工扦種杉苗八九月上山查点杉苗有不活
列者均分
一老蓬基下半山扦種杉苗先開先扦以有不然扦苗之處扦種各竹桐
所有芭芦竹筍桐梓子等项亦照股均分即十年之後杉苗扦成点交會東自
無涉弟不得争强多取違者議罚
一所扦杉苗以防損害偷盗等事身等之人俱要上前理究不得徇情推諉在
一狭山將近百年從来有人扦種杉苗今身等租来各出资本雇人開扦杉苗
狭山所種各竹桐梓子等树每年出息原是租山人分内應得之物與會東
者可執此議投與知单並租批底凴公理直其知单租批存與洪淇之
咸豐八年十月

（二）上

股半，嗣鈖壹股，紹成壹股，紹瀛壹股，共成捌股。日後所有勤勞、租息、筍竹等
議罚。
簿存交嗣鈖收執，如有遺失，公同議罚。
不準分派，隨糶出米，等從奉衣店不起利息，人人內俱不准移借分文，如有公用公
有似餘，再行照股均分，其存米揹存交嗣煥收執，如有强借不遵議，批以及存揹米
不活本開年亦要補杆，不得虛應故事，不到者照算工食，每日壹式于分租時除算，與
各竹、桐子、桕子等樹，每年雇工工食以及苗本、竹本照股隨時派出，不得遲誤，每年
公衆身等所種各竹、桐、桕子等樹，每年出息，係是身等承祖該山之人照股均分，與公衆
推諉，並不得退避。長縮壹、貳年，四、五、六日後拚樹勤勞
杉苗且杆，捌千之多，十年後照交會衆，並不費公衆分文，原是爲　祖爲公起見，至于
公衆毫無干涉，日後會衆如有爭競爭竹乾，後杆苗苗本勤勞，忘其本原，生端妬害
洪淇當等租批，召批底俱存嗣鍈處
日立議據廷圭（押）
嗣煥（押）

（二）下

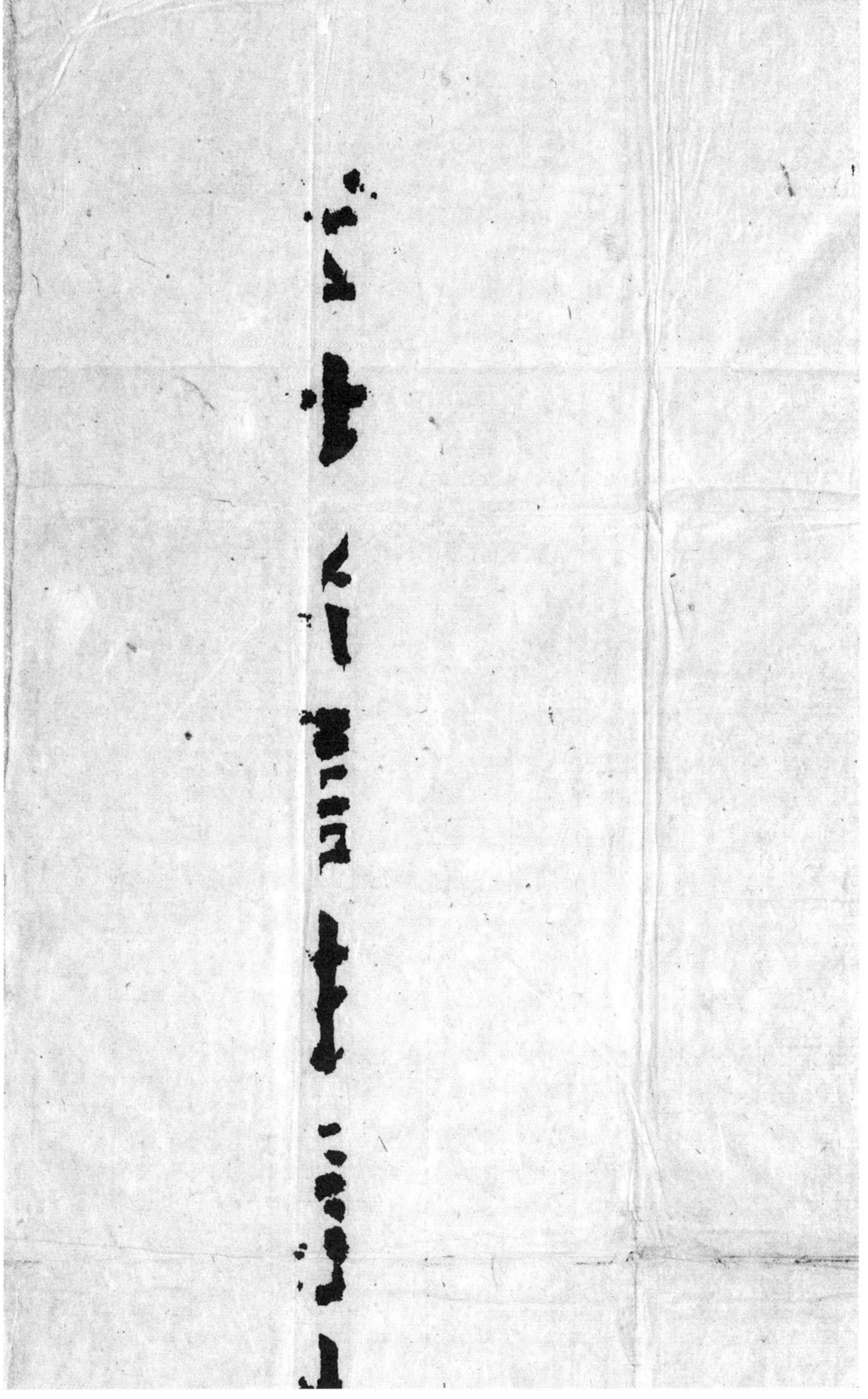

（三）上

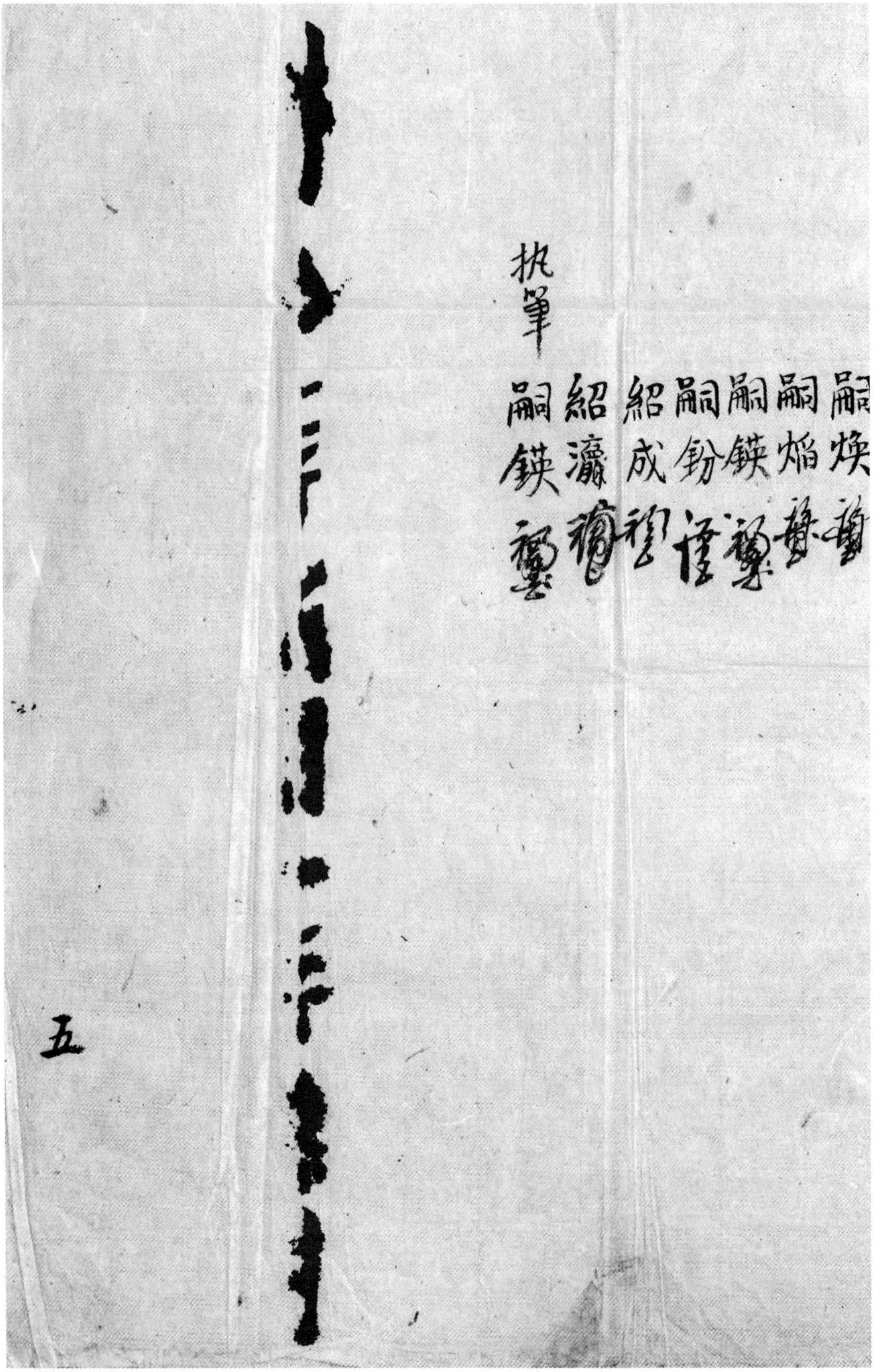

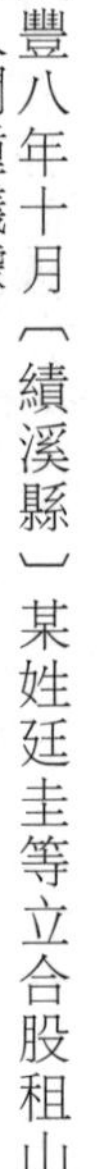

嗣煥（押）
嗣焰（押）
嗣鉠（押）
嗣鈖（押）
紹成（押）
紹瀛（押）
執筆　嗣鉠（押）

五

（三）下

三

清光緒六年二月某某縣劉光護等立妥議租穀章程支持漕務門户合同

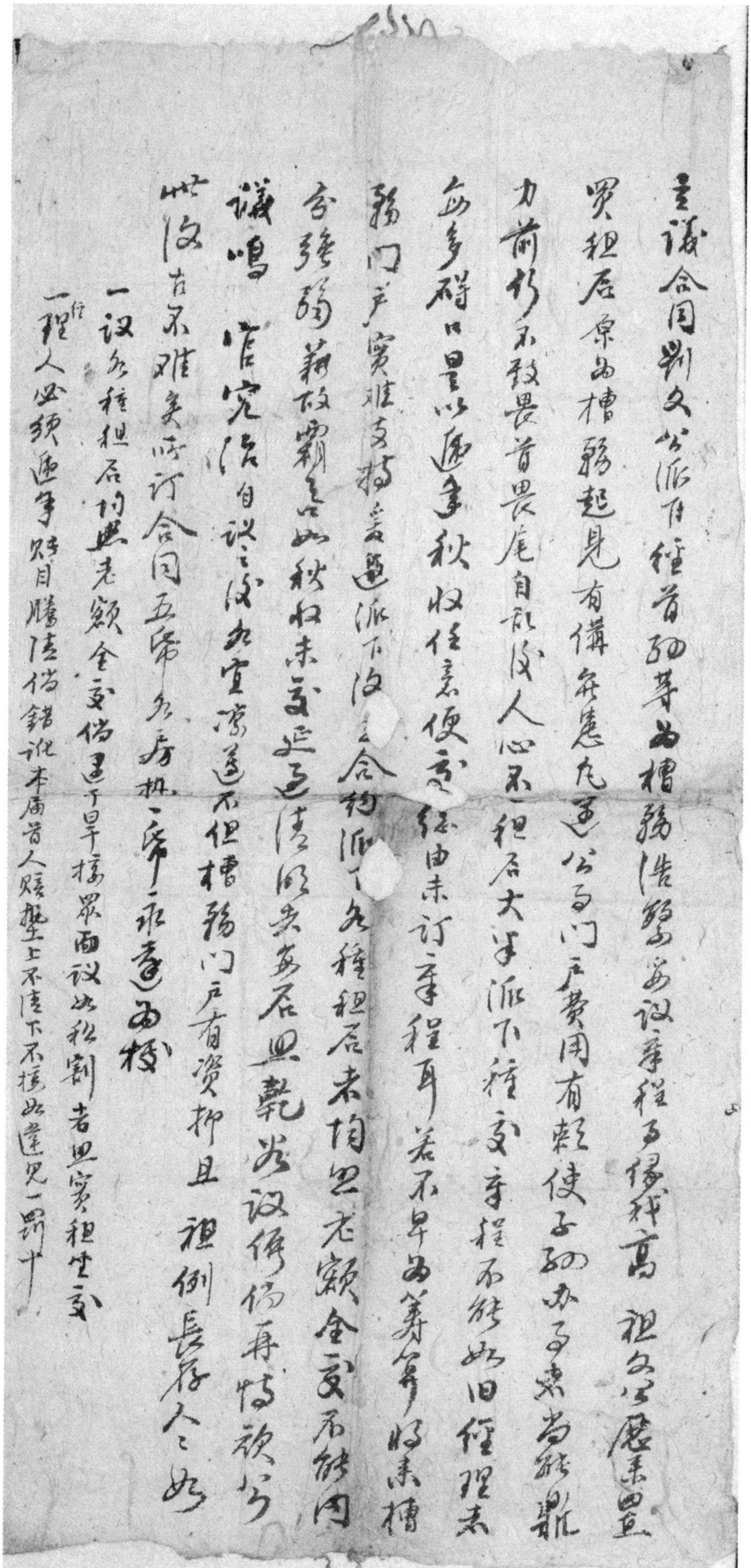

立議合同劉文光派下經首劉等為漕務浩繁妥議章程事緣我高　祖父公置
買租谷原為漕務起見有備無患凡遇公事門戶費用有所使乎劉亦多賴尚能鼎
力前行不致畏首畏尾自敝族人心不一租谷大半派下經支章程不能如舊經理去
歲多欠口量以逼年秋收任意便支係由未訂章程耳若不早為籌算將來漕
務門戶實難支持爰邀派下族合約派下各經租谷未均照老額全支不能內
户强弱藉故霸占如秋收未支延至清明無有谷照輓出議係偏再情欲公
議鳴官究治自議之後務宜遵守不但漕務門户有資抑且祖例長存人之如
此後自不難矣特訂合同五紙各房執一紙永遠為據
一議各經租谷均照老額全支倘遇干旱據衆面議如私割者照實租生支
一經行人必須逼年照目騰清倘錯訛本届首人賠墊上不清下不接如違罰一十

（一）

三

清光緒六年二月某某縣劉光護等立妥議租穀章程支持漕務門户合同

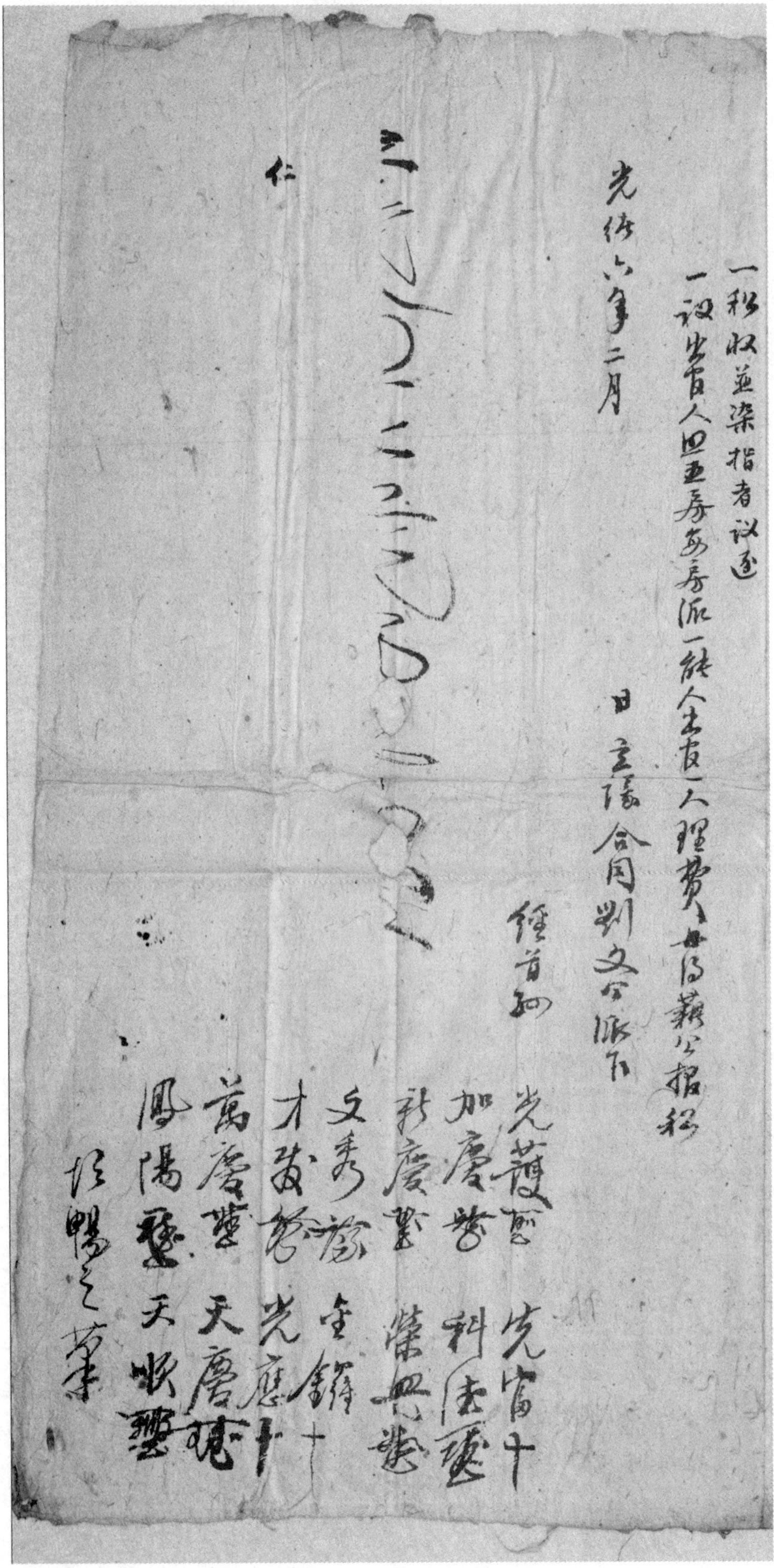

（二）

清光緒十九年十一月（歙縣）胡良啓等立合族公議輸助洋蚨抽取茶釐修造宗祠合文約

立合族公議合文約人胡義和堂秩下經首三房人等緣因自祖遷居和源已來迄今三十餘世建立宗祠數百餘載今因宗祠倒壞是以合衆秩丁嘀議各戶輸助洋蚨改煥修造懷轉輸助基地壹恂計濶六尺以湊方圓厝因各匠司工造已滿算賬開消缺控不足籍衆再議各戶均派本洋五錢每丁均派本洋五錢其餘仍欠來春茶市抽取茶釐每担抽洋壹元補上祖有安身之處以保秩丁平安自立合文之後各毋異言反悔恂情倘有不遵顛狂反悔者以為不孝之罪听憑三房各分尊長鳴官理論治法今欲有憑立此公議合文存照

（一）

清光緒十九年十一月（歙縣）胡良啓等立合族公議輸助洋蚨抽取茶釐修造宗祠合文約

光緒廿九年十一月念六日立閤族公議合文胡義和堂秩下三房各支經首

廷椿祀秩下族長　良啟　十

廷樑祀秩下　懷興

廷栢祀秩下　聖發

文光祀秩下　懷杆

文裕祀秩下　懷河　十

大任祀秩下　懷轉

志遂祀秩下　聖前

奉書秩下　聖明

移建王太孺人牌坊紀畧

王太孺人乃吾高祖兆諒公淑配也青年守志撫孤成立道光丁未年得邀

聖恩旌表節孝建坊于東街支祠上首坊後祖居房屋數間名曰舊里咸豐甲寅粵冦竄祁屋被殘壞無

力修復漸致傾頹而坊尚巍然独存茲閤邑紳耆倡議創建

曾文正公祠徧擇地基僉以我坊後屋宇基址為宜再三向我兄弟子侄相嘀 身 等念事關閤縣公舉定議允從惟是

業既归公坊須改建相地甚費躊躇幸秩下忠暹誠心向祖願將自己買受譚姓上横街土名富業坊税地壹偹借

出官街大門墻脚將坊移建其工頗覺合式衆僉曰善已于丙申冬擇吉興工豎造越丁酉孟夏而告成所有坊後

餘地原係忠暹買受已業應归忠暹永遠执管兆諒公秩下子姓毫無分藉日後不得借坊混爭至官街墻

（一）

卿向爲面地税粮則較重今借出建坊理應分兑錢粮兩房合議即將赤山祠每年正月十八冬至二次芳松公兆諒公

銘公配享三名神主胙錢永遠撥归忠暹位下收領以作逓年貼補納粮之費兩房子孫日後永無異言恐口無凴立此

紀畧一樣三紙長房秩下端紋收執壹紙二房秩下忠勳收執壹紙借地秩下忠暹收執壹紙永久存照

再批加口地字壹個改告字壹個又照

光緒二十三年歲次丁酉仲夏

日兆諒公秩下忠勳（押）

端紋柬筆（押）

（二）

清光緒二十七年九月某某縣某姓聲詔等立議修家譜派費合議約

立合議約人祖辟十八公秩下裔孫聲詔仝振鵬烋等原為家譜歷今三拾餘年而有未修者孝
也奈因刻下人丁稀微以長為尊則寡而書為貴則難恐負生殁兩者痛念後之遺失今者公
同嘀議將家譜編派局首另立清稿應在壬寅年之歲重修理者則於孝也是以費用浩大務
照秩下生丁派費每生丁議派出本洋兩元婦女每口議派出熟米弍斗五升并費並米兩項務遵局
首規則出各自竭力以夫先祖之志莫得借端推諉亦為不孝之罪祖灵鑒哉自立約之
後均毋异說恐口無憑立此合同議約壹樣弍帋各執壹帋存照

一批世鏡倡理家譜應自付局身俸貼公日後無得聲言只此

一議丨稿起工供饍工俸係各股辦倫支持與公無涉只此

一議各股局首照依老譜編派拾人只此

一議告祖起局正副伙伕叁人並譜師共八饍以及每月朔望弍日清張指準各股首人共八饍壹次常日不得入局食之只此

（一）

合一樣弍紙各收一紙存照

龍飛光緒弍十柒年九月廿九日立合議约人祖辯十公秩下裔孫声詔（押）

振杰（押）
振犄（押）　世棟（押）
世祥（押）　世雲（押）
世昌（押）　銀定十
振之、　元泰十
中成（押）　集成十
世陽十　覌煙十
世斌（押）　澤仁（押）
世鏡、　澤德十
維新十　世鏡書

計開值理各事人名於左

壹帝　振犄收
弍帝　振之收

正副　世昌　世鏡

經收丁費　振之　振犄

經收呆米積呆　振杰　中成　世祥

司賬　覌术　司厨　覌燻

（二）

清光緒三十二年三月丁永安等立照丁畝派錢買寓同居商量公務開列議條合同議約

立合同議約濟陽郡丁氏合族人等情因我等還居宣甯二邑人既寥寥居還散散比欲敬宗
篤族勢處甚難惟疏者視之以親遠者聯之以通非籌鳩集曷奏鴻功豈可入室操戈上負
宗祖敦睦之心下啟子孫乖張之漸不意我族有丁憲章者鬩牆不思禦侮煮豆猶咻
同根名雖列在膠庠實係同於禽獸隨父母譜除派氏並不知羞恥縱弟兄日逞兇橫何
曾圖改我等素來各安本業深恐殃及池魚爰集族人立議均願照丁畝派錢存公擇
仁里買寓同居商量公務凡有戕害本宗並欺異姓者無論何人何事我等皆不能坐
視聽彼妄為所有議條各開於后此關義舉並無逼勒等情恐口無憑立此議約八
紙中書達适冥忽夜夏隨騙八字為號松柏收[illegible]字號永遠大發存照

一議本姓相爭各到公寓徒尊調釋
一議外姓與爭務到公寓徒尊商酌
一議不遵家規者公同禀官追究
一議公費不敷各按家資捐出
一議徇情護庇者查出亦嚴罰
一議每丁捐洋弍角
一議已經在議者後添者丁（新畝）亦照前丁（畝）捐出
一議違議者公同嚴罰
一議捐資擇人輪流經管務要賬目清白
授受人倘有支接不清查出亦嚴罰

一議本姓調釋不遵者公照家規處治
一議外姓調釋不開俱以公費料理
一議禀官追究一切花費不能遺累經手之人
一議經手者不能濫用妄開倘查有此情公同嚴罰
一議凡有故端着言路遠與風雨阻隔不盡前者嚴罰
一議畏葸不前者亦嚴罰
一議每畝捐洋弍角
一議未來議者准後補捐出
一議[illegible]約者須防失落如有失落決不寬之[illegible]
一議捐資無論遠近居住者皆不能瓜分
一議料理公務須要有始有終

三

清光緒三十二年三月丁永安等立照丁畝派錢買寓同居商量公務開列議條合同議約

一議非公務不能久住寓所多花費用

一議該人遇事務要着人信知

一议丁粉畝數家資產及并貳甬設助產并名須另外重捐不得推諉

一共八条各有字号為記　永安收迁字号　松柏收孟字号　仁松收吳字号　曰法收忠字号　曰長收友字号　墨珀收道字号　義光收瞻字号　曰應收通字号

志川

一議捐款不私〻獨放獨收須要公同商議

一議各家丁名畝數均登烒目倘有漏畝瞞丁執查出飛罰

一议恐以有不法〻子壓來入议者概不能准如有私行受捐查罰

光緒叁拾貳年三月念拾日立合全议约清溪郡丁氏合族人

永安十

仁松（押）十

松柏

仁隆十

義光（押）

曰長（押）

曰茂十

曰棟（押）

（二）

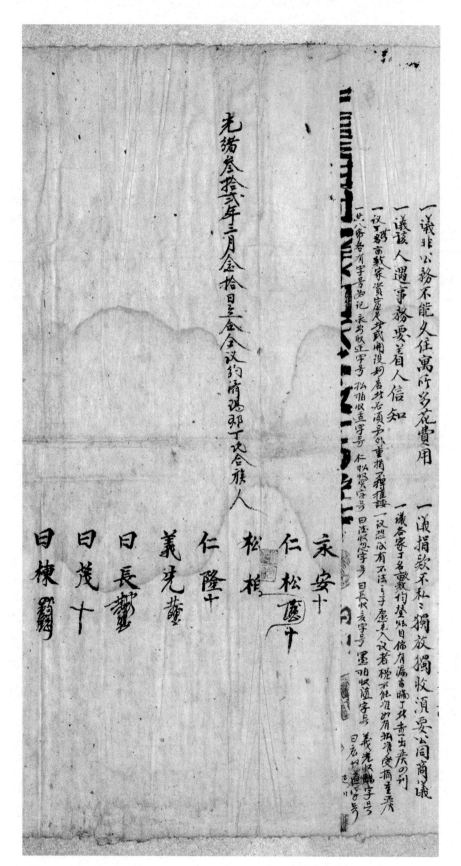

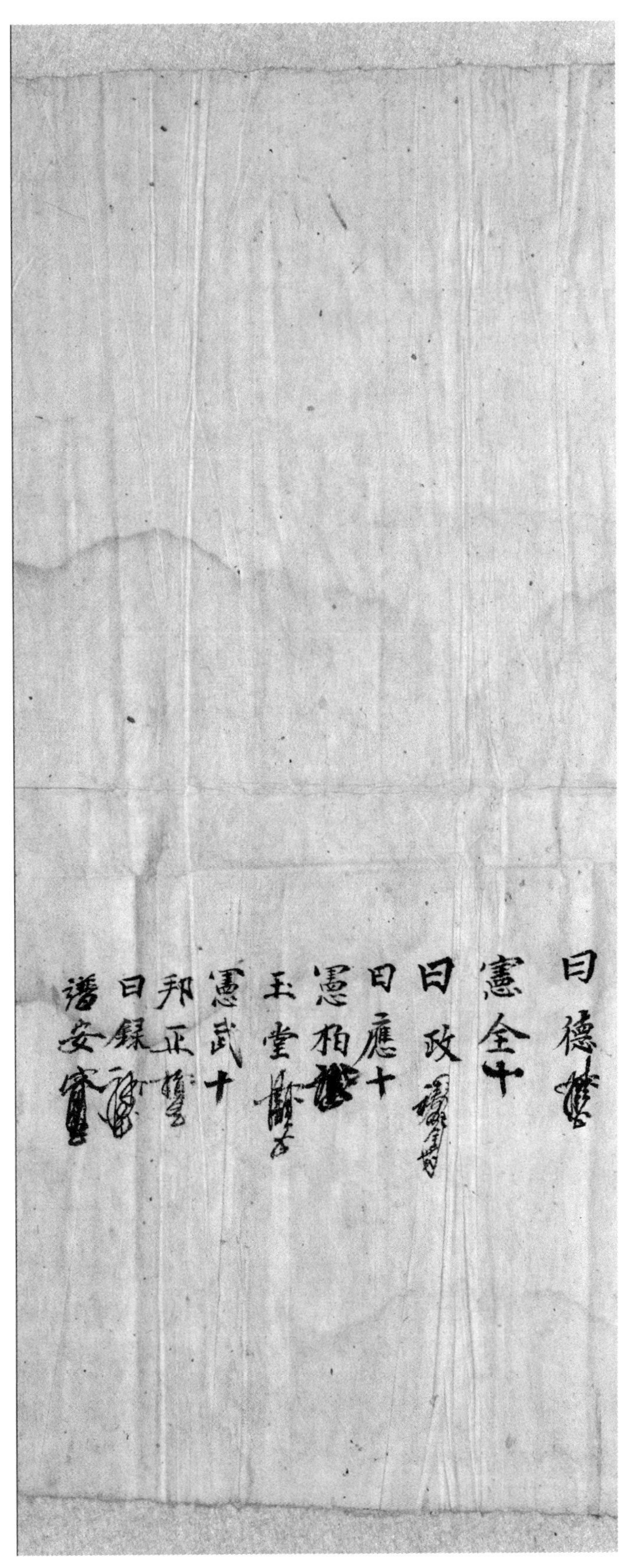
曰德
憲全十
曰政
曰應十
憲柏
玉堂
憲武十
邦正
曰録
譜安

（三）

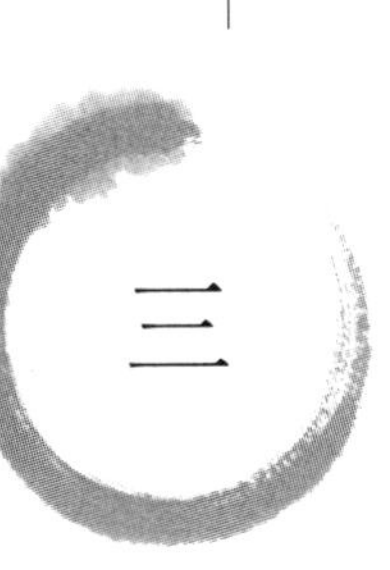

四、明隆慶至萬曆年間〔休寧縣〕奉正里朱氏分家合同及田契

三

明隆慶元年二月（休寧縣）朱仲鐸等立鬮分家産合同

奉憲里朱仲鐸、仲鍠、仲鍇，今因母故，原存曹膳田坵段并新舊土庫倉廒房屋菜園俱未
分撥，今兄弟嗚議衆費不便，請憑親族眼同將前項均答天地人三鬮，各照字號管業。已後
亦毋得渾爭。其各處房屋日後改造基地，亦作三分均分。仍要存衆分山場，毋要培豆園并各處烏桕
樹上培山木，木樹下田租壹坵，羅漢尖山脚園壹畲，又下邊鮎山園壹角，并祖母口食田業屋并廁所
貳个俱係三人均業，但修理屋料等項亦係三人出办，毋得異說。自鬮以後，各管各業，亦毋得返
悔。恐後無憑，立此合同一樣三張，各執壹張存照。

合 叁張各執字號

天

明隆慶元年貳月初六日立合同兄弟　朱仲鐸（押）

（一）

天字號鐸鬮
前重厨屋壹眼
舊土庫樓上房壹步
舊土庫中間右边倉壹眼
家內歇屋樓上丁字壹步貼補

地字號鏜鬮
新土庫樓下房壹眼
後厦厨屋壹眼　外貼火鍬壹把
舊土庫中間左边倉壹眼

人字號鍇鬮
舊土庫前倉壹眼
中間厨屋壹眼　外貼帯刀壹把
新土庫樓上房壹眼

古李東边田拾貳砠　外貼塘丫口田壹砠
暴塘祝襠坵田伍砠
回坵充湖坵田伍砠
塘丫口田壹砠
九秤田壹砠

古李西边田拾貳砠　并田窟
暴塘祝襠坵田陸砠
回坵充湖坵田陸砠
塘丫口田壹砠
九秤田壹砠

監劉坵田拾貳砠　外貼塘丫口田壹砠
暴塘祝襠坵田伍砠
回坵充湖坵田伍砠
塘丫口田壹砠
九秤田壹砠

仲鏜（押）
仲鍇（押）
親族　汪尚元（押）
朱玄琦（押）
玄璸（押）
玄瑾（押）
仲鋼（押）
仲鎬（押）
仲平（押）
仲鐶（押）
代書人　仲欽（押）

明萬曆十七年七月〔休寧縣〕朱瀚立賣菜園地契

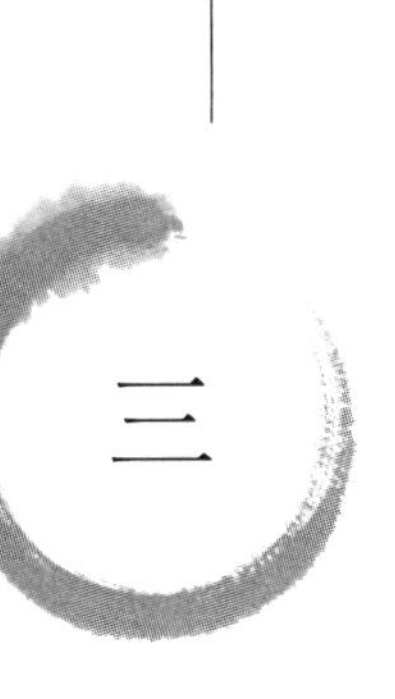

五、明萬曆至民國年間協力保産及訴訟束心合同文書

〔一〕明萬曆年間〔祁門縣〕奇峰鄭氏保護祖墳齊心文約

明萬曆八年正月〔祁門縣〕鄭定等爲告鳴族惡强砍樹木立議均出使用盤費文約附同日鄭沐批

三

明萬曆八年正月〔祁門縣〕鄭定等爲族惡强砍杉木立股出告縣盤纏合同文約

奇峯鄭定鄭佛佑鄭一誠鄭維烈等承
祖安信公摽分并買受得本都三保土名西尤源西坑山地
現安洪記女鄭元等住歇并續買同處李貴清名目山
久業無異今因族惡鄭曉等於本月十四日統衆强砍前處
杉木并狀帝誣前項庄地本家已告本縣但事休匪輕若不
預立文約議處盤纏度衆人心切恐不能善終玷辱祖宗
罪無所逃内緣鄭定一誠二股有祖墳在於彼處事有輕重當
彼此衆議盤纏不論多寡以三股爲率信公衆出一股尚佑二
股照墳均出一股二分下照丁粮共出一股依時數出衆用毋得
臨時推捱以致悞事所合銀兩議任兄弟公安兄弟更換二
人始終經手事完焚香筭帳其出官對頭尚佑二股以祖墳
爲重是二股人做毋得推捱今恐無憑立此合同爲照

合同

萬曆八年正月二十二日立合同文約人鄭定（押）
鄭佛佑（押）
鄭一誠（押）
鄭維烈（押）
約

〔二〕清康熙至乾隆年間〔祁門縣〕康氏齊心保山文書

三

明萬曆十七年正月〔祁門縣〕鄭笙等爲族人挖毀祖墳往縣告理盤纏使用祀内出備文約

三

清康熙五十七年三月（祁門縣）康啓璲等爲捉獲盜砍山木立議股出訟費同心合文

立議同心合文康啓璲共有塲字五伯七十七起至六伯六号止共計山壹伯壹拾柒畝有零土
名塘塢併梘坑金字面向蔭杉木在上，被謝連生同謝景思盜砍巨木數千，当即捉獲盜木
之人，洪有當同汪居根明，捕前理治。衆議出身告理，所有訟費六股均出，不得累及出身
告理之人。所有族内人等不與禍。爭先將訟費推捱不出者，日後山價不得入分，毋詞。自立
同心合文之後，毋得推諉不前，敢於去冊，毋許侵私肥己，違文破議，其情如違，聽從告
文懲治，照依元議。立此合文一樣六帋，各收一帋存炤。

康熙五十七年三月廿五日立議同心合文 康啓璲
啓玫
啓棫
全族 康世然
啓杜
啓栢
族老房長康之龍 世万 用

三

清乾隆十三年三月（祁門縣）康啓登等立爲墳山被害鳴官控理同心協力束心文約

立束心文約康得俊公秩下啟登啟珂良爍三房人等情因三四世祖孺人坟山一號坐落四保土名

舟溪前山楓頭等處其山大四至東至楊樹坑口起至船木塢口止今舟溪謝永登永義統率多人將

本家祖坟山卸絃兩旁尽行撥挖鋤種意欲滅吾家契分可謂恃蠻不法欺我太甚祖宗陰靈為之不

安子孫顧之能不動念此亦情不得已勢不容緩鳴　官控理豈好訟爭於是衆議老成練達者出身少年英

鋭者敷合內外同心表裏協力庶上可保祖下杜後患况此坟山素被所害至今梗頑不馴殊属可惡仍再因循相讓

何以應對四隣雖出身之人亦不得私將銀肥己如有此情神明誅之天雷擊之凡有子孫袖手旁觀置之度外而

私用心事者天誅地滅自立合同之後各宜凛遵今欲有憑凡立此文約叁紙各房收一紙存照

再批本祠併各祠匣內有餘資暫將公用經手者註賬文衆祠內人等毋得阻攔炤

（一）

三

清乾隆十三年三月（祁門縣）康啓登等立爲墳山被害鳴官控理同心協力束心文約

乾隆十三年三月初六日立合同束心文約秩下康啟登（押）

啟璲 啓曹 良爍 出身告理不得躲縮

啟登 啓珂 啓儀 斂合衆米料理盤費不得累及出身之人

啓環 良燻 行動不得推辭

啟璲（押）

啟智（押） 良爍（押）

啟佺 良燻（押）

啟儀（押） 良熠（押）

啟珂（押） 良相（押）

啟球（押）

啟環（押）

代筆中見宗嘉祿（押）

（二）

三

清乾隆十三年三月（祁門縣）康啓登等立爲墳山被害鳴官控理同心協力束心文約

立束心文約康得俊公秩下啟登啟珂良燦三房人等情因三四世祖孺人坟山一號坐落四保土名
舟溪前山楓頭等處其山大四至東至楊樹坑口起至船木塢口止今舟溪謝永登永義統率多人將
本家祖坟山鄣結兩弯尽行撥挖鋤種意欲滅吾家契分可謂恃蠻不法欺我太甚祖宗陰靈爲之不
安子孫顧之能不動念此亦情不得已勢不容緩鳴　官控理豈好訟乎於是衆議老成練達者出身少年英
鋭者數合内外同心表裏協力庶上可保祖下杜後患况此坟山素被所害至今捱頑不馴殊屬可惡仍再日循相讓
何以應對四隣雖出身之人亦不得私將銀肥己如有此情神明誅之天雷轟手之凡有子孫袖手旁觀置之度外而
私用心事者天誅地滅自立合同之後各宜凛遵今欲有凴立此文約叁紙各房収一紙存照
再批本祠併各祠匣内有餘資暫將公用經手者註賬文衆祠内人等毋得阻攔照

[illegible]

（一）

三

清乾隆十三年三月（祁門縣）康啓登等立爲墳山被害鳴官控理同心協力束心文約

乾隆十三年三月初六日立合同束心文約秩下康啟登（押）

啓璲　啓曹　良燦　出身苦理不得躲漏

啓登　啓珂　啓儀　歛合銀米料理衆費不得累及出身之人

啓環　良燻　行動上下不得推辭

啟智（押）　啟璲（押）

啟佺　良燦（押）

啟儀（押）　良燻（押）

啟珂（押）　良熠（押）

啟球（押）　良相（押）

啟環（押）

代筆中見宗嘉祿（押）

（二）

立束心合同文約康德俊公秩下啓晋、良燦、良賢三房人等，情因承祖買受税山壹號，坐落本都土名小會頭，向與汪麥兩姓共業，弍次出拼，已照股分均分樹價無異。今樹木又已成材，但汪光凌等倚勢獨拼，欲滅吾家契分，可謂特蛮不法，欺我太甚，亦難勉祖人克苦之志創也。此氣亦難容，是以鳴官控理，豈好訟乎。於是衆議，揀遣者出身少年英銳者數人，合內外同心，表裏協力，庶上保祖業，下社子孫後患。再因循相讓，何以應對四隣？雖出身之人，亦不得私將銀肥己，如有此情，神明誅之，天雷擊之。凡有子孫袖手傍觀，置之度外而私用心事者，天誅地滅。自立合同之後，各宜稟遵。今欲有憑，立此文約一樣五紙，出身之人收一紙，衆匣收一紙，各房收一紙存照。

再批：本祠併各祀匣內有餘資，訴訟時公用，經手者註賬交衆，同心人等毋得阻攔。照

乾隆十九年九月初四日立束心合同文約人康德俊公秩下

啓晋（押）
啓曽
啓鬥（押）
良燦（押）
良鍏（押）
良賢（押）
良燋（押）
良熠（押）
良鍾十（弟代押）
良錦（押）

出身　良賢（押）
數合　良湰（押）　良燦（押）　良錦（押）
行動　良熠（押）　良鑑十

清乾隆十九年九月（祁門縣）康啓晋等立爲汪氏倚勢獨拼山木鳴官控理同心協力束心合同文約

清乾隆廿三年二月（祁門縣）康啓福等立議不肖子孫盜賣莊祀同心協力鳴官理治束心合文

立議束心合文康興仁堂秩下啟福仝侄良燻、良忠等，向因承祖庄屋二重，土名屋基坦，歷来庄僕住屋應役無異。今有不肖子孫良燦甦張盜賣祀庄，文鄭義豈只故眼前肥己，不思後子禍患。今族衆人等嘀議，同心協力，支良燦鳴官理治，不致貪生畏死。如有等情，一同治罪，以準不孝罪論。今立合文一樣三帋，各收一帋存照。

再批：出身之人不得懈怠，走郷之人認從出身人差子而行。照。其費用暫將祀田當租与良輔名下數日使用，候子璧清算。再照。

乾隆廿三年二月　日立議束心合文康興仁堂［合］

秩下　啟遇（押）　良偉（押）

啟福（押）出身

良選（押）

良銑（押）

良忠（押）出身

良熠（押）出身

良燻（押）

良淳（押）

良鑑　十

良煸（押）

良傳（押）

仝侄　希鈺（押）

魁公秩下　爵房良忠收執

禄房良熠收執

貴公英　啟福收執

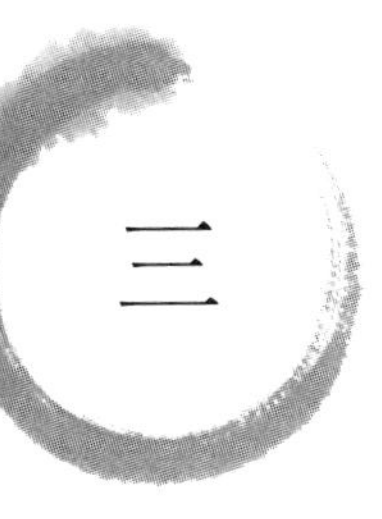

清乾隆二十九年五月（祁門縣）康啓琰等立爲謝氏毀界阻佃鋤害青苗合族鳴官費用照丁均出誠心合同文約（右半字）

立議誠心合同文約人康德俊秩下啟琰啟喈啟時等今有三四都雲字四保土名船木塢俗名朱家茶園自明塟祖四塚在上曾於
乾隆拾叁年被謝永登等戕害侵佔致訟　游主已蒙審結康謝二家立約訂界清業不料謝永進等惡心復萌哭于本月糾衆
硬行毀界阻佃鋤害青苗佃人立報是以族衆不甘隨托約保理說詎伊衆等不遵前斷不依合同一味悍蠻非　法難服合闔族嘀議定行鳴
官其費用照丁均出毋得短少延挨其出名者與不出名者人人俱要踴躍傾心護　祖毋得借私躲縮此係　祖骸攸關非若等閑如違文者定
以不孝罪論闔衆公處無詞立此合同四帋存匣壹帋三房各收壹紙存照

（一）

三

清乾隆二十九年五月（祁門縣）康啓琰等立爲謝氏毀界阻佃鋤害青苗合族鳴官費用照丁均出誠心合同文約（右半字）

乾隆弍拾九年五月

日立合文康德俊秋下经手人啟琰

啟昂　良錦

啟時　良焕

良傑　良熇

良迎

良熠

良鍾

良傳

良淳

良銘

良輔

良標

（二）

清乾隆二十九年五月（祁門縣）康啓琰等立爲謝氏毀界阻佃鋤害青苗合族鳴官費用照丁均出誠心合同文約（左半字）

立議誠心合同文約人康德俊秋下啟琰 啟昇 啟時等今有三四都雲字四保土名船木塢俗名朱家茶園自明葬祖四塚在上曾於
乾隆拾叁年被謝永登等戕害侵佔致訟 游主已蒙審結康謝二家立約訂界清業不料謝永進等惡心復萌突于本月廿晏
硬行毀界阻佃鋤害青苗佃人立報是以族衆不甘隨託約保理說詎伊衆等不遵前斷不依合同一味悍蠻非 法難服今閤族商議定行鳴
官其費用照丁均出毋得短少延挨其出名者與不出名者人人俱要踴躍傾心護祖毋得借私躲縮此係 祖墳攸關非若等閑如違文者定
以不孝罪論鬮衆公處無詞立此合同四帋存匣壹帋三房各收壹帋存照

（一）

清乾隆二十九年五月（祁門縣）康啓琰等立爲謝氏毁界阻佃鋤害青苗合族鳴官費用照丁均出誠心合同文約（左半字）

乾隆弍拾九年五月

日立合文康德俊秩下經手人啟琰

啟昺　　良錦

啟時　　良煥

良傑　　良熇

良迪

良熠

良鍾

良傅

良淳

良銘

良韡

良熛

（二）

立約束合同汪正卿、正儒今有祖塚壹塋坐十四都白字陸保叁伯陸拾貳號 元朝經理土名黄沙鄭家衝 明朝經理土名百子段俗名鄧
塢蓄養古木庇蔭祖塋詎有地虎胡紹聖、廷治等謀買毫分掃砍蔭木驚塚吞業難甘坐視今恐人心不一集衆議議必協力控誅所有出身
祖前控闘效勞無得退縮推諉所有盤纏使費卿房出貳股儒房出壹股照派樂從如有推諉慳吝等情 神明鑒誅仍以不孝公論
并罰白銀伍兩庶遠 祖得保而子姓繁盛恐有人心不齊立此約束合同壹樣四紙存照

十九房貴旦艮竹晉璋詞旦

（一）

三

清康熙二十五年二月〔祁門縣〕汪正卿等立爲蔭木被砍協力控誅盤纏使費照派樂從約束合同

康熙二十五年二月二十七日

上祖原註土名黄沙鄭家衖今查來由其地方原係黄沙大社

故經理前已載有鄭家塢共僉業名目

元朝經理係汪元美名目　洪武經理元美彦進今查串名彦美名目

卿房　裕壹股　通兄弟壹股　通貳分　耀壹股

魁壹股　明清雲壹股　述壹分　琳印壹股

甲壹股　嵩祖壹股　龍禎半股

儒房　巖兄弟叔侄壹股

健壹股

鰲壹股

立約束合同汪正卿

汪正儒

汪明岳　鵬料理

汪明建

汪起鯉　本身

汪起鰲

汪起虹

汪可裕　本身

汪可通

汪可耀

汪可述

汪振魁　料理

汪振巖　料理

汪振嵩　本身

汪振祖

汪振明　料理

汪振印　本身

汪振𥿍

汪振清

汪兆龍

汪兆雲

汪兆禎

族見

汪繼武

（二）

三

清康熙三十三年七月（祁門縣）汪永泰等立爲土豪盜拚山木共與理論盤川使費照股數出約束合同

立議約束合同人汪永泰、汪輔公秩下汪起璉等，原共有承祖買受本都捌保土名[illegible]頭山壹號，係經理汪元振名目律字陸伯叁拾陸號，計山貳畝壹角，四至東降，西田，南自田塝至嶺，北至李田，向来管業無異。今被土豪將山樹木盜拚，至山私行斧印，同往嚇見，安容霸佔。于是集同業主嘀議，共與理論，所有盤川使費照各股山分數出，不得累及出身。如出身之人亦不得臨事退縮。日後事清，將在山樹木或拚或砍，俱要眼同，毋得狥私肥已。如有等情，井罰白銀叁兩公用。今衆議

項名出身共業之人務宜同心協力，不得狥情賣國。今恐無憑，立此合文壹樣叁紙，各収壹紙存照。

康熙叁拾叁年柒月二十七日立約束合同人汪永泰（押）

仝業人　汪振祖（押）
汪兆龍（押）
汪周衛（押）
汪起璉（押）
汪起鯉（押）

中見人　汪振明（押）

三

清乾隆七年九月〔祁門縣〕〔汪〕正卿等立爲宗派興訟互宜踴躍約束合同

立約束合同文約公秩下正卿、正儒等今因
聖恩脩葺　王祖墓祠，我韓溪與楚溪共進　濟公神主，不意梓溪植山冐我
韓溪之名，造為胡言，扯韓楚二溪于典公派下。倘後興訟，誠恐人心不齊，費用
不敷，故合族嘀酌議定出身之人，併費用自議之後，互宜踴躍，毋得推諉退縮。
如違以不孝罪論。今欲有憑，立此合文貳紙，各执一紙存照。

一衆議出身控理　紹傳（押）　兆積（押）

一敷費　紹誥（押）　兆位（押）　兆儀（押）　嘉禓　嘉佺（押）　承宣（押）　承長（押）

（一）

清乾隆七年九月（祁門縣）（汪）正卿等立爲宗派興訟互宜踴躍約束合同

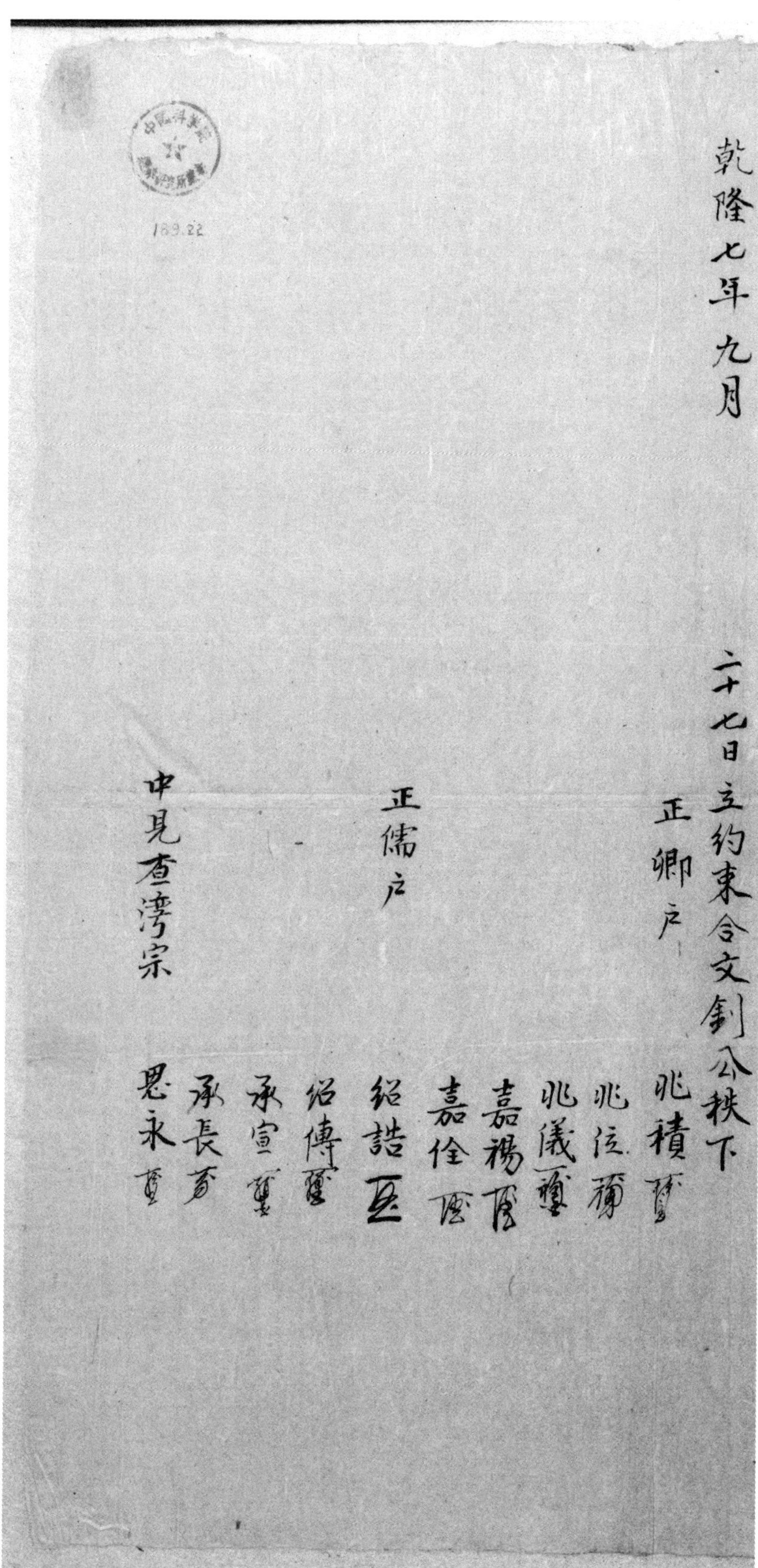
乾隆七年九月

二十七日立約束合文劄公秩下

正卿户

兆積（押）

兆位（押）

兆儀（押）

嘉禓（押）

嘉佺（押）

正儒户

紹誥（押）

紹傳（押）

承宣（押）

承長（押）

中見查灣宗

恩永（押）

（二）

〔四〕明萬曆至民國年間其他齊心合同文書

十七都二啚吳仲成吳良心十六都二啚吳曾吳叔功原承祖僉業并後各家續買賴字等號劉家住基鄭村林火佃基地先年官業及各佃供役無異今奉
明旨清丈各存原買冊税多寡未明且劉鉞等祖先年賣盡未得查清以致劉鉞等妄行僉業掛額吳仲成吳叔功吳曾吳良心各詞告赴
本府曾大張爺蒙送
王縣丞老爺問報委老人汪伯海前來各啚查理清黃二冊請憑族証吳坡等查處明白遂將今丈積餘字號共地壹千零陸拾陸步半除僉外憑衆處分照依合同字號步數經官吳曾
實地柒百肆拾步吳叔功實地玖拾玖步半吳仲成實地壹百零玖步外塘拾伍步半吳良心實地柒拾捌步具呈同官俱各掛名僉業再無異説如有內外人等爭論俱係衆同理直其
火佃劉鉞等仍係各家照舊供役日後倘有忤悖等情聽憑各主禁治不致曲互偏徇如違甘罰白米伍拾石入官公用仍依此合同為准今恐無憑衆議合同一樣四紙各收一紙永遠
遵守為照

萬曆拾年叁月　二十二　日立　合同人吳仲成（押）
吳良心（押）
吳曾（押）
吳叔功（押）
老人汪伯海（押）
族証人吳坡（押）
代書人許訪（押）

明萬曆二十三年五月〔祁門縣〕謝棹等立齊力出敵非理欺凌文書

立文書人謝棹同用同泰李禄朝欽李祖寄春祖春等吾祖
震安公創居安山徙傳百世頗有自守於萬曆戊寅年遭回禄之后人居星散各事其事
恐墮前志屢被悪隣欺侮吾等難以伸言誠可痛恨々吾輩欲保前志猶恐人心不一
是衆論議故立文約以協人心倘有非理欺凌無問衆己事情俱要齊力而出毋得退縮傍
觀各懷私忿听信間言受賄賣骨執一拘衆不理者听衆面叱不容入祠仍以不孝罪論倘
爲衆事挺身出敵者經貫衆當不改遺累出敵之人爲己事者衆人亦要同心出敵々々
盤讀之類衆助三股之二自立文之后各宜同心遵守遠永爲照

萬曆二十三年五月十五日立

文書人謝棹
同用
同佐
同治
同泰
李禄
朝欽
李祖
寄春
祖春
廷民
廷桂
廷瑞
同華
同美
夢魁
夢麟
夢鹿
夢龍
夢鳳
夢鯉
夢鼇
夢獬
廷梭
泰運
正言
正名

三

明萬曆三十一年四月（休寧縣）張世祀等四房子孫人等立爲盜賣田地仗義派貼告理盤纏合同

立合同人張世祀、張祀初、張世德、張承祀四房子孫人等，共立合同爲仗義派貼，以全体面，以懲悪醜事。缘族張子寬父子済悪，更敗祖父財業，傾盡無存，自萬曆九年折
毁故吉，飄流蕩外，丐食度生。寬戶產盡粮盡，乘清丈虛供塘税壹升弍勺，遺累十排，延年賠貱丁差，爲族不齒者二十餘年矣。丐餘措親汪八十將收買田壹畝七分，計租指弍，祖父
將祀田十弍祖有零，同契獻投汪鄉宦伯業。比親嫡張阿汪具情告縣，蒙批约里處报。比約里吳酒會集上資親人面剖是非，李汪執宦勢終無悔悟，约里只得從寔從公回官。准巻里爲
册事干係非小，倚宦剖税延累，匿税當稟乎本縣。縣主批系張子寬戶內無税，何從而剖賣汪氏？宜當知阻。李何財買悪？黨張時震、李升書、程李不稟立堂，不面各戶，照將張廷璠戶
剖税壹畝，張子宜戶剖税七分，張盤戶剖税壹畝陸分陸厘，張可成戶剖税壹分肆厘，盗賣子寬一人盗税者，分各四戶。設今日盗税不爲辯，則各戶田地寬可盗賣。似此下告不
禁，效尤者何止一人；壞法者何止一事。爲此衆僉張子宜兄弟叔侄五股產業承之一人，力量不敷，事同休各，無推推，第產業極小，年告訴繁，畏難弍沮，亦僞倍休。爲此衆議，雖是理直
氣壯，亦計年深月久，允是告理盤纏支費，每扒約銀乙指弍两，本家出銀肆两，世祀戶每扒貼銀壹两弍錢，盤成共貼銀捌錢，仍陸两本門四房計人丁出取銀陸两，丁銀
扒完以本門錢粮派貼，錢粮扒完以本門銀本派貼，本派完以追遠祀銀派，一週而復始，永爲定則。此事門風体面攸關，人心共憤，各宜遵守合同照則。入出
有違議者，是亦子寬父子之流，不齒鄉人，有愧祖宗者也，誰甘不義取衆羞詬。今恐無憑，立此合同，永遠存照。
萬曆叁拾壹年肆月 日

（一）

三

明萬曆三十一年四月（休寧縣）張世祀等四房子孫人等立爲盜賣田地仗義派貼告理盤纏合同

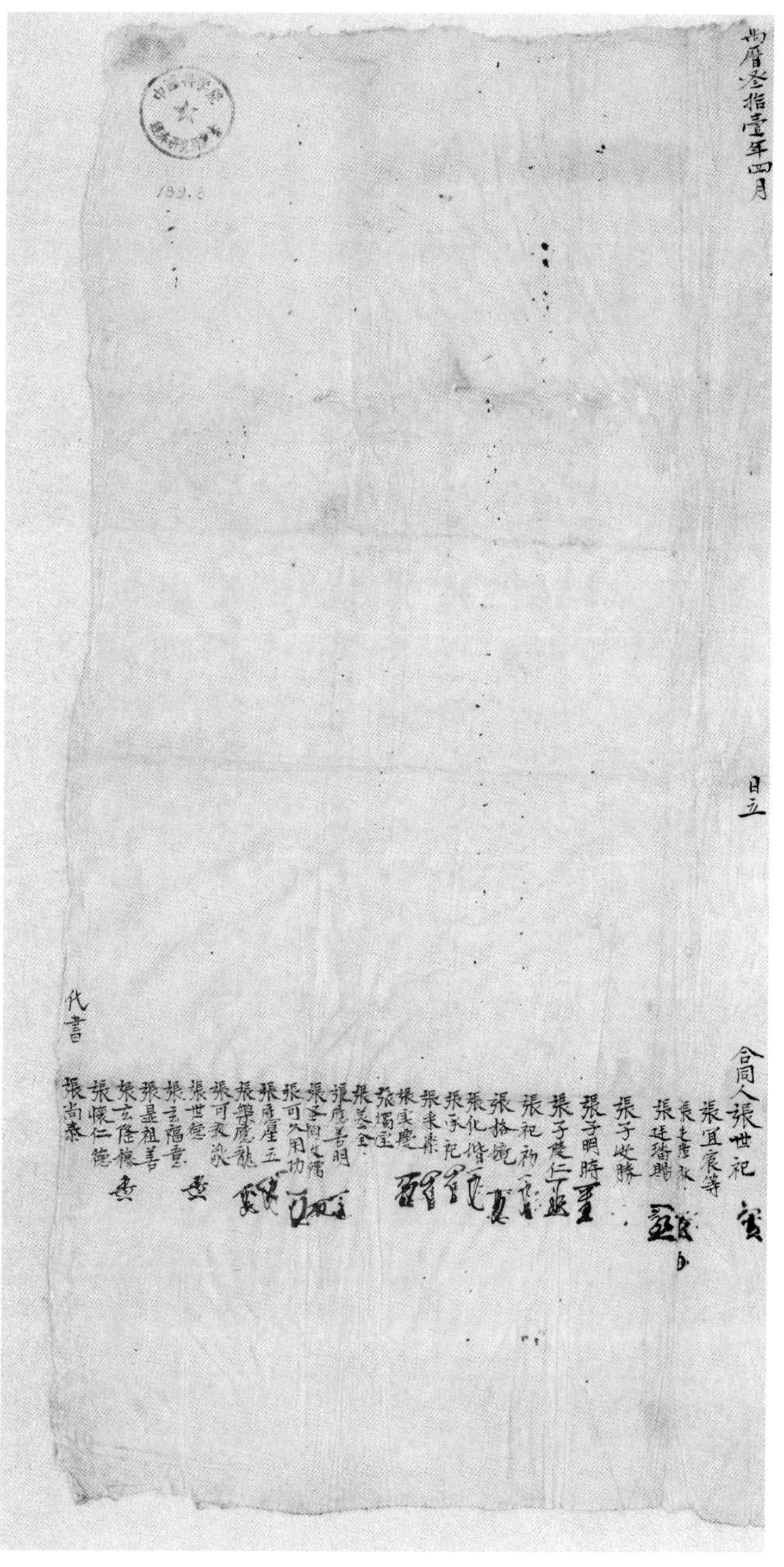

萬曆叁拾壹年四月　日立

合同人張世祀

張宜宸等

代書

（二）

三

明萬曆卅二年二月某某縣查道權等立爲杉木出水告官使費三股均出合同文約

查道權吳元臣同買到祁門王許卿浮梁土名黃西坑
杉木壹宗近在梓舟都趙家地勢人衆強梁屢屢騙害
誠恐杉木出水貪心無厭又生騙局今同山主詩議日
後倘有詐告
上司府縣者用盤費照業一人照中議定叁股均出
查壹股吳壹股山主壹股又議各用一人經手使費
銀兩并府縣告詐來往公用齊心協力毋得退後其
使費銀兩依時數出無得推挨如違甘罰銀伍拾兩
仍遵此約均派毋詞恐口無憑立此合同三紙各收
壹紙爲照

合同為照

萬曆卅二年二月十五日立合同文約人查道權（押）
吳元臣（押）
王許卿（押）
中見人王三錫（押）

三

明萬曆四十五年十月（休寧縣）程鑾等立爲程淑圖產繼承齊心共理議定盤纏對頭合同

立合同人程鑾程鎣程湛程渭程洪程綍綬程正茂程正時程正久程池程文樸程文朴
程百十程九思程有道程九德等有程沂生樟樟娶陳氏生二女因病故絕衆議待繼詎
意程淑分不當繼圖產萬金斬樟繼沂神人共憤所有樟遺本壹百伍拾兩在湛店內今
衆議將此項銀入
端公祠奉祀倚淑樞生情奸刁見官等情鑾湛等務要齊心協力衆共理治其盤費將存
湛店內銀支出公用如再不敷七房各閗出已貲不得異說其對頭議定鑾池爲主毋得
推挨凡有事行動七房子侄各宜勇往直前毋得落後倘有退却不理私自賣好者硬
罰銀拾兩衆用自立合同之後所存湛店內銀湛不得私支與淑樞如違定要程湛認出入
衆今恐無憑立此合同一樣七張各執一張存照

（一）

萬曆四十五年十月十二日立合同人程鑾（押）
程金（押）
程湛（押）
程渭（押）
程洪（押）
程業綬（押）
程正茂（押）
程正時（押）

程正久（押）
程池（押）
程文模（押）
程文楷（押）
程百十（押）
程九思（押）
程有道（押）
程大德（押）

（二）

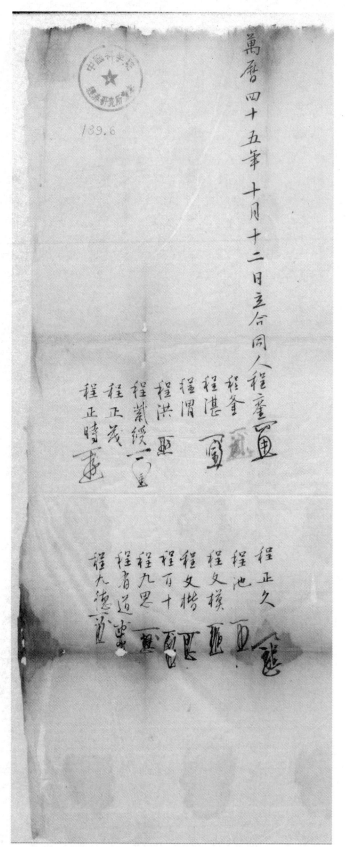

立合同人義和堂李文煇元俊等今有本村住後大廣山被豪族李天章謀占告　縣切思此係祖宗世業射面所關若不同心協力則係不孝不義之徒茲恐人心不一始終不孚今立合同四張以為約束人心之本自立合同之後務齊心倡義奉公出力不得賣骨殉私及推挫執拗等情如違執之祖宗神前聽衆面叱重責以不孝論仍遵此文為準恐後無憑立此合同存照

計開

一不許賣骨并將山分己業獻與仇家

一不許該身分銀拗衆不出

一不許使銀者懷私肥己

一不許本堂應出力者臨時推挫

一不許行事強執己見不聽商量

以上所開五條有不遵者依前文行懲其出力如式者事完之後本堂議行獎賚決不虛言

一應敵正副二人　武林　元芳（押）

一承酌事務狀文銷粮　尚公　枝翹（押）

一催徵銷粮元俊　尚賢　尚皐　尚茂　尚玄　美林　先芳（押）

萬曆四十六年四月　日立合同人李文煇（押）

文烜

文焯（押）

文焌

文烤（押）

元俊（押）

元傑（押）

天相（押）

尚義（押）

尚賢

尚謨（押）

尚文

尚皐（押）

尚茂

尚玄（押）

尚倫

尚善

尚夔（押）

貴林（押）

榮林

壽林

輝林（押）

武林

美林（押）

貢林

桂林

煥林（押）

枝魁

枝冠（押）

青芳

國泰（押）

（二）

明崇禎五年二月（休寧縣）黃應杞等立爲公出使費以保祖墓以完天理以一人心合同

三

明崇禎十三年七月〔歙縣〕程周齊等立齊心立綱陳紀各執守法議約

清康熙二年五月某某縣吴公必等爲酒腐雜貨營生遭蠹棍慘害立同心上告訟費均出議約

立議約人吴公必 李賓華 吴世真 李福之身等向在本市酒腐雜貨營
生歷久無異不意近年屢遭蠹棍謝德冒借鹽牙多端纏害擾詐今春復將四
店滕稟 兩浙鹽法道 遲爺 行縣提拘以致多費惡又拴該都吴和勸身處銀五
兩又托朱正先向身等勸加銀五兩求息 如此慘害令人髮指今四家公議若非同心往上
告理恐惡纏害終無已日是以齊集
神前歃血盟心協力共濟所有訟費等項四股均出付管錢谷之人收貯用完照股再
付毋得臨時推諉吝嗇候
工臺狀准到府三家隨即補詞同審毋得退縮自議之後出官者挺身作對衆酬辛
力
管銀帳者公其出納往來府浙者勿憚跋涉 如有梗拗不遵衆罰白銀貳拾兩
公用仍照此文爲准今欲有憑立此議約四張各執壹張爲照
一議出官作對首名李賓懷
一議均數銀兩以九五色爲率
一議公必該股訟費衆友篤誼議銀五兩整

（一）

三

清康熙二年五月某某縣吴公必等爲酒腐雜貨營生遭蠹棍慘害立同心上告訟費均出議約

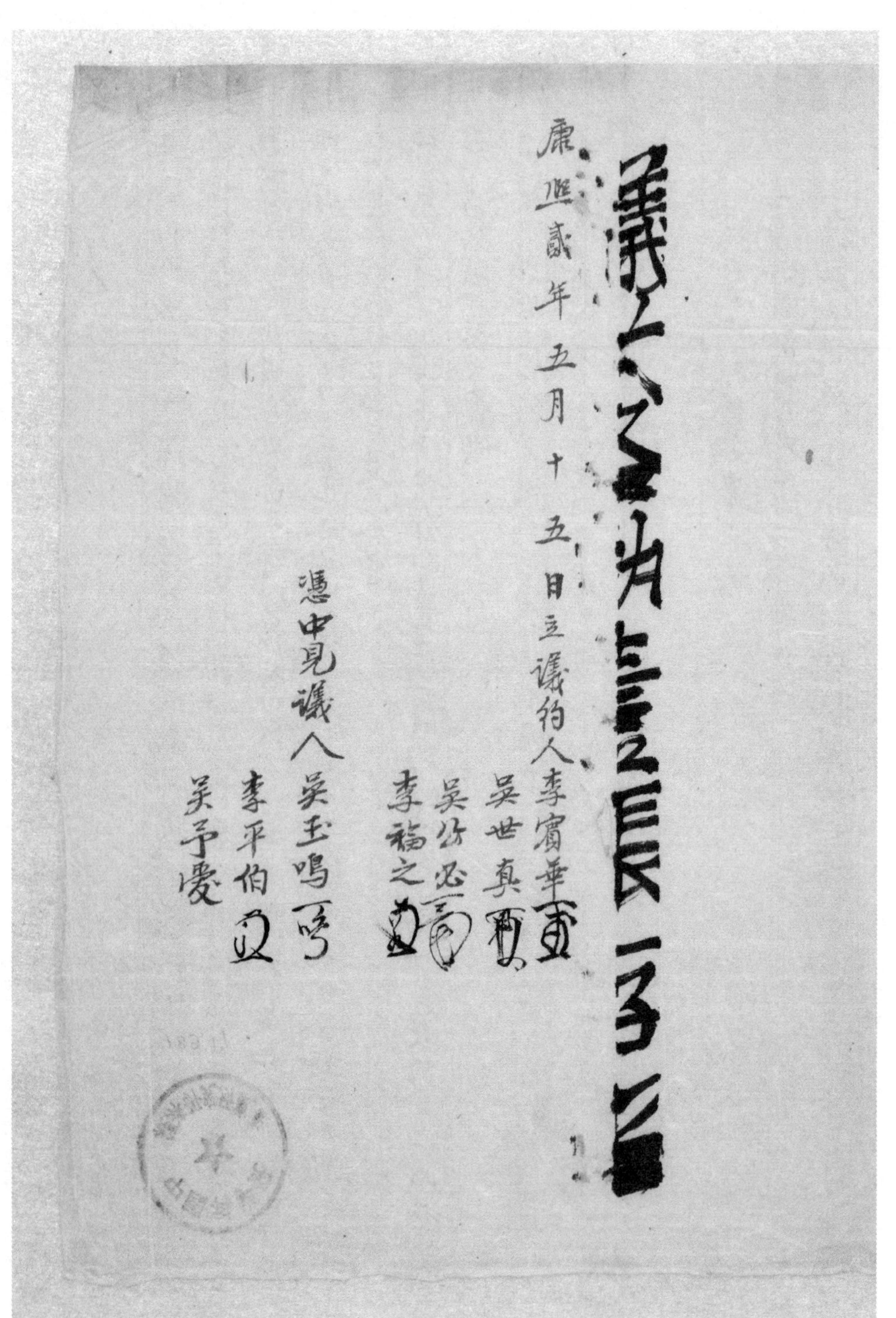
康熙貳年五月十五日立議約人李賓華（押）
吴世真（押）
吴公必（押）
李福之（押）
憑中見議人吴玉鳴（押）
李平伯（押）
吴予愛

（二）

清康熙七年十二月某某縣項應豐等立爲盜砍山木公舉呈官鬮族捐輸經公使費議約合同

立議約合同項應[illegible]項應珍項應臨項成文項長漢項弘道項之[illegible]項成章項時忠項萬璋
項士祐等今有二一百五十六号土名下山坑合抱大松蔭木數十株原先人蓄養成林蓋
爲一鄉蔭庇誠一木必居世遵先人遺墨歷禁固守無異今衆惡項相之等素行不
端窺無王法空于本月十一日糾衆多亮恃強盜砍鬼圖蔭木三四衆驚駭異當投里長
項鵬萬驗明戳公合公舉呈官此乃一鄉蔭庇喬木住址命脈所關如經公使費毋論分法
多寡鬮族同志各例名樂輸剪惡強橫以警將來蔭木得以永保即世賴安寧其各使費銀
兩照樂輸即時付出應用不致推諉悮公自議之後合宜同心協力毋得坐視悉充本分一
違賣法如違前議者甘罰紋銀五兩入衆公費仍照前議付出急其經管事者並樂輸銀
兩各名例後亦不得推諉今恐人心不一盟神表心協力同志以[illegible]一鄉安寧恐後無憑立
此合同議約[illegible]紙執一紙為照
如日後相之等懷挾私怨報復經公理論者衆議照此議約樂輸[illegible]
付盜害揭累[illegible]子之人
[illegible]遵照[illegible]

（一）

三

清康熙七年十二月某某縣項應豐等立爲盜砍山木公舉呈官鬮族捐輸經公使費議約合同

康熙七年十二月　日立議約合同

其松木原爲蔭庇住址來□脈相關，永遠毋得砍伐，亦不得假公而害私。如有恃衆盜砍蔭木，致傷命脈，

衆以盜砍執此鳴公呈治。如本年□秋木於例全衆公拚，亦不得恃勢強搶，如違，以強砍合衆呈治，毋得坐視推諉。故

違不出理論者，罰銀壹兩入衆公用，亦聽再批。

經公告理列名于后

應豐　弘道　之昇　成章　時忠　冬梅　士祐

樂輸銀兩列名于后

應豐壹兩正　應小柒錢　應臨貳錢　道以口貳錢

弘道伍錢正　臣以壹兩正　之昇壹兩正　成章六錢

時忠壹兩正　冬梅伍分正　士祐壹兩正

如經公使用不敷，照議照樂輸，週而復始，照此炤。

如豐（押）
項應稱（押）
〻應臨（押）
〻成文（押）
項長漢（押）
項弘道（押）
項之升（押）
項成章（押）
〻時忠（押）
項萬璋（押）
〻士祐（押）
見證　項玄福（押）

（二）

清康熙卅六年某月（黟縣）朱使朱月兩户人等爲汪旺户借端告害立經公事務輸費應用照鍋頭派出合墨

立議合墨人朱使、月兩户人等，今有萬𪨶汪旺户等特其人財，屢欺本族小弱，于
康熙卅叁年結訟在縣，蒙　縣主并老爺審責，恩報在由。欲借本月天旱，強行汲
打井水，但井屬屋內，且係鳥字三百卅号，係家主之業，與汪旺無分，情理俱無可恁，
勢必借端告害。恐人心不一，今憑
家主汪亨貞洗心盟誓，倘有經公事務，必費全心合志，輸費應用，一切照鍋頭派出，
無得臨時推諉悞事。如有退縮不遵公議者，執此鳴主，公罰銀拾兩，貯衆公用，無達。
或有汪旺生端，夷等仍前照公出，不得累及一人。今恐無憑，立共議合墨一樣三張，衆
家主收貯一張，兩户各執一張，永遠存照。

（一）

三

清康熙卅六年某月（黟縣）朱使朱月兩户人等爲汪旺户借端告害立經公事務輸費應用照鍋頭派出合墨

一議汪旺告害兩户不拘何人名目東族全心齊出
一議在官并首費俱照鍋頭議出不得推諉遲延
一議東族人等不得與仇隣私通信息違者公罰
一議汪旺倘有恃强詈毆東族人等不得坐視
一議該業使費俱係兩户輸辦

康熙卅六年　　日立合議墨朱使　朱月

末仂　高順　夢德　戩德　時光　上仂　生仂士　象仂　進壽　春德　元壽　奇仂

憑家主汪亨　汪貞

（二）

三

立束心合文人汪仁公祀秩下子孫國礼、昊、國啓、勝等，今
通衆商议起造塼瓦窰一所，做造塼瓦以造祖祠，俱要
同心協力，無得推捱退縮，如違罰艮五錢，准不孝論。
恐後無憑，立此束心合文存照。

康熙四十一年七月初六日立束心合文汪祥（押） 二丁

國泰（押） 二丁

玉枝 半丁 國禎（押） 二丁

國勝（押） 二丁

童枝 半丁 國礼（押） 四丁

國昊（押） 二丁

六枝 半丁 國富（押） 一丁

國振 二丁

國起（押） 一丁

初茂（押） 一丁

清康熙四十一年七月某某縣汪國禮等立齊心協力起造磚瓦窯以造祖祠束心合文

三

清康熙四十一年七月某某縣汪國禮等立齊心協力起造磚瓦窯以造祖祠束心合文〔背〕

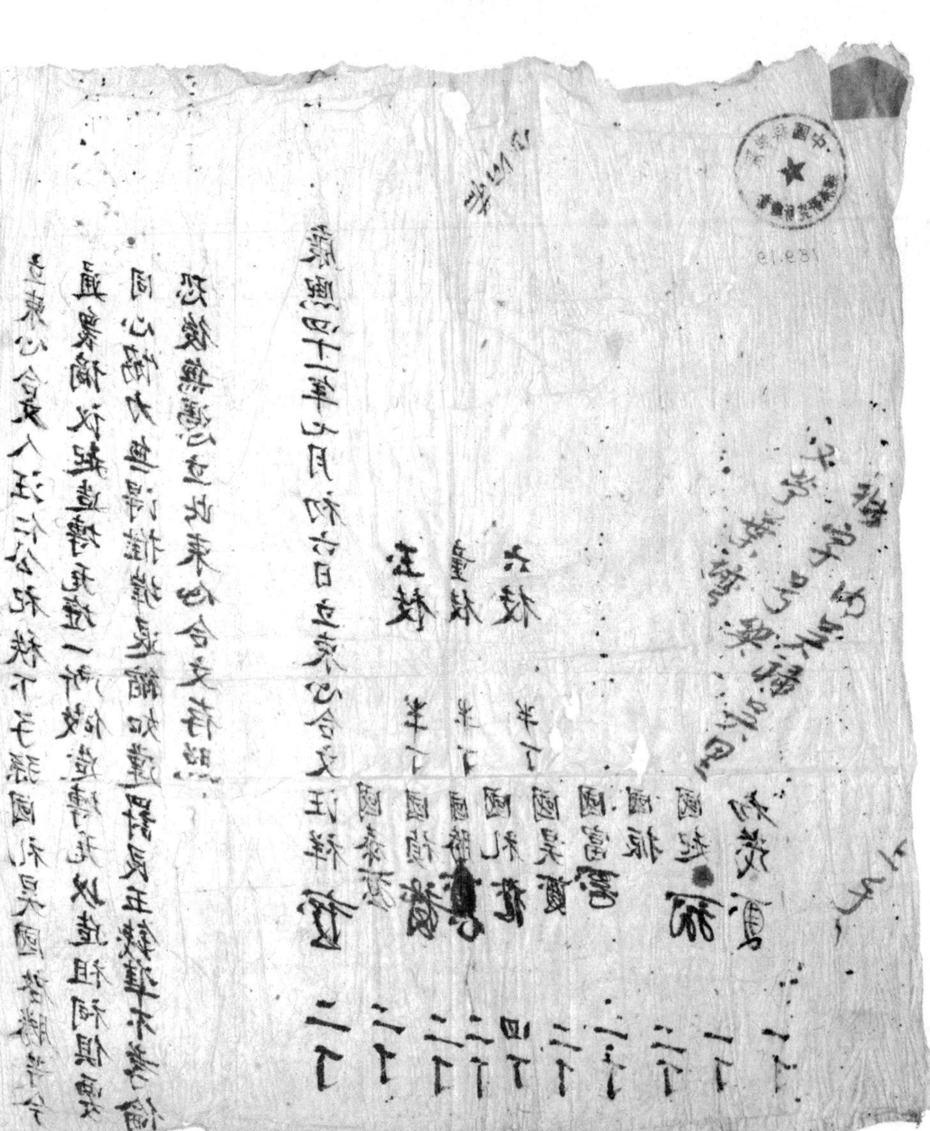

清康熙五十二年正月某某縣程文秀等立爲墳墓興訟官中使費照家均出合同

立議墨合同人程衆等今爲祖塋及新旧坟墓因李姓今併坟墓生端及科派業新等
事屡了騙害無休實難住歇今衆等各迁居住倘吳李胡三姓興訟旧控
縣主 官中使費之資悉照家均出毋得推捱躲閃不爲累及出身之人誠恐
人心不一今立合同盟 神歃血如有不遵之人 神天殛誅如若恃頑不遵臨期
無銀者將他已業寫出衆等變賣一切事務必要同心協力不得懈怠推卻倘
有等情私通者衆等查出以不孝罪論重處今恐無憑立此議墨肆張各門收執
一張存照

再批本五房地事照五房所均派使用
本祖塋新旧坟墓照家均派使用本地租茶葉租照業均派
訖了府縣結案後各輪流護送

（一）

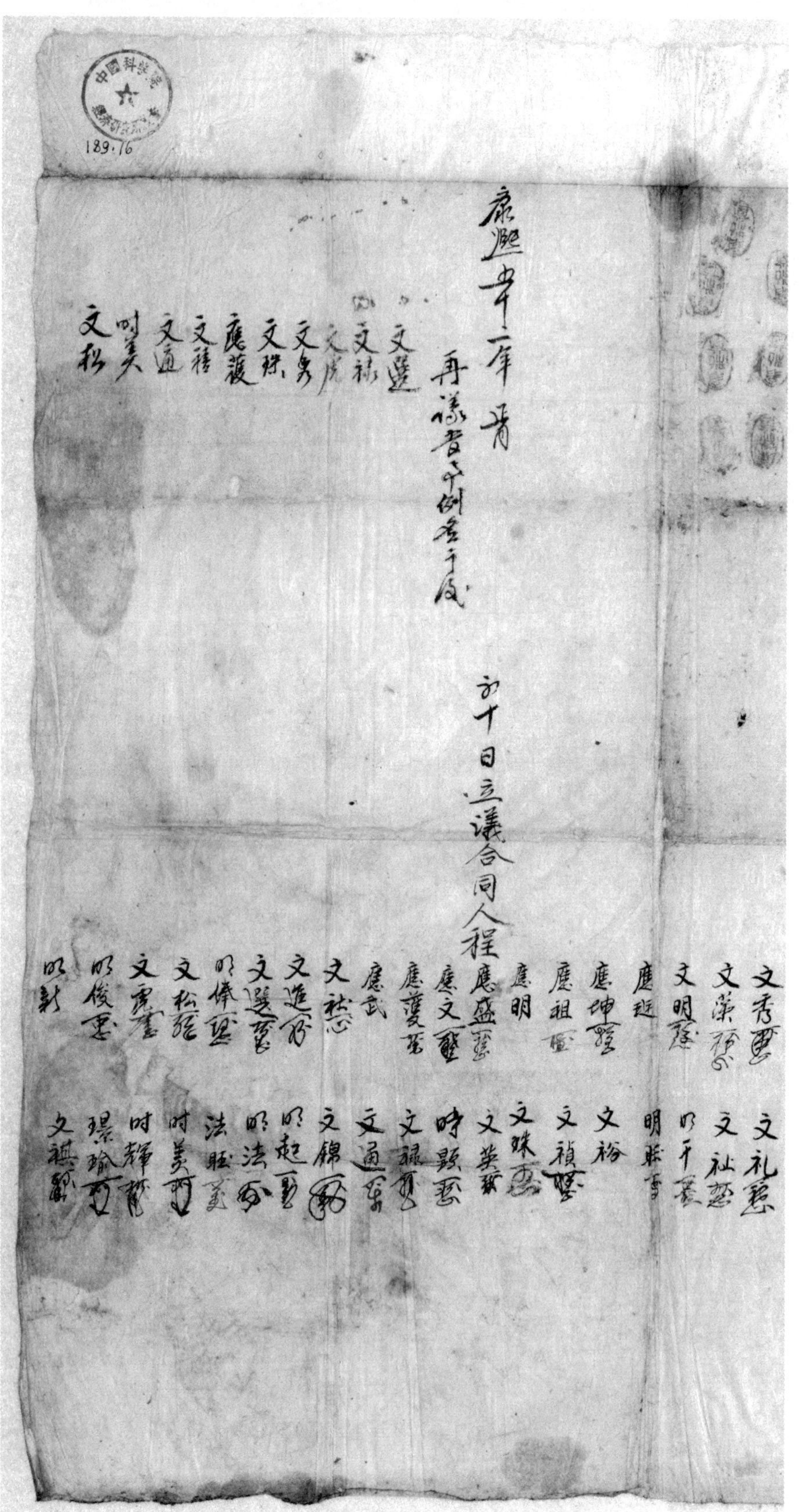

（二）

清雍正六年五月某某縣黄邦華等立爲莊僕悖逆齊心協力以杜刁風合同

三門立合同人黄邦華文生裕全德豐文著等因承祖遺有塢頭溪灘山门坑東坑下坑乾坑岗坑嶺背店背后張家塢
口等處庄僕先年立有文書冠婚喪祭火佃信記柴薪向来應役無異今突起風波強悍悖逆希圖脱漏不思文書炳據庄
基現憑族衆人〻髮指難容坐視但其責誠重其任匪輕必同心協力共襄厥事非苟且粗率可濟其始終者也是以合族
盟　神歃血共立合墨或呈　官懲治或私行責罰務必力處以杜刁風銀費除樂輸而外再行嗃酌如有退缩不前臨
事推諉者即以不孝罪論嗣後各處庄僕仍毋許私自役唤今立合同壹樣叁張存匣壹張上下门各執壹張存照

（一）

雍正六年五月

壹張存匣
上門壹張　錫公收
下門壹張　憲文收

日三門立合同人黃邦華　觀成　學文　元宸
文生　觀全　之旦　元秋
裕　金書　門　學佛
全德　德源　金桂　學賦
豐　德滋　元福　文奇
文著　德滑　元禹　文瑞
邦定　德飈　元煥　元英
有玠　德榮　元爍　元雄
有璘　德洚　元起　元謨
應宿　瑞　元焜　元訓
應麒　全福　元鴻　元傑
文泗　大槐　元鵬　元亮
應宮　禹　元烱　元誌
德祥　元堦　元赤　鉞
德章　元琺　元熾　攀魁
德瑞　元珽　學仁
耀生　元延　李坤
觀壽　元運　文榮
觀富　學顔　文昭

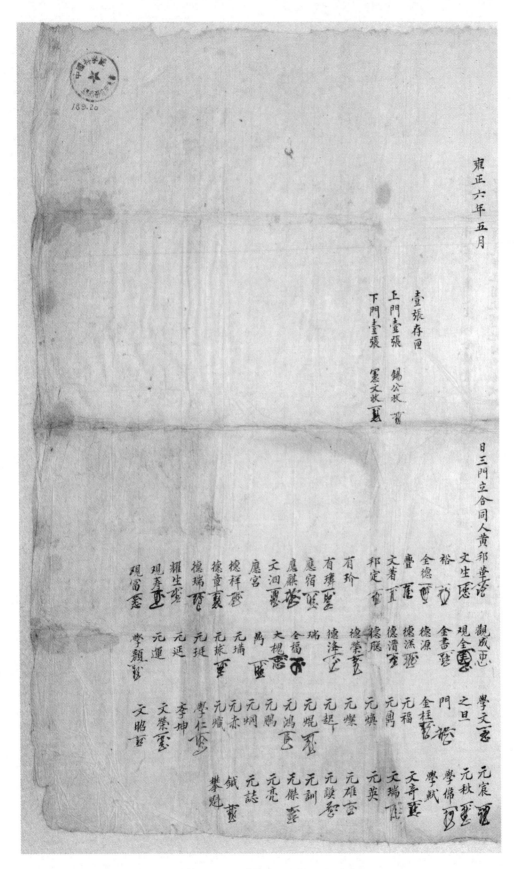

（二）

清乾隆四年八月某某縣某姓五嶽等立齊心公議輪流管理祀産田租合同文約

立齊心公議合同文約敏德公秩下五岳、光碧、光廉等先年立有祀産，賴先人秉公生販置有田租柒

百餘秤。近因改造祠屋，建立庄屋，費用浩繁，並無餘積，恐後人心不一，有致廢墮，以貽　祖羞。後托中

公議，三房經管，每房僉議二人輪流管理，逐年租穀眼同收貯祠倉，來年公糶銀錢貯匣，先完

國課，次備祭儀，毋得私收狥情借貸。逓年祀內每人給辛力穀五秤，務要秉公矢慎，以圖光大，不得

侵私肥己。每年七月十五日　祖前清筭交盤，查有侵尅等情，犯一罰十，以不孝罪論。自此之後，永遠遵守。

今恐無憑，立此合同肆紙為照。

再批：錢粮祀內照則完納，每畝外貼經催盤費銀貳分，永為定例，毋得增減。

光粟

（一）

存匣壹紙，三炅各收乙紙，首人上手付下年首人收焰

乾隆四年八月初三日立合同文約人五嶽

五魁

五元

光暑

光廉

光武

光澤

光清

拱昱

光定

拱晏

拱特

光佩

拱書

拱守

中見存五

上琨

拱順

今將拈鬮輪流首人列後

己未年

五岳

光暑

光廉

光清

拱晏

拱特

庚申年

五魁

光艮

光定

光侯

拱守

拱書

（二）

清乾隆十四年二月〔祁門縣〕凌啓文等爲侵葬祖塚立議起遷費用合文約

立議合文約人族長凌啟文、啟廷仝侄明礼、明華、明全、大龍等，承祖枚山一號，土名葉家園，今因乾隆十三年十一月廿五日啟芳將亡侄侵葬祖塚，不安，不是合族命脈攸係，從前老約當啓因啟芳違文，合衆禀議，告詞本縣滕大老爺 金批着族衆理論起遷。今因本祖去欠費用，將清冬至會內賬目借討費用，倘有用不足，將祠田租苗變賣抵還。用不足照丁均出，命族人等無得異說。又十四年二月十八日清明之日，明傑欺祖滅族，同衆議論文約之後，今欲有憑，立此合文山樣三紙，永遠一同存照。

會同三紙

（一）

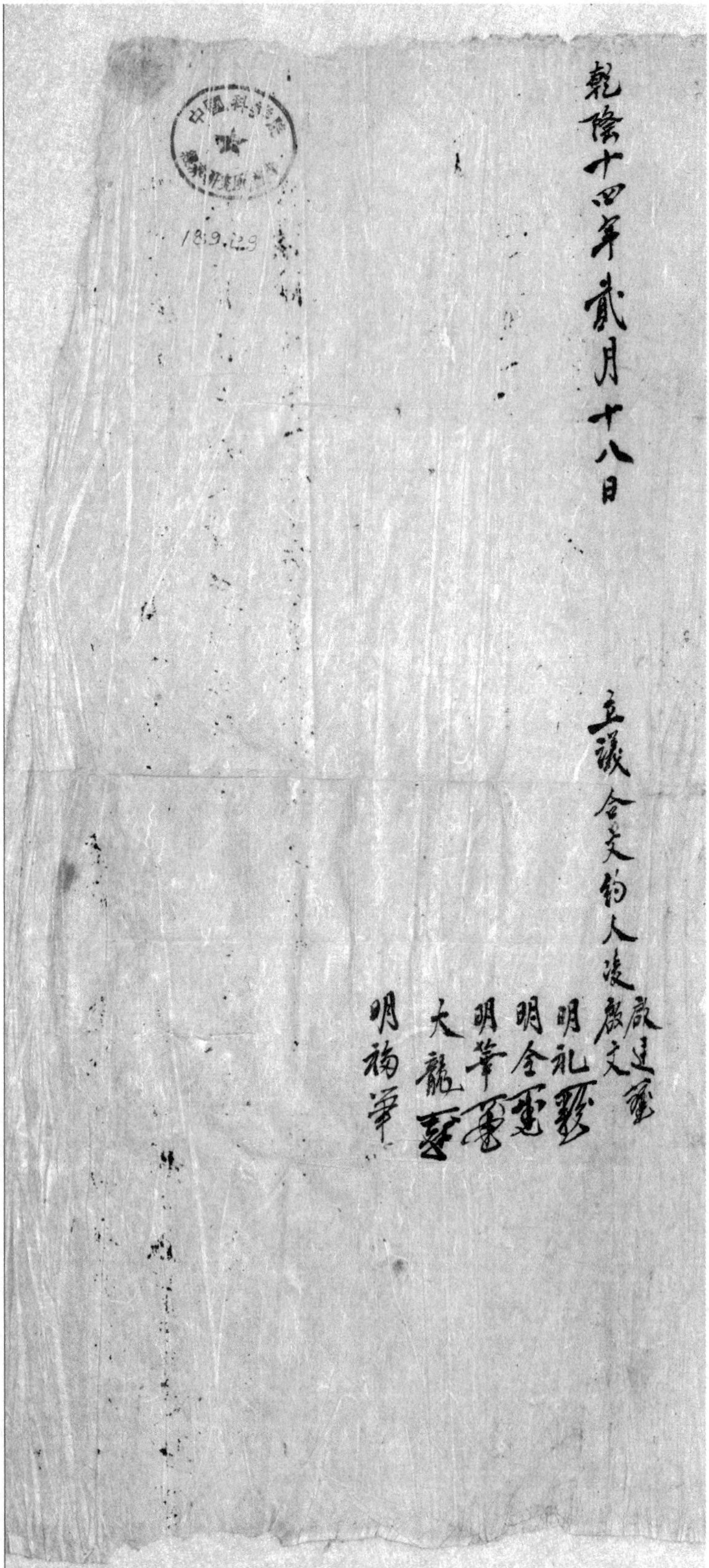

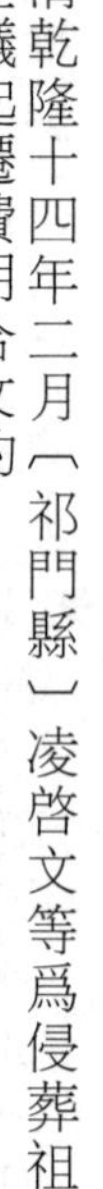
清乾隆十四年二月（祁門縣）凌啓文等爲侵葬祖塚立議起遷費用合文約

乾隆十四年貳月十八日

立議合文約人凌啟文
啟達
明礼
明全
明華
大龍
明福筆

（二）

清乾隆二十年正月（祁門縣）（徐）用讓等立量力捐資合祀并置買田產同心合文

立議同心合文丙十乙秩下用讓等光乙秩下士琦士元等原始祖祀乙遷居歙北徐村自宋迄今歷有年所

厥後子姓蕃衍星羅棊布分散各地丙十乙由歙遷祁塘頭光乙由休資口遷祁富業支派雖分實同一本

屢欲合建祠宇無力舉行近蒙傳泾大神祖贊虞念切同宗捐貲分給各族置買祀田等項是以二公秩下公同

商議將分領之銀除輸徐村統祠外量力輸貲合祀但塘頭人丁式微富業族派秩下兩分屢支各分遷居桐杆裏四

公仍居本坊兩ゝ四公後裔又分裕誠二分士琦等係光裕之秩下用坤用權等係光誠乙秩下今塘頭輸銀貳拾兩富業

秩分輸銀拾兩桐杆輸銀拾捌兩四人衆外又加輸銀拾兩三分共輸銀伍拾捌兩付主置買田產遞年三分首人輪

管眼同貯匣生息除供祭祀外餘存取贖國課等不得侵漁違者以不孝論仍慮田產不敷公立規條遞年元旦公

祭畢首人交賬徵收喜慶生子徵銀壹錢娶親徵銀壹錢嫁女亦壹徵銀伍錢亦三分首人輪收貯匣生息積充

田產並用坤用權並均光乙後並未衆輸不得入祀日後照前捐貲付衆亦同一體祭祀給胙所有契墨封付富業收貯

稅粮坐扒石桐杆戶下遞年匣內支給供課均無異言爲此公立同心合文壹樣肆紙公貯匣壹紙三分各收壹紙永遠存

照

（一）

三

清乾隆二十年正月〔祁門縣〕〔徐〕用讓等立量力捐資合祀并置買田產同心合文

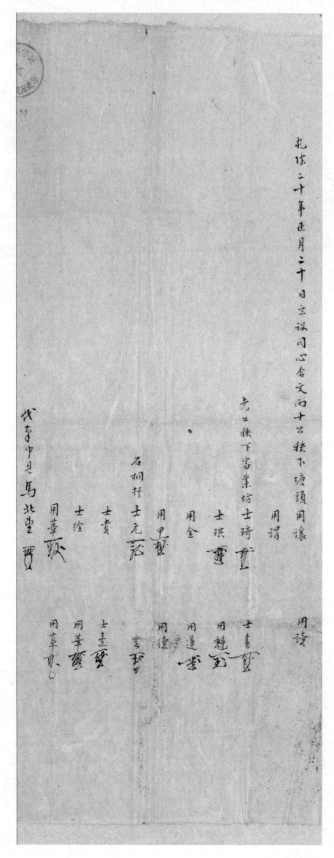

乾隆二十年正月二十日立議同心合文兩十公秩下塘頭用讓　用讀

用謂

先公秩下當業坊士琦（押）　士書（押）

士珙（押）　用魁（押）

用金　用蓮（押）

用甲（押）　用德

石桐圩士元（押）　雲（押）

士貴　士壹（押）

士琀　用華（押）

用華（押）　用華（押）

代筆中見馬北堂（押）

（二）

立標祀合文佛泰弍公秩下子孫黃廷昇黃玉才等今因清明各處祭掃墳塋各
思宗祖之根本今黃門亡過祖妣鄔氏李氏刘氏三弟鄔氏玉郎三位祖妣于乾隆廿年
十二月十六日安葬田冲塢向未立祀今佛泰二公秩下子孫各出老谷五觔入祀日後生
有新丁亦出老谷五觔入祀逐年祭掃墳塋給胙倘有子孫在外生理亦要給胙除用之外
仍存之谷眼全交付来年首人生利办祭為首者毋得吞祀肥已查出衆議行罰遂出祀
外仍行鳴　官理治准不孝倫今恐無憑立此合文二紙各收一紙永遠遵受　立此合
文存照

乾隆弍拾二年二月十六日　立齊心合文人　廷昇　叁丁
玉瑝　四丁

玉才　五丁
玉新　四丁
玉景　弍丁
時端　四丁
時義　四丁

文遠　弍丁
文達　叁丁
文道　弍丁
文巡　弍丁
文遂　弍丁

廷昆　弍丁
廷槐　弍丁
士俊　弍丁
士惟　叁丁

清乾隆二十二年二月某某縣黃廷昇等立子孫各出老穀入祀祭掃墳塋給胙齊心合文

立齊心合文張金壽、汪自廷、叔師鉎等，今因張華流等处山場向無受叔姓之業，
歷歷經管，今實被許姓造屋伐木，思賊身藉至以爭木，竞短劝諭，未曾鳴
官構訟。所有費用資差，但照三支均出。經理之人不得益私肥己，折名之
人不得遠避畏縮，俱要同心協力，毋許借隙畏已，仍有三大房人等各要同心理治，不
致有誤。如有不遵，甘罰白銀伍兩公用，仍要依合文派用。今恐人心不一，立此合文三紙
爲照。

再批：先年西叔明宸契，係汪自廷收。

乾隆叁拾年八月十四立合文人　張金壽（押）

汪自廷（押）

叔師鉎（押）

師鉊（押）

廷遠（押）

廷追（押）

汪時盛（押）

良富（押）

中見人　汪子明（押）

葉公友（押）

清乾隆三十二年三月某某縣汪廷欽等因祖業被佔立出身敷費陳情告理齊東心合同文約

立齊東心合同文約人汪大質秩下宗壬興二三八支裔廷欽廷錫正儒等痛思親房同支有廷韵正儆者不幸乏嗣
有正傑生子光建家無担石于 乾隆廿九年父死日食难度出封本十八都方子文牧牛活命経今三年家下門
户實賣盡存遺有錢粮官則票銀壹兩捌錢有零發𣏌山産且本境山多田少地窄人稠上供 国課下資家用全頼
山利原承祖業庄基田地山塲坐落土名白茆坑曾于 康熙年間買受六都程姓清業先年各位將老契新買契壹
槩轉賣入 質公祀税供數十餘載管業无異近因桑園王姓恃強勢占欺窩蠱吞盗佃潛山異梲不容管業身等
不甘意欲是以托憑中見嚴立東心合同文心商議着令正儒正依式人出身陳情告理廷欽廷錫敷令費用出身之人
毋許退縮併侵私肥己如違神前立誓若上不念祖宗之刻苦下不慮兒孫之虛供天神共怒謂不孝論倘有梗頑之輩
听自呈 官理治今恐後无憑立共合同叁帋各收壹帋永遠存照

（一）

大清乾隆叁拾貳年三月二十一日立齊東心合同文約人汪大箕公秩下支裔廷欽（押）

廷錫（押）

正儒（押）

中見人

葉元珍（押）

王君顯（押）

許懷友（押）

方以行（押）

吳敬在（押）

胡印維（押）

江伯主（押）

汪赤文（押）

依口奉書

侄正作（押）

（二）

三

清乾隆三十三年六月〔祁門縣〕〔洪〕湯等立爲逆僕背主公議訟費並停清明祭胙以豐祀匣合墨附批文

立議合墨壽公秩下六大房湯等今因逆僕朱虎違役背主私自招親於五月十二日魆邀親黨將伊傢
伙等物黑夜裝籮潛逃秩下知覺阻擋曾以逆僕跳梁控告　捕主臺下被逆潛逃未經堂訊反致逆越
控　三府臺下現行牌票提訊事干法紀豈容坐視旁觀第匣無餘貲訟費維艱是以秩下老幼人等
齊集公議將本年額上倉穀除存完糧以外扒銀伍拾兩以作訟費倘有過費族衆不理兼之秩下伏念　祖
宗艱辛子孫日漸繁衍年豐不一有備可以無患因後衆口一詞公議自乾隆三十四年爲始愿停清明祭胙
拾年以豐祀匣秩下老幼人等一概遵議照行無得執拗違議如敢違議以不孝論其所積銀兩亦不得生端
借貸有負族衆思患預防苦心今欲有憑立此合墨一紙貯匣存照

（一）

三

清乾隆三十三年六月（祁門縣）（洪）湯等立爲逆僕背主公議訟費並停清明祭胙以豐祀匣合墨附批文

乾隆三十三年六月十三日立議合墨六大房

湯　諸　錫慶　志来　天生一　志龍　志定
志官　錫　珪　宿十　應　拱　擇
壽生　煥　炯　璞　志瑞　擽　志巍
揵　桓　樹　可亮　可沛　兆緻　璘
兆武　晃　可壽　新捷　兆玉　新授　學瓊
學憲　芬　啟　兆明　新柏　學琨　冏
晟　學璞　景　滿　昌　天英　學環
晁　鎮　正訓　正大　正筠　正岐　正鐏
正倫　正賓　正璧　正任　天茹　時達　緗
紘　紝　孝時　上俸　上賓　上智　上吉
孝暾　上倫　上郊　上倚一　孝暹　晃明　承進

再批諸煥、景、天英、上祁擅自專主，以致訟事破耗匣費，殊爲不法。嗣後清明給胙，以上五人本身生胙永遠不給。其諸老年妄行，不足以居族長，及後祠内四祭及清明拜掃，不得主祭。其天英屢次妄行，恐復滋事，千咎嗣後本祠六大房該分頭首永不許管理。俟伊子十八歲當丁，依然照舊辦理。其前墨内議定合衆停胙十年，今後議只停乾隆三十四年一年。爲率衆批照。

仝日諸　煥　景（母代押）　天英　上祁（文代押）

（二）

立齊集復議合文約四紙人承祖立首士記向係清明拜掃四時掛坟近因人口浩繁拜掃[illegible]恐後言語支
事今四房人等公議將田租閬帝面前祖坊山号取实祖指九拜又一号之係士若正塢祖人年上八前
田[illegible]四房劝议逐年設定首人二名經管生販毋得侵私肥己只毋得供端假派賠自查出公四川
必須公同廣大挨候數年一次上供 國課一以修整坟墓更至秩下嗣後記内費用合費之時
事某提祖式号仍歸田祖逐年首家經管集提租外仍各家寡上合早出俱係首家收註先備清明
次備新正蒲節中元掛坟等事其清明四時掛坟派單倒后嗣立合文之後秩下租内毋得供端
移挪銀兩穀等項其提租出除坟 國課仍剩俱要眼仝租入並倉至每年清明公议時供
出集銀兩入匣書私挪等情公圖永遠廣大如有不孝不遵者逐出祀外不許散伙費眼仝
恐后無憑四房服仝合文約四紙各收一紙存照

乾隆三十六年三月十一日　立齊集文約人正記

拱曜　拱晨　邦傅　邦偉

經手　拱昕　拱暐　邦仁

拱[illegible]　拱暘　邦起

代書　拱昀

清乾隆三十六年三月某某縣某姓拱曜等立首人經管田租生販以供拜掃掛墳齊集復議合文約

三

清乾隆四十三年三月某某縣某姓文迹等因逆僕不服應役結訟立議敷費齊心出身文約

立議齊心出身文約敦善堂秩下人等原因逆僕汪春等聽信健棍故違伊祖乞葬文約不服應役以致結訟是以合族議出自愿出身之人所有見官抱狀文迹泰章等敷合費用廷讖時禮時彪文達等行脚傳信廷詠文這泰雲泰謀等自後俱要同心協力始終相顧無得推諉退縮自相嗟怨亦不得狥私肥己以致悞事如違逐出祠外準不孝論今恐無憑立此出身文約一樣四紙各收一紙存照

一樣四紙

乾隆四十三年三月廿八日立議出身文約敦善堂秩下人

自愿抱狀　文迹（押）　泰章（押）

自愿合費　廷讖（押）　時禮（押）　時彪（押）　文達（押）

自愿行脚　廷詠　文這（押）　泰雲（押）　泰謀（押）

代筆　康聖扶（押）

汪吾
合同

清乾隆五十三年七月某某縣程永治等立若與外姓人等興訟同心協力均派費用議墨

立議墨人程衆人等今為外姓人等遺勢欺弱徒賴騙害事倘若興訟到
官[illegible]不諸尋到某人合族議論吩一公之脉門户等事顧此合衆同心協力每
家均派之費貼補神誓歃血無得推卸如有不遵者鳴族革出永
世不入祠恐後無憑立議墨永遠存照
再者本族有横壞行之人鳴族據治

（一）

三

清乾隆五十三年七月某某縣程永治等立若與外姓人等興訟同心協力均派費用議墨

乾隆五十三年柒月　日立議墨人程衆人等

永治　明鎮（押）　仕銘　仕通　永和（押）　永燿　明鑣（押）　明永　明稜（押）　明袞　明宗（押）

明增　仕堂（押）　永熺（押）　仕進（押）　永鍾（押）　仕机　仕桂（押）　明任　仕遺　仕建　仕逢（押）

明銖　永錫　仕基　仕濟（押）　仕洲　永植（押）　仕汝（押）　永湧　永滋（押）　仕朝　仕槐（押）　仕懋（押）　永松（押）

明賓（押）　仕浩　仕汎（押）　仕潭　仕栢（押）

（二）

立合同文約人陳思宏公秩下之鶴、之璩、之驊、国瑞、国棉五大房人等，今因錢粮孔急，虎差横行，不問衿監，俱要
鎖押斯文，掃地殊深，痛恨衆憤不平，奈予閡 国课無可如何，是以合衆齊心議立鄉規，立文訂簿，書名押号，每年子粮
議做八卯完納，正月至四月四卯完半，八月至十一月四卯全完，毋許丁毛蒂欠，五六七腊免催，每年臨收祀租之房設局收粮，每
卯每月初十日齊至公局，或銀或子，公同佐足，照例完納，倘子中有銀子色等不能合則，首人不能充賠，係銀代完，務要細心
謹慎，不致錯乱，如訛錯，首人理治。四家局内又票分給我 祖思宏公原有五房，分為五輪，挨次每月每輪議着能人領去代完，
其出邑費用公議每两出銀弍分，餘外該輪内議自備，若挑子人工食，照子派出，共兵米四十两，卯全完，其挑米人工食亦照米派
出，如上四卯有貧苦不能按限完納者，該房嫡同五房收分伊祀租代為押当，不拘艮子，公議每月加弍五乃息，訂期七月初十
日押当人備銀子本利还清，照後收租，如不清，該房公同五房齊心正直收伊祀租，照時價賣，該若干，代清押当之銀，剩訖仍
多者再准伊收，至下四卯，衆議受頭之家備一好倉，收祀内遅者晒乾存貯，有按限完粮者發者，先銀後者遣者，衆收伊者糶銀完
粮，多除少補，毋得異説，此事一乃永不受差拘鎖押貼羞抱恨，又不至重出差子徒費無益，上誤 国课，下寧身家，公私兩便，利莫
大焉。立文之後永遠遵乃，今恐無憑，立此齊心合同文約十七帋，各收一帋存照。

乾隆五十五年六月初弍日立合同文約人思宏秩下衆議　之龍秩下守俊（押）　之鵬秩下国錦（押）　守命（押）　之鼉秩下国瑞（押）

之鳌秩下国鉥（押）　国鑑（押）　之熊秩下国校（押）　国校（押）　守佩（押）　之身秩下国玕（押）　之鶴（押）

之駢秩下国棉（押）　之鏕秩下国鎮（押）　国灃（押）　之鴻秩下国鐸（押）　国銈（押）　国銓（押）　国錩（押）

之焘秩下国枋（押）　国杞（押）　守宋（押）　之璩（押）　之驊（押）　之騏　之璉（押）　之熹（押）

之鯤秩下国鐙（押）　国鈺（押）

清乾隆五十五年六月某某縣陳之鶴等立合衆齊心完納錢糧合同文約

三

清乾隆五十九年正月某某縣倪光旭等立爲修葺祠堂公議砍斫墳塋屋庇大木齊心合同文約

立齊心合同文約倪貞一祠七大房人等，原因本祠年久梁桂損壞，今值坐向大利之年，急宜修葺。但梁桂巨大，非墳塋屋庇蓄有大木無處採取。公議無論　公祖、已祖坟塋屋庇有堪用者，聽衆砍斫，毋得徇私執拗，有干不孝倫。秩下有不肖支丁目無　祖先，故行阻撓及徇私唆使者，是皆不孝之徒，公議先行出邑懲治，後仍逐出祠外。凡在秩下，當念

祖廟為重，務要齊心協力，不得推諉退縮，累及任事之人。今立合文八紙，七大房各收一紙，貯匣一紙，存照。

再批：所議各房坟塋堪用大木，俱各遵衆砍斫。其有將未堪用之樹，各房坟塋俱宜蓄養，預備日後修理祠宇之用，毋得貪金私行出拚外人，如違處罰。又照。

乾隆五十九年正月初十日

立齊心合同文約倪貞一祠

秩下

長房光旭等（押）

二房一飛等（押）

三房光珩等（押）

四房昭陟等（押）

五房光邦等（押）

六房光仟等（押）

七房國廷等（押）

三

清道光二十二年九月某某縣王章程張等因佃户不交租數立稟案公費照租配錢合議

立合議王章程張等今因十四都仝宜等號田租年歲豐稔各佃户欺寫結党强吞不交所收租数不淨國課為此集議稟案所需公费照租配錢以應公用不得違拗如有違拗將所稟之租公收扣弄自稟之後倘有佃户自愿照数償租亦必公仝議取不得私自收清一切公事公办毋得推委如有推委私收甘罰錢拾两入衆公用立此合議四紙各執乙紙存照

計開各庄租数列后

王恒裕庄　租七十七石（押）

王利茂庄　租式十七石（押）

王怡茂庄　租四十石（押）

章永茂庄　租一百廿石（押）

（一）

程文會庄　租六十八石（押）

程裕豐庄　租弍十五石（押）

程永泰庄　租拾石（押）

程錦堂庄　租七石（押）

張古風庄　租五十石（押）

道光貳拾貳年九月　日具

（二）

三

清咸豐元年正月某某縣黄時璒等立拜堂被佔出控費用照丁棺糧派合同文書

蓋聞物本乎天，人本乎祖。今因倒鳴裡聖佛神三公拔腳下弍層拜堂於旧腊十九夜被陳進如、陳科能、陳端陽等勢佔侵祖，身衆各知，齊心阻塋，目睹心傷。合族嚌議，出控所有官中費用，悉照丁棺糧派合出費用，不得累及出身之人。出身之人亦不得徇私肥己。在家在外務要扶持，亦不得拖諉退縮。如違，听憑逐出祠外，永遠不得入祠。恐口無憑，立此合同一樣三紙，各收一紙，永為照证。

咸豐元年正月初六日　立合同文書人黄敦善堂秩下

三房人時璒（押）　天明（押）

二房人永洲（押）　永通（押）　永淮（押）　尚財（押）

（一）

合同

長房人永裕　尚仕　正富
永祿　尚吉　正寅
永祼　尚志　正士
永歡十　尚嘉　正寶
永銓　尚富　正寵
永視　尚英　正宗
永鋕　尚福十　正吳
永佑　尚社
永富　尚福
尚堂十

代筆　正容

（二）

清同治八年八月某某縣程秉福等立石洞脚碓如有故賣罰洋入衆合議

立合議人程秉福、龍寶、覌珠、季何、盛輝、汪桂等原石洞脚碓被匪折毁，業經六股協

力嘀議迁造，今被杯下碓擇晋六人不時故害下碓，恐後滋生事端，獨力碓持承吾

门人等一力相助。嗣後石洞脚碓如有畏縮貪財，故賣与別门，一經查出，干罰洋

沉拾元入衆。吾等六人務須協力同心，倘有人再害派及々文公用，無得違拗。如

有其情，合股送衆，斷不狥情。恐口無憑，立此合議存照。

同治八年八月　日立合議人程秉福十

龍寶（押）

覌珠（押）

季何（押）

盛輝十

汪桂雲

三

清同治九年三月某某縣汪啓旺等立義議束心興養竹木合文

立義議束心興養竹木合文人汪啟旺等因先年承祖買受本都四保土
名大坑竹山壹號又方中山苗山壹號共山弍號今兄弟居居各爨人
心不古難以興養竹木破耗戕林思念吾祖敦勤尚儉克尽艱辛子
孫理宜世守不獨創業難守成亦不易是以兄弟嘀議已往不計都
今松杉竹木養無家外人等毋許入山私自砍所妄是托憑族親束
立合文齊心蓄養必要皇心照應該山竹木家中應用務要相嘀亦
毋許以用砍多变賣他人如有此等情弊查出照根罰錢四伯文公用
自立合文之後各宜遵守再毋異說恐口無憑立此合文一樣四帋各
收一帋永遠存照

（一）

同治九年三月十二日立義議束心興養竹木合文人汪啟旺（押）
啟財（押）
仝弟 啟燦（押）
啟栢（押）
恩接（押）
中見族 鮑大旺（押）
代筆親

（二）

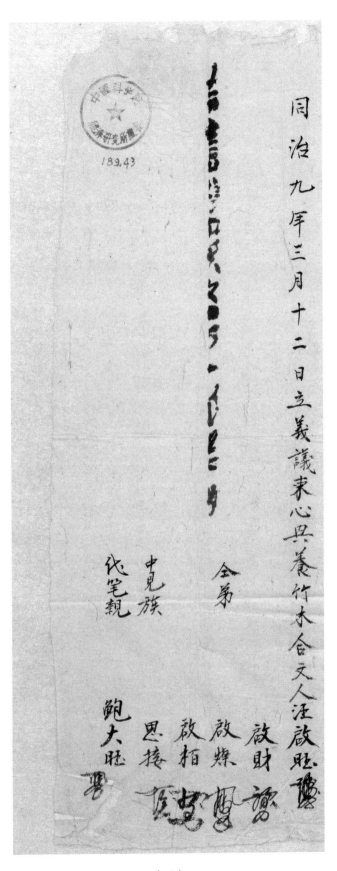

立齊心興祀合同文書從修等，緣我　祖五峯公祀向來山田頗廣，進入恒饒，近因兵燹之餘，焚燒肆市，水澇以後，整頓田疇，經費未免浩繁，度支漸虞空匱，兼之人心不古，遂致弊竇層生。今秋下感憤同心，省費興祀，營謀合志，節用扶公，邀族黨以訂鴻章，迓親朋而操斑管，將無違無犯，　祖匱逾百石之儲，斯漸積漸盈，公倉類九年之蓄，庶不壞　祖先祀事，與不虧外內支持也。今立合文九紙，公存壹紙，各收壹紙存照。

公議條規列后

一屢年積欠甚多，祀事未免支詘，今公議自丙子年起，各家不得藉口前有積欠，故意品扯敗壞　祖祀，如違逐出祀外，以懲不孝。

一存留祖谷向來每丁發谷八秤，今公議每丁發谷四秤，自丙子年起至乙酉年止，不得有違，如有恃強不遵，公全懲治。

一輪流　祖祀正三標拜胙米丁粿等項，自丙子年起至乙酉年止，概行減半，至秋收租谷，務邀存留首人眼全收納，無論多寡，均作平分。

（一）

一讀書灯油蒙學脩金以及大小考費書院應課卷資迭年收谷辛力自丙子至乙酉共計九年均作減半給發

一存留租谷逐輪流歸入一年租谷訂期迭年十月廿日出糶見錢發谷概不徇情　如有踰期不糶公全出糶外人毋得恃強阻糶

一祀內向存干谷壹伯弍拾科以供　國課出糶之日經管者務要早為完納不得扯移别用致悞正供　如違指名禀究

一祀內租課秩下毋許私當如違查出責令取還仍行逐出祀外

一祀內租谷在家者公全出糶其糶谷之錢當即取與餘則照全歸匣封鎖不得徇情私借亦不得恃強挪移　如違公全處治仍要追還

一迭年掛容席面及標拜真資存留內貼錢壹仟文以為補貼輪流之資

一祀內因公往來各欵稍有羸餘務須早為歸繳經管人不得扯用遲延貽累　祖祀

光緒二年四月初一日立齊心興祀合同文書五峯公祀秩下從修等（押）　誦葛等（押）　敎本等（押）　敎林等（押）

敎術等（押）　帥英等（押）　槐萼等　敎瑚書

中見族　雲貽（押）　際洪（押）　鶴孫（押）

親倪學川（押）　胡烈臣（押）　倪仲榮（押）　倪遂良（押）

（二）

清光緒二年四月某某縣某姓從修等立公議規條同心省費齊心興祀合同文書

清光緒十五年二月某某縣倪志謨等立經管天穿會文昌會賬簿棄舊從新齊心扶正合同文約

立齊心扶正合同文約倪志謨等前熟等玉成等殿紳等際春等人成等
啟運等永達等緣先人創興　天穿會文昌會，已立天地人和四閭每閭
仰二家經管一年一家管正月二十日办物至梅毛廟敬　神日夜飲福一家
管二月初三日办物至福慧寺敬　神日夜飲福歷經已以難免變易未知来
由自光緒甲申洪水為災冲壞田畝收谷不能如舊以致晏燕飲停止一次今因輪
流已滿復遵先人成法而行然事經以遠舊簿契據散失不知遺在誰家爰
是公議會同協力扶持各檢家藏賬簿棄舊從新成為画一上承先志下
啟後人而其事各盡誠敬矣今立合同八紙各收一紙永遠存照

再批公議國課應當早完。又照

光緒拾五年二月初三日立齊心扶正合同文約人志謨等　際春等
前熟等　人成等
玉成等　啟運等
殿紳等　永達等

清光緒十九年十一月某某縣某姓彥勳等立倘有外事臨身公同出力出身協力同心合志字約

立議協力同心合志字約彥恭公祀秩下族中人等眼仝商議
原因我族人丁希少門戶力微住居难特外務屢屢被處祖
業山場以及坟山蔭木俱係被害今我族內議定章程倘有
外事臨身無論己事務宜公仝出力出身無得推委退縮以
致處及經手出身为事之人如有推縮阻滯之人族中公
仝鳴懲罰为其不孝理論今立合同一樣六紙各收壹紙永
远大發存照

光緒拾玖年拾壹月念日立議協力同心合志字約彥恭公秩下

族中人等　彥勳
士鵬
士鳴
士鴻
同發
同恩

代筆　士鴻

三

清光緒卅二年十二月某某縣汪啓炎等三姓立山場訟事費用各姓均派均出束心合文約

立束心合文約人汪时太張有禎程德玉三姓枝下經首汪啓炎張劍如叔拱南
等緣祖廿六甲受分得土名桃木源山業内有小土名芦荻坪蓄養浮木楓樹
自祖至今無人私砍私拚迄今十月間被坍乃村叔姓將該山楓樹强拚占
為己債大業等比即投中向伊理論不但不遂而且比等此砍試思三姓之
祖在廿甲受山場都枫桃源之業剡下子孫豈忍被人鯨吞乎是以
三姓合約全心所有該山訟事費用各姓均派均出毋得推卸如有誰姓推
卸者呈官經首人將伊己產變賣自立合文三紙各收一紙永遠存照

光緒卅二年臘月初十日立束心合文約人三姓枝下經首

汪啓炎 十

張劍如 押

叔拱南 押

筆

中見人 汪和茂 押

汪永林 押

民國三年農曆十二月〔祁門縣〕胡景廷等立議四姓籌集山業訟費辦法同心合文